연세국학총서 105
방기중저작집 5

분단 한국의 사상사론

연세대학교 출판부

방기중저작집 5

분단 한국의 사상사론

지은이 방기중
펴낸곳 연세대학교 출판부
주 소 서울특별시 서대문구 연세로 50
http://www.yonsei.ac.kr/press
E-mail: ysup@yonsei.ac.kr
전 화 02)2123-3380~2
팩 스 02)2123-8673
등 록 1955년 10월 13일 제9-60호
인 쇄 (주)대일문예사

2010년 11월 3일 1판 1쇄　　2011년 12월 5일 1판 2쇄
ISBN 978-89-7141-943-4 (93300)
ISBN 978-89-7141-938-0 (세트)

값 30,000원

간행사

이 책은 지난 2008년 11월, 지병으로 타계한 고 방기중 교수의 연구업적을 모은 저작집이다. 그는 1980년 연세대학교 대학원 사학과에서 학문 연구를 시작한 이후, 거의 30년 동안 한국근현대사에 관해 주옥같은 연구업적을 남겼다. 그 가운데 이미 단행본으로 간행된 연구서나 편저서를 제외한 연구논문, 시론, 서문 등을 모아 이 저작집을 간행하게 되었다.

방기중 교수는 이 시대를 살았던 어느 연구자 못지 않게 시대의 아픔을 고민하고, 또 그 고민을 헤쳐나가기 위해 노력한 학자였다. 그가 학문 연구자로서 삶을 시작했던 1980년대는 격변의 시기였다. 해방 후 분단 한국사회의 각종 모순이 폭발하고, 이에 대한 다양한 해결책과 운동들이 터져 나오던 때였고, 또한 세계적으로 사회주의권이 무너지고 새로운 세계 질서가 만들어져 가던 때였다. 역사학계에서도 이런 국내외의 변화를 고민하였고, 그리하여 기존의 역사학계에서 분단체제를 옹호하는 반공주의적 태도나 비민주적 지배체제를 지지했던 점이 있었음을 비판하였다. 역사 주체로서 민중이 새롭게 인식·부각되었으며, 사회구성사적 역사인식에 기초한 '과학적·실천적 역사학'이 대두되었다. 방기중 교수는 이 움직임에 적극적으로 동참하였고, 또한 이를 자신의 학문 세계로 체계화하였다. 한국근현대사 연구자로서 방 교수는 분단체제의 역사적 연원을 해명하고, 이를 극복하기 위해 노력했던 많은 사람과 논의들을 체계적으로 정리하였다. 연구자로서의 첫 발걸음은 조선 후기 경제사로 시작하였지만, 점차 그는 백남운을 비롯한 사회주의 사상사, 일제하의 농업개혁론과 남한 농지개혁의 사상사, 일제하 경제자립론과 물산장려운동, 식민지파시즘 등으로 연구주제를 확대하였다.

방기중 교수는 자신의 학문을 스스로 정리하지도 못하고 일찍 이 세상을 떠났다. 재직하고 있던 연세대학교 사학과는 물론, 한국역사학계에서도 커다란 손실이었다. 이에 그의 동료, 후배와 제자들은 방 교수의 연구업적을 하나로 모으는 일이 한국역사학계에 그나마 한 가닥 도움이 될 것으로 뜻을 모았다. 이런 작업은 평소 소탈하고, 권위를 싫어했던 방 교수의 성품에는 맞지 않는 일일 수도 있지만, 그를 일찍 잃은 후인들의 애석한 마음을 방 교수도 이해하리라 믿었다. 이에 저작집 편찬을 위한 작은 모임을 만들었고, 사학과 동료 교수 가운데 연장자인 본인에게 위원장의 일이 맡겨졌다.

이 저작집은 모두 5권으로 구성되어 있다.

제1권은 조선후기 경제사에 관한 글을 중심으로 하였다. 방기중 교수의 조선후기 조세연구는 1960 · 70년대 내재적 발전론을 계승하면서도 당시의 내재적 발전론이 한국 봉건제 해체과정에서 나타나는 특수성과 사회구성의 계기적 연관성을 충분히 해명하지 못한 한계를 극복하기 위한 것이었다.

제2권은 식민지시기 경제사상사 연구방법론과 민족주의세력의 경제사상에 관한 논문들을 묶었다. 특히 방기중 교수는 식민지시기 민족주의진영의 대표적 경제자립운동이었던 물산장려운동에 주목하여 이를 통해 일제하 한국 민족주의 정치경제사상의 전개와 그 내면을 본격적으로 해명하였다. 그의 연구는 기존 학계의 민족주의 연구방법에 대한 전면적 재검토를 추구하였다.

제3권은 '식민지 파시즘'에 관한 연구 논저들을 묶은 것으로, 방 교수는 일제하에서 해방 이후를 관통하는 한국근현대사의 기본 추이와 성격을 수탈과 저항, 친일과 반일, 종속과 자주, 반공과 통일이라는 이분법적 논리로 파악하는 일반적 연구시각을 극복하고, 분단 형성과 남한사회의 전개에 심대한 영향을 끼친 식민지 유산의 실체와 그 작동구조를 일제하 '식민지 파시즘' 체제에 초점을 맞추어 살펴보았다.

제4권은 백남운에 대한 글들과 함께 서북지방 기독교 세력들과 가까운 장로회 계열의 주요 경제론자이자 농촌운동가인 이훈구와 배민수에 관한 연구논문들을 묶었다. 이는 농지개혁과 남한 국가 수립으로 귀결된 기독교 계열의 민족·자본주의 진영의 사상과 이념, 농업개혁론과 경제건설론, 농촌문제 인식과 농민운동의 전반을 보여주는 것으로, 기존 보수적·진보적 연구경향 모두의 한계를 극복한 것이었다.

제5권은 분단국가의 사상사 해명에 관한 논문들과 분단극복의 역사인식에 관한 사론을 묶었다. 방기중 교수는 남한국가 수립에 직접 참여한 중간파 노선에 대한 해명과 함께 남한의 농지개혁이 내재적 사상 전통과 일제하 토지개혁론을 기반으로 이루어진 것이고, 근대국가 수립의 내재적 발전과정의 소산물이라는 것을 경제사상사의 측면에서 밝혔다. 그는 해방 후 국가건설문제에 역사학이 어떻게 대답했는가를 검토하면서 분단극복과 통일문제에 대한 한국 사학의 과제를 제시하였다.

방기중 교수는 내재적 발전의 시각 아래 한국근현대사의 흐름을 두 가지 근대화의 길로 정립한 김용섭 교수의 학문을 계승하면서도, 이에 머무르지 않고 한국근현대사 연구에서 제기되는 각종 역사적 사실과 문제를 직시하고 새롭게 해결하려고 노력하였다. 분단체제의 내적 배경과 분단체제 극복의 사상적 방향을 찾으려는 그의 연구는 좌·우 세력을 넘나들면서 다양한 소재와 주제에 걸쳐 진행되었다. 특히 그는 인물 연구와 사상사 연구를 결합시켜 큰 성과를 내었다.

방기중 교수의 연구는 한국근현대사상사를 새로운 경지에서 개척한 것이었다. 그렇지만 그는 그가 추구했던 연구 방향과 내용을 스스로 다 채우지 못하고 아쉽게도 우리 곁을 떠났다. 그는 후학들에게 여러 과제를 남겼다. 이 저작집 발간이 방기중 교수의 문제의식과 연구방법론을 새롭게 음미하고, 또한 후인들에 의해 계승되어 한반도 분단체제를 극복하고 통일의 새로운 사상적 지평을 만드는 데 일조하기를 바랄 뿐이다. 본 편찬위원회가 방교수의 2주기를 맞아 이 저작집을 발간하는 숨길 수 없는 바람이기도 하다.

이 저작집은 방기중 교수가 몸담았던 연세대학교의 배려 아래, 국학연구원의 연세국학총서로 발간하게 되었다. 이 저작집을 간행하기 위해 여러 사람들이 노력하였다. 편찬위원들은 저작집 전체의 체계와 간행 방향을 잡아주었다. 편찬위원회의 실무를 맡은 김성보 선생은 윤덕영 선생과 함께 방기중 교수의 학문여정을 체계 있게 정리해주었다. 또한 저작집에 수록될 원고에 대한 실무 작업을 추진한 박종린, 이태훈, 장신, 정용서, 정진아 박사에게 감사드린다. 실무위원들은 일일이 원고들을 정독하고 교정을 보았으며, 일부 파일이 없는 원고들에 대해서는 입력의 수고를 마다하지 않았다. 마지막으로 책을 모양 있게 만들어 간행해 주신 연세대학교출판부에 감사드린다.

2010년 10월
편찬위원회를 대신하여
김도형 씀

일러두기

저작집은 저자가 발표한 원문 그대로 수록함을 원칙으로 삼았다. 다만 독자들의 편의를 위하여 다음과 같이 약간 손질하였다.

1. 모든 글의 '장'과 '절'은 '1. – 1) – (1)'의 형식으로 통일하였다.
2. 본문의 한자는 고유명사와 인용 자료, 그리고 뜻을 명확하게 하기 위한 경우에만 처음에 한해 노출하였다. 각주의 한자 노출은 원래 글을 따랐다.
3. 오식이나 오자가 분명한 경우 이를 바로 잡았다.
4. 띄어쓰기와 맞춤법은 현재 사용하는 기준에 따랐다.
5. 각주의 참고문헌 표기 방식은 통일하였다.
6. 편집자 주는 '*' 표시로 구분하였다.
7. 원래 글의 출전을 논문 말미에 표기하였다.

차례

| 제2부 | 분단국가의 역사인식

[부록]

제1부

분단국가의 사상사적 이해

농지개혁의 사상 전통과 농정이념

1. 서론

해방 후 토지개혁 문제는 통일민주국가 건설 과제와 관련하여 각별한 의미를 지니고 있었다. 그것은 토지·농업문제가 일제하 식민지 이식자본주의하의 모순구조가 집약된 정치·사회문제였고, 따라서 이를 여하히 타개하는가 하는 것은 신국가 건설의 체제적 방향 설정과 직결된 사안이었기 때문이다. 그러나 이 과제는 외세의 분할 점령, 남북 분단정부의 수립이라는 정치현실과 관련하여 상호 이질적 사회구성·국가체제를 지향하는 북한 토지개혁과 남한 농지개혁으로 귀결되었다.[1] 북한 토지개혁과 남한 농지개혁은 모두 일제하 식민지 농업구조의 지배적 생산관계인 지주제를 해체시키고 농민적 토지소유를 실현한 획기적 농업정책이었지만, 양자가 추구한 경제·국가체제는 근본적으로 길을 달리하였다. 그리고 이러한 개혁 방향의 질적 차이는 북한 토지개혁

1) 북한 토지개혁과 남한 농지개혁이 분단정부 수립 이전과 이후라는 시간적 차이에도 불구하고 분단 형성의 구조적 배경과 체제적 본질을 함축적으로 반영하게 되는 이유가 여기에 있다. 토지문제·농업문제와 분단 형성의 체제적 관련성에 대해서는 金容燮, 『증보판 韓國近現代農業史硏究』, 지식산업사, 2000, 結論 참조.

의 '무상몰수 · 무상분배'와 남한 농지개혁의 '유상매수 · 유상분배'라는 개혁 방식의 차이로 표현되었다.[2)]

농지개혁은 남한 자본주의 국가건설 · 경제체제 형성 과정에 분수령적 의의를 지니고 있다. 이러한 의의와 관련하여 농지개혁에 대해서는 일일이 열거하기 어려울 만큼 방대한 연구성과가 축적되어 그 전모는 대체로 해명된 바와 같다.[3)] 그러나 농지개혁의 정치 · 경제적 성격 이해와 개혁 성과에 대한 평가와 관련해서는 여전히 심각한 견해 차이를 보이고 있다. 이는 실증적 해석 차이에 연유하기도 하지만, 농지개혁사 연구가 주로 남한 자본주의 농업구조 형성과 관련한 농업경제사적 분석이나 정치적 계급적 본질 평가를 중시하는 사회과학적 접근을 중심으로 진행되었다는 점과도 무관하지 않다. 농지개혁의 역사상을 보다 객관화하고 그것이 분단구조 형성, 남한 자본주의발전사에 어떠한 연관성을 갖는가를 풍부히 이해하기 위해서는 좀 더 다양한 분석 시야와 접근 방식이 요구된다.

본 연구는 이러한 과제 해결에 일조하고자 사상사 입장에서 농지개혁에 접근해 본 것이다. 주지하듯이 유상매수 · 유상분배 원리에 입각

2) 무상몰수 방식이 곧바로 사회주의체제 수립을 의미하거나 유상매수 방식이 반드시 자본주의체제 수립으로 연결되는 것은 아니지만, 북한 토지개혁과 남한 농지개혁의 이러한 역사성에 기초하여 본고에서는 농지개혁을 '유상매수·유상분배'에 입각하여 자본주의체제 수립을 지향한 토지개혁과 같은 개념으로 사용한다. 따라서 본고에서 일제하 단계까지 소급하여 사용하고 있는 '農地改革論'이라는 용어는 이러한 특정 의미를 함의하면서 남한 농지개혁으로 연계된 유상 방식의 토지개혁론 전통을 지칭한 것임을 밝혀둔다.

3) 농지개혁에 대한 연구 성과는 한국사회경제학회, 「한국현대사연구의 현황과 과제」, 『사회경제평론』 2, 1990 ; 한국역사연구회 현대사연구반, 「남한의 경제구조 재편과 북한의 '민주개혁'」, 『한국현대사 1』, 풀빛, 1991 ; 韓國近代史硏究所, 『爭點韓國近現代史 3』, 1993 등 참조.

한 농지개혁법안은 미군정기 입법의원을 통해 그 기본 틀이 만들어졌고, 정부수립 후 초대 농림부 개혁관료진에 의해 수정 보완되는 가운데 그 草案이 성안되었다. 이 작업을 주도한 인사들은 이른바 미군정기 중간파 노선을 취하면서 남한 정부 수립에 참여한 인물들로서 상호 밀접한 인적·사상적 연계관계를 가지고 있었다.[4] 본 연구는 이와 같이 농지개혁의 기본 이념과 논리를 제시하고 농지개혁법안을 기초한 이들 입법주체의 농정이념과 농업개혁 구상을 검토함으로써 농지개혁의 역사적 성격을 보다 풍부히 이해해보려는 것이다.

이러한 과제 설정과 관련하여 본 연구에서 특별히 주목한 것은 농지개혁의 내재적 사상 전통의 문제로서, 곧 이들 입법주체의 '농지개혁론'이 어떠한 사상적 맥락 위에서 제론된 것인가 하는 점이다. 한국사에서 토지문제는 봉건사회의 모순이 전면화한 조선후기 이래 사회개혁과 근대국가 건설과 결부되어 늘 핵심적인 정치경제적 사안이 되었기 때문에 토지개혁을 圍繞한 오랜 이론적 모색과 사상적 전통이 존재하고 있다. 따라서 농지개혁을 정부수립 전후의 공간에서만이 아니라 한국 근현대의 거시적 흐름 속에서 그 역사적 필연성을 파악하고 농지개혁이 어떠한 내재적 토지개혁사상사의 전통과 실천적 경험 속에서 제론되고 입법화되는가를 계통적으로 인식할 때 농지개혁의 역사적 성격과 위치가 보다 분명히 드러날 것이다.[5] 또한 이러한 문제의식을 가지

4) 입법의원 토지개혁안에서 농림부 농지개혁법 초안에 이르기까지 그 입법 작업에 주요 역할을 담당한 인사를 일괄 거명하면 李順鐸, 朴建雄, 李勳求, 鄭賢俊, 曺奉岩, 姜鋌澤, 姜辰國 등이다. 이들의 인적 관계, 사상적 입장에 대해서는 후술한다.

5) 이러한 의미의 한국근현대 토지개혁사상사 인식틀에 입각한 연구로는 金容燮, 『增補版 韓國近代農業史研究(上)·(下)』, 潮閣, 1984 ; 金容燮, 앞의 책 ; 徐仲錫, 「日帝時期·美軍政期의 左右對立과 土地問題」, 『韓國史研究』 67, 1989 ; 洪性讚, 「일제하 李順鐸의 農業論과 해방직후 立法議院의 토지개혁법안」, 『經濟理論과 韓國經

고 해방 후 민족·자본주의적 토지문제 해결의 총 귀결점이라 할 수 있는 농지개혁의 입법주체가 본래 추구한 개혁구상과 농정이념의 실체, 그 귀결 과정을 사상사 차원에서 설명할 수 있을 때, 농지개혁이 분단형성 과정과 어떠한 연관성을 가지고 있으며 남한 자본주의발전사에서 어떠한 위치를 점하고 있는가도 보다 내면적으로 이해할 수 있을 것으로 생각한다.

2. 토지개혁사상의 역사적 전통

1) 조선후기·한말의 토지개혁사상

해방 후 북한 토지개혁과 남한 농지개혁 두 계통의 토지개혁이 추진되기까지에는 토지개혁 문제를 둘러싼 오랜 이론적 논의와 실천적 모색이 존재하였다. 이러한 토지개혁론의 내재적 전통은 크게 세 단계를 거치면서 발전하였다. 첫 단계는 지주제 문제가 봉건사회 해체기 사회개혁의 중심 사안으로 부각되기 시작한 조선후기였고, 둘째 단계는 지주제 모순이 한층 심화되는 가운데 토지문제가 근대국가 건설, 자본주의근대화 문제와 본격적으로 결부되기 시작한 한말 개혁기였다. 그리고 셋째 단계는 식민지 이식자본주의 속에서 지주제 모순이 극대화되

濟』, 博英社, 1993 ; 方基中, 「解放政局期 中間派 路線의 經濟思想 - 姜辰國의 産業再建論과 農業改革論을 중심으로」, 『經濟理論과 韓國經濟』, 博英社, 1993 ; 방기중, 「일제하 李勳求의 農業論과 經濟自立思想」, 『역사문제연구』 1, 1996 ; 방기중, 「日帝末期 大同事業體의 經濟自立運動과 理念」, 『韓國史硏究』 95, 1996 ; 김성보, 『남북한 경제구조의 기원과 전개 - 북한 농업체제의 형성을 중심으로』, 역사비평사, 2000 등이 있다.

는 가운데 토지개혁 문제가 민족해방의 과제나 신국가건설에 대한 전망과 긴밀하게 결합되는 일제강점기였다.[6)]

조선후기 토지개혁론은 이 시기 봉건제 해체 과정의 사회모순을 농민적 입장에서 타개하고자 한 일부 儒者, 곧 실학자들이 주도한 사회개혁론의 일환으로 전개되었다. 이들은 농촌사회의 분해와 봉건지배질서의 동요, 토지소유·조세수취를 둘러싼 모순의 심화, 농민층의 저항으로 집약되는 이 시기 농업·농민문제의 근원적 배경을 지주제의 모순에서 찾고 토지개혁을 봉건적 지배질서 개혁과 결부시켜 해결함으로써 조선왕조의 국가질서를 재편하고 농민층의 안정을 도모할 것을 주장하였다. 또한 사회개혁·국가재조의 차원이 아니더라도 당시 농촌 현실을 직접 목도하고 있었던 농촌 지식인, 향촌 유자 가운데에도 문제의 소재가 지주제·토지문제에 있다고 보아 토지개혁·농업개혁을 주장하는 여러 논자가 있었다.

이 시기 실학자들의 토지개혁론은 일반적으로 중국 고대의 三代之治 사회를 이른바 '大同'이 실현된 공동체적 이상사회로 생각하는 유교사상의 이상사회관에 그 이념적 토대를 두고 있었다.[7)] 나아가 삼대지치의 均產과 安民을 실현한 井田制 시행에서 그 유교적 이상사회 실현의 가장 중요한 이론적·실천적 근거를 찾았다.[8)] 특히 실학자들은 평양에

---

6) 이 추이는 또한 조선후기·한말 단계의 토지개혁론이 儒者들의 유교적 토지개혁론으로 전개된 반면 일제하 단계에는 근대적 사상·이론체계에 기초한 토지개혁론의 질적 전환이 이루어졌다는 점에서 크게 두 단계로 구분되는 것이기도 하였다.

7) 『禮記』 上, 禮運篇에 잘 나타나 있는 대동사상은 "大道가 행해졌을 때 천하는 公共의 것"이 된다는 유교적 이상사회관으로서 주지하듯이 급진적 입장의 유교적 사회개혁이론의 이념적 근거가 되어 왔다. 대동사상에 대해서는 田所義行, 『中國における世界國家思想 – 大同思想を中心として』, 東京: 昌平堂, 1950 ; 陳正炎·林其錟, 『中國大同思想研究』, 지식산업사, 1990 참조.

그 흔적이 남아 있는 箕子井田을 역사적 사실로 받아들이는 가운데 우리 고대의 정전제 시행의 실천적 경험을 반추함으로써 토지개혁이 현실에서 실현 가능하다는 것을 강조하고 토지개혁 반대론을 비판하였다.[9)]

대동사상과 정전이념에 기초한 이와 같은 조선후기 토지개혁론은 대체로 세 가지 경제관·농정이념을 공유하였다. 첫째, 토지의 公 개념과 국가관리의 중요성을 강조하는 토지국유 관념. 둘째, 토지는 경작농민이 점유해야 한다는 '경자유전'의 원리. 셋째, 농업 발달의 주체를 소농으로 간주하는 소농주의 농정관 등이었다. 다만 이러한 경제관·농정이념을 공유하면서도 당시 실학파 유자들은 현실인식이나 개혁의 실현 가능성에 대한 전망, 개혁 구상에 대한 견해 차이에 따라 다양한 개혁 방안을 제시하였다. 개혁 방식의 질적 차이를 중심으로 살피면 그것은 크게 두 계통으로 나뉘고 있었다.[10)]

하나는, 무상몰수에 입각하여 일거에 토지국유화와 소농 중심의 농업개혁을 실현하려는 급진적 방안으로서, 전통적인 井田論이나 均田論

---

8) 金容燮, 『朝鮮後期農學史研究』, 一潮閣, 1988, 제3편 ; 金容燮, 『增補版 朝鮮後期農業史研究 II』, 一潮閣, 1990, 제4편 ; 金容燮, 『增補版 韓國近代農業史研究』, 一潮閣, 1984, 제1편 ; 金駿錫, 「朝鮮後期 國家再造論의 擡頭와 그 展開」, 연세대 박사학위논문, 1990, 133~142쪽 ; 林熒澤, 「茶山의 '民' 主體 政治思想의 이론적·현실적 근거」, 『茶山의 政治經濟思想』, 창작과비평사, 1990.

9) 朴時亨, 「箕田論始末」, 『李朝社會經濟史』, 勞農社, 1946 ; 金容燮, 앞의 『朝鮮後期農學史研究』, 265~267쪽. 실학자들의 토지개혁론은 모두 箕子井田 문제에서 출발하고 있으며, 따라서 기자정전 문제는 실학파 토지개혁론의 연원이 되는 것이었다. 곧 箕田論에 대한 인식 심화는 이 시기 실학자들의 지주제 모순구조 인식의 단적인 표현이었다.

10) 조선후기 토지개혁론의 기본 추이에 대해서는 金容燮, 「朝鮮後期 土地改革論의 推移」, 『增補版 朝鮮後期農業史研究 II』, 一潮閣, 1990 참조.

이 이에 속하였다. 이들 주장은 지주제 해체는 물론 사적 토지소유를 기반으로 한 봉건적 경제운영 원리의 전면적 개혁을 추구한 것이기 때문에 복고적 양식을 취하고 있지만 경우에 따라서는 봉건적 국가 · 사회체제의 급격한 변혁을 수반한 급진적 이상사회(대동사회) 건설론으로 발전할 수 있었다. 丁若鏞의 閭田論이 그 대표적인 예로서, 이 계통의 논의 가운데 가장 精緻한 경제이론과 농업개혁의 상을 제시하였다.[11] 이러한 급진적 방안의 난제는 봉건지배층과 일체화되어 있는 지주층의 토지를 어떻게 몰수할 수 있는가 하는 것인데, 이들은 대개 왕권 강화를 통해 이를 해결하고자 하였고, '왕토' 관념으로써 토지몰수의 정당성을 강조하였다.

다른 하나는, 국가가 유상몰수 · 매입의 방법으로 지주 토지를 수용하여 국유지와 함께 농민에게 균분하자는 온건한 입장의 균전론이나 토지소유의 상한선을 정하여 지주의 토지방매 · 분할을 유도하고 장기적으로 균산을 실현하자는 限田論과 같은 점진적 방안이었다. 이 계통의 토지개혁론은 정전제 이념을 지향하지만 현실에서는 정전제 시행이나 토지의 무상몰수가 어렵다고 보아 사적 토지소유를 인정하고 점진적으로 소농 중심의 토지개혁을 달성한다는 온건한 입장을 취한바, 그 현실성 때문에 많은 논자들이 선호하였다. 이러한 점과 관련하여 이 계통의 논자들은 소농 안정을 위한 농정책에 많은 관심을 가지고 있었고, 특히 유통경제의 발전과 연계된 상업적 농업을 토지개혁과 결부시켜 논함으로써 농업 발전의 새로운 길을 모색하였다. 朴齊家 · 朴趾源 · 徐

11) 여전론의 기본 요지는 주지하듯이 무상몰수의 토지국유화와 공동노동에 기초한 공동농장 운영, 노동하는 자만이 먹을 수 있고 노동력에 따라 분배한다는 勞動全收權 원리의 수용, 공동농장의 정치군사적 조직화 등 마치 인민공사 · 키브츠를 방불케 하는 집단적 농업협동화론에 있었다.

有榘 등의 토지개혁·농업개혁론이 그 대표적인 예였고, 정약용이 『經世遺表』에서 다시 재론한 정전론 역시 이 계통의 토지개혁론이었다.[12)]

이와 같이 조선후기에는 유교적 이상사회관에 기초한 토지국유 관념과 경자유전 원리, 소농주의 농정이념이라는 공통된 토지개혁의 사상 전통이 확립되는 가운데 두 계통의 개혁 방안이 모색되었다.[13)] 그리고 이러한 모색 과정에서 극히 주목할 만한 토지개혁·농업개혁의 실천론이 확립되었다. 이른바 모범농장론·집단농장론으로 요약되는 농업협동화론이었다. 생산·노동의 공동조직에 기초한 농업협동화론은 본시 정전이념에 내재한 대동사상의 주요한 실천관인데, 이 시기 토지개혁론자들은 이를 토지개혁과 연관된 영농개혁 방안으로 발전시키고 있었다. 그 협동화의 내용과 수준은 물론 토지개혁 방안에 따라 큰 차이를 보이지만, 일반적으로 사적 소유를 용인하는 한전론자들이 토지개혁의 보완책·차선책으로서 이를 개진하는 경우가 많았다. 곧 전면적인 토지개혁이 쉽지 않다는 현실과 관련하여 屯田 등을 이용한 국영 모범농장·집단농장을 설치하고 공동경작과 영농합리화를 도모하여 생산력을 증대하고 이상적인 정전 이념을 실현한다는 것이었다.[14)]

그러나 이들 토지개혁론은 어느 방향이든 당시 현실에서는 수용될 수 없었고, 그 개혁사상은 전통으로 남지 않을 수 없었다. 토지개혁론

12) 金容燮, 앞의 『朝鮮後期農學史研究』, 제4·5편 ; 金容燮, 앞의 『增補版 韓國近代農業史研究(上)』, 제1편.

13) 한편 이들 두 계통의 방안과는 방향을 달리하여 지주제를 현실적으로 인정하는 가운데 토지개혁의 효과를 기대하는 개량적 방안도 존재하였다. 소작지의 균분을 주장하는 均作論이나 小作立法의 원형으로서 적정 지대율을 법으로 정하자는 減租論 등이 그것이었다(金容燮, 앞의 「朝鮮後期 土地改革論의 推移」).

14) 주 12와 같음. 다산의 여전론과 같이 전면적인 토지국유화와 결부된 철저한 공동농장식 협동화는 드문 경우였다.

의 농민적 경제관 · 농정관은 당시 조선국가의 지배이데올로기인 주자학의 경제관 · 농정관과 기본적으로 배치되었다. 스스로 지주이면서 주자학으로 무장한 대다수 봉건관료나 유자들은 토지 · 농업문제에 대한 朱子의 定論을 금과옥조로 견지하였다. 토지 · 농업문제에 대한 주자의 정론은 정전제 곧 토지개혁을 시행할 수 없다는 것과, 따라서 지주제를 하나의 체제 · 지배질서로 인정하고 이를 기반으로 농업을 발전시켜야 한다는 것이었다.[15] 그리하여 이들은 토지개혁은 불가할 뿐만 아니라 오히려 농업 발전의 주체는 지주라는 지주적 입장의 농정론을 전개하면서 수취제도의 개선과 조세부담의 균등화를 지향하는 均稅論의 방향에서 농업 · 농민문제를 해결하고자 하였고, 조선왕조 정부의 농업정책 · 경제정책 역시 이러한 방향에서 추진되었다.[16]

지주제 모순에 기초한 농업 · 농민문제는 근대국가 수립이 시대적 과제로 대두한 조선왕조 최말기에 이르러 더욱 심화되었다. 이때에는 米綿交換體制의 무역구조 형성과 관련하여 지주제가 더욱 발달하였고, 국가의 농민수탈 및 제국주의 열강의 침략과 맞물려 농업 · 농민문제는 전면적인 계급대립으로 발전하였다. 이에 따라 토지개혁 문제는 지식인의 개혁론 수준을 넘어서서 농민층 자신이 반체제 사회개혁의 관건으로 인식하는 단계까지 이르렀고, 그것은 1894년 농민군의 '균전' 토지개혁의 요구와 활빈당의 '사전혁파론'으로 나타났다.[17] 말하자면 토

15) 金容燮, 「朱子의 土地論과 朝鮮後期 儒者」, 『延世論叢』 21, 1985 ; 金容燮, 위의 『朝鮮後期農學史硏究』, 208~209쪽.

16) 金容燮, 위의 『朝鮮後期農學史硏究』, 제2 · 4 · 5편 ; 金容燮, 앞의 『增補版 韓國近代農業史硏究(上)』, 제2편 ; 金容燮, 「近代化過程에서의 農業改革의 두 方向」, 앞의 『증보판 韓國近現代農業史硏究』 ; 金駿錫, 앞의 글, 302~308쪽.

17) 金容燮, 위의 『증보판 韓國近現代農業史硏究』, 29~30쪽 ; 朴贊勝, 「活貧黨의 活動과 그 性格」, 『韓國學報』 35, 1984.

지개혁 문제는 근대국가 수립의 향방과 긴밀히 결부된 핵심 사안이었다. 이는 토지개혁을 통해 소농 중심의 근대국가를 수립할 것인가 아니면 기존 지주제를 바탕으로 지주가 주체가 되는 근대국가를 수립할 것인가 하는 문제였다.

당시 조선정부가 추진한 근대화정책과 이를 주도한 개화파 관료 · 지식층의 경제관 · 농정관은 후자에 입각해 있었다. 이들은 조선국가의 지배이념인 주자학의 경제관, 지주적 농정론을 바탕으로 일본의 문명개화론과 서구 자본주의 사상을 수용하여 양반지주층이 주체가 되는 자본주의 근대국가의 수립과 지주자본의 성장에 기초한 상업입국 · 농업진흥을 도모하였다.[18] 요컨대 지주제에 기초한 자본주의 근대화 정책, 농민 희생의 농업 근대화 정책이었다. 이들에게 토지개혁은 수용할 수 없을 뿐만 아니라 단호히 불가한 것으로서,[19] 이들은 이를 자본주의 사적 소유의 논리로서 옹호하였다. 이러한 계급적 입장을 전제로 이들은 서양의 근대농학을 수입하여 전통적인 지주적 농정론을 근대적 양식으로 세련시키는 가운데 지주가 주도하는 농업 발전을 추구하였다.[20]

반면, 이 시기 농민층의 요구를 수용하면서 토지개혁을 적극 주창한 논자들은 유교사상의 전통적 가치관을 견지하며 실학파의 개혁론을 계승한 일부 유자들이었다. 따라서 토지개혁의 사상 기반과 논리는 조선 후기 단계와 별 차이가 없었다. 개혁 이념은 여전히 삼대지치의 대동사상과 정전제에 기초하였고, 토지개혁 방안 역시 무상몰수 · 토지국유

---

18) 金容燮, 「甲申 · 甲午改革期 開化派의 農業論」, 앞의 『增補版 韓國近代農業史研究(下)』 ; 朱鎭五, 「19세기 후반 開化 改革論의 構造와 展開」, 연세대 박사학위논문, 1995 ; 왕현종, 「甲午改革 研究」, 연세대 박사학위논문, 1999.

19) 개화파 내에서 제론된 지주제 대책의 최대치는 소작입법론의 원형이라 할 수 있는 兪吉濬의 減租論이었지만, 이 역시 특별한 경우였다.

20) 金容燮, 앞의 『증보판 韓國近現代農業史研究』, 26~29쪽.

원리를 고수하는 급진적 정전론·균전론과, 유상매수·토지사유를 인정하는 점진적 한전론·균전론 등 두 계통의 토지개혁론이 주조를 이루었다.[21] 요컨대 지주적 농정론이 서구 자본주의 사상과의 결합을 통해 지주제를 옹호하고 있었던 것과는 달리 이 시기 토지개혁론은 조선후기 실학파 토지개혁론의 연장에 머물고 있었다. 이에 그 농민적 개혁이념 역시 유교적 이상사회를 지향하는 토지국유 관념과 '경자유전' 원리에 기초한 전통적 의미의 소농주의 경제관·농정관에 입각해 있었고, 토지개혁의 主宰者는 여전히 군주였다.[22]

그러나 이러한 가운데에서도 이 시기 유자들의 토지개혁론에는 근대화 과제나 서구사상의 영향과 관련하여 조선후기 단계와 구분되는 새로운 경향이 나타나고 있었다. 예컨대 삼대지치의 이상사회를 지향하는 尙古主義 경향에도 불구하고 개화의 필요성을 전제한 위에 근대개혁의 일환으로서 토지개혁을 주장하는 견해가 존재하였다.[23] 논리적으로 확대하면 그것은 곧 농민적 입장의 자본주의근대화론이 되는 것이었다. 나아가 그 연장에서 정부의 근대화정책에 참여하여 토지개혁 이념을 정책에 반영해 보려는 논자도 존재하였다.[24] 한편, 이러한 자본주

21) 金容燮, 「高宗朝의 土地改革論」, 앞의 『韓國近代農業史硏究(下)』. 이외에 조선후기와 마찬가지로 일부 논자들이 지주제를 인정하는 타협안으로서 均作論·減租論을 제시하였다.

22) 바로 이러한 한계에서 이들 유자들의 토지개혁론은 농민층의 입장과 궤를 같이하면서도 武裝鬪爭을 통해 주체적으로 농민적 사회개혁을 추구한 농민층과 달리 여전히 君主(國家)의 결단에 의존할 수밖에 없었다. 이러한 한계 역시 이후 농지개혁론의 전개 과정에 하나의 유산으로 남는다는 점을 주목해 둘 필요가 있다.

23) 金容燮, 앞의 「高宗朝의 土地改革論」, 28~29쪽. 鄭泰鉉이란 이는 丁若鏞의 井田論에 따라 개화정책을 추진할 것을 주장한바, 정약용의 정전론은 사적 소유를 인정하면서 분업적·상업적 농업에 입각하여 독립자영농의 발전을 도모한 토지개혁·농업개혁론이었다.

의근대화 방향에서의 토지개혁 이념의 연계와는 달리 토지개혁론을 서구 사회주의 · 공산주의 사상과 연계하여 그 시행 가능성을 강조하는 견해도 나타나고 있었다.[25)]

이러한 측면들은 유교적 이상사회 사상에 기초한 전통적 토지개혁론이 근대화 과정과 서구사상과의 접촉 과정을 통해 서서히 그 개혁사상의 전근대적 舊殼을 벗어나고 있는 맹아의 모습이었다. 그러나 한말 단계에서 그것은 결국 맹아로 그치고 있었다. 국가권력 · 지배세력이 지주제를 바탕으로 자본주의근대화를 추구하는 압도적인 현실 속에서 지주제를 부정하는 전통적 토지개혁론이 근대적 사회구성 · 국가체제를 전망하는 근대적 토지개혁론으로 전환하기 위해서는 그 사상적 전통을 재구성하거나 전혀 새롭게 사고할 수 있는 사상적 세례와 사회과학적 훈련이 필요하였다. 또한, 이와 함께 전통적 토지개혁론에 내재한 유교적 이상사회관, 곧 大同思想의 근대적 전환이 요구되었다.[26)]

---

24) 주지하듯이 실학파의 후예로서 문명개화론을 수용하고 광무양전사업에 참여한 海鶴 李沂가 그 예였다(金容燮, 앞의 『增補版 韓國近代農業史研究(下)』, 240~258쪽 ; 金度亨, 『大韓帝國期의 政治思想 研究』, 지식산업사, 1994, 제3편).

25) 金濟悳이라는 이는 서구에서는 共有主義를 개창하여 世界同胞論을 논하고 있는데 일국의 君主가 일국의 토지를 均分하는 데 무슨 난점이 있겠는가 하고 均田을 역설한바(金容燮, 위의 책, 29~30쪽), 이는 사회주의를 수용한 토지개혁론은 아니지만 이상사회(대동사회) 실현을 지향하는 유교적 토지개혁의 이념적 지향성을 잘 반영해 주고 있다.

26) 주지하듯이 清末 康有爲에 의해 대동사상의 근대적 재구성이 시작된 후 조선의 改新 儒學者들에게 일정한 영향을 주고 있었으나(金基承, 「白岩 朴殷植의 思想的 變遷過程」, 『歷史學報』 114, 1987 ; 劉準基, 「朴殷植의 大同思想과 儒教改革運動」, 『芝村金甲周教授華甲紀念史學論叢』, 1994), 이 인식의 전환 과정이 본격화된 것은 대개 일제 강점 직후였다(김성보, 앞의 책, 36~40쪽).

2) 일제하 토지개혁론과 농업개혁사상

전통적 토지개혁론이 유교 논리의 틀을 벗고 근대적 사회체제론 · 국가건설론과 본격적으로 결합하는 것은 일제강점기에 이르러서였다. 특히 1910년대에서 1920년대에는 자본주의사회의 개조와 혁명을 논하는 서구의 각종 정치 · 사회사상과 사회이론이 여러 경로를 통해 수용되는 가운데 한말 단계와는 비교할 수 없을 정도로 사상적 · 학문적 지반이 확대되었다. 여기에 일제의 수탈농정과 관련하여 지주제 모순이 극대화되고 있는 식민지 농업현실과 농민층의 계급적 성장이 토지개혁의 요구를 대중적으로 보편화시켜 나가는 동인이 되었다. 이러한 가운데 토지개혁론의 근대적 전환이 가능하였다. 이 전환은 이민족 강점하의 식민농정에 규정된 이 시기 지주제의 존재 양식과 수탈구조의 성격상 전통적 토지개혁사상의 질적 비약을 수반한 것이었고, 또한 토지개혁론의 실천적 의미도 이전과는 질적으로 구분되었다.

일제의 자본주의 이식화 과정과 조선농업 지배는 한말 조선정부의 근대화정책 기조와 마찬가지로 지주제를 기반으로 추진되었다. 일본 자본주의는 본시 지주제를 한 축으로 삼고 있어서 일제 · 조선총독부는 지주적 농업론과 지주의 배타적 소유권을 보장하는 地主主義 농정을 통해 지주제를 강화하고 지주층을 지원하는 가운데 조선농업에 대한 금융 · 독점자본의 지배를 확립하고 식량을 수탈하였다.[27] 이는 물론

---

27) 일제 · 조선총독부의 지주적 농정론과 지주주의 식민농정관, 지주적 토지소유권의 법적 정리과정에 대해서는 住谷一彦, 「形成期日本ブルジョジ-の思想像」, 『近代日本經濟思想史』, 東京: 有斐閣, 1969 ; 金容燮, 앞의 『증보판 韓國近現代農業史研究』, 383~406쪽 ; 방기중, 앞의 「일제하 李勳求의 農業論과 經濟自立思想」, 116~122쪽 ; 飯沼二郎, 『朝鮮總督府の米穀檢査制度』, 東京: 未來社, 1993, 31~41쪽 ; 崔元奎, 「韓末 日帝初期 土地調査와 土地法 研究」, 연세대 박사학위논문, 1994 등 참조.

일본인 지주를 위주로 한 것이나 조선인 지주에게도 혜택을 분여함으로써 이들을 식민통치의 협력자로 삼고자 하였고, 한말 이래 문명개화론을 견지하며 지주제에 기초한 자본주의근대화를 추구한 다수 조선인 지주 역시 이러한 식민농정에 능동적으로 편승하면서 자본축적을 도모하였다.[28] 그리하여 기업가적 농장지주제의 발달에 잘 나타나듯이 이 시기에는 지주제와 자본주의의 식민지적 결합이 강화되었고, 극심한 토지소유의 분해와 유례를 찾아보기 힘든 소작문제의 심화 속에서 농민층은 토지를 잃고 고율소작료와 고리대에 시달리고 있었다. 토지문제·소작문제가 단순한 경제문제가 아니라 민족문제의 일환이 되고, 토지개혁론이 경제적 차원을 넘어서서 민족해방·국가건설의 실천논리와 밀접히 연관되는 내면적 배경이 여기에 있었다.

이와 같이 지주제와 결합된 일제 강점정책·식민농정과 이식자본주의체제의 모순구조의 특성상 이 시기 토지개혁론의 근대적 발전 과정은 구조적으로 반봉건 개혁이념과 함께 많건 적건 반일의식과 결부된 자본주의 비판의식을 수반하였다. 소농 중심의 민중적 관점을 견지한 토지개혁론자들이 자유경제·시장경제 원리에 입각하여 농민 희생의 자본축적을 추구하는 자본주의체제에 대해 비판적 입장을 취하는 것은 일면 자연스러운 것이었다. 이 시기 토지개혁론이 지주·자본의 농민수탈에 대응한 여러 유형의 농업협동화론과 긴밀한 연관 아래 제론된 것도 이러한 자본주의 비판의식의 한 반영이었다. 따라서 이들 토지개

---

28) 金容燮, 위의 책, 제2편 ; 洪性讚, 「日帝下 企業家的 農場型地主制의 歷史的 性格」, 『東方學志』 63, 1989 ; 洪性讚, 『韓國近代農村社會의 變動과 地主制』, 지식산업사, 1992 ; 洪性讚, 「日帝下 地主層의 存在形態」, 『韓國 近現代의 民族問題와 新國家建設』, 지식산업사, 1997 ; 張矢遠, 「日帝下 大地主의 存在形態에 관한 硏究」, 서울대 박사학위논문, 1989 ; 이태훈, 「韓末 大韓協會 主導層의 國家認識과 資本主義近代化論」, 『學林』 21, 2000.

혁론자들은 내부의 사상적 편차에 관계없이 한말 시기 지주적 입장의 자본주의근대화론의 연장에서 일제 지배체제에 완전 편입된 관료·지주·자본가 계층과 그 민족적·계급적 입장을 전혀 달리하였다. 또한 민족주의 구호 아래 민족경제의 자립을 위한 각종 실력양성운동을 주장하면서도 지주제에 기초한 자본주의근대화 이념을 직접 간접으로 옹호한 민족·자본주의 진영의 일부 지주적 입장의 민족부르주아지나 지식인들29)과도 그 사회적·계급적 입장을 달리하였다.

일제하 토지개혁사상의 근대적 전환 과정에서 각종 토지개혁론이 상호 공유한 비판적 관점은 이러하였다. 그러나 그것은 식민지 이식자본주의하의 농업·토지문제가 지니는 모순구조의 특성과 관련하여 표출된 일반적 실천관에 불과하였다. 이 시기 토지개혁론은 어떠한 정치경제사상과 사회과학적 이론체계를 바탕으로 하고 있는가에 따라, 또한 일제하 사회현실과 민족현실을 어떻게 파악하고 어떠한 방향의 민족해방과 국가건설·사회체제를 지향하는가에 따라 그 논리와 이념을 서로 달리하였고, 따라서 그 농업협동화의 방법과 지향점도 질적으로 구분되었다. 그리고 이러한 토지개혁론의 이론적·이념적 차이는 전통적 토지개혁론과의 상호 연관성, 곧 내재적 계승과 질적 비약의 상호 수준 차이로 연결되는 것이었다.

---

29) 東亞日報 경영진으로 상징되듯이 이른바 상층 민족자본·지주자본과 그 계급적 이해를 대변하고 있는 민족개량주의자들을 말한다. 이들은 주자학과 문명개화론의 사상 전통을 계승한 가운데 서양의 보수적 자유주의 정치사상을 신봉하였고, 토지개혁을 사적 소유권의 침해로 간주하는 자본주의 논리로써 지주제를 옹호하였다. 이들이 농민층의 저항이나 사회여론에 대응하여 제론한 소작문제 대책의 최대치는 개화파가 그러했듯이 減租論의 전통을 계승한 小作立法論이었다(金容燮, 앞의 『증보판 韓國近現代農業史硏究』, 235~250쪽 ; 김경택, 「1910·20년대 東亞日報 主導層의 政治經濟思想 硏究」, 연세대 박사학위논문, 1999).

해방 후 새로운 국가건설·사회체제 전망을 함의한 농업개혁사상사의 관점에서 정리할 때 일제하 토지개혁론은 크게 세 방향에서 전개되었다. 첫째, 무상몰수·무상분배에 의한 토지개혁과 토지국유화에 입각한 사회주의 농업협동화를 추구한 사회주의 토지개혁론. 둘째, 토지국유제 관념 아래 유상매수·유상분배에 의한 토지개혁과 계획적 국가관리에 의한 조합주의 농업협동화를 추구한 '사회민주주의' 토지개혁론. 셋째, 사적 토지소유의 원리를 인정하고 유상매수·유상분배에 의한 토지개혁과 국가 주도의 자본주의 농업협동화를 추구한 '사회개량주의' 토지개혁론 등이었다.

이 가운데 해방 후 남한 농지개혁론의 개혁이념과 이론적 바탕을 제공한 것은 둘째와 셋째 계통이었고, 첫째 계통은 북한 토지개혁의 이론적 토대가 되었다.[30] 본 연구의 목표가 남한 농지개혁론의 사상 전통을 이해하는 데 있고, 또한 일제하 사회주의 토지개혁론과 해방 후 북한 인민민주주의 토지개혁론으로의 발전에 대해서는 잘 정리된 연구들이 있으므로,[31] 여기에서는 둘째·셋째 계통의 토지개혁론에 한정하여 그 개혁논리와 농업개혁이념의 기본 추이를 간략히 정리하기로 한다.

'사회민주주의' 토지개혁론은 논자의 정치적 소속이 다양하고 농업개혁 이념의 사상적 편차가 적지 않기 때문에 그 성격을 일률적으로 규정

---

30) 이와 관련해서는 해방 후 중간파 국가건설론으로 전개된 둘째 계통 가운데 남한 정부수립 참여를 거부한 계열이 북한 인민민주주의 국가건설 노선에 흡수 편입되었음을 염두에 둘 필요가 있다.

31) 金容燮, 앞의 『증보판 韓國近現代農業史硏究』, 455~463쪽 ; 김성보, 앞의 책, 41~50쪽, 65~87쪽 ; 오미일, 「일제시기 사회주의자들의 농업문제 인식」, 『역사비평』 1989년 겨울호 ; 禹東秀, 「1920년대말~30년대 한국사회주의자들의 신국가건설론에 관한 연구」, 『韓國史硏究』 72, 1991 ; 尹悳泳, 「해방 후 좌익진영의 農業改革論」, 『韓國近現代의 民族問題와 新國家建設』, 지식산업사, 1997.

하기 어렵다. 그러나 일반적으로 자본 본위의 서구식 자본주의 경제체제나 노동자 본위의 소련식 사회주의 경제체제를 모두 거부하고 좌우합작·노자협조의 입장에서 양 체제를 혼합한 경제체제·국가건설을 지향한 점에서 '사회민주주의' 토지개혁론이라 할 수 있었다. 趙素昂의 三均主義 토지개혁론과 민족혁명당의 토지강령, 이 양자에 기초하여 토지국유 원칙을 표방한 통합 臨政의 건국강령,[32] 李晟煥이 주도한 조선농민사·전조선농민사의 토지개혁론,[33] 李鍾萬·許憲·이성환이 주도한 大同農村社의 토지개혁론[34] 등이 그 대표적인 예였고, 지식인 개인으로는 연전 교수 李順鐸의 대공황기 농업개혁론이 이에 속하였다.[35]

이 계통의 토지개혁론자들은 관념상으로는 '경자유전'의 원리가 실현된 토지국유제 내지 공동체적 소유관계를 이상적인 토지제도로 간주하였다. 그러나 현실에서는 무상몰수와 토지국유화는 기대하기 어렵다고 보아 실제로는 대개 사적 토지소유관계를 인정한 유상매수·유상분배의 토지개혁안을 현실적인 방안으로 수용하였다. 이들은 토지개혁의 논리를 서양의 조합주의·사회민주주의 경제이론 체계로 구성하면서도 그 개혁의 이념적 근거를 유교적 이상사회관인 대동사상과 정전제의 토지국유 사상에서 구하였고, 특히 자신들의 토지개혁론이 실학파 토지개혁론을 계승한 것임을 표방함으로써 개혁이념의 역사적 계승성

32) 盧景彩,『韓國獨立黨研究』, 신서원, 1996, 제3장 ; 강만길,『조선민족혁명당과 통일전선』, 和平社, 1991.

33) 金容燮, 앞의『증보판 韓國近現代農業史研究』, 453~455쪽 ; 鄭用書,「日帝下 天道敎 靑年黨의 政治·經濟思想 研究」, 연세대 석사학위논문, 1997, 62~67쪽 ; 新納豊,「日帝下の自主的協同組合」,『近代韓國の社會と思想』, 東京: 未來社, 1981.

34) 方基中, 앞의「日帝末期 大同事業體의 經濟自立運動과 理念」.

35) 洪性讚, 앞의「일제하 李順鐸의 農業論과 해방직후 立法議院의 토지개혁법안」; 홍성찬,「한국근현대 이순탁의 정치경제사상 연구」,『역사문제연구』1, 1996.

을 강조하였다.[36] 곧, 사회주의자들이 사회주의 혁명이론을 통해 대동사상의 이상사회관과 전통적 토지개혁론을 전혀 새로운 이상사회관과 토지혁명론으로 전환시켜 간 것과 달리,[37] 좌우합작의 논리 속에서 토지·농업문제를 해결하고자 한 이들은 대동사상의 이상사회관과 실학과 토지개혁사상을 보다 직접적인 형태로 계승하고 있었다.[38]

이 계통의 논자들이 토지개혁과 함께 특별히 중시한 농업개혁 문제는 농업협동화에 기초한 영농개혁과 국가의 계획적 토지·영농관리였다. 논자에 따라 그 입론과 표현상의 차이가 있지만, 협동화의 기본 방향은 생산조합에 기초한 생산·노동의 집단화·공동조직화였고, 그 실천 방안은 생산조합을 매개로 한 공동농장·집단농장 또는 집단농촌 운영이었다. 임정 건국강령의 국영농장론, 이순탁의 촌락 단위의 농촌조합론, 조선농민사의 共生組合과 公營農場에 입각한 自主村 건설론, 대동농촌사의 농촌협동화론과 집단농촌 건설론 등이 그러한 예였다. 농업협동화는 토지개혁 후 창출된 소농체제를 집단적 대농경영체제로 전환함으로써 생산력을 증대하고 장기적으로 대동이념이 구현된 이상농촌을 실현하는 첩경으로 간주되었고, 현실적으로는 토지개혁이 어려운 조건 속에서 토지개혁의 효과를 거두는 차선책으로 강조되었다. 집

---

36) 方基中, 앞의 「日帝末期 大同事業體의 經濟自立運動과 理念」, 159쪽, 167쪽. 李晟煥과 함께 조선농민사·전조선농민사·대동농촌사의 주요 농업이론가로 활동한 韓長庚이 이를 잘 요약하고 있는바, 그는 특히 均田制 토지개혁사상의 전통을 강조하였다(韓長庚, 「農村問題 解決의 試案」, 『農業朝鮮』 1, 1938).

37) 김성보, 앞의 책, 41~50쪽.

38) 후술하듯이 당시 사회주의자들은 이 계열의 이러한 입장을 가장 전형적으로 보여준 大同農村社의 농촌사업을 '조선적 農本主義의 전형'이자 '丁茶山의 井田制的 村落共同體' 건설론을 계승한 것으로 간주하기도 하였다(李昌善, 「大同農村社는 어듸로 가나」, 『批判』 1937년 9월호, 74쪽).

단적 농업협동화의 지도 이념은 조합주의였고, 그 계급관은 좌우합작의 실천관과 결부된 노자협조주의 · 계급협조주의에 입각해 있었다. 또한 국가의 계획적 토지 · 영농관리론은 국가 주도의 통제경제체제를 향후 신국가의 경제건설 이념으로 삼고 있는 조합주의 경제관의 반영으로서, 농업협동화 방향의 영농개혁을 담보하는 핵심 사안이었다.[39)]

주목할 사실은 이러한 조합주의 · 사회민주주의 토지개혁 · 농업개혁 구상은 단지 이론적 모색에 그치지 않고 실천운동으로 구체화되기도 하였다는 것이다. 대동사상을 농업개혁 이념으로 표방한 대동농촌사의 집단농촌건설운동과 자작농창정사업이 그 좋은 예였다.[40)] 대동농촌사는 1937년부터 5년간 전국 각지(영흥 · 평원 · 논산 · 하동)에 집단농지를 마련하여 집단농촌을 건설하고 경작인에게 토지를 분배하여 영구경작하게 하고 30년간 매년 소출의 3할을 연부상환금으로 납부하도록 하되, 농촌사의 계획적인 영농 지도 아래 각 집단농촌의 생산 · 영농 과정을 공동조직화하여 농업협동화를 전개하였다. 특히 河東 농촌에서는 완전한 의미의 유상분배 개혁을 단행하였는데, 그 분배원칙과 계약원칙은 비록 민간인 차원에서 이루어진 것이지만 이미 일제하 한국인 스스로 유상방식의 농지개혁 경험을 축적하고 있음을 보여주는 중요한 사례였다.[41)] 요컨대 이종만 · 허헌 · 이성환 등 대동농촌사 경영진은 한

---

39) 식민지 현실에서는 生産組合을 국가를 대신하여 토지 · 영농관리를 계획적으로 통제 · 지도하는 대체기관으로 상정하였다.

40) 方基中, 앞의 「日帝末期 大同事業體의 經濟自立運動과 理念」.

41) 총 104,515평의 토지에 대한 주요 분배 원칙은, ①분배 경지 산정은 地價를 기준으로 하고, ②농가 당 분배 비율은 농가 노동력의 다과에 따르는 點數制에 의해 정하며, ③노동력 점수 외에 종래 토지에 대한 연고관계를 감안하여 特點을 가산한다는 것 등이었다. 또한 농지대금 상환은 20년간 元利均等 年賦償還 방식으로 하되, 토지대금 이율은 3분 5리로 정하였다(方基中, 위의 논문, 163~

국 전래의 전통적 토지개혁 이념과 이상사회관을 좌우합작·계급협조의 정치적 입장을 담은 조합주의·사회민주주의 농업개혁론으로 발전시키면서 식민지 현실의 타개와 해방 후 국가건설을 전망하였다.

'사회개량주의' 토지개혁론을 제론한 대표적 인사는 1920년대 전반기의 이순탁, 1930년대 숭전 농학과 교수로서 장로교 농촌운동에 관여한 李勳求, 1930년대 농촌문고운동을 전개한 姜辰國 등으로서, 해방 후 농지개혁법 입안 과정에 중요한 역할을 담당한 이들이었다.[42] 이들은 '경자유전'의 원리에 입각한 지주제 폐지와 농민적 토지소유의 실현을 추구한 점에서 앞의 '사회민주주의' 토지개혁론자들과 입장을 같이하였고, 그 개혁이념의 사상적 전통을 실학파 토지개혁론에서 구하고 있는 점에서도 동일하였다.[43] 그러나 이들은 기본적으로 자본주의 소유원리와 경제체제를 인정하고 체제 내에서 토지·농업문제를 해결하고자 하여 유상매수·유상분배의 토지개혁을 持論으로 견지하는 가운데 자본주의 소농체제의 지속적 발전을 농업개혁의 지향점으로 삼았다는

164쪽, 177~178쪽).

42) 洪性讚, 앞의「일제하 李順鐸의 農業論과 해방직후 立法議院의 토지개혁법안」; 방기중, 앞의「일제하 李勳求의 農業論과 經濟自立思想」; 方基中, 앞의「解放政局期 中間派 路線의 經濟思想 – 姜辰國의 産業再建論과 農業改革論을 중심으로」. 해방 후 입법의원 토지개혁법을 입안한 李順鐸은 대공황기를 전후하여 농촌조합에 기초한 '사회민주주의' 토지개혁·농업개혁을 주장하였지만, 1921년 일본 유학 중에 동아일보를 통해 상당히 의욕적인 사회개량주의 입장의 자본주의 농업개혁론을 피력한 적이 있는데, 그가 입법의원 토지개혁법을 입안할 당시 주로 참조한 것은 이 1921년의 개혁안이었다(洪性讚, 같은 논문 참조). 초기 이순탁의 토지개혁론을 분리하여 '사회개량주의' 계열에 포함시킨 것은 이러한 이유에서이다.

43) 李順鐸,「朝鮮과 農業(2)」,『東亞日報』1921년 10월 14일 ; 李勳求,「農政學上으로 본 茶山先生」,『朝鮮日報』1935년 7월 16~17일.

점에서 전자 계통의 논자들과 이념적 입장을 달리하였다.

요컨대 이들은 내재적 사상 전통을 중시하고 농업 발전과 생산력 증대의 주체를 자작농으로 간주하는 소농주의 개혁이념을 견지하면서도 그것을 자본주의 농업경제학 · 농정학 체계, 특히 자본주의체제 내에서 소농경제의 강인성과 부농적 발전을 인정하는 소농이론 체계를 가지고 자본주의 토지개혁론 · 농업개혁론으로 발전시키고 있었다.[44] 문제는 이와 같이 자본주의 경제체제와 사적 소유의 원리를 인정할 때 어떻게 소농체제를 유지하고 소농의 자립적 발전을 모색할 수 있는가 하는 점이었다. 자본주의 경제원리와 관련하여 농업 · 농민은 생산 · 유통 과정에서 불가피하게 자본의 지배를 받고 피해를 당하기 때문이었다. 이 문제에 대한 대안이 곧 이들이 토지개혁론과 함께 견지한 농업개혁 구상의 핵심 실천 방안이었고, 여기에 이들이 지향하는 자본주의의 체제적 성격과 토지개혁 · 농업개혁의 이념이 잘 드러나고 있었다.

그것은 크게 두 가지였다. 하나는, 반봉건 · 반독점 경제관에 입각하여 토지소유 · 토지이용에 대한 국가의 적극적인 개입 · 통제와 그 입법화를 통한 소농보호정책의 시행이었다. 곧 家産制度, 토지소유권 보호, 농업보험, 농지매매 제한, 소작입법과 지대의 합리화 등 구미 각국에서 발달한 각종 사회정책적 농업제도의 도입이 그것이었다. 이는 자본주의체제하에서 독점자본의 농업 · 농민 수탈을 방지하고 소농의 안정을 도모하기 위해 토지관리와 이용에 대한 국가의 적극적인 역할을 강조

44) 李勳求가 정약용 토지개혁사상을 논하면서 閭田論에 대해서는 한마디 언급 없이 井田論만을 거론하여 '拔群絶頂의 견해'라고 극찬한 것이 이 의미를 잘 반영하고 있다(방기중, 앞의 「일제하 李勳求의 農業論과 經濟自立思想」, 156쪽). 말하자면 이들은 온건한 입장의 均田論이나 限田論 계통의 개혁이념을 자본주의 경제논리로 발전시키고 해방 후 국가건설을 전망하였다.

하는 사회개량주의 농업경제학 · 농정론에 입각한 것으로서, 특히 미국을 중심으로 발달한 학문적 · 사상적 조류였다.[45] 다른 하나는, 농민의 자립적 자구책으로 간주한 협동조합론이었다. 이들 역시 '사회민주주의' 계열과 같이 협동조합을 농업문제 타개의 유력한 매체로 파악하는 조합주의 이념을 견지하였다. 다만 전자가 생산조합에 기초한 생산 · 노동의 공동조직과 집단적 농업협동화를 중시했다면, 이들은 일반적 의미의 협동조합, 곧 개별 소농경영을 유지하면서 유통구조의 협동을 추구하는 소비조합 · 구판조합 · 이용조합 · 신용조합을 중시하였다.

일제강점기 유상매수 · 유상분배의 토지개혁을 주장한 두 계통의 농지개혁론의 개혁이념과 실천논리는 대체로 이와 같았다.[46] 이렇게 보

45) 미국 사회개량주의 농업경제학은 반독점적 수정자본주의 경제관을 견지한 상대적으로 진보적 입장의 자본주의 농업경제학 조류로서 뉴딜 농정책의 학문적 바탕을 제공하였고 일본의 농업경제학에도 큰 영향을 미쳤다. 이에 대해서는 방기중, 위의 논문, 125~130쪽 참조.

46) 이 두 계통 외에 일제하 지주제 해체와 자본주의 소농체제 수립을 지향한 또 다른 계통으로는 申興雨와 裵敏洙가 각기 주도한 YMCA 농촌운동과 장로교 농촌운동 등 기독교 계열의 농촌운동론이 있다. 이 두 계통의 기독교 농촌운동은 기독교 실천이념과 자본주의 경제체제에 대한 인식을 약간 달리하면서도 기본적으로 미국식 자유주의 · 근대주의 가치관에 뿌리를 두고 基督教 協同組合思想을 철저히 신봉한 점에서 입장을 같이하였다. 일제하 농업개혁사상의 추이, 특히 자본주의 국가건설의 토대를 이루는 농지개혁의 사상 전통을 이해하는 데 기독교 농촌운동론이 생략될 수 없지만, 다음 두 가지 이유에서 여기에서는 일단 논외로 하였다. 하나는 기독교 농촌운동은 관념적으로 유상매수 · 유상분배의 토지개혁(자작농창정)이나 자작농주의에 입각한 예수촌 건설 등을 상정하였지만, 현실에서는 지주제를 인정한 가운데 농촌계몽운동 · 생활개선운동의 성격이 짙은 개량적 기독교 협동조합운동으로 일관한 점에서 토지개혁론의 범주에서 논하기 어려운 점이 존재한다는 것, 다른 하나는 기독교 복음주의 신앙관과 기독교 협동조합사상에 바탕을 둔 이들의 운동이념은 유교적 토지개혁론의 사상 전통과 단절성이 클 뿐 아니라 인적으로도 해방 후 농지개혁 입법 과정에 직접 연계되지

면 양자의 이념과 논리는 질적으로 구분되는 차이가 있으면서도 또한 상호 호흡할 수 있는 공감대가 존재하고 있었다. 이들은 모두 유교적 토지개혁 사상, 실학파 토지개혁론의 전통을 중시하고 여기에서 '경자유전' 원리에 입각한 농민적 개혁이념의 뿌리를 찾았다. 그 내재적 전승은 단지 이념적인 데 그치는 것이 아니라 농업개혁론 · 농정론의 차원에서도 그러하였다. 이들은 일반적으로 토지개혁 · 농업개혁의 기본 동력을 국가권력에서 구하고 국가 주도의 계획적 토지관리와 영농개혁 정책의 중요성을 강조하였다. 소농 안정과 농업 발전은 토지개혁만으로 보장되지 않기 때문에 국가의 소농보호정책 · 생산력증대책이 필요하다는 것이었다. 그리고 이러한 정책 수행에 결정적 중요성을 갖는 것이 소농경영을 협동화하고 국가와 소농을 연계하는 협동조합이었다. 곧, 상호 수준의 차이가 있지만 토지개혁 이념을 뒷받침하는 양 계통의 농업개혁론의 골자는 통제농정론과 협동조합론이었고, 그 계급관은 노자협조주의 · 계급협조주의였다.

그러나 이들 두 계통의 토지개혁론 · 농업개혁론은 일제강점하의 식민지 현실에서 어느 것이든 실현되기 어려웠고 해방을 기다리지 않으면 안 되었다.[47] 해방 후 남한 농지개혁론은 이상과 같은 일제강점기

않는다는 것 등이 그것이다. 다만 후술하듯이 입법의원 토지개혁법안 입안 과정에 중요한 역할을 담당하는 미국측 대표 번스가 일제하 YMCA 농촌운동에 참여한 경력이 있다는 점에서 다른 방식의 접근이 필요할 것이다. 참고로 일제하 기독교 농촌운동과 그 지도 인물들의 토지문제 인식에 대해서는 김상태, 「일제하 신흥우의 '사회복음주의'와 민족운동」, 『역사문제연구』 1, 1996 ; 한규무, 『일제하 한국기독교 농촌운동』, 한국기독교역사연구소, 1997 ; 方基中, 『裵敏洙의 農村運動과 基督教 思想』, 연세대학교출판부, 1999 ; 張圭植, 「日帝下 基督教 民族運動의 政治經濟思想」, 연세대 박사학위논문, 2000 등을 참조할 것.

47) 1930년대 일제 · 조선총독부가 '자력갱생'과 '노자협조'의 슬로건 아래 농촌진흥운동의 일환으로 추진한 '自作農創定計劃'이나 '朝鮮農地令' 등 일련의 統制經濟

'사회민주주의' 계열과 '사회개량주의' 계열의 토지개혁론 · 농업개혁론의 이론적 실천적 모색을 바탕으로 전개되었다. 곧, 이 두 계통의 토지개혁론은 해방 후 국가건설을 둘러싼 복잡한 정치정세와 관련하여 유상매수 · 유상분배에 입각한 자본주의 농지개혁론으로 수렴되었고, 그 개혁사상과 농정이념은 농지개혁 입법정신으로 계승되었다.

3. 해방 후 농지개혁론의 확립과 농정이념

1) 입법의원 중간파와 토지개혁법안

해방 후 외세의 분할 점령 속에서 토지개혁 문제는 식민지 지배체제의 청산과 민생 안정을 위한 '민주개혁'의 일차적인 당면 과제가 되었다. 일제하 소작문제의 심각성과 농민의 참상이 워낙 자명한 사실이었

農政策이 이들 두 계열, 특히 '사회개량주의' 계열이 중시한 사회정책적 소농주의 농정이념을 표방한 것이기도 하였다. 그러나, 일본 小農主義 農政思想의 전통이 통제경제 농정책의 바탕이 되고 있는 것은 사실이지만, 그 소농주의 이념이 근원적으로 植民農政策과 결합되어 있는 이상 실제적인 소농주의 이념의 실현은 기대할 수 없는 것이라는 점에 유념할 필요가 있다. 이 시기 통제경제 농정책은 조선농민의 진정한 자력갱생이 아니라 일본자본주의의 체제적 위기를 타개하기 위해 대륙침략 · 전시경제를 준비하는 兵站基地化의 예비공작이었다. 따라서 그 농정책의 본질은 기본적으로 지주제 지배체제를 그대로 유지하는 가운데 부분적인 地主統制로 심화된 농촌의 계급적 모순과 농민의 계급투쟁을 완화하고 특히 사회주의 세력과 사상의 농촌 침투를 차단하고자 하는 農民統制 · 思想統制에 있었다. 더욱이 조선총독부 당국의 대대적인 선전과 강요에도 불구하고 그 정책의 시행이나 효과 역시 조선농업의 구조적 모순의 해결과 농민 자립을 달성하기에는 지극히 소극적이고 전시효과적인 것이었다(金容燮, 앞의 『증보판 韓國近現代農業史硏究』, 424~436쪽 ; 방기중, 앞의 『한국근현대사상사연구』, 208~216쪽 ; 鄭然泰, 「日帝의 韓國 農地政策」, 서울대 박사학위논문, 1994, 제3장 등 참조).

고, 여기에 해방 후 조성된 변혁적인 사회정세와 함께 토지개혁은 일반적으로 불가피한 대세로 인식되었다. 문제는 토지개혁의 방법과 농업개혁의 방향이었다. 보수 우익 진영을 주도하며 미군정과 긴밀한 협력관계에 있는 韓民黨이 지주층과 결합되어 있는 이상, 개혁 방법과 지주처리 문제를 둘러싼 정치적 갈등은 피할 수 없었다. 더욱이 이는 지주처리문제에 그치는 것이 아니라 신국가의 경제건설 방향과 체제적 성격을 결정하는 문제였기 때문에 좌우대립이라는 이데올로기 갈등과 연결되어 있었다.

해방 후 토지개혁론을 주도한 정치 · 사회세력은 일제하 토지혁명론을 주장한 사회주의 계열과 사회민주주의 · 사회개량주의 토지개혁론을 주장한 중도적 입장의 진보적 민족주의 계열이었다. 일제하 이래 토지개혁과 농민적 입장의 농업문제 해결을 주장한 이들로서는 당연한 것이었다. 그러나 토지개혁이 요구되는 여론 속에서 지주층의 이해를 대변한 한민당 역시 표면적으로는 토지개혁 자체를 거부할 수 없었고 소극적이나마 이를 수용하였다.[48] 그런데 해방 직후에는 당시의 변혁적 정세와 관련하여 정치적 소속에 관계없이 토지국유와 무상몰수를 주장하는 진보적 견해가 상당히 폭넓게 형성되었다. 사회주의 계열은 물론, 일제하에 토지국유를 지향하면서도 현실에서는 유상매수론을 인정했던 진보적 민족주의 계열의 인사들도 이때에는 대개 토지국유와 무상몰수를 주장하였다.[49]

토지개혁에 대한 이러한 동향이 새로운 국면에 접어드는 중요한 분

---

48) 沈之淵, 『韓國民主黨研究 1』, 풀빛, 1982, 63~65쪽, 153~162쪽 ; 徐仲錫, 「日帝時期 · 美軍政期의 左右對立과 土地問題」, 『韓國史研究』 67, 1989, 127~128쪽.

49) 徐仲錫, 위의 논문. 심지어 지주층의 이해를 대변한 한민당 주류의 咸尙勳, 宋鎭禹조차 국유제를 언급하였다.

기가 된 것은 1946년 3월, 북한의 토지개혁 실시였다. 이를 계기로 남한에서는 토지개혁의 방법 문제가 본격적으로 국가건설의 방향 설정 문제와 결부되고 좌우대립의 주요 사안으로 부각되었다. 북한 토지개혁은 사회주의 토지개혁이 아니라 과도적 성격의 농민적·인민적 토지 소유의 실현이었다.[50] 그러나 그것이 사회주의 국가건설을 추구하는 북한 좌익 세력에 의해 단기간에 혁명적으로 추진되었다는 점에서 남한 우익 세력에게 사회주의 토지개혁과 차이가 없는 것으로 인식되었고, 이에 따라 남한 우익 세력은 사적 소유권을 무시한 무상몰수 개혁 방식을 곧 사회주의 토지개혁과 같은 의미로 사용하고 선전하였다. 이러한 가운데 남한 토지개혁론의 기조가 자본주의 국가건설과 결부된 유상매수·유상분배의 농지개혁론으로 확정된 것은 1947년 5월 입안된 입법의원 토지개혁안을 통해서였고, 그 과도적 과정이 좌우합작위원회가 마련한 '합작 7원칙'의 토지개혁안이었다.

좌우합작운동은 좌우대립이 심화되는 국면에서 좌우합작을 통해 분단 위기를 극복하고자 한 중도 좌우파 진영의 통일정부수립운동이었다. 그러나 주지하듯이 이는 또한 좌우 주류를 배제하고 온건한 중도세력을 결집하여 한반도에 자본주의체제의 친미반공정권을 수립하고자 한 미국의 점령정책과 밀접한 관련이 있었다. 좌우합작운동이 결국 중간파운동으로 귀결되는 배경이 여기에 있었지만, 좌우합작운동을 통해 미국이 추구한 구체적 목표는 입법기구의 조직과 신정부·신국가를 창출하기 위한 주요 입법체계의 마련이었다.[51] 토지개혁 문제 역시 그 처리 대상

---

50) 김성보, 앞의 책, 제2부 ; 박명림, 『한국전쟁의 발발과 기원II』, 나남출판, 1996, 제4장 ; 李周哲, 「1946년 北韓의 土地改革에 대한 硏究」, 고려대 석사학위논문, 1989.

51) 姜萬吉, 「左右合作運動의 經緯와 그 性格」, 『韓國民族主義論 2』, 창작과비평사,

가운데 하나였다. 미국은 한반도에서 사회주의 혁명세력을 제어하고 자본주의 반공정권을 수립하기 위해서는 일정한 수준의 정치경제적 민주화와 체제안정이 긴요하기 때문에 토지개혁은 불가피한 것으로 간주하였다. 곧, 자본주의 소유원리에 입각한 유상매수 · 유상분배의 토지개혁을 단행하여 자유민주주의체제의 농촌 · 농업 기반을 확립해야 한다는 것으로, 미국은 이를 좌우합작을 통해 실현하고자 하였다.[52)]

좌우합작위원회가 마련한 '합작 7원칙'은 명백히 좌우 입장을 절충한 것으로서, 특히 '沒收 · 有條件沒收 · 遞減買上과 無償分與'의 토지개혁 원칙은 이 절충적 입장의 상징이었다.[53)] 그러나 이 토지개혁안은 절충의 의미를 넘어서서 남한 농지개혁론의 진개와 관련하여 중요한 의미를 갖는 것이었다. 그것은 이 개혁안이 결국 해방 후 일반적으로 무상몰수론에 동조한 좌우합작 세력에 의해 유상매수 토지개혁으로의 방향 전환이 공식 도출된 것을 의미하기 때문이었다. 유상매수론은 그것이 어떠한 내용을 취하더라도 본질적으로 지주자본의 산업자본화를

1983 ; 서중석, 『한국현대민족운동연구』, 역사비평사, 1991, 제4장.

52) 金聖昊 외, 『農地改革史研究』, 韓國農村經濟研究院, 1989, 300~325쪽, 355~ 363쪽 ; 鄭容郁, 「1942~47년 美國의 對韓政策과 過渡政府形態 構想」, 서울대 박사학위논문, 1996. 종전 후 아시아 점령지역에 대한 미국의 이러한 점령정책 · 토지정책 기조는 남한에 국한된 것이 아니라 패전국 일본에 대해서도 관철되었다. 곧 맥아더 군정사령부는 이른바 '民主化政策'을 일본 군국주의의 기반을 해체시키고 일본을 미국 중심의 세계적 규모의 防共地帶의 한 축으로 삼기 위한 점령정책의 기본 방침으로 삼았는데, 그 가운데 가장 중요한 사안이 農地改革이었다. 이 사정과 일본 농지개혁을 둘러싼 제 논의에 대해서는 楫西光速 · 加藤俊彦 · 大島清 · 大內力, 『日本資本主義の沒落Ⅴ』, 東京: 東京大學出版會, 1965, 1343~1376쪽, 1398~1485쪽 참조.

53) 합작 7원칙의 토지개혁안을 입안한 이는 中道左派 입장을 취한 경제학자 姜鋌澤 · 崔虎鎭 · 金永徽였다고 한다(김재명, 「송남헌이 겪은 해방 3년」, 『政經文化』 1985년 12월호, 397쪽).

수용하는 것이었고, 지주세력과의 일정한 타협을 의미하는 것이었다. '합작 7원칙'이 자본주의 국가건설과 직결된 것은 아니지만, 여기에서 남한 토지개혁론이 자본주의 농지개혁론으로 수렴되는 길이 열리고 있었다. 그것은 좌우합작운동이 중간파운동으로 귀결되고 중간파와 우익으로 구성된 입법의원이 개원되면서 현실화되었다.[54)]

입법의원 산업노동위원회가 토지개혁법 입안에 착수한 것은 1947년 2월, 미국 주한경제고문단장 번스의 요청이 있게 되면서였다. 산업노동위원회 위원장 朴建雄은 관선의원이자 잘 알려진 경제학자 이순탁을 법안기초위원장으로 삼고 번스 및 농무부장 이훈구와 수차 협의하여 '합작 7원칙'의 토지개혁 방침을 계승한 체감매상 · 무상분배의 시안을 작성하였다. 그러나 이에 대해 좌우 모두 반발하였기 때문에 산업노동위원회와 경제고문단 대표로 구성된 朝美土地連絡委員會를 조직하여 통일초안을 만들기로 합의하였다. 위원장은 박건웅, 조선 측 대표는 이순탁 · 강순 · 홍성하 · 윤석구 · 유래완 등이었으며, 이순탁이 계속 법안기초위원장을 담당하였다.[55)] 입법의원 토지개혁안이 체감유상매수 · 유상분배로 전환된 것은 이 위원회에서였다. 산업노동위원회는 1947년 5월 기존 입장을 수정하여 체감유상매수 · 유상분배에 입각한 초안을

54) 중간파의 입법의원 참여 의도와 그 한계, 중간파와 입법의원 및 미군정의 力關係 등에 대해서는 金赫東, 『美軍政下의 立法議院』, 汎友社, 1970 ; 조성훈, 「좌우합작운동과 민족자주연맹」, 『백산박성수선생화갑기념논총 한국독립운동사인식』, 1991, 406~409쪽 ; 도진순, 『한국민족주의와 남북관계』, 서울대학교출판부, 1997, 111~117쪽 등 참조.

55) 산업노동위원회 대표들의 정치적 소속을 보면, 朴建雄(좌우합작위원회, 관선), 李順鐸(민중동맹, 관선), 姜舜(근로대중당, 관선), 洪性夏(한민당, 관선), 윤석구(한독당 ; 민선), 유래완(무소속, 민선) 등이었고, 미국측 대표는 번스를 비롯하여 고문단 단원인 키니, 앤더슨, 신한공사 총재 미첼, 군정 법률고문 에케럭 등이었다.

작성하였으며, 미소공동위원회 개최와 관련하여 작업이 일시 중단된 후 같은 해 10월 미국 측 요청에 의해 작업이 재개되자 양측 대표가 40여 차례의 토의 끝에 법안을 완성하여 산업노동위원회를 통과하였고, 12월 22일 입법의원 본회의에 상정하였다.

입법의원 토지개혁법안은 당시 정치정세와 관련하여 입법화되지 못했지만 북한 토지개혁에 대응하여 그간 복잡하게 전개된 미군정하의 남한 토지개혁론이 유상매수 · 유상분배의 농지개혁론으로 일차 정리되는 주요한 분기점이 되었다.[56] 이 의미에서 입법의원 토지개혁안은 좌우합작을 통해 유상매수 · 유상분배의 토지개혁법 입안을 추진한 미국의 의도가 성공적으로 관철되었음을 뜻하였다.[57] 또한 좌익 진영이 입법의원 초안을 '한민당안'이라 비난한 바와 같이, 어느 면에서 볼 때 이 법안의 성안은 입법의원을 장악한 우익 진영의 정치적 승리인 동시에 원내 중간파 세력의 고뇌어린 정치적 양보라고 볼 수 있었다.[58] 그리고 토지개혁이 무산계급의 슬로건이 아니라 자본계급의 슬로건이라는 입법 책임자 박건웅의 취지 설명에 요약되어 있듯이 그 입법 정신과 체제적 지향은 자본주의 국가건설노선과의 타협을 의미하였다.[59] 그러

---

56) 다만 중간파 가운데 입법의원에 참여하지 않은 院外 세력들 — 時局對策協議會 · 民族自主聯盟(주류) — 은 여전히 합작 7원칙의 '체감매상 · 무상분배'안을 견지하였다.

57) 따라서 입법의원 토지개혁법의 성격을 분명히 하기 위해서는 번스를 비롯한 미국측 대표들의 경제관 · 농정관에 대한 추적이 필요한데, 이는 별도의 검토 기회를 갖고자 한다.

58) 洪性讚, 앞의 「일제하 李順鐸의 農業論과 해방직후 立法議院의 토지개혁법안」, 154쪽.

59) "土地改革이라는 것은 여러분이 다 아시는 바와 같이 資本主義 사회발전에 있어 가지고 가장 필요하고 또 필연적인 일로 되어 있습니다. 그것은 지금 결코 共産黨이나 無産階級의 스로간이 아니라 資本階級의 스로간입니다"(「南朝鮮過

나 정치적 타협과 양보의 산물이라고 하더라도 결국 유상매수·유상분배 법안을 입안하고 여기에 토지개혁 이념과 농업개혁의 실천의지를 담고자 한 입법주체는 결국 산업노동위원회 소속의 중간파였다. 이들은 유상매수·유상분배안과 자본주의 국가건설의 슬로건을 일정하게 인정하는 가운데 자신들의 토지개혁·농업개혁의 이념과 구상을 구체화하고자 하였다.

입법의원 토지개혁법 입안 작업에 핵심 역할을 담당한 이는 박건웅과 이순탁이었고, 농무부장 이훈구가 이 작업의 주요 협조자였다.[60] 일제하 중도좌파·좌우합작의 입장에서 중국 관내 민족운동에 주요한 일익을 담당한 바 있는 박건웅은 좌우합작위원회 좌익대표 가운데 유일하게 입법의원에 참여한 사회민주주의 성향이 강한 진보적 민족주의자였다.[61] 이순탁과 이훈구는 전술한바 '경자유전'의 정신과 소농주의 이념에 입각한 농민적 토지소유의 실현이 농민문제 해결의 첩경임을 피력한 당대 대표적인 경제학자들로서, 이미 일제하 이래 토지개혁·농업개혁에 대한 체계적인 실천 구상을 가지고 있었다. 특히 법안 기초자인 이순탁은 1920년대 초 피력하였던 사회개량주의 소농보호정책을 법안에 관철시키고자 노력하였다. 가산농지제도를 비롯한 국가의 계획적 토지관리·통제정책을 명문화한 것과 소농 육성을 위한 농지금

渡立法議院 速記錄」 제190호, 1947.12.22. 朴建雄 발언).

60) 이외에 鄭賢俊이 법안기초담당비서로서 입법 실무에 중요한 역할을 담당하였다. 정현준은 일제하 新京 국립법정대학 법학부를 졸업하고 滿洲國에서 토지입법·토지조사에 종사한 토지전문가였다. 이에 대해서는 洪性讚, 앞의 논문, 149~150쪽 참조.

61) 박건웅의 활동과 사상에 대해서는 한상도, 「朴建雄의 美軍政期 현실참여와 정치활동의 성격」, 『韓國史硏究』 107, 1999 ; 한상도, 「해방정국기 朴建雄의 정치사상과 국가건설론」, 『한국근현대사연구』 13, 2000 참조.

고제도의 도입 등이 그것이었다.[62] 요컨대 유상매수 · 유상분배에 입각한 자본주의 소농체제의 수립을 인정하면서 소농주의 농정론을 제도로서 관철함으로써 반독점 수정자본주의 경제이념을 실현하고자 한 것으로, 이는 이들이 일제하 구상했던 토지개혁론 · 농업개혁론에 토대를 둔 것이었다.

그러나 입법의원 토지개혁법안에 산업노동위원회 중간파의 개혁이념과 논리가 충분히 반영되고 있는 것은 아니었다. 개혁의 주안점은 주로 토지개혁 방법과 소농 보호를 위한 토지관리 및 금융지원 문제에 두어져 있었고, 입안 팀 자신이 지론으로 견지한 협동조합 문제와 영농개혁 방안 등에 대해서는 세심한 주의를 기울이지 못하였다. 더욱이 독점자본의 농촌 · 농민 수탈에 대해 지극히 비판적인 이들이 미국과 우익 진영의 자본주의 국가건설노선과 타협하였을 때 국가건설의 체제적 방향을 어떻게 전망하고 있었는가가 이 법안에는 분명히 드러나 있지 않았다. 입법 과정에서 유상매수 · 유상분배 토지개혁과 불가분의 관계에 있는 지주의 자본가화, 지주자본의 산업자본화 문제가 거의 논의되지 않았던 것도 그 한 예였다.

산업노동위원회 중간파의 토지개혁 이념과 국가건설의 경제관이 보다 명확하게 개진된 것은 별도의 산업재건책을 통해서였다. 이 역시 산업노동위원회 위원장 박건웅을 중심으로 구성된 경제이론진에 의해 추진되었다. 박건웅은 토지개혁 문제와 함께 산업경제 전반에 걸친 정책안 수립에 심혈을 기울여 산업노동위원회 산하에 전문 정책연구기관을 운영하였다. 정치색 배격과 관민협조 정신에 입각하여 민족경제의 재건책을 강구한다는 취지 아래 조직된 조선산업재건협회가 그것으로서,

---

62) 洪性讚, 앞의 논문.

회장은 박건웅, 실무책임자는 상임이사 강진국이었다.[63] 이 협회는 1948년 1월, 국가종합경제계획의 실시와 자주적 민족경제의 확립이라는 기본 원칙 아래「산업긴급부흥기본요강」을 마련하여 산업노동위원회에 제출하였고, 산업노동위원회는 1월 22일 이를 입법의원 본회의에 회부하였다. 그리고 작업의 핵심 역할을 한 강진국은 2월 하순,「산업긴급부흥기본요강」을 토대로『조선산업경제의 실태와 재건책』이라는 별도의 의견서를 만들어 당시 입국해 있었던 UN조선위원단에 제출하였다.

이 산업재건책의 주요 요지는 크게 세 가지였다.[64] 하나는 민족경제 수립의 기본 방침으로서, 전 산업분야에 걸친 국가의 전면적이고 종합적인 통제계획경제정책을 수립하여 자본가의 이윤 독점을 배제하고 미국에 대한 경제적 자주성을 확보하여야 한다는 것이었다. 특히, 이 방침의 실현에 관건이 되는 문제는 국가자본, 곧 귀속재산에 대한 경제적 자주권의 확보와 관민협조 경제운영체계의 조직이었다. 다른 하나는 생산조합 경제제도의 도입에 기초한 조합주의 경제체제의 수립으로, 특히 귀속사업체를 이윤분배제에 입각한 직장협동조합체제로 운영함으로써 자본가의 이윤 독점을 막고 생산력 증대를 고도화한다는 것이

63) 조선산업재건협회에 대해서는 方基中, 앞의「解放政局期 中間派 路線의 經濟思想 – 姜辰國의 産業再建論과 農業改革論을 중심으로」, 183~184쪽 참조. 재건협회는 토지개혁법 초안이 이미 정리된 뒤인 1947년 9월 19일에 창립되었는데, 발기인은 朴建雄 · 金乎 · 李順鐸 등 산업노동위원회 소속 의원 10여명, 李鍾萬 · 黃漢喆 · 具鎔書 · 姜辰國 등 경제계 인사 30여명, 金在乙 · 安東爀 등 기술계 인사 수명, 李克魯 · 裵成龍 · 崔石昌 등 학계 인사 10여명, 申東浣 등 공업계 인사 수명, 민정장관 安在鴻과 미국인 경제고문 등 70여 명이었다. 곧 재건협회는 민족경제 재건을 위한 관민협조기관이자 중간파와 우파 경제계 인사의 합작조직이었다.

64) 方基中, 위의 논문.

었다. 조합주의 운영의 원리이자 이념은 자본·기술·노동의 완전한 삼위일체를 추구하는 노자협조주의였다. 마지막 하나는 토지개혁의 후속조치로서, 조합주의 원리에 입각한 영농개혁의 추진이었다. 그 요지는 협동조합과 농업기계화를 매개로 농업협동화를 추진하여 소농경영을 집단적 대농경영체제로 전환하고 농업생산력 발전을 달성한다는 것이었고, 그 실천 방안의 하나로 '집약적 모범공동경작농장'의 운영을 강조하였다.

요컨대 산업노동위원회 중간파의 경제관·국가건설관은 전면적인 국가통제에 입각한 계획경제정책과 생산조합제도의 시행을 통해 자립적 반독점적 민족경제의 수립을 지향한 데 있었다. 이는 물론 자본주의 경제원리를 완전 부정하거나 사회주의 계획경제·협동화를 추구한 것은 아니지만 일반적 의미의 산업자본주의·독점자본주의체제를 지향한 것도 아니었다. 그것은 사회민주주의체제를 지향하는 '약소민족형 국가자본주의'의 성격을 띠고 있었다. 이것이 이 시기 흔히 '국가 본위의 사회민주주의'로 지칭한 중간파 진영의 경제관·국가건설관의 요점이었다.[65]

이렇게 보면 조선산업재건협회의 산업재건책은 일제하 '사회민주주의' 토지개혁론의 경제관·농정관에 토대를 둔 것으로서, 그 사상적 맥락을 같이하고 있었다. 이는 특히 재건책 입안을 전담한 강진국의 해방 전후 실천활동의 인적·지적 배경과 관련해서도 잘 드러나고 있었다.

---

65) 미군정기 향후 건설될 新生國家의 체제적 성격을 일반적 의미의 서구 자본주의와 다른 '국가 본위의 사회민주주의' 내지 '수정자본주의'라고 하는 관념은 한민당까지 공식 입장으로 주장할 만큼 보편화되어 있었다. 정부수립 후 대한민국 憲法精神을 '국가 본위의 사회민주주의' 또는 '민족적 사회주의'라 규정한 것도 이러한 관념의 표현이었다(國會事務處, 『제2회 國會速記錄 제50호』, 1949.3.10, 887쪽). 그러나 중간파와 보수우익이 말하는 '사회민주주의'의 내용과 성격은 많은 차이가 있기 때문에 이 언술과 관련해서는 세밀한 주의를 요한다.

강진국은 1930년대 사회개량주의 입장의 농촌문고운동을 전개하였는데, 일제 말기 대동농촌사 사장 이종만과 깊은 인간관계를 맺게 되는 특수한 인연으로 해방 후 이종만이 결성한 조선산업건설협의회의 주요 실무진으로서 좌우합작·중간파 노선의 민족경제건설운동에 참여하였다.[66] 그런데 강진국이 정리한 산업재건책의 골자는 기본적으로 이 조선산업건설협의회의 산업재건론에 바탕을 둔 것이었고, 또한 이 양자의 산업재건 방안과 경제관은 모두 일제 말기 이종만이 '대동사업체' 경제자립운동에서 표방한 실천방안과 경제이념을 모델로 삼은 것이었다.[67] 특히, 대동농촌사의 자작농창정사업과 집단농촌건설사업을 직접 경험한 강진국은 토지개혁과 함께 강구되어야 할 농업개혁·영농개혁 문제를 특별히 중시하였다.

입법의원 토지개혁법과 산업재건책의 입안 주체인 산업노동위원회 소속 중간파의 경제관·농정관은 대체로 이러하였다. 이들 중간파는 일제하 '사회민주주의' 토지개혁론과 '사회개량주의' 토지개혁론을 제

---

66) 이 사정에 대해서는 方基中, 앞의 논문, 161~163쪽 참조. 조선산업건설협의회는 1946년 8월 23일 李鍾萬(회장, 삼척개발)과 河允道(상무이사장, 광업진홍) 등 진보적인 경제계 인사들이 보수적 경제인까지 포함하여 자본·기술·노동의 삼위일체 정신, 곧 勞資協調 정신에 입각하여 자주적 민족경제 발전에 기여할 것을 강령으로 삼아 결성한 민간경제단체였다. 주로 미군정 귀속재산정책을 비판하면서 산업재건 방안을 강구하는 데 주력하였는데, 1947년 이종만이 '民戰' 중앙위원으로 참여하면서 조직 주도층도 중도좌파 내지 중간파로 재편되었다. 강진국은 조선산업재건협회가 결성된 1947년 9월 이후에도 조선산업건설협의회 임원진의 한 사람으로 계속 관련을 맺고 있었다.

67) 다만 이종만과 대동사업체·조선산업건설협의회의 일부 지도층 인사들은 단정노선을 거부하고 월북을 택하였기 때문에 이 연계성은 제한적 의미를 지닌다고 하겠는데, 여기에 남북분단 과정과 연관된 중간파 노선의 역사적 성격이 잘 드러나고 있다.

론한 당사자이거나 긴밀한 사상적 · 인적 관계를 맺고 있는 관계였다. 말하자면 일제하에 제론된 세 방향의 토지개혁론 가운데 사회주의 계열 이외의 나머지 두 계통의 토지개혁론 전통이 입법의원 토지개혁법안 입안 작업을 통해 상호 결합되고 있는 셈이었다. 비록 이 두 계통의 경제관 · 농정관이 입법의원 토지개혁법안에 하나의 통합된 논리로 체계화되어 제시되지는 못했지만, 이들은 별도의 산업재건책을 통해 자신들이 수용한 자본주의의 체제적 성격과 방향을 밝히고 있었다. 그리고 정부수립 후 이들 인사들이 농지개혁법 입안을 주도하게 되면서, 또한 분단정부의 수립이라는 현실과 관련하여 일정한 變容을 거치는 가운데, 두 계통의 경제관 · 농정관은 하나의 통합된 개혁논리로 체계화되고 있었다.

2) 농림부 개혁주체와 농지개혁법안

분단정부 수립 후 이승만정권이 일차적으로 해결해야 할 과제는 토지개혁 실시였다. 단정노선의 관철과 남북 대치 상황에서 농민층의 요구와 악화된 여론을 해소해야 한다는 정치적 이유에서도 그러했지만, 군정기 미국의 정책 기조를 계승하여 자본주의체제의 안정과 경제발전을 도모하기 위해서도 토지개혁 문제는 마무리가 되어야 했다. 그리고 이 점에 있어 李承晩의 입장 역시 확고하였던 것으로 보인다.[68] 그리고 입

68) 이 점과 관련해서는 이승만의 경제관 · 농민관에 대한 별도의 사상사적 검토가 필요할 것이나, 특히 다음 두 가지 측면을 염두에 둘 필요가 있을 것이다. 첫째, 계급적으로 지주층과 특별한 이해관계가 없는 이승만은 자신이 권력을 독점하기 위해서는 무엇보다 농민층을 장악해야 한다는 것을 잘 알고 있었다는 점. 둘째, 한말 단계부터 자본주의 文明開化論에 심취하고 거의 반세기를 미국에서 생활한 그는 누구보다도 미국식 자본주의 경제운영 원리와 대중동원에 기초한 권력유지 방식에 숙지하였다는 점이 그것이다.

법의원 활동을 통해 공지의 사실이 된바, 그 작업을 수행할 전문 능력과 실천의지를 갖춘 정치세력은 중간파였다. 이승만이 초대 내각 구성에서 농림부장관에 曺奉岩, 기획처장에 이순탁을 임명하여 중간파와 합작하고 집권 후 중간파 입장을 반영한 계획경제정책의 추진과 토지개혁 및 협동조합 조직을 천명한 내면적 배경은 이러하였다.[69)]

신정부의 농업개혁 과제를 안고 취임한 조봉암은 농림부 차관에 강정택을 추천하는 한편, 개혁 실무를 총괄할 농지국장에 강진국, 주무 과장에 尹澤重을 임명하는 등 중간파 경제전문가들로 개혁팀을 구성하였다.[70)] 개혁의 기본 방향은 취임 초 조봉암이 요약한 바와 같이 농지개혁의 실시와 '비영리적 협동경제체제'인 농업협동조합의 조직이었고, 그 일차적 당면 과제는 농지개혁과 농협 조직을 위한 입법 작업이었다.

1948년 9월, 조봉암 · 강정택 · 강진국과 기획처장 이순탁으로 구성된 농지개혁법기초위원회가 발족되어 농지개혁 입법 작업이 착수되었다. 요컨대 농지개혁 입법 지도부는 '합작 7원칙'의 토지개혁안, 입법의원 산업노동위원회의 토지개혁법안과 산업재건책의 입안자들로 구성된 셈이었다. 특히 농지개혁법 입안 기초 작업의 실무를 전담하면서

---

69) 이승만은 1948년 9월 30일 제1회 정기국회 제98차 본회의 施政演說에서 입법의원 산업노동위원회의7 토지개혁안 · 산업재건책과 기본 취지를 같이하는 종합적 計劃經濟의 수립, 유상매수 유상분배의 土地改革 시행, 연차적 産業復興計劃 수립, 산업단체 통합에 의한 協同組合 조직과 생산 · 분배계획 구현 등을 당면 경제정책 방향을 천명하였다(국회사무처, 「제1회 국회속기록 제78호」, 1948.9.30).

70) 강진국은 당초 단정 반대 입장을 취하였으나 조봉암과 특히 박건웅의 열성적 권유로 신정부에 참여하였다고 한다(「中央廳 : 農地改革(2)」, 『中央日報』 1982년 4월 23일자). 윤택중은 마르크스주의 경제학자 尹行重의 동생으로 조선과학자동맹 서울지부 조직부장을 겸하면서 강진국과 함께 조선산업건설협의회 실무진으로 활동하였다. 윤택중 이외에 농지국 과장으로 안창수와 배기철이 임명되었는데, 이들 역시 진보적 인사로서 6 · 25 전쟁 당시 윤택중과 함께 월북하였다.

주요한 역할을 담당한 이는 스스로 "원안을 기초한 자"로 자부한 강진국이었다.[71] 그는 1948년 9월부터 약 2개월간 농촌조사를 거쳐 시안을 작성하여 조봉암 · 강정택과 검토한 후, 11월 22일 농지개혁법 '농림부 초안'을 발표하였다. 그리고 1949년 1월 4일부터 각 도청소재지에서 공청회를 개최하여 초안에 대한 의견을 참조한 후, 1949년 1월 24일 최종 손질한 '농림부안'을 완성하여 국무회의에 이송하였다.[72]

입법 지도부와 강진국이 법안을 통해 관철하고자 한 개혁이념 · 농정 방침은 크게 세 가지였다.[73]

첫째, 중간파의 '국가자본주의' 관념을 표상하는 토지관리자로서의 국가의 주도적 역할을 부각시키고자 하였다. 농지수용 과정을 과도적 국유화 행위로, 농지수용을 징수로 규정한 것(제5조)이나 국가의 계획적 농지 · 농민관리를 규정한 조항(제19조)이 그 예였고, 점수제에 의한 농지분배 원칙(제11조), 농지를 무상 제공한 지주에게 전업을 우선 알선한다는 계획적 지주구제책(제7조), 지주보상가를 起業資金의 담보물로만 사용하게 하는 보상증권 공채 지급 규정(제9조) 등도 이러한 의식

---

71) 姜辰國, 『農地改革法解說』, 문화출판사, 1949, 11쪽.

72) 최종 완성된 '농림부안' 전문은 姜辰國, 「南韓農地改革의 展望」, 『協同』 21, 1949.3, 7~10쪽에 全載되어 있다. 완성된 '농림부안'은 1948년 11월에 작성된 '농림부초안'(전문은 농지개혁사편찬위원회, 『농지개혁사(상)』, 1971, 371~374쪽 참조)에 대한 공청회 의견을 수렴하여 수정된 것이기 때문에 '농림부초안'과 일정한 차이가 있다. 이 수정 과정에서 농림부 입법주체의 개혁이념이 다소 후퇴했을 소지가 있을 수 있으나, 양 법안의 내용과 강진국의 경위 설명을 통해서 볼 때 수정은 주로 초안의 법률적 미진함을 해결하거나 법조문 구성의 명확성을 기하는 방향에서 이루어진 것으로 보인다.

73) 方基中, 앞의 「解放政局期 中間派 路線의 經濟思想 – 姜辰國의 産業再建論과 農業改革論을 중심으로」, 183~187쪽. 이하 언급하는 농림부 농지개혁법안은 1949년 1월 완성된 '농림부안'을 말한다.

의 표현이었다. 특히, 강진국은 제5조와 제19조의 의미를 "유상매수 유상분배와 무상몰수 무상분배의 중간적인 입장을 채택한 것"이라 부각시켜 이를 사유권 제약을 규정한 "국가 본위의 사회민주주의", "민족사회주의적"인 대한민국 헌법정신의 반영이라 강조하고, 이러한 입법 취지를 국가통제의 종합적 자본주의계획경제정책의 수립과 연계시켜 설명하였다.[74)]

둘째, 전통적으로 토지개혁론은 소농주의 농정이념에 기초하고 있지만, 이들 역시 농지개혁 법안을 통해 농민 입장을 최대한 반영하고자 노력하였다. 실제 '농림부안'은 당시 제안된 다른 어느 시안보다도 농민의 이해관계를 반영하였다. 예컨대 농지분배에 대해 평년생산량의 120%를 년 20%씩 6년간 상환하도록 한 상환가와 상환율 책정이 그러하였고, 또한 상환기간 중에는 국세 등을 면제하여 농민의 자립화를 도모하였다. 실제 면세된 상태에서 년 2할 상환이면 농민에게 상당히 유리한 것이었다. 또한 평년생산량 150%를 3년 거치 10년간 보상한다고 규정한 지가보상 원칙도 그만큼 지주층에게 불리하였다. 3년 거치 규정은 특히 그러하였다.[75)]

셋째, 중간파 농업개혁론에서 특별한 의미를 갖는 농업협동화의 영농개혁 방안을 반영시키고자 하였다. 농업경영의 집약적 공동경작을 권장함으로써 농업생산력을 증대시키고 영농합리화를 기한다는 농지보존관리 원칙(제19조)과, 농업경영의 대농화 방향을 전망하여 농지대

---

74) 姜辰國, 『農地改革法解說』, 문화출판사, 17~18쪽, 23쪽 ; 姜辰國, 「農地改革의 目標」, 『새한민보』 3-4, 1949.2, 25쪽 ; 姜辰國, 「南韓農地改革의 展望」, 『協同』 21, 1949.3, 5쪽.

75) 농지대금 상환과 보상에 관한 이와 같은 割 규정은 '농림부안'의 주요한 여타 조항과 달리 우여곡절 끝에 국회에서 최종 확정된 농지개혁법에 반영되었다.

금 상환 완료 후 농민전업의 길을 열어놓기 위한 농지매매의 인정(제16조) 및 이농 자유 조치(제18조) 등이 그것이었다.[76] 농업협동화는 이들 농업개혁론의 오랜 지론으로서, 농지개혁 이후 예상되는 농지소유의 영세성과 자본의 소농 지배를 극복하고 생산력 발전을 기하기 위해서는 농업협동조합의 지도에 의한 경영의 집약화 · 기계화 · 협동화와 계획적인 농민전업을 도모해야 한다고 보았다.[77] 따라서 농지개혁법안에 반영된 이러한 영농개혁 방안은 농림부가 별도로 추진하고 있는 농업협동조합 조직을 전제로 하는 것이었고, 그것이 농업협동조합법 입법의 기본 방향이었다.[78]

---

76) 이와 관련해서는 '농림부안'이 분배농지 처분권을 영구히 금지했다고 이해하고 이를 근거로 '농림부안'이 북한식의 토지국가관리제를 도입한 것이며 이는 대한민국 헌법정신과 자본제적 경제원리에 배치되는 제3의 형태라고 이해한 견해가 있다(金聖昊 외, 『農地改革史硏究』, 韓國農村經濟硏究院, 1989, 470~ 476쪽). 이는 주 72에서 지적한 바, 1949년 1월 완성된 '농림부안'을 보지 못하고 법률적으로 미진한 1948년 11월의 '농림부초안'을 완성된 '농림부안'으로 오해한 데 기인한 것으로(金聖昊 외, 같은 책, 1196~1200쪽, 附錄 農林部草案), 이에 따라 '농림부안'의 개혁적 성격이 사실 이상으로 과장되었다. 이에 대해서는 方基中, 앞의 논문, 166~167쪽, 184~185쪽 참조.

77) 姜辰國, 『農地改革法解說』, 문화출판사, 13쪽, 28~29쪽, 53~54쪽 ; 姜辰國, 「農地改革의 目標」, 『새한민보』 3-4, 25쪽 ; 姜辰國, 「南韓農地改革의 展望」, 『協同』 21, 1949, 6쪽. 이미 입법의원 '産業再建策' 단계에서 강조한 것이지만, 특히 강진국은 농업협동화와 함께 계획적 농민전업을 중시하여 누차 영세농민, 경작잉여농가를 타 산업분야로 전업시켜 농촌인구를 전 인구의 20% 수준으로 감소시킬 것과 이를 위한 농업협동조합의 지도적 역할을 강조하였다.

78) 당시 농림부는 朝鮮農會를 비롯한 여러 농업단체를 통합하여 농업협동조합을 조직하고 金融組合聯合會를 農業銀行으로 개편한다는 입장에서 농업협동조합법을 입안하고 있었는데, 생산 · 노동의 공동조직과 통제관리, 공동구판사업, 토지관리 등을 규정하여 농업협동화의 취지를 실현하고자 하였다. 농업협동조합법 입법 실무자는 군정기 중도좌파 · 중간파 입장에서 활동한 농촌지도국장 趙東弼

이와 같이 '농림부안'의 농업개혁 구상과 농정이념은 입법의원 토지개혁법안과 산업재건책에서 제시된 중간파의 그것과 기조를 같이하고 있었다. 특히 주무자인 강진국과 관련하여 그 입법정신과 농정방침은 산업재건책의 경제관 · 농정론에 바탕을 둔 것이었다. 국가 주도의 자본주의계획경제론과 조합주의 농업협동화론에 기초한 중간파의 토지개혁관, '국가자본주의' 경제관 · 농정론은 정부수립 이후 농지개혁 입법 과정에서도 견지되고 있는 셈이었다.[79] 이것이 농림부 농지개혁 입법주체들이 추구한 농업개혁의 기본 구상이었고 발전 방향이었다. 이러한 의미에서 농림부 농지개혁법안은 사회주의 토지개혁론과 더불어 일제하 토지개혁 · 농업개혁의 사상 전통을 형성한 '사회민주주의' 토지개혁론과 '사회개량주의' 토지개혁론이 해방 후 분단과 결부된 남한 자본주의 국가건설의 방향 속에서 결합하는 가운데 도달한 귀결점이었다고 할 수 있었다.

그러나 이 과정은 또한 중간파 국가건설노선의 변용 과정이기도 하였다. 분단의 현실화와 분단정부에의 참여라는 정치적 여건 속에서 이들이 견지한 '국가자본주의' 체제이념은 현저히 개량화되었다. 국가계획경제와 협동화의 수준은 과거보다 훨씬 약화되었고, 귀속재산 처리문제와 결부된 적극적인 지주전업론에 잘 나타나듯이 이들의 실천논리는 더욱 자본주의체제에 편입되었다.[80] 소농 본위의 반독점사상은 견지하였지

이었다. 정부수립기 협동조합을 둘러싼 논의에 대해서는 權赫鼎, 「協同組合案批判」, 『農村』 7, 1949.7, 35~37쪽 ; 韓國銀行調査部, 「韓國農業團體小史와 今後의 農村協同體에 關한 考案」, 『調査月報』 83, 1955.10, 調 50~53쪽 ; 이임하, 「이승만정권의 농촌단체 재편성」, 『역사연구』 6, 1998, 230~233쪽 참조.

79) 方基中, 앞의 논문, 188쪽 ; 鄭眞阿, 「第1共和國 初期(1949~1950)의 經濟政策研究」, 『韓國史研究』 106, 1999, 245~249쪽.

80) 方基中, 위의 논문, 186~188쪽.

만 그 내면의 강렬한 자본주의 비판의식은 점차 건실한 자본주의 국가건설관으로 수정되고 개량화되었다. 이는 중간파 노선이 견지한 계급협조주의 · 협동조합주의 국가관과 계급관이 좌우 이데올로기 대립을 수반한 분단 현실 속에서 필연적으로 당면할 수밖에 없는 예정된 코스였다.

그러나 이러한 개량적 변용에도 불구하고 농림부 입법주체의 개혁이념과 반독점사상은 남한 주류 정치세력의 반공이념 · 경제이념과 기본적으로 대립하였다. 이들 입법주체가 국회 농지개혁법 심의 과정에서 끝까지 관철시키고자 노력하였던 '농림부안'의 주요 조항은 한민당 등 지주 · 자본가의 계급적 이해를 대변하는 보수적 우익 진영으로부터 불온시되고 수정되었다. 그것은 이들이 농지개혁과 더불어 농업개혁의 양대 사업을 설정한 농업협동조합법의 폐기 과정에 잘 드러나지만, 이와 불가분의 관계에 있는 공동경작제도의 도입 등 농업협동화 방안이나 각종 영농개혁 · 소농보호책 역시 법안으로 성안되지 못한 채 사문화되었다.[81] 이는 이들 중간파 입법주체들이 구상한 농지개혁의 정책이념과 목표를 심각하게 훼손하는 것이었다. 이들에게 농지개혁은 농업개혁의 출발점일 뿐이었다. 영농개혁과 이를 주도할 농민조직 창출이 법적으로 보장되지 않은 농지개혁은 지주제 농업체제를 자본주의 영세소농체제로 전환하는 것에 불과하였다. 그것은 곧 자본의 농촌 · 농민지배를 새롭게 강화하는 것에 다름 아니었다.

여기에 또한 정권 내 주류 경제관료진의 자유경제원리에 입각한 자본가 본위의 자본축적정책은 계획경제에 입각한 이들 중간파의 민족경제자립론을 사실상 주변화 · 허구화시켰다.[82] 그것은 조봉암의 축출과

---

81) 姜辰國, 「헐뜯긴 '農地改革法' 草案」, 『新東亞』 1965년 10월호.

82) 鄭眞阿, 앞의 논문, 30~40쪽. 농림부 개혁팀이 지주자본을 민족자본의 기반이라 강조하며 계획적 地主轉業을 통해 지주의 자본가화, 지주자본의 산업자본화를

함께 현실화되었다. 이승만을 정점으로 하는 남한의 주류 정치세력·경제관료진 역시 자본주의 발전을 위해서는 농지개혁이 필요하다는 것을 인정하였고, 그러한 차원에서 중간파 노선과 합작하였다. 그러나 양자는 자본주의 발전 방향과 논리, 그 주체 설정을 달리하였다. '중간안정론'과 저곡가정책 및 협상가격차의 심화로 상징되는 1950년대 이승만정권의 경제정책·농업정책은 미국의 경제원조와 외자에 기초한 자본 본위의 자본주의 경제부흥정책으로서, 그것은 농촌·농민 희생을 통한 자본축적과 불가분의 관계에 있었다.[83] 이승만은 중간파를 권력에서 배제함으로써 농지개혁의 의의를 독점할 수 있었지만, 1950년대 농지개혁 이후에도 농업문제·농민문제가 더욱 악화될 수밖에 없는 배경이 여기에 있었다.

4. 결론

농지개혁의 추진 주체는 넓은 의미에서 여러 정치세력이 합작한 이승만정권이다. 그러나 이 가운데 특히 농지개혁의 입법 이념과 논리를 제공한 주체는 초대 농림부 개혁입법 관료진이었다. 이들은 미군정기 좌우합작운동을 계기로 결집된 중간파 진영 가운데 입법의원과 남한정부에 참여한 이른바 '중간우파' 계열의 인사들이었다. 이들은 입법의원

적극 도모한 것은 이에 대한 대응의 의미를 지니고 있으며, 조봉암이 일제하 지주층의 대변기관이었던 大韓農會 회장이 된 후 긴밀한 정치적 관계를 갖게 되는 것도 이와 밀접한 연관이 있다.

83) 金俊輔, 『韓國資本主義史硏究(Ⅲ)』, 一潮閣, 1977, 제11장 ; 李大根, 『韓國戰爭과 1950年代의 資本蓄積』, 까치, 1987 ; 方基中, 「1953~55년 金融組合聯合會의 殖産契復興事業 硏究」, 『東方學志』 105, 1999, 208~212쪽, 242~250쪽.

산업노동위원회의 토지개혁안과 산업재건책, 농림부 농지개혁법안을 기초함으로써 해방 후 북한 토지개혁론과 체제적 방향을 달리하는 자본주의 농지개혁론의 이론적 체계를 확립하였다.

이들이 견지한 농지개혁의 농정이념은 '경자유전'의 원리에 입각한 소농주의의 실현과 농민 본위의 자립적 민족경제 건설에 있었고, 그 지향하는 체제이념은 일반적 의미의 서구적 자본주의가 아니라 사회민주주의체제의 성격을 갖는 '약소민족형 국가자본주의'였다. 또한 농업개혁 구상의 요점은 농민적 토지소유를 실현한 위에 국가 주도의 자본주의계획경제체제를 구축하고 협동조합을 매개로 집단적 농업협동화를 실현하고자 하는 데 있었다. 농업협동화의 실천이념 · 계급관은 계급협조주의 · 노자협조주의였고, 그 실천 방안의 핵심은 생산과 노동을 공동조직하여 생산력 발전을 도모하는 생산조합 · 집단농장제에 있었다.

이러한 이념과 구상은 서양의 각종 진보적 정치경제사상이나 농업경제학의 수용을 통해 이론화된 것이지만 또한 오랜 역사적 연원을 가지고 있는 토지개혁 · 농업개혁의 내재적 사상 전통을 바탕으로 구축된 것이기도 하였다. 한국에서는 봉건사회의 기저적 경제제도로서 지주제가 갖는 역사적 특수성과 관련하여 지주제 모순을 극복하기 위한 오랜 사상적 실천적 모색이 존재하였다. 이들 입법주체의 소농주의 농정이념은 大同思想과 井田 이념에 기초한 유교적 이상사회관에 기원을 두고 있었고, 농업개혁 논리는 조선후기 이래 전개된 실학파 토지개혁론의 경험과 맥락을 같이 하였다. 특히 토지국유를 강조하는 급진론과 토지사유를 인정하는 점진론이 竝論되는 가운데 실학파 토지개혁론을 통해 집단농장제에 입각한 농업협동화 사상이 토지개혁론의 중요한 사상적 전통으로 확립되었다.

유교적 토지개혁론의 사상적 전통은 일제하 근대사상과 학문체계로 재구성되면서 근대적 토지개혁론 체계로 발전하였다. 일제하 토지개혁론은 사회주의 토지개혁론, '사회민주주의' 토지개혁론, '사회개량주의' 토지개혁론 등 크게 세 계통으로 전개된바, 이 가운데 남한 농지개혁의 개혁이념과 이론적 기반이 된 것은 '사회민주주의' 계통과 '사회개량주의' 계통의 토지개혁론이었다. 양자는 중요한 차이를 가지면서도 개혁이념과 논리를 상호 공유하였다. 농지개혁의 이념적 토대를 유교적 소농주의 농정이념과 실학파 토지개혁론의 전통에서 찾았고, 협동조합을 매개로 농업협동화와 생산력 발전을 추구한 점에서도 호흡을 같이하였다. 또 국가의 경제통제 · 계획경제와 소농 본위의 영농정책을 중시하였고, 노자협조 · 계급협조 · 좌우합작의 계급관 · 정치관을 견지한 점에서도 서로 상통하였다.

해방 후 남한 농지개혁론은 이와 같은 두 계통의 개혁사상 전통과 실천적 경험 위에서, 또한 일제하 개혁론을 주도한 그 당사자들에 의해 전개되고 확립되었다. 일제하 두 계통의 토지개혁론은 입법의원 토지개혁법안과 산업재건책을 통해 상호 결합하면서 유상매수 · 유상분배에 입각한 농지개혁론으로 재구성되었고, 그것은 정부수립 후 농지개혁의 입법정신과 개혁이념으로 계승되었다. 농림부 입법주체의 농정이념과 농업개혁 구상은 단순한 자본주의 소농경제체제의 창출이 궁극적인 목표가 아니었다. 그것은 전면적인 자본주의 계획경제체제의 수립과 함께 농업협동조합을 기반으로 영농개혁과 농업협동화를 추진함으로써 신국가의 자립적 민족경제 · 농업구조를 달성한다는 데 있었다.

그러나 농림부 입법주체의 경제관 · 농정이념은 궁극적으로 이승만과 주류 관료진, 국회 보수 우익세력 등 남한의 지배적 정치세력에 의해 배제되고 주변화되었다. 지주제에 기초하여 자본주의근대화를 모색한 지주 · 자본가적 전통 위에서 일제하 민족 · 자본주의 진영의 주류를 점한 이들 지배세력은 해방 후 정치현실과 관련하여 농지개혁을 불가피한 현실로 받아들였다. 이승만과 주류 관료진, 국회 보수 우익세력 등의 이해관계가 상호 일치하는 것은 아니었지만 반공이념으로 무장하고 자본 본위의 자유경제정책을 추구한 점에서 상호 공감대를 형성하였다. 이승만은 농림부 개혁팀을 축출하고 농지개혁의 의의를 독점하였으나 농촌·농민 희생을 강요하는 농정과 자본축적정책을 추진함으로써 농지개혁은 농림부 입법주체의 의도와 달리 자본주의 영세소농체제의 창출로 귀결되었다. 이러한 의미에서 농지개혁은 식민지 농업구조의 모순을 청산하는 획기적 의의를 지니는 동시에 분단체제와 결합된 새로운 자본주의 농업구조의 모순을 창출하는 분기점이었다.

(출전: 홍성찬 편, 『농지개혁 연구』, 연세대학교출판부, 2001.)

해방정국기 중간파 노선의 경제사상

— 姜辰國의 산업재건론과 농업개혁론을 중심으로 —

1. 머리말

해방정국기 중간파 진영이 남한의 주요한 정치세력으로 부각되기 시작한 것은 좌우합작운동이 한 단계 마무리되는 1946년 후반경부터였다. 일제하 국내외의 각종 비타협적 민족주의운동에 연원을 두고 있는 중간파 진영은 취약한 정치적 기반, 소부르조아적 정치이념 등과 관련하여 해방정국기 국가건설운동을 주도할 수 없었다. 그리하여 이들은 분단이 현실화되면서 남북한의 자본주의체제와 사회주의체제에 흡수용해되거나 주변화되었다.[1] 그러나 이러한 성격에도 불구하고 해방정국기 중간파 진영의 정치적 역할과 의미는 결코 적지 않았다. 특히 이들은 1947년 중반 이후 미군정과 극우세력이 좌익의 합법적 활동을 봉쇄하면서 남한 단독정부 수립을 강행할 당시 이에 대항하여 자주적 통일국가수립운동을 전개한 중요한 정치세력이었다.

이러한 점에서 해방정국기 중간파 진영의 국가건설운동과 그들의 정치경제사상에 대한 검토는 남북분단의 정치사, 사상사를 이해하고 현안으로 다가온 통일의 과제를 전망하는 데에도 주요한 연구과제가 아

1) 방기중, 『한국근현대사상사연구』, 역사비평사, 1992, 13~14쪽.

닐 수 없겠다. 그러나 현대사연구의 일천함을 생각할 때 불가피한 현상이라 하겠지만, 그간 중간파 연구는 좌우익의 국가건설운동 연구나 미군정 연구에 비해 극히 零星한 형편이었다. 최근에야 중간파 진영의 국가건설운동·남북통일운동에 대한 정치사적 검토가 본격화되고,[2] 사상사 측면에서도 중간파 진영의 주요 이론가인 裵成龍의 정치경제사상에 대한 분석[3]이 이루어져 비로소 이 분야 연구의 초석이 마련된 점은 적잖이 다행한 일이다.

본 연구는 이러한 작업의 일환으로서 해방정국 후반기(1947∼1949년) 중간파 진영의 경제사상을 姜辰國의 산업재건론과 농업개혁론을 통해 살펴본 것이다. 일반에게 다소 생소한 인물인 강진국(1905∼?)은 해방정국 후반기 중도적 성향의 민간경제단체나 산업정책연구기관의 주요 실무자로 활동한 경제이론가였다. 또, 정부수립 후에는 중간파 인맥으로 구성된 농림부 농지개혁팀의 초대 농지국장으로서 정부의 농지개혁법 草案, 곧 농림부 농지개혁법안을 기초한 실무책임자였다. 중간파를 대표하는 정치적 명망가나 저명한 학자는 아니지만 그는 중간파 진영의 경제건설 이념과 방안을 구체화하여 제시한 정책입안 실무자의 역할을 한 인물이었다.

이렇게 보면 그의 산업재건론과 농업개혁론은 흔히 수정자본주의나 사회민주주의적인 것으로 파악되는 중간파 노선의 '조선적 민주주의'

---

2) 조성훈, 「좌우합작운동과 민족자주연맹」, 『백산박성수선생화갑기념논총 한국독립운동사인식』, 1991 ; 도진순, 「1945~48년 우익의 동향과 민족통일정부수립운동」, 서울대 박사학위논문, 1993. 이외에 李甲燮, 「中間派의 理論」, 『新天地』 2-9, 1947.10 ; 崔愚根, 「中間政黨을 論함」, 『新天地』 2-9, 1947.10 ; 宋南憲, 『解放三年史 2』, 까치, 1985 ; 서중석, 『한국현대민족운동연구』, 역사비평사, 1991 등 참조.

3) 金基承, 「裵成龍의 政治·經濟思想 硏究」, 고려대 박사학위논문, 1991.

정치이념[4]의 경제사상적 실체를 구체적으로 살펴볼 수 있는 하나의 요긴한 재료가 될 것이다. 이 점이 필자가 무엇보다 주목한 문제의식의 소재이자 분석의 초점이다. 필자가 의도한 또 하나의 문제의식은 그의 산업재건론의 일환을 이루는 농업개혁론을 통해 농림부 농지개혁법안의 경제이념과 중간파 경제사상의 변용 과정을 전망해 보고자 한 점이었다. 이러한 사상사적 접근에 의해 그간 경제사적 분석과 각종 농지개혁법 시안에 대한 비교사적 검토에 의존해 온 농지개혁의 역사상도 좀 더 풍부히 이해될 수 있지 않을까 생각하였다.[5]

그러나 이러한 문제의식에도 불구하고 본 연구가 기본적으로 특정 인물을 검토대상으로 삼고 있는 한 이에 따르는 방법상의 한계를 벗어날 수 없을 것이다. 특히 이는 중간파 진영이 복잡한 정파로 구성되어 있고 그 주장과 이념도 다양하다는 점과 관련하여 더욱 그러하다. 이러한 한계는 추후 분석 대상의 폭을 넓히는 과정에서 해결해 보고자 한다.

2. 해방정국기 경제건설 활동

강진국은 1905년 경남 동래 출신으로 日本大 법과를 졸업한 법학도였다. 그는 당초 변호사를 지망하였으나 유학 당시 일본 농촌갱생운동·협동조합운동에 영향을 받아 농촌운동에 뜻을 두게 되었다고 한

4) 「民族自主聯盟 綱領」, 『새한민보』 1948년 1월 상순호, 22면 ; 조성훈, 앞의 논문, 429~431쪽 ; 도진순, 앞의 논문, 162~163쪽.

5) 농지개혁사에 대한 연구사 정리는 한국사회경제학회 현대사분과, 「한국현대사연구의 현황과 과제」, 『사회경제평론』 2, 1990 ; 한국역사연구회 현대사연구반, 「남한의 경제구조 재편과 북한의 '민주개혁' 수행」, 『한국현대사 1』, 1991 참조.

다.[6] 1931년 귀국한 그는 종로도서관에 재직하면서 농촌실태를 조사하는 한편, 나름대로 농촌운동의 전망을 모색하였다.[7] 그리하여 일제 탄압에 의해 민족주의 계열의 합법적 농민운동까지 거의 쇠퇴하고 있었던 1936년부터 농민계몽과 농촌개발을 목표로 협동조합 기능을 겸한 '農村文庫' 창설을 제창하고 이를 위한 평론활동에 진력하였다.[8] 그러나 총독부가 자신의 글을 문제삼기에 이르자 그는 三陟炭鑛에 일자리를 구하여 피신하였고, 여기에서 해방을 맞았다.[9] 삼척탄광은 해방 후 적산기업으로 미군정에 귀속되었는데, 그는 이 곳에 계속 근무하면서 자주관리운동에 참여하다가 1946년 중반경 사직하였다.[10]

해방정국기 강진국이 경제건설활동에 본격 참여하게 되는 것은 이 때부터로, 이후 정부수립기에 이르기까지 그의 활동은 크게 네 단계로 나누어 살펴볼 수 있다. 첫째 단계는, 1946년 7월 23일 창립발기대회를 갖고 8월 23일 결성된 朝鮮産業建設協議會의 실무진으로 참여하여 자립경제건설운동에 주력한 시기였다.

조선산업건설협의회(이하 '産建協')는 경제적 혼란이 심화되는 가운데 미소공동위원회가 무산되자 이에 대한 위기의식을 반영하여 창립된

---

6) 「中央廳 : 農地改革(2)」, 『中央日報』 1982년 4월 23일자.

7) 그는 1931년 金光洲, 柳山房, 金楨弼, 李慶孫, 黃錫禹 등과 함께 좌익 성향의 문학잡지 『新興文壇』 발간에 동인으로 참여하였는데, 이로 보아 20대에는 사회주의에 대한 관심도 있었던 것 같다(『朝鮮日報』 1931년 10월 25일자).

8) 다음과 같은 長文의 논설이 그것이다. 姜辰國, 「農村事業을 附帶한 農村文庫創設의 急務」, 『東亞日報』 1936년 2월 27일~3월 11일자(9회) ; 姜辰國, 「農村文庫經營論 – 그 必要와 方法에 對하여」, 『東亞日報』 1937년 10월 8일~12월 4일자(24회).

9) 姜辰國, 「헐뜯긴 '農地改革法' 草案」, 190쪽 ; 김영준 전 농림부장관 증언.

10) 姜辰國, 「管財令第八號 修正案을 보고(上)」, 『東亞日報』 1947년 4월 4일자. 이 곳에서의 자주관리운동에 대해서는 주 17 참조.

민간경제단체였다. '산건협'은 조선산업계의 조속한 재건, 육성을 기함으로써 자주적 통일정권 수립을 촉구한다는 취지 아래 과도적 수난기를 극복하기 위한 "전민족의 희생적 협조정신"을 창립정신으로 표방하고,[11] 애국적, 자주적 견지에서 자본 · 기술 · 노동의 삼위일체와 산업 각 부문 간의 협조 등을 통해 민족경제 발전에 기여할 것을 강령으로 삼았다.[12]

'산건협' 결성을 주도한 인사들은 회장 李鍾萬과 상무이사장 河允道를 비롯하여 대개 중도적인 성향의 진보적 인사들이었다.[13] 그러나 창립취지에 따라 미군정과 밀접한 관계에 있는 보수적인 적산기업 경영인이나 사본가, 금융인 등도 다수 임원으로 참여하여 외견상 좌우협조의 정신을 표방하였다.[14] 강진국은 창립 당시 실무진으로만 참여하였으나 1947년 '산건협' 임원진이 전반적으로 중도 내지 중도좌파계 인사들로 개편될 때 白南雲, 薛義植, 金良瑕 등과 함께 임원진에 참여하였다.[15] 강진국이 '산건협'에 적극 참여하게 된 것은 특히 그가 회장 이종만과 밀접한 관계에 있었기 때문이었다. 그는 1937년 '농촌문고'운동을 계기로 당시 大同社 경영주였던 이종만[16]과 만나게 되어 긴밀한

---

11) 「朝鮮産業建設協議會 創立趣旨書」, 『朝鮮人民報』 1946년 7월 23일자.

12) 서울시임시인민위원회, 『政黨社會團體登錄綴』, 1950, 927쪽.

13) 李鍾萬(三陟開發), 河允道(鑛業振興) 외에 '산건협' 창립을 주도한 인사는 부회장 劉在晟(龍山工作)과 申東浣(有恒商工), 상무이사 李謙孝(龍山工作) · 金龍岩(工業技術聯盟) · 崔曐(全評) · 金奎杰(상임준비위원) · 裵成龍(경제학자), 이사 黃漢喆(海運運輸) · 朴景洙(협동조합중앙회) · 尹行重(서울대) 등이었다.

14) 창립 임원은 서울시 임시인민위원회, 앞의 책, 935~936쪽 참조. 이에 미군정은 처음 '산건협'을 우익단체로 분류하였다(한림대 아시아문화연구소 편, 『駐韓美軍週刊情報要約(HQ, USAFIK G-2 Weekly Summary) 2』, 1990, 446쪽).

15) 변동된 임원진은 서울시 인민위원회, 위의 책, 923~924쪽 참조.

16) 南湖 李鍾萬은 울산 출신의 광산기업가이자 사회사업가로, 1937년 母企業인 大

관계를 유지하였는데, 해방정국기에도 이들은 경제건설운동을 중심으로 줄곧 행동을 같이하였다.[17]

'산건협'이 산업재건과 관련하여 진력한 문제는 귀속재산 문제였다. 그들은 미군정이 조선산업의 96%를 차지하는 귀속재산을 독점하고 일부 특권계층, 악질모리배들을 관리인으로 내세워 조선인의 자주적 산업건설을 철저히 부정함으로써 조선경제를 미국에 예속시키고 있다고 파악하였다.[18] 그리하여 '산건협'은 미군정 敵産政策에 대한 반대운동을 주도하는 한편, 미군정에 ①귀속재산 관리운영권의 완전한 이양, ②임시정부가 수립될 때까지 적산처분 보류, ③모리배·악질통역·친일파 숙청과 양심적인 기업가 등용, ④각계 각층을 망라한 관리운영위원회 조직과 협동조합에 입각한 생산기관의 공동책임제 운영 등을 요청

同鑛業株式會社를 기반으로 大同鑛山中央組合, 大同農村社, 大同出版社, 大同工業專門學校, 西海農場 등을 산하에 둔 방대한 규모의 대동사('대동콘체른')를 창설 운영하였다. 해방 후 그는 三陟開發(삼척탄광)의 경영사장, 1946년 '산건협' 회장, 1947년 민주주의민족전선 중앙위원 등을 역임하면서 자립경제건설운동을 주도하였다. 1948년 남북협상을 적극 지지하였고, 이후 월북하여 최고인민회의(제1, 2기) 대의원을 역임하였다.

17) 그가 이종만을 만난 경위에 대해서는 姜辰國, 「農村文庫經營論－그 必要와 方法에 對하여(16)」, 『東亞日報』 1937년 11월 18일자 참조. 특히 이종만은 해방 직후 강진국이 근무하던 삼척탄광 경영사장이었다. 당시 이 곳에서는 사무직원들이 이종만과 노동자의 협조 아래 自治委員會를 조직하고 자주관리운동을 전개하였는데, 미군정과 관리인이 이를 탄압하자 자치위원회·노동조합 측은 파업을 전개하며 미군정과 대립하였다(『해방일보』 1946년 2월 1일자 ; 『전국노동자신문』 1946년 6월 7일자, 7월 5일자). 강진국이 삼척탄광을 사직한 것도 이 때문이었던 것으로 보인다.

18) 『朝鮮日報』 1947년 1월 11일자 ; 『東亞日報』 1947년 4월 18일자 ; 河允道, 「產業再建과 敵産」, 『朝鮮日報』 1947년 1월 1일자 ; 李鍾萬, 「管財令 第八號 卽時撤回하라」, 『서울신문』 1947년 3월 1일자.

하였다.[19] 강진국은 이러한 자립경제건설운동에 적극 참여하면서 산업재건과 귀속재산 운영에 대한 대책을 모색하였다.[20]

둘째 단계는, 1947년 9월 19일 창립된 朝鮮産業再建協會(이하 '再建協')에 참여하여 산업재건을 위한 정책입안에 주력한 시기였다. '재건협'은 정치색 배격과 관민협동 정신에 입각하여 "민간 최고산업기관"을 구성한다는 취지 아래 입법의원 산업노동위원회 내에 설치된 경제단체였다.[21] 회장은 산업노동위원회 위원장인 朴建雄이었고, 실무책임자는 상임이사 강진국이 맡았다.[22] '재건협'의 실체는 발기인 구성에서도 알 수 있듯이, 박건웅[23]을 중심으로 중간파 인사들이 결집하여 조직

19) 『東亞日報』 1947년 2월 20일자 ; 『朝鮮日報』 1947년 3월 8일자 ; 『朝鮮日報』 1947년 4월 18일자 ; 『漢城日報』 1947년 6월 9일자 ; 『노력인민』 1947년 6월 20일자 ; 『朝鮮日報』 1947년 7월 17일자.

20) 그가 활동 전면에 나서기 시작한 것은 1947년 초 管財令 제 8호에 대응하여 '산건협' 주도로 좌우정당, 학계, 경제계 각 단체를 망라하여 결성한 管財對策實行委員會의 실무를 맡게 되면서였던 것으로 보인다(姜辰國, 「管財令 第八號 修正案을 보고(1)」, 『東亞日報』 1947년 4월 4일자).

21) 『工業新聞』 1947년 8월 22일자. 즉 '재건협'은 입법의원에 소속된 공적 하부조직은 아니나 사무실까지 산업노동위원회 위원실 내에 두고 있어 사실상 입법의원 산하기관으로 존재하였다(朝鮮銀行 調査部, 『1948年版 朝鮮經濟年鑑』, 1948, II-135쪽 ; 『서울신문』 1948년 1월 17일자).

22) 姜辰國, 『朝鮮經濟의 實態와 再建策』, 1948.2, 123~125쪽 ; 「中央廳 : 農地改革(1)」, 『中央日報』 1982년 4월 21일자. 발기인은 산업노동위원회 소속 의원인 朴建雄 金乎 李順鐸 등 10여 명, '산건협' 회장 李鍾萬과 黃漢喆 · 具鎔書 · 姜辰國 등 경제계 인사 30여 명, 金在乙 · 安東爀 등 기술계 인사 수명, 李克魯 · 裵成龍 · 崔石昌 등 학계 인사 10여 명, 申東浣 등 공업계 인사 수 명, 민정장관 安在鴻과 미국인 경제최고고문 등 70여 명이었다(『工業新聞』 1947년 8월 22일자).

23) 박건웅은 黃浦軍官學校 4기 졸업생으로, 金元鳳 · 義烈團과 활동하면서 1929년 조선공산당재건동맹(북경), 1932년 韓國對日戰線統一同盟 상무위원 등을 지냈다. 1936년 朝鮮民族解放同盟을 결성하여 김원봉보다 좌파적인 입장을 취하였

한 산업정책연구기관이었고, 그 활동목표는 산업재건을 위한 정책안을 입안하여 이를 입법의원을 통해 구체화하는 것이었다. 당시 박건웅은 朝美土地改革連絡委員會 대표로서 입법의원 토지개혁법 입안에 관여하였는데,[24] 이와 별도로 산업정책 입안을 위한 연구기관을 조직하여 토지개혁과 산업재건의 동시 해결을 도모하였다. 그는 이 작업을 敵産拂下反對運動을 주도하고 있는 '산건협'을 토대로 추진하였고, 그 운동의 실무역할을 하고 있었던 강진국에게 '재건협' 일을 맡기게 된 것이었다.[25]

'재건협'에 부과된 기본과제는 미군정기 파괴된 산업경제를 복구하고 자급자족을 확보할 수 있는 종합적인 긴급 산업복구책을 마련하는 것이었다. 그리하여 국가종합경제계획의 실시와 자주적 경제운영 확립이라는 원칙 아래 「産業緊急復興基本要綱」을 마련하여 1948년 1월 중순 산업노농위원회에 이관하였고,[26] 산업노농위원회는 1월 22일 이를

고, 1942년 臨政에 합류하였다. 해방 후 민족해방동맹의 대표로서 좌우합작위원회 선전부장, 입법의원 산업노농위원회 위원장, 민족자주연맹 상무위원 등을 역임하였다. 1950년 2대 국회에 출마하였다 낙선하였고, 6.25 전쟁 때 월북하였다고 한다.

24) 미군정의 토지정책과 입법의원 토지개혁안 입법과정에 대해서는 崔虎鎭 · 金炳台, 「農地改革前史」, 『大韓民國學術院論文集(人文社會科學篇)』 25, 1986 ; 韓國農村經濟研究院, 『農地改革史研究』, 1989, 325~353쪽 ; 洪性讚, 「일제하 李順鐸의 農業論과 해방직후 立法議院의 토지개혁법안」, 崔虎鎭博士講壇50週年紀念論文集刊行委員會 編, 『經濟理論과 韓國經濟』, 博英社, 1993 등을 참조.

25) 「中央廳 ; 農地改革(2)」, 『中央日報』 1982년 4월 23일자. 말하자면 박건웅은 조선산업재건협회 산업정책 연구팀을 토지개혁법 입안팀과 유기적인 관련하에 운영하면서 산업노농위원회의 경제정책안을 마련하고 그 입법화를 추진한 듯하다(姜辰國, 『朝鮮産業經濟의 實態와 再建策』, 1948, 머릿말 ; 김영준 전 농림부장관 증언).

26) 『서울신문』 1948년 1월 17일자.

입법의원 본회의에 회부하였다.[27] 그리고 실무책임자인 강진국은 2월 하순 「基本要綱」을 토대로 『朝鮮産業經濟의 實態와 再建策』(이하 『再建策』)이라는 별도의 책자를 만들어 당시 입국해 있었던 UN조선위원단에게 제출하였다.[28] 단정노선이 전면화되어 있던 당시 산업재건의 긴급성과 남북통일정부 수립의 당위성을 주장하기 위해서였다. 요컨대 『再建策』은 강진국과 '재건협'의 경제건설 구상과 이념이 집약된 것이었고, 또한 산업노농위원회 중간파 인사의 경제인식을 반영한 것이었다. 그러나 「기본요강」은 입법의원 본회의에 상정되지 못하고 사장되고 말았다. 입법의원 토지개혁법안이 본회의에서 폐기된 것과 마찬가지로 그것은 미군정의 후원을 기대하면서 보수우익 계열이 다수를 점한 입법의원을 통해 정부수립·국가건설의 기초를 만들고자 한 중간파 진영의 정치적 한계를 반영하는 것이었다.[29]

셋째 단계는, '재건협'의 활동이 성과를 거두지 못한 1948년 2월 이후부터 정부수립 직전까지의 시기였다. 남북분단이 확정되는 이 시기 강진국은 크게 두 분야에서 활동하였다. 하나는 중간파 진영의 단정반

---

27) 『京鄕新聞』 1948년 2월 19일자.

28) 姜辰國, 『朝鮮産業經濟의 實態와 再建策』, 1948, 머릿말. 2월 19일 작성된 것으로 되어 있는 이 책자는 등사본으로, 현재 국립중앙도서관에 소장되어 있다. 다소 개괄적이지만 당시 중간파 입장의 경제건설안으로서는 1947년 6월 미소공동위원회에 제출한 時局對策協議會의 答申案과 더불어 대표적인 예였다. 특히 그는 이 책을 저술하는데 입법의원 전문위원, 조미토지개혁연락위원회 기초담당비서이자 '재건협' 동료인 鄭顯準으로부터 많은 도움을 받았다고 밝히고 있다. 정현준은 新京國立法政大學 법학부를 졸업하고 滿洲國에서 토지입법·토지조사에 종사한 경력이 있다.

29) 중간파의 입법의원 참여의도와 그 한계, 중간파와 입법의원 및 미군정의 역관계 등에 대해서는 金赫東, 『美軍政下의 立法議院』, 汎友社, 1970 ; 조성훈, 앞의 논문, 406~409쪽 ; 도진순, 앞의 논문, 135~137쪽 참조.

대운동이었다. 그는 박건웅의 권유로 民族自主聯盟에 관계하면서,[30] 4월 14일 남북협상만이 구국의 길이며 단정수립은 민족상잔의 길이라는 취지하에 남북협상 참여를 촉구한 '문화인 108인 성명'[31]과 7월 26일 미국의 대한·대일정책을 비판하고 兩軍 동시철수를 주장한 '문화인 330인 성명'[32]에 동참하였다. 나아가 그는 6월 24일 새한민보 사장 薛義植이 주도한 朝鮮言論協會 사무부장으로서 "통일독립의 완수"를 위한 언론활동에 종사하였다.[33]

다른 하나는 産業經濟研究所와 電力對策委員會 활동이었다. 산업경제연구소는 1948년 4월 30일 "산업경제의 재건에 절대로 필요한 과제를 다각적으로 조사연구"한다는 목적으로 개설되었는데, 강진국 자신이 대표로서 연구소 활동을 주도하였다.[34] 그는 이를 기반으로 계속 자립경제건설운동을 전개하며 산업재건의 긴급성을 강조하였다. 또한 북한의 '5·14 단전조치'에 의해 전력문제가 긴급과제로 제기되자 6월 2일 단정반대 입장을 취하는 단체와 인사들을 중심으로 전력대책위원회(대표위원: 李鍾萬, 李駿烈, 薛義植, 呂運弘, 李弘鍾, 金鳳集)가 결성

30) 한 증언기사는 강진국이 민족자주연맹 중앙집행위원이었다고 하는데(「中央廳 : 農地改革(2)」, 『中央日報』 1982년 4월 23일자), 확인되지 않는다.

31) 성명서는 새한민보 사장인 薛義植이 기초한 것이라 한다(宋南憲, 「金九·金奎植은 왜 38선을 넘었나」, 『新東亞』 1983년 9월호). 성명서 전문은 『새한민보』 1948년 4월 하순호, 14~15쪽 참조.

32) 「祖國의 危機를 闡明함」이라는 題下의 성명서 전문은 『새한민보』 1948년 8월 하순호 참조.

33) 조선언론협회의 창립선언문은 『새한민보』 1948년 7월 상·중순호, 8쪽 참조. 협회 임원진은 회장 薛義植, 사무국장 梁在廈, 총무부장 白南敎, 조직부장 李甲燮, 경리부장 吳基永, 사무부장 姜辰國, 선전부장 文東彪 등 모두 중간파 인사였다(『朝鮮日報』 1948년 6월 26일자).

34) 『東亞日報』 1948년 4월 30일자.

되었는데,[35] 강진국 역시 실행위원으로서 북한과 직접 해결을 거부하는 미군정 정책을 비판하고 민족자주의 원칙에 입각한 전력문제의 남북해결을 주장하였다.[36]

넷째 단계는, 1948년 8월에서 1949년에 이르기까지 초대 농지국장으로서 남한정부에 참여하여 농지개혁 실무에 종사한 시기였다. 단정반대 입장을 취하였던 강진국이 남한정부의 관리로 참여한 것은 초대 농림부장관 曺奉岩과 박건웅의 권유와 분단정부에서나마 산업재건을 실천하고자 하는 의도에서였다.[37] 조봉암은 취임 후 농업개혁의 기본과제가 농지개혁과 농업협동조합 조직임을 강조하고,[38] 진보적 인사들을 등용하여 농지개혁팀을 구성하였다. 중도좌파 계열의 농업문제 전문가인 姜鋌澤이 농림부차관으로 영입되었고,[39] 또한 강진국과 함께 농지

35) 전력대책위원회는 '산건협', 공업기술연맹, 조선언론협회 소속 인사와 중간파 정당 인사 등으로 구성된 66명의 실행위원회를 중심으로 "전력문제의 근본적 해결은 民族自決 원칙에 의한 남북통일의 완수"에 있으므로 그 해결을 위한 "광범한 民衆運動"의 전개를 선언하고, 미군정에게 "사상적 차이를 따지지 않는 對北解決"을 촉구하였다(『京鄕新聞』 1948년 6월 4일자 ; 『朝鮮日報』 1948년 6월 26일자 ; 『朝鮮日報』 1948년 7월 22일자).

36) 姜辰國, 「電力問題의 基本解決策」, 『새한민보』 1948년 7월 상·중순호, 16~17면.

37) 강진국은 농지국장 취임 경위에 대해 다음과 같이 회고하였다. "48년 8월 奉先寺에서 曺長官 주재 아래 農事審議委員會가 열렸습니다. 농업관계 학자·전문가 10여 명이 자유토론을 했는데 당시 나는 農地改革과 農協組織을 강력히 주장했지요. 그런지 며칠 후 조장관이 李永根 비서를 보내 농지국장을 맡아달라고 해요. 나는 單政 反對 입장이었기 때문에 거절했는데 朴建雄씨가 열심히 권해 취임을 승낙한 것입니다"(「中央廳 : 農地改革(2)」, 『中央日報』 1982년 4월 23일자).

38) 韓國銀行調査部, 「韓國農業의 展開過程」, 『産業調査』 8, 1952, 76~77쪽 ; 농지개혁사편찬위원회, 『농지개혁사(상)』, 1971, 369쪽.

39) 東京帝大 농학부 출신의 강정택은 해방 후 조선학술원과 사회과학연구소 임원, 경성대 교수, 민주주의민족전선 토지농업문제연구위원회 총책임위원을 역임하였고, 1947년 2월 朝鮮科學同盟의 의장단이었다. 그는 崔虎鎭, 金永徽 등과 함

개혁 실무를 담당할 주무 과장으로 尹澤重, 安昌洙, 裵基澈 등이 임명되었는데, 이들 역시 모두 중간파 내지는 좌익계 인사들이었다.[40] 그리하여 9월 7일 조봉암, 강정택, 강진국과 기획처장 이순탁 등으로 구성된 농지개혁법기초위원회가 발족되었다.[41] 농지개혁 지도부와 실무팀은 남한정부의 성격으로 보아 대단히 진보적인 인사들로 구성된 셈이었다.[42]

강진국은 법안 기초를 위해 9월부터 약 2개월간 경기도 및 충청도 일대를 답사하며 농촌실정 및 농민요구 사항을 조사하였다. 이를 바탕으로 그는 농지개혁법 시안을 작성하여 조봉암, 강정택과 검토한 후 농지개혁법 초안을 11월 22일 개최된 전국 各市郡農業經濟課長會議에서 발표하였다. 이른바 '농림부초안'이었다.[43] 농림부는 이 초안에 대한 설문조사와 여론수집을 위해 1949년 1월 4일부터 각 도청소재지에서 공청회를 개최하고, 1월 24일 수집된 공청회 의견을 참조하여 최종 손질한 '農林部案'을 국무회의에 이송하였으며,[44] 비공식적으로 국회 산

께 「좌우합작 7원칙」 토지개혁안의 입안자였다(宋南憲, 「송남헌이 겪은 해방 3년」, 『政經文化』 1985년 12월호, 397쪽).

40) 세 사람 모두 6.25 전쟁 당시 월북하였는데(「中央廳 ; 農地改革(2)」, 『中央日報』 1982년 4월 23일자), 윤택중은 경제학자 윤행중의 동생으로 조선과학자동맹 서울지부 조직부장(『獨立新報』 1947년 1월 5일자), '산건협' 실무진으로 활동하였다. 안창수와 배기철의 경력에 대해서는 조사하지 못하였다.

41) 농지개혁사편찬위원회, 앞의 책, 370쪽.

42) 어느 면에서 이는 입법의원 산업노농위원회 경제정책연구팀이 새롭게 재편성된 것이라 할 수 있다. 이러한 농지개혁팀 구성이 가능하게 된 배경을 한민당에 대한 이승만의 의도적인 견제책으로 파악하는 견해도 있다(韓國農村經濟研究院, 『農地改革史研究』, 1989, 452~455쪽).

43) 법안 전문은 농지개혁사편찬위원회, 앞의 책, 371~374쪽 참조.

44) '농림부안'의 전문은 姜辰國, 「南韓農地改革의 展望」, 『協同』 21, 1949.3, 7~10쪽에 전재되어 있다. 이하 언급되는 '농림부안'은 모두 최종 손질한 농림부 농

업위원회 · 농림분과위원회에도 제출하였다.[45)]

이와 같이 강진국은 농림부 농지개혁법 입안에 핵심적인 역할을 담당하였다. 그 스스로도 "원안을 기초한 자"[46)]로서의 강한 자부심을 가지고 농지개혁법의 입법정신과 법안내용을 일반에게 해설하는 데 진력하였다.[47)] 그러나 농림부 농지개혁팀의 개혁이념을 반영하는 '농림부안'의 주요 항목들은 정부의 최종안(기획처안)에서 수정되었고, 국회 본회의를 거쳐 확정된 농지개혁법 역시 '농림부안'과 크게 차이가 나는 것이었다.[48)] 조봉암 축출과정의 의미가 단적으로 보여주듯이,[49)] 그것은 남한정부에 편입된 중간파 노선의 한계를 반영하는 것이었다.[50)]

이상 해방정국기에서 정부수립 직후까지 강진국의 경제선설활동과 주변관계를 살펴보았다. 이로부터 다음 몇 가지 사실을 확인할 수 있었다. 첫째, 정부수립 이전까지 그는 좌우합작, 노자협조, 관민협조의 입

지개혁법안을 말한다. 공청회 여론 내용과 수정에 대해서는 농지개혁사편찬위원회, 위의 책, 381~384쪽 참조.

45) 姜辰國, 「헐뜯긴 '農地改革法' 草案」, 『新東亞』 1965년 10월호, 190~191쪽.

46) 姜辰國, 『農地改革法解說』, 1949, 11쪽.

47) 姜辰國, 위의 책 ; 姜辰國, 「農地改革의 目標」, 『새한민보』 1949년 2월 중순호 ; 姜辰國, 「南韓農地改革의 展望」, 『협동』 21, 1949.3 ; 姜辰國, 「南韓農地改革의 展望」, 『民聲』 1949년 3월호 ; 姜辰國, 「農地改革과 地主對策」, 『東亞日報』 1949년 4월 17~19일자.

48) 姜辰國, 「헐뜯긴 '農地改革法' 草案」, 『新東亞』 1965년 10월호, 191~197쪽 ; 「秘話 第一共和國 : 農地改革(6)~(17)」, 『東亞日報』 1974년 4월 20일~5월 11일자 ; 「中央廳 : 農地改革(3) · (4)」, 『中央日報』 1982년 4월 23일, 26일자 ; 韓國農村經濟研究院, 앞의 책, 제4장.

49) 韓國農村經濟研究院, 위의 책, 476~483쪽.

50) 강진국은 1950년 1월 농지국장을 사임하고 5 · 30선거(東萊)에 출마하였으나 낙선하였다. 1960년 6월 社會大衆黨 상무위원으로 혁신계 활동에 가담하기도 하였다.

장을 취하는 중간파 진영의 민간경제단체의 실무진으로서 자립경제건설운동에 참여하였다. 둘째, 그러한 운동의 정치이념은 "모든 조선문제 해결의 관건은 … 조선인 자신의 자율적 처리에서만 해결이 가능" 하고 "死活關頭에 선 조선민족의 生路는 오즉 남북통일 완전자주독립"에 있다는 『再建策』의 총결론에 잘 나타나 있듯이,[51] 민족자주노선에 입각하여 남북통일정부 수립을 지향하는 전형적인 중간파 노선에 입각해 있었다. 셋째, 이러한 가운데에서도 그는 미군정 · 보수우익 진영과 보다 적극적으로 타협하면서 통일정부 수립을 실천하고자 하였던 입법의원 중간파 그룹의 정책연구진에 참여하였고, 그러한 연장 위에서 남한정부에 참여하는 중간파 진영과 행동을 같이하였다. 이러한 점들은 강진국의 경제이념을 이해하는 데 일차적으로 염두에 두어야 할 측면들이다.[52]

3. 산업재건론과 경제이념

1) 미군정 경제정책에 대한 비판

미군정기 남한의 경제상황은 제반 개혁과 통일정부 수립이 지연되는 가운데 극도로 악화되었다. 주요 공장 · 생산시설은 자본 · 원료 · 기계 등을 확보하지 못해 휴업하거나 파괴되었고 실업자는 급증하였다. 농민의 70%는 지주제로부터 해방되지 못한 채 영세빈농으로 생활하였다.

51) 姜辰國, 『朝鮮産業經濟의 實態와 再建策』, 123쪽, 126쪽.

52) 강진국을 통해 중간파 노선의 경제사상에 접근하고자 하는 본 연구와 의도와 관련하여 특히 세 번째 측면이 중요하다.

특히 극심한 인플레이션과 식량·생활필수품의 부족, 모리배의 跳梁에 의해 민생은 그야말로 도탄에 빠지고 있었다. "인민이 인내하는 것도 한도가 있을 것"이라는 한 지식인의 비판과 같이 1946년 후반기 이래 미군정에 대한 민중들의 저항은 각종 항쟁으로 발전하였다.[53]

강진국은 이러한 남한경제의 현실을 "강도 倭賊의 조직적 착취와 폭력적 강탈 하에 놓였던 그때보다도 오히려 수백갑절 이상의 고통 속에 깊히 전락"된 "경제적 총파탄"으로 규정하였다.[54] 그리고 경제적 총파탄이 야기된 근원적인 원인을 미소의 분할점령과 38장벽의 구축에서 찾았다. 분할점령은 "근본상치한 兩大思想의 대립"을 조장하여 민족분열은 물론 경제적 남북분단까지 심화시켜 생산 및 물자교류체계를 불구상태로 만들었다는 것이었다.[55] 또한 미소 양군정은 한반도를 상호 기지화하기 위해 국제공약을 무시하고 군정을 천연시키고 있으며, 특히 미군정은 이를 위해 조선경제에 대한 독점적 지배력을 강화하고 있다고 보았다.[56] 이런 점에서 그는 분할점령은 "조선민족에 대한 「死의 宣告」"였으며, 모든 "민족적 비애"의 근원이 되었다고 강조하였다.[57]

이러한 인식 위에 그가 남한경제 파탄의 직접적 원인으로 간주한 것은 미군정의 경제정책이었다. 이는 경제적 파탄이 조선의 내적 역량의

---

53) 白南雲, 「朝鮮民族의 進路 再論 1」, 『獨立新報』 1947년 5월 8일자 ; 브루스 커밍스, 『한국전쟁의 기원』, 김자동 옮김, 일월서각, 1986, 제10장 ; 정해구, 『10월 인민항쟁연구』, 열음사, 1987.

54) 姜辰國, 『朝鮮産業經濟의 實態와 再建策』, 123~124쪽.

55) 姜辰國, 위의 책, 85쪽, 92쪽.

56) 姜辰國, 위의 책, 1쪽 ; 姜辰國, 「管財令 第八號 修正案을 보고(1)」, 『東亞日報』 1947년 4월 4일자 ; 姜辰國, 「歸屬財産의 性格과 그 運營方針」, 『民政』 1-1, 1948, 103~104쪽.

57) 姜辰國, 위의 책, 62쪽, 122~124쪽.

결여에서 비롯된 것이 아니라 외부로부터 주어진 것이라는 주장이었다.[58] 조선경제가 장기간 일제에 의해 조직적으로 착취당했지만 그것이 해방 후 경제적 총파탄을 야기한 직접적인 이유는 아니었다. 오히려 일제의 약탈기반은 산업재건의 기초로 활용될 수 있고, 더욱이 조선은 풍부한 자원조건과 "민족적 怜悧性"을 겸비한 인적 요소를 갖추고 있기 때문에 산업경제를 확립할 수 있는 내적 역량을 구비하고 있다는 것이었다.[59] 문제는 그 조건과 역량을 산업재건 · 자주독립으로 이끌 수 있는 "적절한 자주적 지도"[60]가 필요한데, 미군정의 정책은 이와 거리가 멀다는 주장이었다.[61]

강진국은 산업행정일반, 관재정책, 농업정책, 식량 · 물가 · 배급정책, 광공업정책, 재정 · 금융 · 화폐정책, 무역정책 등 경제전반에 걸친 미군정의 정책을 비판하였다. 이 가운데 미군정의 경제정책, 산업행정의 일반적 성격을 잘 드러내면서 경제적 파탄을 초래하는 가장 중요한 문제로 다룬 것은 管財政策, 곧 귀속재산관리정책이었다.[62] 그것은 귀속재산을 산업재건의 체제적 방향을 결정하고 남북통일 · 자주독립의 관건이 되는 문제로 간주하였기 때문이었다.

그는 무엇보다도 귀속재산은 "우리 국토의 자원을 이용하고 우리 민족의 고혈을 착취하야 건설유지된 것"이므로 당연히 "해방조선의 國財"로서 조선민족의 소유라고 보았다.[63] 귀속재산은 연합국의 전리품

58) 姜辰國, 위의 책, 2~3쪽, 22쪽.

59) 姜辰國, 위의 책, 2~3쪽, 30쪽.

60) 姜辰國, 위의 책, 3쪽.

61) 姜辰國, 위의 책, 58쪽.

62) 미군정의 관재정책에 대해서는 김기원, 『미군정기의 경제구조』, 푸른산, 1990, 제2, 4장 참조.

63) 姜辰國, 「歸屬財産의 性格과 그 運營方針」, 『民政』 1-1, 1948, 101쪽.

을 뜻하는 '敵産'이 아니며 따라서 결코 대일배상의 대상물이 될 수 없다는 주장이었다.[64] 또 그는 귀속재산이 조선산업경제에서 95% 이상의 비중을 차지하는 "민족의 총재산"이자 "경제재건의 절대요소"라는 점을 강조하였다.[65] 조선경제는 귀속재산과 운명을 같이 하고 있으며, 귀속사업체의 운영 여부가 산업재건의 시금석이 된다는 것이었다.[66] 이러한 귀속재산관은 당시 진보적 인사들의 일반적인 인식으로서,[67] 이것이 미군정 경제정책에 대한 비판과 산업재건론 구성에 중요한 이론적 기반이 되고 있었다.

강진국은 이러한 입장을 가지고 크게 세 가지 측면에서 미군정의 관재정책을 비판하였다. 첫째는, 귀속재산을 독점한 미군정이 관재행정의 "파행통제와 부당간섭"을 전횡하고 운영의 자주성을 박탈함으로써 생산성이 극도로 위축되고 대부분의 공장이 "사멸상태"에 이르게 되었다는 것이었다.[68] 즉 법령 33호에 의해 귀속재산을 강점한 미군정은 고문관·관리인제도를 통해 직장 자주관리운동을 파괴하고 양심적인 경영자들을 축출하였으며, 管財令 8호를 통해 귀속재산 운영의 독점적 지배권을 유지하고자 하였다는 것이다.[69] 미군정의 의도는 거족적인 반대운동[70]에

---

64) 姜辰國, 위의 글, 101쪽 ; 姜辰國, 「管財令 第八號 修正案을 보고(1)」, 『東亞日報』 1947년 4월 4일자.

65) 姜辰國, 위의 글, 101~103쪽 ; 姜辰國, 앞의 책, 30~34쪽. 그는 1944년도 조선 내 민족별 중요회사자본의 비율에 근거하여 조선산업에서 차지하는 귀속재산의 비중을 95~97%로 파악하였고, 계산할 수 없는 공칭자본 외의 투자금을 가산한다면 거의 99%가 될 것이라고 주장하였다.

66) 姜辰國, 위의 책, 83쪽, 104쪽.

67) 朴克采, 「朝鮮經濟建設의 基本方向」, 『新天地』 1946년 6월호, 40쪽 ; 『朝鮮日報』 1947년 1월 11일자.

68) 姜辰國, 앞의 책, 37~38쪽, 104쪽.

69) 姜辰國, 위의 책, 35~38쪽 ; 姜辰國, 「管財令 第八號와 朝鮮産業의 將來」, 『中外

의해 관재령 9호로 수정되었지만 이 역시 미국인 고문관의 동의를 요하는 "반신불구적인 절충안"이며,[71] 미국인이 관장하는 管財處 특설이나 株主制度 도입도 관재행정에 대한 지속적인 통제, 간섭을 유지하기 위한 것이라고 주장하였다.[72] 그는 이러한 정책이 귀속재산에 대한 독점적 지배권을 장악하여 조선경제를 미국에 예속시키고 조선을 "대소전기지"로 만들고자 하는 의도를 내포한 것이라고 간주하였다.[73]

둘째는, 위의 측면의 또 다른 반영으로서 管財 인사정책의 파행성이었다. 즉, 미군정이 비애국적이고 악질적인 모리배와 통역을 관리인으로 임명하고 양심적인 경영인을 추방함으로써 직장은 날로 파괴상태에 빠지고 생산능률이 극도로 저하되고 있다는 것이었다.[74] 그는 정계의 심장부에서 행정력을 장악하고 산업행정을 농단하고 있는 "外力依存者"와 "비애국애족적 만성양심마비환자"들을 "미국식 자본주의 기업가를 동경"하는 친일파 · 민족반역자들로 규정하고, 이들에 의해 자주독립과 민족통일, 산업재건이 해결되지 못하고 있다는 점을 강조하였다.[75]

經濟新報』 1947년 2월 20일~28일자 ; 姜辰國, 「管財令 第八號 修正案을 보고」, 『東亞日報』 1947년 4월 4일~9일자.

70) 주 19, 20 참조.

71) 姜辰國, 「管財令 第八號 修正案을 보고(1)」, 『東亞日報』 1947년 4월 4일자.

72) 姜辰國, 「管財令 第八號 修正案을 보고(2)」, 『東亞日報』 1947년 4월 5일자 ; 姜辰國, 「歸屬財産의 性格과 그 運營方針」, 『民政』 1-1, 1948.9, 103~104쪽.

73) 姜辰國, 「管財令 第八號 修正案을 보고(1) · (2)」, 『東亞日報』 1947년 4월 4일~5일자 ; 姜辰國, 「歸屬財産의 性格과 그 運營方針」, 『民政』 1-1, 1948.9, 104쪽. 그가 누차 반복해서 귀속재산이 대일배상의 대상물이 아님을 강조한 것은 이 점을 지적하기 위한 것이었다.

74) 姜辰國, 『朝鮮産業經濟의 實態와 再建策』, 37쪽, 94쪽.

75) 姜辰國, 위의 책, 125쪽 ; 姜辰國, 「管財令 第八號 修正案을 보고(4)」, 『東亞日報』 1947년 4월 9일자.

셋째는, 歸屬財産拂下政策이었다. 당시 귀속재산 불하에 대해서는 한민당을 제외한 좌우익 진영 모두가 반대하였는데,[76] 강진국 역시 귀속재산 불하가 위와 같은 미군정 관재정책의 본질을 전면적으로 드러낸 것으로 보고 이에 절대 반대하였다. 그는 원료, 부속품 등이 부족하여 연명적 생산도 어려운 현재의 산업실정이나 공장조업 조건상 귀속재산 불하는 오히려 공장시설에 대한 換價處分 등 모리기업가의 사리만 채우게 하고 공장시설에 대한 파괴를 촉진하여 산업부흥을 저해할 것으로 보았다.[77] 그리고 더 중요하게는 미군정 · 친일파 · 민족반역자 등과 결탁한 모리기업가에게 귀속재산에 대한 독점적 지배권을 부여한다면 자립적 산업재건은 물론 통일조선의 민족과업까지 그르칠 것이라고 주장하였다.[78]

관재정책과 더불어 강진국이 집중 비판한 것은 미군정의 각종 경제통제정책으로서, 식량문제가 그 핵심이었다. 그는 조선의 식량형편은 본래 대흉작이 아니면 자급이 가능한데, "풍년기근의 기현상"이 일어날 정도로 식량문제가 심화된 것은 일부 모리배의 매점에도 이유가 있지만 근본적으로는 불건전한 미곡수집, 반신불수적 통제형태, 비합리적 가격조치를 취한 미군정의 식량정책 때문이라고 주장하였다.[79] 미곡수집정책은 식량자급과 농업생산력 향상을 위한 개혁적 농업정책과 물가 · 배급제도에 대한 계획적 재편성이 강구되지 않은 채 책상행정으로서 강행되고 있고,[80] 저물가정책이란 명목 아래 생산비의 절반을 겨우

76) 1947년 7월에 발표된 '소규모 적산사업체 및 가옥불하' 방침에 대한 당시 각계의 반응에 대해서는 『朝鮮日報』 1947년 7월 17일자 참조.

77) 姜辰國, 「管財令 第八號 修正案을 보고(3)」, 『東亞日報』 1947년 4월 8일자.

78) 姜辰國, 「管財令 第八號 修正案을 보고(4)」, 『東亞日報』 1947년 4월 9일자.

79) 姜辰國, 「食糧政策 再考(1) · (2)」, 『東亞日報』 1947년 11월 14~15일자 ; 姜辰國, 앞의 책, 63~64쪽.

넘는 미곡수집가를 책정하여 비합리적 가격통제를 강요함으로써 농민들만 희생시키고 있으며,[81] 미곡수집에 따른 방대한 자금을 방출하여 적자재정과 통화팽창을 야기하고 산업자금을 고갈시키고 있다는 것이었다.[82] 따라서 농민들이 미곡수집을 기피하고 항쟁하는 것은 당연하며, 이와 같이 농민희생정책을 강행하는 것은 "경제쇠망의 자살행위"요, 조선경제에 "식민지적 긴축경제의 굴레"를 씌우는 것이라고 주장하였다.[83]

이렇게 보면 미군정 경제정책에 대한 그의 비판 요지는 미군정이 관재운영 등 산업행정 전반에 걸쳐 부당한 간섭과 "편의주의적 半面統制"[84]를 가하여 경제적 자주성을 철저히 억압하고, "新出資本企業家妄想群"[85]인 친일파·민족반역자·모리기업가 등을 앞세워 경제적 지배권을 유지함으로써 조선경제를 미국에 예속시키고자 한다는 데 있었다. 그것이 바로 "국내산업을 步一步사멸의 길로 빠지게 하고 민생대중을 刻一刻 질식"[86]케 하는 직접 원인이라는 것이었다.

80) 姜辰國, 「食糧政策 再考(2)」, 『東亞日報』 1947년 11월 15일자.

81) 姜辰國, 「食糧政策 再考(3)」, 『東亞日報』 1947년 11월 19일자. 그는 논 1정보, 밭 1정보를 경작하는 안정된 소농가의 1段步 평균 백미 1석 3두 생산을 기준으로 삼아 백미 1석당 소요생산비와 이자 등을 계산하면 총 4,850원으로, 미곡수집가 1석 2,560원에 비해 거의 두 배에 이른다고 주장하였다.

82) 姜辰國, 앞의 책, 44쪽, 52쪽.

83) 姜辰國, 「食糧政策 再考(4)」, 『東亞日報』 1947년 11월 20일자.

84) 姜辰國, 「食糧政策 再考(4)」, 『東亞日報』 1947년 11월 20일자.

85) 姜辰國, 「管財令 第八號 修正案을 보고(4)」, 『東亞日報』 1947년 4월 9일자.

86) 姜辰國, 위와 같음.

2) 국가계획경제론과 생산협동조합론

미군정기의 남한경제 실태와 경제정책의 본질을 이와 같이 파악하는 가운데 강진국은 산업부흥을 위한 재건책을 논하였다. 그는 산업재건을 위해서는 종합적인 국가계획경제에 의해 실제적이고도 구체적인 산업개발정책을 시행해야 한다고 주장하였다. 이 때 그가 추구하는 산업재건의 궁극적 목표는 국제경제 수준에 부응하는 "고도의 산업국가 건설", 즉 "공업입국"이었다.[87] 그러나 그는 이 목표에 이르기까지에는 일정한 단계가 요구된다고 하여 공업입국으로 가는 3단계에 걸친 산업건설의 목표를 책정하였다.

제1단계는 국민사급생산체제의 확립을 기하는 '초기자주산업건설기'로 상정하였다. 그는 이와 관련하여 식량자급체계의 확보, 자원개발과 실업문제 해결, 기간공업의 복구와 민생필수품의 자급, 전력·운수·체신 등 기본 생산수단의 정비 등 크게 네 가지 개발목표를 설정하였다. 식량자급체계의 확보는 농업생산력 증대와 수산·축산업의 개발이 주과제였고, 자원개발책은 산림업과 광업개발을 통해 공업재건의 기반을 확보하고 외화획득 및 부수적으로 실업자와 농촌과잉인구를 구제하는 방안이었다. 기간공업 복구책의 과제는 경공업을 중심으로 한 민생필수품의 자급생산과 이에 지장이 없는 정도에서 생산수단 생산공업을 확립하는 것이었다.[88]

제2단계는 공업입국을 준비하는 국내 산업의 '종합적 계획건설기'로 상정하였다. 목표는 각 산업부문의 공업화준비를 달성하고 이와 함께 산업구조의 재편을 추진하는 데 있었다. 즉 경지정리, 영농의 집약화·기계화를 달성하여 농촌공업화를 준비하고, 집약적 방식에 의해 산림

---

87) 姜辰國, 앞의 책, 82쪽 ;「產業緊急復興基本要綱」,『서울신문』1948년 1월 17일자.
88) 姜辰國, 위의 책, 63~81쪽.

업과 목축업의 공업준비화를 달성하며, 공업의 경우에는 생산시설의 유기적인 종합건설을 완성하는 것이었다.[89] 그리하여 이 단계에서는 〈표 1〉과 같이 계획적인 산업인구의 재편을 꾀하고자 하였다.[90]

제3단계는 제 산업의 '공업화 및 국제경제 확립기'였다. 이 목표가 완전히 달성될 때 조선경제 조선민족은 오랜 질곡에서 벗어나 "세계열강의 일원으로서 세계평화사업에 기여"할 수 있다고 전망하였다.[91]

그러나 이상과 같은 건설목표의 달성은 식민지적 경제구조와 미군정 정책에 의해 총파탄에 이른 경제현실을 조속히 개혁할 수 있을 때에만 가능한 것이었고, 그 당면개혁은 남북통일정부가 수립되어 계획적으로 추진해야 할 과제였다. 그러나 통일정부 수립이 지연되고 있는 당시의 정세와 관련하여 그는 우선 파괴된 산업경제를 부흥시키고 국민자급생산체계를 확보하기 위해 시급히 해결되어야 할 당면개혁책을 미군정에게 요구하였다. 그가 제시한 개혁책은 산업 전반에 걸친 포괄적인 것이었지만, 그 가운데 가장 핵심적인 사안은 ①산업행정기구 개혁과 산업기반 확보책, ②귀속재산운영체계 개혁, ③농업개혁 등이었다.

〈표 1〉 산업인구의 재편성

산업	비율	산업	비율	산업	비율	산업	비율
농업	20%	수산	10%	운수	5%	자유업	0%
삼림	10%	광업	15%	상업	5%	무직	0%
목축	5%	토목건축	10%	공무원	5%	합계	100%

89) 姜辰國, 위의 책, 81쪽.

90) 姜辰國, 위의 책, 82쪽. 주목할 것은 농업인구를 20% 수준으로 감소시키고 자유업과 실업자를 소멸시킨다는 것이었다. 말하자면 이 수치는 그가 국가계획경제정책을 통해 궁극적으로 달성하고자 하는 工業立國의 理想이 집약된 것이었다.

91) 姜辰國, 위의 책, 82쪽.

산업행정기구 개혁과 산업기반 확보책 ― 그는 산업행정의 자주성을 확보하기 위해서는 무엇보다도 행정권의 완전이양이 긴급하다고 주장하였다. 군정은 最高顧問府(軍政長官府) 하나만 존속시키고 각 부처의 고문제는 철폐하여 일체 행정권을 이양하라는 것이었다.[92] 그리고 이와 함께 행정기구와 생산직장의 요직을 장악하고 "조선의 자주독립을 내재적으로 저해"하는 친일파 · 민족반역자의 처단을 강력히 촉구하였다. 이들은 자신의 扶植基盤을 이용하여 산업파괴와 투기적 모리를 일삼고 있기 때문에 이들을 처단하기 전에는 자주적 산업재건은 불가능하다는 것이었다.[93]

이러한 조치 위에 그는 산업행정기구를 전년 쇄신하고 산업관민협조기구를 설치할 것을 제안하였다. 현 행정기구에는 산업실정에 무지한 문학인, 종교인, 악질모리배들이 관리로 기용되어 산업행정을 문란케 하고 있으므로 이를 개혁하여 애국적 · 양심적인 각계 권위자들을 등용하라는 것이었다.[94] 더불어 군정의 관료주의적 행정관습을 타개하고 모리배의 도량을 방지하기 위한 방안으로서, 산업계의 권위자를 망라한 "양심적 민간단체"인 全國産業別協議會를 설치하여 산업행정 전반에 직접, 간접 관여케 함으로써 관민협조의 산업체제를 갖출 것을 주장하였다.[95]

그는 또한 산업재건을 위해 미군정이 꼭 해결해야 할 선행과제를 요구하였다. 산업재건의 가장 중요한 토대가 되는 산업시설과 자원 확보

---

92) 姜辰國, 위의 책, 93쪽.

93) 姜辰國, 위의 책, 95~96쪽, 125쪽.

94) 姜辰國, 위의 책, 84쪽, 94쪽.

95) 姜辰國, 위의 책, 94~95쪽. 관민협조기구로서의 전국산업별협의회는 물론 '산건협'과 '재건협'을 염두에 둔 것이라고 생각된다.

문제였다. 일제의 오랜 수탈과 일본자본의 압도적 지배를 받아온 신생해방민족으로서 이 문제는 산업재건의 관건이 아닐 수 없었다. 그는 이에 대한 방안으로서 귀속 사업체 공장시설에 대한 전반적인 재편성, 남북조선물자의 무조건 교류, 대일배상 문제의 조속한 해결, 재일동포 재산설비의 무조건 반입 등 크게 네 가지 과제해결을 주장하였다.[96] 특히 남북물자의 교류와 기천억 원대에 이르는 대일배상청구,[97] 500억 원에 이르는 재일동포의 재산설비 반입 등은 산업재건의 필수요건이라 하여 각별한 의미를 부여하였다.[98]

귀속재산운영체계의 개혁 — 강진국이 산업재건의 관건으로 생각한 것은 귀속재산 문제였다. 따라서 그의 산업재건책의 특성과 경제이념이 가장 잘 드러난 것도 귀속재산운영체계의 개혁이었다. 그는 이에 대해 크게 두 방향의 방안을 강구하였는데, 하나는 운영의 자주성을 확보하는 방안, 다른 하나는 물동계획에 의한 전면적인 통제관리방안이었다. 전자와 관련해서는 歸屬財産管理運營委員會의 설치, 귀속사업체의 국영 · 공영화와 賃貸借 운영, 사업체 운영의 자주성 완전보장, 직장협동조합에 입각한 이윤분배제의 실시 등 네 가지의 구체적인 방침을 제시하였다.

---

96) 姜辰國, 위의 책, 83~91쪽.

97) 그는 조선이 장기간에 걸친 일본의 무법적 강탈적 착취에 대한 정당한 배상청구권을 가지고 있다고 강조하고, 배상청구액은 남조선 과도정부 내에 설치된 대일배상위원회의 수집자료에서 판명된 통화유가증권 227억 9,300만 원과, 이외에 地金 250톤을 비롯한 귀금속과 원료 및 노동력수탈을 감안하면 기천억 원에 이른다고 추산하였다. 특히 그는 그 상환방법으로 귀금속은 동량의 현물, 나머지 배상액은 1941년 장부가격으로 환산하여 기본산업시설을 비롯하여 각종 생산 · 기계공업 시설 등으로 인수할 것을 주장하였다(姜辰國, 위의 책, 86~90쪽).

98) 요컨대 그는 국제적인 해결을 요하는 어려운 조건을 산업재건의 필수의 선행조건으로 삼고 있는 셈이었다. 이는 정치적, 당위적 차원을 떠나 그의 산업재건론의 성격과 추이를 이해하는 데 중요한 논점이 된다.

귀속재산관리운영위원회는 경험과 역량있는 "양심적 기업가"를 중심으로 관계, 학계, 경제계, 정계, 기술계, 노동단체 등 각계 각층의 총역량을 집결한 귀속재산 운영의 지도조직으로 구상된 것이었다.[99] 그리고 귀속사업체는 원칙적으로 국가소유로 하고 국가산업의 기간이 되는 중요 사업체는 국영 또는 공영, 여타 중소사업체는 해당 관리기관이 자주적으로 운영하도록 하되 주로 賃貸借 경영방식을 권하였다.[100] 그는 임대차 경영방식을 귀속사업체 운영에 자주성을 부여하고 자본가의 이윤독점을 방지할 수 있는 좋은 방안으로 생각하였다.[101] 임대료는 3・7제의 현 소작료를 감안할 때 생산이익금의 2할 정도면 된다고 보았고,[102] 임대된 사업체에 대해서는 시실파괴나 생산정체 등 생산목적과 배치된 불법사실이 있기 전에는 절대로 간섭하지 않는 완전한 운영권의 부여를 강조하였다.[103]

임대된 사업체의 경영은 관리인・자본가의 이윤독점과 직장파의 행위를 방지하고 생산증진을 도모하기 위해, 관리인 측(경영・자본)과 종업원(기술・노동)의 損益共同負擔制(공동책임제)에 입각한 이윤분배제

99) 姜辰國, 「管財令 第八號 修正案을 보고(2)」, 『東亞日報』 1947년 4월 5일자. 이 기구는 조선산업건설협의회 시절 주장한 것인데, 전술한 전국산업별협의회와 동일한 개념이라고 생각된다.

100) 「産業緊急復興基本要綱」, 『서울신문』 1948년 1월 17일자 ; 姜辰國, 앞의 책, 104~105쪽. 「基本要綱」에는 임대차와 불하의 경우에는 低價主義를 택하라고 하여 소규모 귀속재산의 불하를 인정하고 있는데, 『再建策』에는 이러한 언급이 없다.

101) 물론 당시 미군정은 귀속사업체의 임대차를 시행하고 있었다(김기원, 앞의 책, 149~151쪽). 강진국이 주장하는 것은 그 운영 내용의 개혁이었다.

102) 姜辰國, 앞의 책, 104~105쪽. 2할 임대료는 후술하는 바와 같이 농지개혁 당시 그가 농민의 1년 상환액의 한도를 생산량의 2할로 설정한 것과 같은 맥락이다.

103) 姜辰國, 위의 책, 105쪽.

도를 도입할 것을 제안하였다.[104] 그가 제시한 이윤분배율은 〈표 2〉와 같은데, 특히 이때 이 제도가 의도한 바 운영의 자주성을 살리고 생산효과를 보기 위해서는 반드시 자본(경영) · 기술 · 노동의 완전한 삼위일체가 이루어진 직장협동조합체제가 확립되어야 한다는 점을 강조하였다.[105] 그는 이 운영방식의 우월성은 "허다한 기업인의 체험"에서 이미 실증되었으며,[106] 따라서 임대는 가급적 협동조합체제가 형성된 緣故職場團體를 대상으로 시행할 것을 주장하였다.

귀속재산 운영의 또 다른 개혁방향은 귀속사업체 운영 전반에 대해 강력한 물동계획을 세우고 물자 · 자금 · 가격 · 경영 · 기술체계를 종합적으로 계획통제한다는 것이었다. 물동계획은 주요 생산수단의 국유화와 국영을 전제로 한 물자수급계획을 말하는 것으로서 중간상인을 개입시키지 않고 종합적 계획하에 각 사업체의 생산자재와 기재 및 그 잉여물자를 직접 생산기관에 재배치하는 데 목적이 있었다.[107] 이는 배급기구 개혁과 직결되는 문제이기도 하였다. 즉, 민생필수품 배급기구와 더불어 생산물자의 배급기구 역시 일원화하여 생산물자를 전국적 규모를 갖는 협동조합 · 소비조합과 같은 국가대행기관을 통해 전국산업별협의회의 심사를 거쳐 생산직장 · 공장과 직결시킨다는 것이었다.[108]

---

104) 姜辰國, 위의 책, 105쪽 ; 姜辰國, 「管財令 第八號 修正案을 보고(3)」, 『東亞日報』 1947년 4월 8일자.

105) 姜辰國, 위의 책, 106쪽 ; 姜辰國, 「管財令 第八號 修正案을 보고(3)」, 『東亞日報』 1947년 4월 8일자.

106) 姜辰國, 위의 책, 105~106쪽. 이는 '산건협'을 주도한 경영인들과 종업원들간의 자주관리운동 경험을 말하는 것이다(김기원, 앞의 책, 부록II 노동자 자주관리운동 사례모음 및 기타 관련자료, 328쪽, 347쪽, 356~358쪽).

107) 姜辰國, 위의 책, 106쪽.

108) 姜辰國, 위의 책, 120쪽 ; 姜辰國, 「管財令 第八號 修正案을 보고(4)」, 『東亞日報』 1947년 4월 9일자. 즉 그는 귀속재산 운영물자의 배급기구로서 각 직장협

〈표 2〉 임대차사업체의 이윤분배율

분 배 항 목	비 율
정부소득(임대료)	20%
경영을 포함한 자본측	20%
기술자 및 노동자	40%
종업원 복리시설	10%
창의발명 기타 생산 및 사업체 발전에 특별한 공로수립	
장려비 및 포상비 적립금	5%
손익보장 적립금	5%
합 계	100%

자료: 姜辰國, 『再建策』, 105~106쪽.

산업자금 조달계획과 관련해서는 외화의 계획적 획득과 함께 각 사업체의 생산자금을 조합적으로 計定하여 지출하되, 이를 위해 기존 拓殖銀行 대신 중점사업체의 자금조달을 전담하는 國立産業銀行 설치를 주장하였다.[109] 산업은행을 통한 산업자금 조달도 정부, 은행, 민간권위자를 망라한 生産審査委員會를 구성하여 그 운영계획을 총괄하도록 하였다.[110] 이외에도 생산성을 억압질식케 하는 현행 가격통제를 철폐하는 대신 풀(pool)제에 의한 생산가격제를 실시하고, 경영자 및 기술자 등록제를 실시하여 계획적인 인적 배치를 추진함으로써 생산능률을 증대해야 한다고 주장하였다.[111]

동조합과 이를 연결하는 中央聯合會(國立配給所) 체계를 상정하였다. 이에 반해 생활필수품은 기존 金融組合聯合會를 기반으로 배급기구를 일원화할 수 있다고 보았다.

109) 姜辰國, 위의 책, 116쪽, 117쪽. 국립산업은행 설립안은 1947년 11월 조선산업재건협회가 초안을 만들어 입법의원 산업노동위원회에 제출한 바 있으나(『서울신문』 1947년 11월 22일자), 본회의에 상정되지 않았다.

110) 姜辰國, 위의 책, 117쪽 ; 『서울신문』 1947년 11월 22일자.

111) 姜辰國, 위의 책, 106~107쪽.

농업개혁(토지개혁 · 영농개혁) — 강진국이 제시한 가장 중요한 당면 과제의 하나는 농업개혁이었다. 그는 이 과제를 토지개혁과 영농개혁 두 방향에서 제론하였는데, 그 가운데 선결과제는 물론 토지개혁이었다. 그는 북한에서는 이미 토지개혁을 단행했음에도 불구하고 남한에서는 여전히 농민 대다수가 반봉건적 소작제하에 "농노적 예속생활"을 강요당함으로써 민족통일과 민생경제 확립에 근본적 장애가 되고 있다고 주장하였다.[112] 따라서 민족통일과 농민의 자립을 기하고 농업생산력을 발전시켜 산업재건의 기초를 마련하기 위해서는 시급히 토지개혁을 단행하여 농민을 해방해야 한다고 역설하였다.[113]

그는 당시 토지개혁의 논거로 흔히 거론되는 토지국유제론과 '耕者有田'의 원칙에 입각하여 토지개혁의 당위성을 강조하였다.[114] 현행 소작제는 조선왕조 중기 이래 토지제도의 문란과 함께 발달한 양반귀족들의 불법적인 봉건적 사유제에 기원을 두고 있기 때문에 봉건제도의 부정이 역사적 대세인 현 시점에서 토지를 본래의 주인인 농민에게 토지를 되돌려주는 것이 마땅하다는 것이었다. 이러한 입장에서 토지개혁을 시혜적 조치로 논하는 한민당계 인사들의 주장을 비판하였다.[115]

그러나 강진국은 토지개혁의 긴급성을 주장하면서도 『再建策』에서는

---

112) 姜辰國, 위의 책, 64쪽, 96쪽, 100쪽.

113) 姜辰國, 위의 책, 100쪽 ; 姜辰國, 「農地改革의 目標」, 『새한민보』 3-4, 1949.2. 25쪽 ; 姜辰國, 『農地改革法解說』, 문화출판사, 1949, 9~10쪽.

114) 姜辰國, 『農地改革法解說』, 문화출판사, 16~17쪽 ; 姜辰國, 「農地改革의 目標」, 25쪽.

115) 위와 같음. 당시 한민당을 비롯한 보수우익 인사들의 無償分配論 비판 논거 가운데 하나가 여타 근로대중은 배제하고 농민에게만 토지를 무상분배하는 혜택을 줄 수 없다는 것이었다(洪性夏, 「토지정책의 비판(5)」, 『東亞日報』 1946년 11월 2일자).

독자적인 토지개혁 방안을 제시하지 않았다. 다만 "目下 남조선과도정부입법의원에 상정중인 同法案이 불순한 반동파로 인하여 조난되는 경우가 있더라도 군정은 여하한 방법으로서도 此를 강행하여야 할 것"116) 이라 하여, 1947년 12월 23일 입법의원 본회의에 상정된 남조선토지개혁법안(이하 '立議案')으로 대신하였다. 그가 '입의안'을 자신의 토지개혁안으로 대신한 것은 산업재건론 제안 당시 그의 소속과 작업의 성격상 쉽게 수긍이 가는 사실이었고, 이러한 점에서 그가 '입의안'의 토지개혁 방침을 기본적으로 수용하고 있었다고 보아 무방할 것이다.117)

'입의안'의 개혁방침 가운데 그 계급적 본질을 이루는 것은 물론 '유상매상 유상분배' 원칙이었다. 1947년 5월 이후 입법의원 내 중간파 진영의 토지개혁 방침은 과거 좌우합작 7원칙의 토지개혁 방침이었던 '有條件沒收 遞減買上 無償分配'론으로부터 '有償(遞減)買上 有償分配'론으로 전환되어 갔다.118) 이러한 토지개혁 방침의 전환은 좌우합작을 강령의 하나로 내걸고 입법의원에 참여한 중간파 노선의 중요한 타협을 의미하는 것이었다. 따라서 강진국 역시 이러한 변화 속에서 토지개혁론·산업재건론을 논하고 있는 셈이었다.

---

116) 姜辰國, 『朝鮮産業經濟의 實態와 再建策』, 100쪽.

117) 입법의원 산업노농위원회 중간파 인사들이 박건웅을 중심으로 상호 유기적인 관계 속에 각기 토지개혁안과 산업정책안을 연구하고 있었던 이상 강진국이 별도의 토지개혁안을 제시할 필요는 없었을 것이다. 그러나 그는 '입의안'의 방침을 전적으로 수용하지는 않은 것으로 보이는데, 이 점은 후술하게 될 것이다.

118) 洪性夏 교수는 입법의원 산업노농위원회의 토지개혁 방침이 '유상분배'론으로 전환된 시점을 1947년 5월부터였음을 확인하고, 그 전환 배경을 중간파 인사가 열세한 입법의원 내 정치적 역학관계에 의한 타협의 산물로 설명하였다(洪性夏, 앞의 글). 반면 時局對策協議會같이 입법의원에 참여하지 않은 중간파는 '체감매상 무상분배론'을 계속 견지한 것으로 보인다(새한민보사, 『臨時政府樹立大綱』, 1947, 60쪽).

그러나 그러면서도 그가 추구한 토지개혁 이념과 농업개혁론은 '입의안'의 그것과 일정하게 차이가 나고 있었다. 그의 토지개혁론 · 농업개혁론은 산업재건론 전 체계의 일환으로서 제론된 것으로서, 여타 산업재건책과 긴밀한 관계 하에 구상되었다. 그리고 이미 확인한바 산업재건의 목표는 공업입국을 달성하는 데 있었고, 농업개혁의 궁극목표도 농촌공업화였다. 이러한 경제관은 그의 토지개혁론 · 농업개혁론에 크게 두 가지 형태로 나타나고 있었다.

하나는 농업개혁의 이념적 지향성의 문제로서, 중소농주의 농업경영과 그 사상적 기반인 중농주의 · 농본주의 이념의 극복이 그것이었다. '입의안'의 토지개혁 이념은 자영농가의 생계보장에 요구되는 최소한의 토지소유를 법적으로 보장하는 '家産農地' 조항을 법규화한 데 잘 나타나듯이, 농민적 토지소유의 실현과 이를 통한 영세소농민의 자립화 · 안정화를 목표로 삼고 있는 중소농주의에 입각해 있었다.[119] 강진국의 토지개혁론도 개혁 자체는 중소농주의에 입각한 농민적 토지소유의 실현을 목표로 하였다. 그것은 당시 토지와 농민구성의 조건상 불가피하였고, 그런 의미에서 좌우익 양 진영의 모든 개혁안이 그 범주를 넘어서는 것은 아니었다. 문제의 핵심은 토지개혁의 방법과 개혁 이후 토지소유와 농업구조를 어떠한 체제적 방향으로 이끌어 갈 것인가 하는 데 있었고, 이에 따라 토지개혁론의 질적 성격이 결정되는 것이었다. 그런데 강진국에게 있어서 토지개혁에 의한 소농민의 자립과 안정은 그의 농업개혁 구상의 출발점에 불과하였다. 그는 이를 바탕으로 연속적인 농업구조의 개편을 추구하였다. 그것은 전술한 '산업인구의 재편' 구상에 단적으로 반영되어 있듯이, 장기적으로는 산업 전반의 발전

119) 중소농주의를 지향하는 '立議案'의 家産農地制度와 그 개념에 대해서는 洪性夏, 위의 글에 자세하다.

과 관련하여 농민전업을 계획적으로 추진하고 농촌공업화를 준비하는 농업경영의 대농화를 지향하는 것이었다.[120]

다른 하나는 이러한 장기적 대농경영화의 실천 방안이자 그의 농업개혁론의 다른 한 부분을 이루고 있는 영농개혁이었다. 그는 당시 토지개혁만으로는 농가경제를 안정시키기 어렵다고 생각하였다. 조선의 영농형태가 "半中世紀的 자연조건에 방임"되어 생산력이 낮고 불안정하기 때문이었다.[121] 따라서 농민의 자립과 안정을 위해서는 토지개혁과 함께 영농개혁이 수반되어야 한다고 강조하였다. 영농개혁의 방향은 농업의 집약화 · 기계화 · 협동화였고, 그 방안으로는 토지개량사업과 협동조합운동 등 두 가지가 제시되었다.[122]

이 가운데 특히 그의 영농개혁 방안의 성격을 보여주는 것은 협동조합론이었다. 그는 농업협동조합을 영농개혁의 지도기관으로 설정하고, 이를 통해 농지소유의 영세성에서 오는 한계를 극복하고 농업의 집약화 · 기계화 · 협동화를 실현할 수 있다고 보았다. 集約的 農村模範共同耕作農場과 農産施設共同利用場, 그리고 農村文庫 설치 등이 그러한 구상의 예였다.[123] 농업협동조합에 입각한 공동경작 · 공동농장경영의 제안은 비록 전면적인 실시를 주장하는 것은 아니었지만 그가 여타 산업분야에서 비중을 두고 제론한 직장협동조합론, 이윤분배제에 입각한 공동책임제생산론과 같은 맥락의 구상이었다. 또한 농업협동조합의 자금조달과 기타 농업개혁 사업을 원활하게 하기 위해 현 금융조합연합회를 개편하여 國立農業銀行을 설치할 것을 주장하였다.[124] 이와 같이

---

120) 姜辰國, 『農地改革法解說』, 문화출판사, 29쪽.

121) 姜辰國, 『朝鮮産業經濟의 實態와 再建策』, 101~102쪽.

122) 姜辰國, 위의 책, 102~103쪽.

123) 姜辰國, 위의 책, 103쪽 ; 姜辰國, 『農地改革法解說』, 53~54쪽.

그는 농업협동조합, 국립농업은행을 통해 농업생산과 소비(배급) · 신용기구의 상호 유기적인 협동체계를 갖춤으로써 생산력의 증대를 꾀하고 농촌공업화 · 대농경영을 전망하는 농촌재편성의 기반을 확보할 수 있다고 생각하였다.

이상에서 강진국이 산업재건의 제일보로서 미군정에 요구한 당면경제개혁안의 주요 내용을 살펴보았다. 그 핵심은 귀속재산운영개혁론과 농업개혁론에 잘 나타나듯이 대체로 두 가지로 요약되는 것이었다. 하나는, 귀속재산을 중심으로 중요 산업을 국유화하여 '국가자본'[125]에 대한 경제적 자주성을 확립하고, 이를 기반으로 국가 주도의 종합적인 계획경제체제를 전 산업분야에 관철시킨다는 국가계획경제론의 제창이었다. 그는 조선의 경제재건은 "오직 전면적인 종합계획통제"에 있다는 것을 신념으로 삼았다.[126] 국가의 종합적인 물동계획, 자금계획, 배급기구의 일원화 등을 통해 생산성을 향상시키고 자본의 중간이윤을 방지할 수 있다는 것이었다. 이와 병행하여 각계 각층의 경제계 권위자로 구성된 '양심적인 민간경제기구' 全國産業別協議會를 조직하여 국가계획경제를 지도, 편달케 하는 관민협조체계의 시행을 주장하였다.

다른 하나는, 국가계획경제와 관민협조체계하에 생산과 배급(소비) 구조를 협동조합을 통해 해결하고자 하는 생산협동조합론이었다. 귀속사업체 직장에서의 이윤분배제(공동책임제)에 입각한 직장협동조합론, 농촌에서의 공동경작 · 공동농장경영의 주체이자 영농개혁의 지도조직

124) 국립농업은행은 토지개혁에 의한 農地金庫 업무, 토지개량사업 자금융자, 농촌협동조합 유동자금, 조림사업 · 축산사업 자금 등의 업무를 담당하도록 하였다(姜辰國, 『朝鮮産業經濟의 實態와 再建策』, 117~118쪽).

125) 귀속재산의 국가자본적 성격에 대해서는 김기원, 앞의 책, 216~218쪽 참조.

126) 姜辰國, 「食糧政策 再考(4)」, 『東亞日報』 1947년 11월 20일자.

인 농업협동조합론의 제창이 그것이었다. 생산의 협동화·공동화를 추구하는 생산협동조합은 일반적인 협동조합 형태인 소비조합·구매조합·신용조합 등에 비해 진일보한 것이었다. 자본주의 생산에 대한 저항수단과 수탈기반의 성격을 동시에 갖고 있는 협동조합의 속성상 협동조합 자체가 자본주의를 부정하는 것은 아니지만, 생산협동조합은 협동조합으로서는 자본의 독점적 이윤수탈에 저항하는 가장 강력한 형태였다. 이러한 생산협동조합론은 일제하 농민적 입장에서 농업문제 해결을 추구하였던 민족주의 계열의 생산협동조합론·공동농장경영론과 그 맥락을 같이하는 것이었다.127)

---

127) 지주적 입장의 산업조합론과 농민적 입장의 생산협동조합론·공동농장경영론으로 대별되는 일제하 민족·자본주의 계열의 협동조합론의 추이에 대해서는 金容燮, 『韓國近現代農業史研究』, 一潮閣, 1992, 443~445쪽 참조. 더불어 후자 입장에 대해서는 趙東杰, 『日帝下 韓國農民運動史』, 한길사, 1979, 180~192쪽 ; 新納豊, 「朝鮮農民社自立經濟運動」, 『發展途上經濟研究』, 1981 ; 飛田雄一, 「日帝下の自立的 協同組合」, 『近代朝鮮の社會と思想』, 東京: 未來社, 1981 등 참조. 그러나 일제하 강진국이 처음부터 생산협동조합론을 견지한 것은 아니었다. 그는 일제하 협동조합을 조선농촌갱생의 첩경으로 생각하여 협동조합운동의 일환으로 農村文庫운동을 전개하였다. 그런데 이 때 주창한 협동조합운동은 구매조합·소비조합 형태의 改良主義的 産業組合論으로서, 그는 이 운동을 "조선의 구세주"라고 생각하였다. 그는 官制 日本型 協同組合의 전형이었던 일본 全國購買組合聯合會의 활동에 깊은 감명을 받고 이를 동경의 대상으로 삼은 바 있고, 이러한 입장에서 생산협동조합에 기초한 "農場式 集團經營"에 대해서는 거부감을 갖고 있었다(이상 주 8의 姜辰國 글 참조). 이러한 그가 생산협동조합론·공동농장경영론을 수용하게 된 계기는 大同社 경영주 李鍾萬과 깊은 인간적 관계를 맺게 되고, 전 계열사가 공동경영·공동생산과 생산협동조합 운영체계를 지향한 대동사와 일정한 관련을 맺게 되면서였다. 그가 생산협동조합론을 농촌뿐만 아니라 산업 직장 전반으로 확대하여 논하게 된 것도 이와 밀접한 연관이 있다. 이 점을 더 명확히 하려면 大同社와 李鍾萬에 대한 분석이 필요하나 별도의 기회를 갖도록 한다.

이렇게 보면 생산협동조합에 기초한 전면적인 국가계획경제론이 추구하는 경제이념은 자본주의경제체제를 부정하는 사회주의계획경제론과 유사한 점이 적지 않았다. 그 자신도 "자본의 독점이윤 사상"을 "구시대적 관념"이라 배격하였고,[128] 또한 당시 귀속재산 불하를 주장하며 자본주의적 발전을 기도하는 자본가들을 "신식 사대사상을 맹종"하고 미국식 개인자유적 자본주의사상을 동경하는 "妄想群"이라 하여 반독점사상, 비판적 자본주의관을 견지하였다.[129]

이러한 경제이념은 국가권력의 현실적 추이에 따라 사회주의로의 전화 가능성을 가지고는 있었지만, 그 자체가 곧 사회주의체제를 지향하는 것은 아니었다. 국가의 전면적 계획통제는 소유관계나 생산체계의 사회주의화를 전망하는 것이 아니라 사적 소유권의 보장을 전제한 생산의 공동화·협동화에 기반을 둔 것이었다. 그의 국가계획경제와 직장생산협동조합은 국가자본인 귀속재산 운영과 관련하여 구성된 것이었고, 농업협동조합에 의한 공동경작도 사회주의적 협동농장으로의 발전 전망이 아니라 자본주의적 대농경영을 전망하는 측면이 강하였다. 그 국가계획경제론 내면에는 세계대공황기 이래 발흥하였던 자본주의계획경제론의 일환인 '전시통제경제론'의 발상이 깔려 있었고, 그 자신도 이를 시인하였다.[130] 요컨대 그의 국가계획경제론은 생산관계의 변혁을 목표로 하는 것이 아니라 생산력 증대책으로서 제론되고 있었다.

---

128) 姜辰國, 『朝鮮産業經濟의 實態와 再建策』, 106쪽.

129) 姜辰國, 「管財令 第八號 修正案을 보고(4)」, 『東亞日報』 1947년 4월 9일자.

130) 예컨대 그가 일제하 전시통제경제의 수탈성을 비판하면서도 농업과 공업 양면에서 통제경제의 생산력 증대와 物動計劃의 효율성을 "놀라운 비약적 발전"이라 하여 그 정책의 효율성을 수용하고 있는 것이 그것이었다(姜辰國, 앞의 책, 26~28쪽, 102쪽 ; 姜辰國, 「管財令 第八號 修正案을 보고(4)」, 『東亞日報』 1947년 4월 9일자).

당시 좌익이론가들이 중간파의 경제론을 통제경제론, 자본주의계획경제론, 자본주의를 지향하는 국가자본주의론 등으로 비판한 논거도 이러한 데 있었다.[131]

또한 그의 협동조합론은 자본·기술·노동의 삼위일체라는 노자협조주의, 계급협조주의에 입각해 있었다. 이는 그의 국가계획경제론, 협동조합론의 본질이자 기반이었고, 그의 국가관과 계급관도 여기에 기초하고 있었다. 이러한 협조주의 입장은 일제하 이래 농민착취기관이었던 금융조합연합회를 국립농업은행으로 개편하여 농업협동조합과 연계하고자 한 데에서도 잘 드러나고 있었다.[132] 이는 그의 협동조합론이 자본주의의의 독점화 경향을 반대하면서도 그것을 합법적인 방식으로 국가통제와 결부된 협동경제체제로 수정하려는 협동조합주의적 경향[133]을 취하고 있다는 것을 의미하였다. 협동조합주의는 당시 생산협동조합론을 주창한 중간파 인사들이 흔히 보이는 경향으로서[134] 좌우합작론의 경제이념적 논거 가운데 하나이기도 하였다. 이러한 가운데 그는 산업재건의 가장 견실한 주체를 노동계급보다 양심적인 기업

131) 尹行重, 『民主經濟論』, 乙酉文化社, 1948, 34~39쪽.

132) 당시 농업협동조합운동은 일제하 산업조합론의 연장에서 금융조합연합회가 주도하는 개량주의적 협동조합론과 좌익 계열의 협동조합중앙회가 주도하는 인민적 협동조합론 두 흐름이 대립하고 있었는데(朴和寧, 「協同組合運動의 意義와 當面課業」, 『朝鮮經濟』 2-2, 1947.3·4, 3~6쪽 ; 李辰永, 「協同組合運動의 두 가지 方向」, 『學風』 1949년 3월호, 29~33쪽), 강진국의 주장은 이를 절충한 것이었다.

133) 협동조합주의에 대해서는 井上晴丸, 『協同組合論』, 京都: 雄渾社, 1972, 41~48쪽 참조.

134) '산건협' 회장 李鍾萬이 그 전형적인 예인데, 그는 자본주의국가건설을 반대하면서 협동조합체제와 통제경제체제에 기초한 組合國家論을 제창하였다(李鍾萬, 「産業建設의 基本策」, 『工業新聞』 1947년 7월 1일자).

가, 기술자, 지식인 등으로 설정하였다.

사회주의를 전망할 수 있는 논리가 결여된 국가계획경제론과 생산조합론, 그 기반으로서의 협조주의 국가관과 계급관이 그의 경제론의 기본성격이었고, 이것이 프롤레타리아 국가관과 계급관에 기초하고 있는 좌익진영의 사회주의계획경제론, 곧 인민민주주의 계획경제론과 본질적으로 구별되는 점이었다.[135] 따라서 그의 산업재건 구상은 본질적으로 기존 국가권력과의 타협 속에서만 반영될 수 있었다. 이것이 민족자주적인 견지에서 미군정의 경제정책을 철저히 비판하고 민족경제의 자립을 주장하면서도 결국 그가 미군정에 의존하여 자신의 구상을 해결하지 않을 수 없었던 이유였다. 또한 관민협조 · 노자협조에 입각한 이상적인 국가권력의 창출, 환언하며 좌우합작과 민족자주노선에 입각한 통일정부의 수립이 좌절되었을 때, 그가 남한정부에 참여하여 자본주의건설의 체제적 방향에 자신의 경제이념을 재조정해 가지 않을 수 없었던 내면적 배경도 여기에 있었다.

4. 산업재건론과 농림부 농지개혁법안

민족자주노선을 견지하며 단정수립에 반대하였던 강진국은 남한정부 수립 후 진보적 중간파 인사로 구성된 농지개혁 실무진의 일원으로서 개혁작업에 참여하였다. 그는 농지개혁법의 '초안'이라 할 수 있는 '농림부안' 입안에 산파 역할을 하였고, 이후 국회에서 농지개혁법이

---

135) 이 시기 남한 좌익 진영의 인민민주주의 계획경제론에 대해서는 방기중, 앞의 책, 320~342쪽 ; 윤덕영, 「8 · 15 直後 社會主義勢力의 國家建設運動에 관한 研究」, 연세대 석사학위논문, 1990, 68~91쪽 참조.

확정, 실시될 때까지 실무 차원에서 중요한 역할을 담당하였다. 비록 최종 확정된 농지개혁법은 '농림부안'과 상당히 달라졌지만, '농림부안'은 농지개혁법 제정, 나아가 농지개혁 실시의 토대를 이룬 중요한 의의를 지닌 시안이었다. 따라서 통일정부 수립을 전제로 하였던 그의 산업재건론이 분단의 확정이란 상황 속에서 어떠한 추이를 보이고 있었는가는 무엇보다 '농림부안'에 잘 반영되고 있었다. 이러한 점과 관련하여 여기서는 농지개혁법 자체의 검토보다 강진국의 산업재건론과 경제이념이 '농림부안'을 통해 어떻게 나타나고 있는가 하는 점만을 살펴본다.[136]

'농림부안'은 주지하듯이 유상매상 유상분배안으로서는 정부기관에서 작성한 다른 어느 시안보다도 농민적 입장을 반영하였다. 예컨대 농지분배에 대해 평년생산량의 120%를 연 20%씩 6년간 상환하도록 한 상환가와 상환율 책정에 있어서 그러하였고, 또한 상환기간 중에는 국세 등을 면제하여 농민의 자립화를 도모하였다. 실제 면세된 상태에서 연 2할 상환이면 농민에게 상당한 자립능력을 부여할 수 있는 수치였다. 또한 평년생산량 150%를 3년 거치 10년간 보상한다고 규정한 농지수용에 대한 보상원칙도 그만큼 지주층에게 불리하였다. 3년 거치의 규정은 특히 그러하였다. '농림부안'의 이러한 방침은 당시 농림부 개혁팀의

---

136) '농림부안'의 기본 立法精神과 施行方針에 대해서는 강진국 자신이 여러 차례 자세한 해설과 '변호'를 시도하였고, 또한 농지개혁법이 확정되기까지의 입법과정과 각종 시안에 대한 연구성과도 적지 않기 때문에 그 내용을 파악하기는 어렵지 않다(주 5, 47 참조). 부언하면 이와 같이 풍부하게 남아 있는 입안 당사자의 해설과 증언이 그 간의 농지개혁법 연구에 오히려 제약조건이 된 감이 있다. 통념화된 '농림부안'의 진보성을 지나치게 강조한 나머지 '농림부안'의 성격을 "남한의 유상원칙과 북한의 국가관리가 절충된 제3의 형태"(韓國農村經濟研究院 앞의 책, 476쪽)라고 파악한 것이 그러한 예가 될 것이다.

진보적 성격과 관련하여 당연한 것이기도 하였다. 농지대금 상환과 보상에 관한 이와 같은 '割' 규정은 '농림부안'의 주요한 여타 조항과 달리 우여곡절 끝에 국회에서 최종 확정된 농지개혁법에 반영되었다.

그런데 '농림부안'에는 강진국이 산업재건론에서 논하였던 농업개혁의 기본구상들이 반영되면서 다른 시안과는 구분되는 몇 가지 독특한 조항들이 설정되었다. 첫째, 농지개혁에 대한 관리자로서의 국가주도권을 명백히 표방하는 가운데 농지개혁을 그의 지론인 국가계획경제론의 연장에서 추진하고자 하였다. 예컨대 국가의 계획적 농지·농민관리를 규정한 조항(제19조)이나 점수제에 의한 농지분배 원칙(제11조), 그리고 계획적 지주구제책으로서 농지를 무상 제공한 지주에게 전업을 우선 알선하고(제7조), 지주보상가를 起業資金의 담보물로만 사용할 수 있는 보상증권의 公債로 지급한다는 규정(제9조) 등이 그러한 의도가 반영된 것이었다. 또한 농지수용 과정을 과도적 국유화 행위로, 농지수용을 징수라는 용어로 규정한 것(제5조)도 이러한 의식의 표현이었다. 특히, 제5조에 대해서는 강진국 스스로 "유상매수 유상분배와 무상몰수 무상분배의 중간적인 입장을 채택한 것"이라고 의미를 부여하면서,[137] 이는 사유권을 제약하는 국가 본위의 "사회민주주의", "민족사회주의적"인 헌법정신(헌법 제15조)에 의거한 것임을 강조하였다.[138]

---

137) 姜辰國, 「南韓農地改革의 展望」, 『協同』 21, 1949.3, 5쪽. 그러나 이 의미 부여는 국가 권력의 주도성을 표방하거나 헌법조항에 대한 법리적 해석(주 138 참조)으로는 의미가 있을지 모르나 본질적으로 중간파 토지개혁 방침의 지표였던 '유조건몰수 체감매상 무상분배'를 포기하고 '유상분배' 입장으로 전환한 데 대한 자기 변호에 불과하다. 또한 '立議案' 이래 각종 정부 시안 역시 기본적으로는 국가에 의한 토지수용과 분배 원칙을 견지하고 있음에 유의할 필요가 있다.

138) 姜辰國, 『農地改革法解說』, 문화출판사, 18쪽. 농지개혁과 관련한 대한민국 헌

이러한 입장에서 그는 농지개혁을 계기로 "중농정책의 농본국가"에서 "공업입국"으로 나아가야 하며, 이를 위해 종합계획경제가 수립되어야 한다는 것을 거듭 강조하였다.[139]

둘째, 그의 농업경제 이념을 반영하고 있는 영농개혁 방안 역시 더욱 명시적으로 구체화되었다. 농업경영의 집약적 공동경작을 권장함으로써 농업생산력을 증대시키고 영농합리화를 기한다는 농지보존관리 원칙(제19조)이 그것이었다. 이는 물론 협동조합 조직을 전제로 하는 것이었다. 특히 농지소유의 영세성은 농지개혁 이후에도 계속될 수밖에 없으므로 그는 이를 해결하기 위해서도 지역적 특성을 살린 경영의 집약화 · 기계화 · 협동화를 장려하고 그 주체인 협동조합을 조직하여야 한다고 주장하였다.[140] 조봉암이 장관 취임 초에 천명한 바와 같이, 협동조합 조직은 농지개혁과 더불어 농림부의 양대 시책이기도 하였다. 당시 농림부에서는 조선농회, 산업조합, 산림회, 금융조합의 사업 일부 등을 통합하여 농업협동조합을 조직하고 금융조합 연합회를 농업은행으로 개편하여 농업협동조합과 농업은행을 농지개혁과 유기적으로 관련시켜 농업개혁을 추진하고자 하였다는데,[141] 이는 강진국이 산업재건론에서 구상한 방안과 거의 일치하는 것이었다.

법에 대한 이러한 인식은 국회 산업위원회 위원장 徐相日의 농지개혁법 제안 설명에 잘 드러나 있다(國會事務處, 『第二會 國會速記錄 第50號』, 1949년 3월 10일, 887쪽).

139) 姜辰國, 「農地改革과 地主對策(上)」, 『東亞日報』 1949년 4월 17일자 ; 姜辰國, 『農地改革法解說』, 17~18쪽, 23쪽 ; 姜辰國, 「農地改革의 目標」, 25쪽.

140) 姜辰國, 『農地改革法解說』, 문화출판사, 29쪽, 53~54쪽 ; 姜辰國, 「農地改革의 目標」, 『새한민보』 3-4, 25쪽.

141) 농지개혁사편찬위원회, 앞의 책, 369~370쪽. 이 시기 농업협동조합을 둘러싼 정부 내의 동향에 대해서는 李辰永, 앞의 글 ; 「協同組合은 어떻게 되나」, 『새한민보』 3-4, 1949년 2월 하순호, 22~23쪽 참조.

셋째는, 이와 같은 국가계획경제론과 협동조합론을 통해 그가 달성하고자 하였던 농업경영의 대농화 방향도 반영되었다. 그는 농지개혁법을 해설하면서 누차 영세농민, 경작잉여농가를 타 산업분야로 전업시켜 농촌인구를 전 인구의 20% 수준으로 감소시킬 것과 이를 위한 농업협동조합의 지도적 역할을 강조하였고, 이러한 가운데 대농경영의 실현 가능성을 전망하였다.[142] 이 점을 고려하여 그는 농지분배 상환 후 농민전업에 따른 이농의 자유를 법규로서 명문화하고(제18조) 농민전업의 필요성을 강조하였다.[143]

이와 같이 미군정기 강진국의 토지개혁론·농지개혁론의 핵심적인 구상들은 '농림부안'에 여러 형태로 반영되었음을 확인할 수 있다. 이는 입법의원 내 중간파 그룹인 조선산업재건협회의 산업재건론 구상이

142) 姜辰國, 『農地改革法解說』, 문화출판사, 13쪽, 28~29쪽. 그는 영농기계화에 입각한 大農經營 가능성에 대한 질문에, 당장 현실로는 어렵겠지만 協同組合에 의한 조직적 농민훈련과 영농방법의 과학화·기계화가 가능하면 1호당 10정보 정도의 대농경영이 불가능한 것만은 아니라고 피력하였다(姜辰國, 같은 책, 29쪽).

143) 이 점에 대해서는 강진국 자신이 특별한 의미를 부여하였다(姜辰國, 「南韓農地改革의 展望」, 『協同』 21, 1949, 6쪽). 따라서 '농림부안'이 분배농지 처분권을 영구히 금지하려 한 것으로 이해하고 이를 근거로 '농림부안'이 북한식의 土地國家管理制를 도입한 것이라고 본 견해(韓國農村經濟研究院, 앞의 책, 475쪽)는 재고를 요한다. 이러한 이해가 나오게 된 배경에는 아마 자료의 문제도 있겠는데, 위 견해가 근거한 법조문은 48년 11월 작성된 '農林部草案' 제 16조의 "농지의 겸병을 방지하고 농민의 경제안정을 기하기 위하여 다음 행위를 금지한다"는 조항이다. 그런데 49년 1월 최종 작성된 '農林部案' 16조에는 "농지개혁의 의의를 보유하고 농민경제의 안정을 기하기 위하여 분배받은 농지에 대하여 상환기간 완료 전에는 소유권 내용에 다음 행위를 제한한다"라고 하여 "償還期間 完了前"이라는 문구가 삽입되어 있다. 이 문구 수정이 농민전업 문제를 더 명확히 표현하기 위한 것이란 사실은 강진국의 해설로써 충분히 설명된다.

농림부 농지개혁법안에 계승되고 있음을 말하는 것이었다. 그러나 그러한 계승 이면에는 또한 중요한 변화가 나타나고 있었다. 그것은 지주구제책, 곧 지주전업 문제를 통해서였다.

강진국은 미군정기 산업재건, 농업개혁을 논하면서 사실 지주전업에 의한 토지(지주)자본의 농업자본화 문제에 대해서는 전혀 언급하지 않았다. 그러나 이 문제는 토지수용의 유상방식을 택할 경우 토지개혁의 내용 여하를 불문하고 필연적으로 전제되는 사안이었다. 따라서 유상수용을 승인한 중간파의 토지개혁론 역시 지주자본의 산업자본화를 수용하였고,[144] 좌익진영으로부터 한민당안이라 비판받았던 '입의안'도 마찬가지였다. 그럼에도 불구하고, 더욱이 산업재건에 있어 산업자금 확보의 중요성을 누차 강조했음에도 불구하고, 그는 이 문제를 거론하지 않았다.[145]

그런데 '농림부안'을 입안하고 해설하는 과정에서 그가 가장 공을 들여 다룬 주제는 다름아닌 지주전업 문제, 지주자본의 산업자본화 문제였다. 그 배경은 크게 두 가지였다고 생각된다. 하나는, 당시 '농림부안'이 지주층에게 극히 불리한 진보적 법안이라는 세간의 인식과 특히 국회 내 보수적인 인사들의 반발이 강하였기 때문에 이에 대한 설득과 무마가 필요하였다. 그리하여 그는 농지개혁이 지주계급을 몰락시키는 "정치적

---

144) 예컨대 時局對策協議會의 토지개혁안을 볼 것(새한민보사, 『臨時政府樹立大綱』, 60쪽). 좌익진영의 무상몰수론이 중간파의 토지개혁론을 비판하고 상호 중요한 경제이념상의 차이를 낳게 하는 배경은 여기에 있었다(金漢周, 「土地改革案 논쟁의 檢討」, 『協同』 3, 1947.1).

145) 이유는 잘 알 수 없지만, 추론한다면 통일정부가 수립되기 전에 귀속재산 불하를 반대하는 그의 입장과 달리 지주자본의 산업자본화는 불가피하게 귀속재산 불하와 연결된다는 서로 모순되는 사실에 그가 적당한 해결책을 갖지 못한 때문이라고 생각된다.

사회개혁적 의의"를 갖는 것이 아니라 지주구제책을 포함한 "가장 이상적이고 합리적인 각도"에서 이루어진 개혁이라고 주장하였다.[146] 아울러 지주자본은 경제재건에 긴요한 "민족자본"이라는 점을 누차 강조하고,[147] 농지개혁은 지주에게 불리한 것이 아니라 자본회전율이 빠른 산업분야로 투자를 전환하는 것이라고 지주층을 설득하였다.[148]

그러나 더 중요한 내면적 배경은 그가 견지해온 산업재건의 논리구성과 연관되어 있었다. 전술한바 그의 산업재건론의 기본전제는 남북통일정부 수립이었다. 그것은 단지 정치적 의미에서만이 아니라 경제적 의미에서도 산업재건론 구성의 중요한 기반이었다. 그가 중시한 대일배상 청구나 재일동포재산 반입문제도 통일정부 아래에서만 가능한 것이었고, 그의 산업재건론에서 무엇보다 중요한 위치를 차지하는 귀속재산 불하 반대와 그 운영개혁론도 그러한 전제하에서 제기된 것이었다. 그러나 이제 분단은 확정되었고, 더욱이 남한정부의 귀속재산 처리방향도 자유경제원리에 입각한 '高價入札競賣拂下'방침으로 정리되고 있었다.[149] 요컨대 통일정부 수립의 좌절과 정부의 귀속재산 처리방침은 앞서 그가 주장한 산업재건론을 허구화시키는 것이었다. 이러한 여건의 변화를 배경으로 그가 분단을 현실로 인정하면서 그 대안으

---

146) 姜辰國, 『農地改革法解說』, 문화출판사, 12~13쪽 ; 姜辰國, 「農地改革과 地主對策(上)」, 『東亞日報』 1949년 4월 17일자. 그는 이 계급타협적 의미를 "국가경제재건을 위한 사람의 힘, 돈의 힘을 적당하게 재배정하는 역사적 의의를 갖인 대과업"으로 표현하였다(姜辰國, 같은 책, 15쪽).

147) 姜辰國, 위의 책, 18쪽 ; 姜辰國, 「南韓地主改革의 展望」, 『協同』 21, 1949, 4쪽.

148) 姜辰國, 위의 책, 17~18쪽 ; 姜辰國, 「農地改革과 地主對策(上)」, 『東亞日報』 1949년 4월 17일자.

149) 姜辰國, 「헐뜯긴 '農地改革法' 草案」, 『新東亞』 1965년 10월호, 196쪽. 정부수립후 귀속재산 불하과정에 대해서는 김기원, 앞의 책, 162~176쪽 참조.

로 삼은 것이 바로 지주자본의 산업자본화였다. 지주전업 문제의 전면 부각은 단순한 지주무마책이 아니라 귀속재산 불하를 현실로 인정한 산업재건론 재구성의 이론적 기반이었다.

그리하여 그는 "농지는 농민에게, 자원개발 공업입국은 지주를 포함한 국민 총역량으로!"[150]라는 구호 아래 중소지주가 대다수를 점하는 지주자본을 "근대자본적 이윤경제의 방면의 사업으로 전향 유도함으로써 건국산업 부흥에 역할"시키는 데 "남한농지개혁의 건설적 특징과 발전적 지표"가 있다는 점을 강조하였다.[151] 나아가 이 과업은 "민족구성의 질적으로 보아 소작농, 노동자보다 지혜와 역량이 많은 지주층"이 담당할 수 있으며, 또한 비애국적이고 파렴치한 직산모리운영사들과 달리 "민족구성의 상층부류"인 지주층이 귀속재산 운영에 참여할 것을 권장하였다.[152]

이와 함께 그는 지주전업의 구체적인 실현방안까지 세심하게 고려하여 이를 제시하였다. 우선 지주전업 문제와 귀속재산 불하 문제를 산업재건의 종합적 계획 아래 하나의 문제로 연결시켜 해결할 것을 주장하며 자유경매불하를 추구하는 재무부·상공부에 정책 수정을 요구하였다.[153] 지주전업을 산업재건의 중요한 기반으로 설정한 이상 당연한 주장이었다. 지주전업 방안으로는, 사업 경험이 없는 지주에게는 소박한 사업이나 미간지 개척 등을 권하고, 재촌지주에게는 농촌가공업 등

150) 姜辰國, 「土地改革의 目標」, 25쪽.

151) 姜辰國, 「農地改革과 地主對策(上)」, 『東亞日報』 1949년 4월 17일자.

152) 姜辰國, 『農地改革法解說』, 문화출판사, 46~47쪽.

153) 즉 농림부는 귀속사업체에 대한 지주의 우선적 참획을 주장하였고, 재무부 등은 자유경매불하 원칙을 세우고 있었기 때문에 지주전업이 제도적으로 보장될 수 없었던 것이다(姜辰國, 「헐뜯긴 '農地改革法' 草案」, 『新東亞』 1965년 10월호, 196~197쪽).

의 중소사업과 농업협동조합에의 참여를,[154] 도시의 부재지주에게는 광공업을 중심으로 한 귀속사업체 운영에 참획하도록 제안하였다.[155] 더불어 국회에서 확정된 농지개혁법의 '政府保證附融通式證券'은 모리자금이나 중소지주의 일시몰락의 위험성과 악성인플레가 예상되므로 '농림부안'대로 起業資金의 담보물로만 쓸 수 있는 '보상증권'으로 할 것을 강조하였다.[156]

농림부 농지개혁법안과 관련하여 정부수립 후 강진국의 농지개혁론·산업재건론을 이와 같이 살피면, 국가계획경제론과 협동조합론에 입각한 그의 경제정책론의 기조는 미군정기에서 정부수립 직후에 이르기까지 기본적으로 관철되고 있었다. 그러나 남북분단이 확정된 민족현실 속에서 그의 경제이론은 내면적으로 변화되어 갔다. 그 자신은 여전히 조속한 농지개혁의 실시가 38장벽을 평화적으로 타개하는 통일자주독립의 첫 시연이라는 주장을 내세웠지만,[157] 그의 반독점 경제이념, 비판적 자본주의관은 남한의 자본주의경제건설방향에 편입되고 재조정되지 않을 수 없었다. 산업건설 방향은 이제 "건실한 자본경제의 발전을 기도"하고, "근대산업의 종합적인 조기건설을 위한 근대식자본국가로 발전"하는 것으로 조정되었다.[158] 그리고 자본·기술·노동의 삼

154) 姜辰國, 「農地改革과 地主對策(中)」, 『東亞日報』 1949년 4월 18일자. 특히 그는 일제하에도 농촌사업이나 지도사업을 지속한 이는 지주나 지주의 청년자제였다고 부언하면서 在村地主들이 향후 결성될 농업협동조합의 지도적 역할을 할 것이라고 하여 이들의 자금을 협동조합 추진자금으로 투자할 것을 권유하였다.

155) 그는 이 경우 1인 1기업의 단독사업이 아니라 주주, 이사, 기타 방법으로 공동참여하도록 주장하였다(姜辰國, 위와 같음).

156) 姜辰國, 위와 같음.

157) 姜辰國, 「農地改革의 目標」, 25쪽.

158) 姜辰國, 「農地改革과 地主對策(上)」, 『東亞日報』 1949년 4월 17일자 ; 姜辰國, 『農地改革法解說』, 문화출판사, 47쪽.

위일체식 협조주의에 기반을 둔 계급관도 더욱 개량화되었다. 이러한 변화는 자본주의체제와 사회주의체제 두 방향을 가는 남북분단의 현실에서 그의 협조주의·협동조합주의적 국가관과 경제이념으로부터 필연적으로 당면할 수밖에 없는 문제였다.

그러나 이러한 변화에도 불구하고 '농림부안'의 농지개혁 구상과 그 저변에 깔린 산업재건론은 남한체제에 수용될 수 없었다. 강진국이 국회 농림분과위원회의 농지개혁법 초안 심의 과정에서, 또한 각종 논설 형식을 빌어 끝까지 관철시키고자 노력하였던 '농림부안'의 주요 조항은 보수적인 우익 진영으로부터 불온시되면서 배제되고 수정되었다.[159] 남한정부에 참여한 중간파 농지개혁팀의 농민적 입장과 반독점 사상은 보수적 입장에서 종속적 자본주의 발전을 지향하는 남한의 지배적 경제이념과 기본적으로 대립되었고, 그들의 경제건설 논리와 이념은 남한체제에서도 여전히 주변화될 수밖에 없었다.[160]

5. 맺음말

해방정국 후반기 강진국은 민족자주·좌우합작·민족통일을 주장하

159) 농림분과위원회 내 우익인사들이 가장 민감하게 받아들인 것은 공동농장 설치와 협동조합 문제로, 강진국은 이 때문에 용공 혐의를 받기도 하였다. 이 심의과정에 대해서는 姜辰國, 「헐뜯긴 '農地改革法' 草案」, 『新東亞』 1965년 10월호 참조.

160) 강진국은 이러한 좌절을 경험한 후 1950년대 중반 농업문제·농촌문제가 해결되지 못하고 모순이 계속 누적되자 자신의 지론인 산업재건론·협동조합론을 "重農政策"과 결부시켜 재차 농업개혁·산업개혁을 주장하였다(姜辰國, 「重農政策을 善導役割시키자」, 『産業經濟』 38, 1956.6 ; 姜辰國, 「韓國經濟政策의 新構想」, 『産業經濟』 42, 1956.10).

는 중간파 노선의 각종 경제단체에 관여하면서 민족경제의 자립화를 목표로 하는 경제건설활동에 참여하였다. 그 운동의 일환으로서 그는 입법의원 산하 朝鮮産業再建協會의 산업정책연구를 주도하여 산업재건을 위한 당면 개혁책을 마련하였고, 정부수립 후에는 농지개혁 실무진으로 참여하여 농림부 농지개혁법 초안을 만드는 데 중요한 역할을 하였다. 본 연구에서는 중간파 노선의 경제사상을 이해하기 위한 하나의 기초작업으로서 강진국과 조선산업재건협회의 산업재건 구상을 살펴보았고, 그것이 정부수립 후 남한의 체제적 방향 속에 어떻게 편입되어 가는가 하는 점을 농림부 농지개혁법안과 관련하여 검토하였다.

강진국은 해방정국기의 남한 경제상황을 경제적 총파탄이라 규정하고, 그 원인을 미소의 한반도 분할점령과 미군정의 경제정책에서 구하였다. 그는 미군정이 남한경제를 미국에 예속화시키기 위해 친일파와 자본가를 앞세워 귀속재산에 대한 독점적 지배권을 강화하고 경제 전반에 대한 편의적인 통제정책을 실시하는 등 한국인의 경제적 자주성을 크게 억압하고 있다고 주장하였다. 그는 이같은 정책이 자주적 경제독립과 민족통일을 어렵게 하는 내면적인 장애요인이 되고 있다고 파악하였다. 그리하여 장기적으로 공업국가를 전망하는 민족경제의 자립을 위해서는 산업 전반에 대한 경제개혁이 시급하다고 주장하고 그 당면개혁책을 제시하였다.

개혁의 요점은 귀속재산 운영을 비롯하여 산업행정 전반에 걸쳐 경제적 자주성을 확립하고 생산력 증대와 민생 안정을 위한 농업개혁 및 전면적인 국가계획경제를 실시하는 데 있었다. 그는 자주적 산업행정권의 확보와 민주적 관민협조체제의 조성을 전제로 귀속사업체를 그 성격에 따라 국영·공영, 이윤분배제에 입각한 賃貸借 방식을 적용하되 이를 직장 협동조합에 의해 자율적으로 운영할 것을 주장하였다. 또한 물자·자금·가격·경영·기술체계에 대한 국가의 계획통제를 실시하고, 그 전제로서 재정기구, 금융·화폐제도, 배급기구 등에 대한 개혁을 역설하였다. 농업개혁과 관련해서는 유상매상 유상분배안에 입각한 토지개혁과 영농개혁의 조속한 실시를 주장하였다. 특히 개혁의 방향을 중소농주의의 실현에 그치지 않고 이를 점차 대농경영으로 전환시켜 나갈 것을 전망하고, 이를 위한 방안으로서 농업협동조합에 의한 생산의 집약화·기계화·공동화를 적극 주장하였다.

요컨대 그의 산업재건론의 이론적 핵심은 관민협조·노자협조에 입각하여 전면적인 계획통제를 실시하자는 국가계획경제론과 직장, 농촌을 막론하고 협동조합을 통해 생산·배급체계를 공동조직화하자는 생산협동조합론 두 가지였다. 이를 통해 자본의 독점이윤을 방지하고 생산성을 향상시킬 수 있다는 반독점사상을 견지하였다. 이러한 점에서 그의 주장은 사회주의계획경제론과 유사한 점이 있었고, 또 일정하게 '비자본주의적 발전'의 가능성을 내포하고 있었다. 그러나 그의 산업재건론은 본질적으로 자본주의계획경제론의 범주를 벗어난 것은 아니었다. 국가의 전면적 계획통제는 소유관계나 생산의 사회주의화를 전망한 것이 아니라 사적 소유권의 보장을 전제로 한 생산의 공동화에 기반을 두었고, 그의 이론에서 가장 중요한 의미를 갖는 국가는 계급협조주의, 협동조합주의에 입각하였다. 이를테면 그의 경제이념은 자립적 민족민주국가를 지향하는 '약소민족형 국가자본주의'의 성격을 띠고 있었다. 이러한 그의 경제이념은 중간파 경제사상의 일단을 반영하는 것이었다. 이 시기 흔히 국가본위의 사회민주주의, 민족적 사회주의로 표현된 중간파 경제이념의 내용은 대체로 이러한 것이었다.

따라서 그 국가가 어느 방향으로 발전할 것인가 하는 문제는 그의 논리 속에 결여되어 있었고, 그것은 현실적인 계급관계의 추이와 국가

권력의 성격에 의해 결정될 수밖에 없었다. 이는 그가 분단정부 수립 후 남한정부에 참여하게 되면서 잘 드러나고 있었다. 농지개혁법 '농림부안'에 나타나듯이 그는 자신의 산업재건 방침을 농지개혁에 반영하고자 노력하였다. 그러나 그 산업재건의 논리와 경제이념은 남북분단의 현실 속에서 남한의 자본주의경제건설의 체제적 방향에 편입되는 가운데 일정하게 변화하였다. 반독점사상은 견지하였지만 그 내면의 비판적 자본주의관은 점차 건실한 자본국가 건설관으로 수정되고 개량화되었다. 이는 그의, 나아가 남한정부에 참여한 중간파 노선의 협조주의·협동조합주의적 국가관과 계급관으로부터 필연적으로 당면할 수밖에 없는 논리적 귀결이었다.

그러나 이러한 개량화 과정에도 불구하고 이들 중간파의 산업재건론, 농업개혁론은 남한체제에 수용되기 어려웠다. 그들의 농민적 입장과 반독점사상은 종속적 자본주의 발전을 지향하는 남한의 지배적 경제이념과 기본적으로 대립되었다. 그들의 경제건설 논리와 이념은 남한체제에서도 여전히 주변화될 수밖에 없었다. 그것은 곧 남한정부에 참여한 중간파 노선이 걸어야 할 예정된 코스였다.

■ 參考文獻

A. 姜辰國 論著

「農村事業을 附帶한 農村文庫 創設의 急務」, 『東亞日報』 1936.2.27~3.11.
「農村文庫 經營論 – 그 必要와 方法에 對하야」, 『東亞日報』 1937.10.8~12.4
「農村婦女教育問題」, 『農業朝鮮』 1938년 1월호.
「豚病과 治療法」, 『農業朝鮮』 1938년 10월호.
「豚傳染病과 豫防法」, 『農業朝鮮』 1938년 11·12월 합병호.
「도야지치기」, 『農業朝鮮』 1939년 2월호.

「管財令 第八號와 朝鮮産業의 將來」, 『中外經濟新報』 1947.2.20~2.28.
「管財令과 謀利輩」, 『中外經濟新報』 1947.3.9.
「管財令 第八號 修正案을 보고」, 『東亞日報』 1947.4.4~4.9.
「工業의 計劃建設」, 『서울신문』 1947.5.3.
「食糧政策 再考」, 『東亞日報』 1947.11.14~11.20.
「自主經濟建設의 一年 ; 鑛工, 採鑛依然不振」, 『서울신문』 1947.12.20.
『朝鮮産業經濟의 實態와 再建策』, 朝鮮産業再建協會, 1948.2.
「電力問題의 基本解決策」, 『새한민보』 2-13, 1948.7.
「歸屬財産의 性格과 그 運營方針」, 『民政』 1-1, 1948.9.
「農地改革의 目標」, 『새한민보』 3-4, 1949.2.
「南韓農地改革의 展望」, 『協同』 21, 1949.3.
「南韓農地改革의 展望」, 『民聲』 1949년 3월호.
「農地改革과 地主對策」, 『東亞日報』 1949.4.17~4.19.
『農地改革法解說』, 文化出版社, 1949.9.
「重農政策으로 善導役割시키자」, 『産業經濟』 38, 1956.6.
「韓國經濟政策의 新構想」, 『産業經濟』 42, 1956.10.
「헐뜯긴 '農地改革法' 草案」, 『新東亞』 1965년 10월호.

B. 主要 參考論著

金漢周, 「土地改革案 論爭의 檢討」, 『協同』 3, 1947.1.
새한민보사, 『臨時政府樹立大綱』, 1947.
李甲燮, 「中間派의 理論」, 『新天地』 2-9, 1947.10.
崔愚根, 「中間政黨을 論함」, 『新天地』 2-9, 1947.10.
尹行重, 『民主經濟論』, 乙酉文化社, 1948.
李辰永, 「協同組合運動의 두 가지 方向」, 『學風』 1949년 3월호.
서울市 臨時人民委員會, 『政黨社會團體登錄綴』, 1950.
金赫東, 『美軍政下의 立法議院』, 汎友社, 1970.
농지개혁사편찬위원회, 『농지개혁사(상)』, 1971.
井上晴丸, 『協同組合論』, 雄渾社, 1972.
趙東杰, 『日帝下 韓國農民運動史』, 한길사, 1979.
宋南憲, 『解放三年史 2』, 까치, 1985.
브루스 커밍스, 『한국전쟁의 기원』, 김자동 옮김, 일월서각, 1986.
崔虎鎭 · 金炳台, 「農地改革前史」, 『大韓民國學術院論文集(人文社會科學篇)』 25,

1986.
정해구, 『10월 인민항쟁연구』, 열음사, 1987.
韓國農村經濟硏究院, 『農地改革史硏究』, 1989.
김기원, 『미군정기의 경제구조』, 푸른산, 1990.
윤덕영, 「8 · 15 直後 社會主義勢力의 國家建設運動에 관한 硏究」, 연세대 석사학위논문, 1990.
한국사회경제학회 현대사분과, 「한국현대사연구의 현황과 과제」, 『사회경제평론』 2, 1990.
한림대 아시아문화연구소편, 『駐韓美軍週刊情報要約(HQ, USAFIK G-2 Weekly Summary) 2』, 1990.
서중석, 『한국현대민족운동연구』, 역사비평사, 1991.
崔虎鎭, 『나의 학문 나의 인생』, 매일경제신문사, 1991.
金基承, 「裵成龍의 政治 · 經濟思想 硏究」, 고려대 박사학위논문, 1991.
조성훈, 「좌우합작운동과 민족자주연맹」, 『백산박성수선생화갑기념논총 한국독립운동사인식』, 1991.
한국역사연구회 현대사연구반, 「남한의 경제구조 재편과 북한의 '민주개혁' 수행」, 『한국현대사 1』, 1991.
金容燮, 『韓國近現代農業史硏究』, 一潮閣, 1992.
방기중, 『한국근현대사상사연구』, 역사비평사, 1992.
도진순, 「1945~48년 우익의 동향과 민족통일정부수립운동」, 서울대 박사학위논문, 1993.

(출전: 崔虎鎭博士講壇50週年紀念論文集刊行委員會 編, 『經濟理論과 韓國經濟』, 博英社, 1993.)

1953~55년 金融組合聯合會의 殖産契復興事業 연구

— 이승만정권의 협동조합 정책과 관련하여 —

1. 머리말

해방 후 한국사회의 가장 긴급한 당면 과제의 하나였던 토지개혁 문제는 1949년 6월 농지개혁법 제정과 함께 현실화되었다. 이로써 1950년대 남한의 농업구조는 자본주의 소농경제체제로 재편되었다. 그러나 농지개혁만으로 오랫동안 누적되어온 농업문제가 일거에 해결되는 것은 아니었다. 자본주의 소농경제에서 농촌·농민은 자본에 의해 지배를 받고 피해를 입게 마련이기 때문에 소농의 생산력 증대와 경제적 자립을 위해서는 계획적인 영농개혁정책·소농보호정책이 요구되었다. 이것이 농지개혁에 이어 이승만정권에 부여된 농정의 기본 과제였고, 그 핵심 사안 중 하나가 협동조합 조직 문제였다. 특히 6·25 전쟁에 의해 소농민의 생활 근거가 뿌리채 흔들리면서 이 과제는 정부 입장에서도 전후 체제유지를 위해 일차적으로 해결해야 할 정책 사안이 되었다.

본 연구는 정부의 농정 대행기관인 金融組合聯合會가 이승만정권의 협동조합정책과 긴밀한 관련을 가지고 1953년 9월부터 1955년 10월까지 약 2년간 전개했던 殖産契復興事業을 정리한 것이다. 주지하듯이 1907년 일제의 조선 강점정책의 일환으로 설립된 금융조합은 일제하

朝鮮農會·産業組合과 함께 식민지 수탈농정을 일선에서 실천한 대표적인 관제 농촌금융기관으로서, 특히 1935년 殖産契令 제정과 함께 부락 단위의 소산업 법인단체인 殖産契를 산하에 거느리며 농민을 지배한 핵심 농촌통제기구의 하나였다.[1] 그러나 금융조합은 미군정기는 물론 정부 수립 후에도 그 관제적 성격에 대한 구조 개편 없이 그대로 정부 농정의 하청기관으로 운영되었다. 또 복잡한 정치·경제적 이해관계와 주도권 분쟁으로 논란을 거듭했던 협동조합 조직 문제가 1957년 農業銀行·農業協同組合의 이원 체제로 입법화될 때 그 모체가 되었다.[2]

식산계부흥사업은 정부 협동조합정책이 農銀·農協의 이원적 입법 논의로 귀결되기 바로 전 단계에 이승만이 주창한 산업조합정책, 곧 금융조합의 산업조합으로의 개편 작업에 부응하여 이승만의 후원 하에 금융조합연합회가 전개한 半官半民의 농촌재건운동·협동조합운동이었다. 필자가 식산계부흥사업에 주목한 것은 크게 다음과 같은 두 가지 문제의식에서였다.

---

1) 일제하 금융조합에 대해서는 農業協同組合中央會, 『韓國農業金融史』, 1963 ; 秋定嘉和, 「朝鮮金融組合の機能と構造」, 『朝鮮史硏究會論文集』 5, 1968 ; 金森襄作, 「日帝下 金融組合과 그 農村經濟에 미친 영향」, 『史叢』 15·16합집, 1971 ; 鄭容郁, 「1907~1918 地方金融組合 活動의 展開」, 『韓國史論』 16, 1987 ; 이동언, 「日帝下 朝鮮金融組合의 설립과 성격」, 『한국독립운동사연구』 6, 1992 ; 文映周, 「日帝末 戰時體制期(1937~1945) 村落金融組合의 活動」, 고려대 석사학위논문, 1995 ; 이경란, 「韓末時期 日帝의 農業金融政策과 地方金融組合의 設立」, 『國史館論叢』 79, 1998 등 참조.

2) 해방 후 금융조합연합회의 기능과 기구 변화에 대해서는 農業協同組合中央會, 위의 책 ; 李承億, 「8·15 후 南韓에서의 金融組合 再編過程(1945~1958)」, 한양대 석사학위논문, 1993 ; 이임하, 「이승만정권의 농촌단체 재편성」, 『역사연구』 6, 1998 등 참조.

하나는 식산계부흥사업과 이와 불가분의 관계에 있는 산업조합법 추진이 전후 체제 유지와 정권 강화를 위한 이승만의 다각적인 정치적 의도와 긴밀히 연관되어 있다는 점이다. 곧 농업생산력 회복을 겸한 농촌통제와 민심 수습, 자유당 권력의 대중적 기반 강화를 위한 농민조직과 협동조합 문제의 처리, 이를 통한 정치적 반대세력에 대한 정치공세의 강화 등이 그것이었다. 따라서 식산계부흥사업과 산업조합정책은 전시 · 전후 남한 농업문제의 소재와 협동조합을 둘러싼 정치적 경제적 이해관계, 협동조합정책이 이원적 농은 · 농협으로 귀결된 배경 등을 이해하는 데 중요한 단서를 제공해 주고 있다. 또 식산계부흥사업의 해체 과정과 협동조합정책의 전환은 전후 경제부흥정책 및 미국의 농정 개입과 밀접한 관련이 있기 때문에 1950년대 이승만정권의 농업정책의 특성을 파악하는 데에도 일조할 것이다.

다른 하나는 식산계부흥사업의 논리와 이념이 일제하 한국 농민 · 농촌운동의 한 맥을 형성한 기독교 농촌운동의 전통과 긴밀히 연관되어 있으며, 분단 고착기 남한체제를 수호하고자 하는 반공주의 농촌운동 논리와 이념적 지향의 한 전형을 반영하고 있다는 점이다. 이는 특히 이 사업의 책임자인 금융조합연합회 회장 裵敏洙와 관련하여 그러하다. 1930년대 평양 장로교 농촌운동의 지도자로서 기독교 농촌운동의 독특한 양식을 창출한 바 있었던 배민수는, 산업조합정책과 병행하여 농촌재건사업을 의도한 이승만에 의해 금융조합연합회 회장에 임명되어 자유당정권에 참여하였고, 이후 정책적 입장 차이로 정권에서 축출될 때까지 식산계부흥사업을 주도하였다.[3] 따라서 배민수의 농촌운동

3) 충북 청주 출신인 裵敏洙(1896~1968)는 1910년대에 朝鮮國民會 朝鮮支會 활동과 3 · 1 운동에 참여하여 두 차례나 투옥된 열정적인 기독교 민족주의자였다. 1920년대 전반 崇專 재학 중 曺晩植의 영향으로 기독교 농촌운동에 투신하여 1930년

론과 불가분의 관계에 있는 식산계부흥사업의 논리는 한국 농촌운동의 사상사적 맥락과 분단의 사상구조를 살피는 데 도움이 될 것이다.

식산계부흥사업의 추진 경위와 개요에 대해서는 오래 전 農業協同組合中央會가 농촌금융사를 정리하는 가운데 간략히 소개한 바 있으나,[4] 학문적 관심을 가지고 이 소재를 직접 다룬 연구는 아직 없는 형편이다. 이는 현 단계 극히 零星한 協同組合史 연구 실상의 반영에 다름 아니지만,[5] 이 정리는 관변 시각과 금융조합연합회 입장을 대변한 것이기 때문에 식산계부흥사업의 성격과 정부 농업정책과의 상호 관련성 등을 제대로 설명할 수 없었다. 최근 협동조합을 둘러싼 금융조합과 여타 농업단체의 동향, 이에 대한 이승만정권의 대책 등을 다룬 연구가 제출되어 비로소 해방 후 협동조합사 연구의 초석이 마련되었다.[6] 다

대 장로교 농촌부 총무로서 장로교 농촌운동을 주도하다 1938년 미국에 망명하여 李承晩 진영에 합류하였다. 해방 후 미군정 통역관으로서 단정수립운동에 협력하였고, 정부 수립 후 도미하였다가 戰時에 귀국하여 기독교 농촌운동 재건을 모색하던 중 이승만에 의해 금융조합연합회 회장과 자유당 중앙위원에 임명되어 정권에 참여하였다. 일제하 해방 후 배민수의 민족운동·농촌운동 및 정치경제사상에 대해서는 『裵敏洙의 農村運動과 基督敎 思想』, 연세대학교출판부, 1999 및 노치준, 「배민수목사와 한국 기독교 민족운동」, 『신학이해』 11, 1993 ; 方基中, 「일제하 裵敏洙의 基督敎 農村運動論」, 『東方學志』 99, 1998 참조.

4) 農業協同組合中央會, 위의 책, 218~223쪽.

5) 農地改革史 연구와 달리 協同組合史 연구가 부진한 것은 주로 농업생산·소유구조 분석을 중시하는 농업경제사 연구의 일반적 경향, 농민 희생의 경제정책을 추구한 이승만정권기를 흔히 '農政不在의 시기'로 간주하는 비판적 시각의 과도한 투영 등에 기인한다고 생각된다. '농정부재의 시기'로 간주하는 것은 李政權의 농정이 농민 본위가 아니라는 비판의 反語法이지만, 그 정책의 성격을 더욱 분명히 이해하기 위해서도 이 시기 농업정책에 대한 다각적 정리가 필요하며, 협동조합 문제는 그 가운데 특히 주목해야 할 문제이다.

6) 李承億, 앞의 글 ; 이임하, 앞의 글.

만 이들 연구는 식산계부흥사업과 산업조합정책을 시야에 넣지 못하였고, 또한 이승만 정권의 경제정책과 협동조합정책의 상호 연관성을 깊이 고려하지 못함으로써 함으로써 각기 의도한 분석 목표를 충분히 해결하지 못하는 미진함을 남겨 놓았다. 이러한 연구 상황을 염두에 두고 본 연구에서는 식산계부흥사업의 추진 배경과 내용, 사업의 정치적·사상적 성격과 해체 과정을 정리함으로써 상술한 문제의식에 접근해 보고자 한다.

2. 식산계부흥사입의 배경과 협동소합 문제

1) 전시 농업정책과 소농경제의 위기

전후 농촌재건과 농민자립을 슬로건으로 내세운 식산계부흥사업이 대두하게 된 시대적인 배경은 무엇보다 6.25 전쟁과 함께 파탄에 처한 농촌현실과 이에 따르는 체제적 위기에 있었다. 정부 수립 후 격렬한 논란 끝에 1949년 6월 유상매입 유상분배 방식의 농지개혁법이 공포되고, 전쟁 직전인 1950년 4월부터 토지 매수 및 분배가 추진됨으로써 장기간 가혹한 소작관계와 독점·금융자본에 緊縛되어 부채와 빈곤에 시달려온 영세소작농은 자립화를 위한 최소한의 여건을 마련하였다.[7] 농지개혁은 분단이 확정되는 가운데 민심 수습의 차원에서나 남한 정부가 추구하는 자본주의 국가건설 방향에서 불가피한 조치였다. 자본주

7) 농지개혁법 추진과 실시 과정에 대해서는 金聖昊 外, 『農地改革史硏究』, 韓國農村經濟硏究院, 1989, 제4장 ; 농지개혁사편찬위원회, 『농지개혁사(상)』, 1970 ; 장상환, 「농지개혁」, 『한국사 8』, 한길사, 1994, 113~117쪽 및 한국역사연구회 현대사연구반, 『한국현대사 1』, 풀빛, 1991, 110~121쪽의 연구사 정리 참조.

의의 발전을 위해서는 생산력을 증대하고 농민의 구매력을 창출하기 위한 지주제의 타파와 농민적 토지소유의 실현은 필수적이었다.

그러나 농업문제의 해결, 농민층의 자립은 농지개혁으로 완결되는 것이 아니었다. 남한의 경우 농민 수에 비해 경작지가 본래 협소한데다 많은 지주지와 산림이 개혁 대상에서 제외되어 농지개혁 후에도 〈표 1〉에서 살필 수 있는 바와 같이 농민의 약 80%는 여전히 1町步 미만의 토지를, 그리고 이 가운데 절반이 넘는 농민층이 5段步 미만의 토지를 경작하는 過小零細農의 처지를 벗어나지 못하였다.

〈표 1〉 농지개혁 후 경작규모별 농가호수 (단위: 호 · %)

연도＼면적	5단보 이하	5단보~1정보	1정보~2정보	2정보~3정보	3정보	합
1951	932,615	781,910	372,979	93,401	3,304	2,183,930
	43	36	17	4	0.1	100
1952	1,005,930	770,021	363,318	91,255	3,038	2,233,562
	45	34	16	4	0.1	100
1953	1,011,032	768,600	370,848	95,722	2,930	2,249,132
	45	34	17	4	0.1	100

자료: 大韓金融組合聯合會調查部, 『韓國農業年鑑』, 1955, 315쪽.

여기에 또한 전시 인플레이션과 협상가격차(세레)는 열악한 영농조건과 낙후된 생산여건 하의 농민생활을 더욱 피폐하게 만드는 구조적 배경이 되었다. 본시 자본주의경제 하의 농업은 생산 · 유통과정에서 금융자본이나 도시 산업자본 · 상업자본의 지배를 받고 피해를 보기 마련인데, 주지하듯이 해방 이래 만성화된 인플레이션과 물가의 격증 속에 농민층을 압박해 온 공산품과 농산물의 협상가격차는 전시에 접어들어 더욱 심화되었다.[8] 1947년도를 100으로 하여 전시, 종전 직후의 물가지수 변동을 정리한 것이 〈표 2〉인데, 여기에서 1951, 52년 극심한 흉년과 관련하여 1952, 53년 곡물의 물가지수가 일시 급등하였음에도 협상가격차의 기본 동향, 특히 곡물과 비료가격의 협상가격차는 계속 심화되고 있음을 알 수 있다.

〈표 2〉 전시 물가지수 (1947년도 = 100)

년월	一般物價	穀 物	織 物	肥 料
1950	222.8	200.7	288.6	379.3
1951.6	1670.0	1441.6	1555.0	4187.0
1951.12	2509.2	2636.3	1918.9	7525.5
1952.6	5131.6	8651.4	1906.9	7525.5
1952.12	5256.8	7332.4	2423.8	8448.7
1953.6	6147.0	8719.9	2517.8	8448.7
1953.12	6635.0	5676.0	4164.6	8448.7

자료: 韓國銀行, 『經濟年鑑』, 1955, 185쪽.
비고: 부산 또는 서울의 都賣物價에 의한 것임.

따라서 농지개혁은 출발점에 불과하였고, 농촌경제·농민생활의 자립을 위해서는 이에 이은 적극적인 농업정책과 營農改革이 요구되었다. 토지개량사업에서 영농자금 방출에 이르기까지 농민의 영농조건과 생산여건을 향상시키는 정부의 적극적인 대책이 필요하였다. 또한 정부 지원 하에 영농개혁을 주도하고 자본의 농촌 수탈에 대비할 수 있는

8) 安霖, 『戰亂後의 韓國經濟』, 白映社, 1954, 367~383쪽 ; 大韓民國農林部, 『農林行政概觀』, 農林部, 1958, 78~105쪽 ; 金俊輔, 『韓國資本主義史硏究(III)』, 一潮閣, 1977, 제9~10장 ; 金東昱, 「1940~50년대 韓國의 인플레이션과 安定化政策」, 연세대 박사학위논문, 1994.

협동조합 건설 문제가 시급히 해결되어야 했다. 협동조합은, 조합의 내용과 목표에 따라 그 사회경제적 의미와 성격을 달리하지만, 일반적으로 자본주의경제체제 아래 농업·농촌의 협동화와 유통구조·농촌금융구조의 개선을 통해 소농경영의 영세성을 극복하고 자본의 농촌 수탈을 줄일 수 있는 유력한 농민기구였다. 이에 정부 수립기 협동조합법 입안 문제는 농지개혁법과 함께 농업개혁의 기본 사안이 되어 있었고, 정부·국회 등 여러 계통에서 입법안을 제출하였다.[9] 특히 농지개혁법 공포와 함께 자본주의 소농경제의 전면화가 예정된 이상 정부 입장에서도 과거 농촌·농민에 대해 사적 통제를 가하며 농업경영을 주도한 지주층에 대신하여 정부 농업교도사업의 담당기구로서 생산력 증대를 실현하고 농촌·농민의 상호부조적 자립을 도모할 협동조합의 설립은 현실적으로 긴요한 문제였다.[10]

그러나 이승만정권의 농업정책은 농민 본위의 농정과는 거리가 멀었다. 이승만정권은 농지개혁을 단행함으로써 농민층의 요구를 수용하였지만 이에 수반되어야 할 영농개혁·소농보호정책에 대해서는 지극히 소극적이었다. 오히려 농지개혁법 공포 이후 설정된 경제정책이나 전시경제 아래 실시된 이승만정권의 농정은 농민을 수탈하고 희생시키는 방향에서 추진되었다.

이 양상은 농지개혁법 입안을 주도한 농림부장관 曺奉岩과 농림부 개혁팀의 정치적 좌절 과정에 잘 나타나듯이 이미 정부 수립 초기에

---

9) 權赫鼎, 「協同組合案 批判」, 『農村』 7, 1949.7, 35~37쪽 ; 韓國銀行 調査部, 「韓國農業團體小史와 今後의 農村協同體에 關한 考案」, 『調査月報』 83, 1955.10, 調 50~53쪽 ; 이임하, 앞의 글, 230~233쪽.

10) 大韓民國農林部, 앞의 책, 242쪽 ; 朴運大, 「第三代 民議院과 政府 農業施策 展望」, 『協同』 44, 1954.10, 27쪽.

노정되었다. 반봉건·반독점 민주국가 건설을 주장한 중간파 노선의 전통 위에서 대한민국 정부 수립에 참여한 농림부 개혁팀은, 국가권력의 강력한 경제통제와 국가자본·민족자본 — 귀속재산과 지주자본의 산업자본화 — 을 토대로 자립적 국가자본주의체제를 수립하기 위한 자본주의계획경제정책을 민족경제 재건의 첩경으로 간주하고, 그 기초 작업으로서 농민적 입장을 반영한 농지개혁과 협동조합 입법을 주도하였다.[11] 그러나 주지하듯이 이들이 입안한 농지개혁법은 신흥자본가 세력과 결탁한 이승만정권의 주류 관료진, 지주층을 대변한 한민당 세력에 의해 수정·변질되어 개혁정신의 본의가 크게 훼손되었다. 또한 영농개혁과 농민자립을 목적으로 입안된 협동조합법은 용공 혐의 속에 사문화되었고, 결국 농업개혁팀은 정치적 이해관계와 관련하여 정부에서 축출되었다.[12]

중간파 진영의 배제 이후 미국의 경제원조와 외자에 기초한 외세 의존적 자본 본위의 자유경제정책의 추진, 미국의 안정 위주의 정책 유도, 나아가 전시 인플레이션 하에서의 전쟁 비용 확보와 인플레이션 억제를 위한 재정정책 등 여러 요인과 관련하여,[13] 이승만정권의 농민희

11) 方基中, 「解放政局期 中間派 路線의 經濟思想 – 姜辰國의 産業再建論과 農業改革論을 중심으로」, 『經濟理論과 韓國經濟 : 崔虎鎭博士講壇50週年紀念論文集』, 博英社, 1993 ; 鄭眞阿, 「第1共和國 初期(1948~1950)의 經濟政策 硏究」, 연세대 석사학위논문, 1998.

12) 姜辰國, 「農村隨感(1)·(2)」, 『協同』 32·33, 1951.11·1952.1 ; 姜辰國, 「헐뜯긴 '農地改革法' 草案」, 『新東亞』 1965년 10월호 ; 金聖昊 外, 앞의 책, 476~490쪽 ; 鄭眞阿, 위의 글, 28~31쪽.

13) 鄭眞阿, 위의 글, 32~53쪽 ; 金東昱, 앞의 글, 123~146쪽 ; 李知洙, 「解放後 農地改革과 地主資本轉換問題」, 연세대 석사학위논문, 1994 ; 박태균, 「미국의 대한경제부흥정책의 성격(1948~1950)」, 『역사와 현실』 27, 1998 ; 金俊輔, 앞의 책, 제10장 ; 李大根, 『韓國戰爭과 1950年代의 資本蓄積』, 까치, 1987.

생의 농정은 본격화되었다. 〈표 3〉에 잘 나타나듯이 금융조합연합회를 통해 방출되는 정부의 영농자금 지원은 전체 농가의 20%에 훨씬 못미치는 30~40만호에 그치고 있었으며, 융자호수 1호당 융자액 규모도 1953년에 이르러서도 2,539환에 불과하였다. 대다수의 농가가 융자에서 배제되고 있었을 뿐 아니라, 방출자금도 대부분 1년 만기의 단기성 자금이었다.[14] 이러한 가운데 오히려 미군정기의 미곡공출제도를 계승한 양곡관리법의 제정(1950년 2월)과 시장판매가격의 60~80%, 심할 경우 20~40%에 불과한 저곡가 수매정책의 강행,[15] 그리고 농지분배에 대한 현물 지가상환 등이 농민의 부담을 가중시켰다.

〈표 3〉 1949~53년 금융조합연합회 농업자금 방출 내용

년도	융자총액	융자호수	융자호수 1호당 평균	총농가호수 1호당 평균
1949	2,500만환	445,143호	56환	10환
1950	2,500만환	297,113호	84환	10환
1951	9,918만환	430,047호	232환	44환
1952	35,800만환	346,453호	1033환	160환
1953	100,527만환	395,683호	2539환	446환

자료: 農業協同組合中央會, 『韓國農業金融史』, 217쪽.
大韓金融組合聯合會調査部, 『韓國農業年鑑』, 433쪽.
비고: 1949~1952년간은 圓을 100 : 1의 비율로 圜으로 환산한 것임.

14) 大韓金融組合聯合會調査部, 『韓國農業年鑑(1955)』, 441~442쪽. 더욱이 금융조합연합회의 대부금 중 일반자금 대출에 비해 농업자금이 차지하는 비율 역시 1949년 35%, 1951년 26%, 1952년 43% 등으로 농업에 대한 투자는 이차적이었다(姜辰國, 「轉換期에 선 農業金融」, 『食糧과 農業』 2-5, 1958.5, 32쪽).

15) 大韓民國農林部, 앞의 책, 80~83쪽.

또한 전시 인플레이션에 의한 미증유의 물가등귀와 협상가격차가 농민의 생산·생활 기반을 뿌리채 흔들어 놓는 가운데, 臨時土地收得稅 수취(1951년 9월)와 수십 종에 이르는 각종 공과금 및 농촌잡부금 징수 등 미곡 확보를 위한 정부의 과도한 조세수취와 현물수취정책이 이를 구조적으로 심화시켰다.16) 그리하여 '풍년기아'의 재현과 絶糧農家·離農家의 속출에 단적으로 나타나듯이 농촌사회의 피폐는 누적되었고, 당시 농정관료조차 이구동성으로 시인하였듯이 대다수 영세농은 잉여축적은 고사하고 최소한의 필요식량마저 확보하지 못한 채 부채와 기아에 시달리고 있었다.17) 이것이 이미 종전 직후부터 재생소작제 문제가 거론되는 농업구조·농촌현실의 실상이었다.18) 그리고 이러한 실정 속에서 협동조합 문제 역시 후술하듯이 정부 부처나 관련 농촌단체의 이해관계가 복잡하게 상충되고 주도권 분쟁이 계속되는 가운데 제도화되지 못하고 있었다.

요컨대 이 시기 농업문제의 바탕은 일제하의 그것과 크게 성격을 달

---

16) 주 8의 인용 논저. 연 총액 200억환에 이르는 土地收得稅가 이 시기 전체 조세수입에서 차지하는 비중은 약 20~30%로, 內國稅 중 物品稅 다음으로 높았으며(大韓民國農林部, 위의 책, 106~107쪽 ; 金俊輔, 앞의 책, 437쪽), 농촌 잡부금의 폐해는 농림부장관 愼重穆이 이승만에게 그 폐해를 직언하였다가 인책 해임된 일화에 잘 반영되어 있다(愼重穆, 『轉換期에 선 農村問題』, 國民教養協會, 1954, 27쪽).

17) 이 시기 농가수지 실태에 대해서는 大韓金融組合聯合會調査部, 앞의 책, 403~420쪽 및 大韓民國農林部, 위의 책, 111~120쪽이 참조되며, 농촌 피폐의 일반상에 대해서는 金俊輔, 「農民救濟의 論理」, 『産業經濟』 29, 1955.5, 16~17쪽 ; 朱碩均, 「農村의 貧窮과 農村再建의 問題點」, 『産業經濟』 31, 1955.7, 18~21쪽 등 참조. 특히 전쟁이 끝난 1953년은 10년래의 풍년이었음에도 불구하고 絶糧農家가 속출하여 '豊年饑餓'의 양상을 보였고(『東亞日報』 1954년 2월 1일, 3일자).

18) 安霖, 앞의 책, 388~389쪽.

리하였다. 일제하 농업문제가 주로 이민족 지배하의 민족모순·식민농정과 결합된 지주제에 기인하는 것이었다면, 이 시기 농업문제는 농민적 토지소유의 원리가 실현된 가운데 발생하는 것이었다. 특히 전쟁에까지 돌입한 남북분단의 정치상황, 격렬한 이데올로기 대립을 배경으로 자본 본위의 종속적 경제발전을 도모하는 신생 자본주의국가의 경제정책·농업정책에 연유한 소농경제의 위기라는 성격을 가지고 있었다. 곧 이 시기 농업문제는 일제하와 달리 미국 및 신흥자본가와 결합되어 있는 남한 국가권력과 소농민 간의 직접적이고도 전면적인 대립관계와 억압구조에 기초하였다. 여기에 반공 이데올로기가 강력한 농민통제·사상통제 수단으로서 이러한 억압구조를 합리화하고 강화시키고 있었다.

이승만정권의 이러한 농업정책은 경제부흥과 자립경제 건설을 표방한 전후 경제정책에서도 지속되었다. 미국에 의해 주도된 경제부흥정책의 기본 방향은 원조경제에 기초한 '중간안정'의 자유경제정책이었다.[19] 그것은 전후 인플레이션과 협상가격차가 심화되는 가운데 저곡가 정책에 의한 농촌잉여 수탈에 기초한 자본축적이라는 기존의 정책기조를 강화한 것이었다. 이는 결국 국가재정 빈곤을 내세워 자립경제 건설을 위한 농민의 고통 감내라는 명분 아래 전후 복구 비용을 농민에게 전가하는 것에 다름아니었다.[20] 그러나 전쟁 과정에서 물질적 정신

19) 農業協同組合中央會, 『韓國農業金融史』, 1963, 206~209쪽 ; 金東昱, 앞의 글, 제3장 3, 4절. 원조경제에 기초한 이러한 안정 위주의 自由經濟政策 원칙은 1953년 대량의 미곡수입과 FOA 원조 개시에 이어 전후 복구사업을 위한 1953년 제1차 5개년 經濟復興計劃의 수립, 나아가 '經濟再建과 財政安定計劃에 관한 合同經濟委員會協約'을 골자로 하는 韓美經濟協定 조인 등에 의해 정리되었고(주 112 참조), 그것은 1954년 11월 헌법상으로도 성문화되기에 이르렀다.

20) 安霖, 앞의 책 ; 金俊輔, 앞의 책, 제11장 ; 李大根, 『韓國戰爭과 1950年代의 資

적 피해를 가장 많이 당한 농민층에게 이러한 고통과 희생을 일방적으로 강요할 수만은 없었다. 이를 위해서는 농민 스스로 이 정책에 부응하여 고통을 감내하고 생산력 증대와 경제자립의 주체가 되어야 한다는 자발성을 동원할 필요가 있었고, 이에 부응한 적절한 농민·농촌통제가 필요하였다. 체제 유지를 위한 정치적 사상적 통제와 생산력 증대를 위한 정책적 차원의 농민계몽운동·농촌재건사업이 요구되었다.

2) 자유당체제의 등장과 협동조합 문제

식산계부흥사업이 대두하게 된 일반적 배경은 이와 같이 전시·전후 조성된 농업문제의 심화, 소농경제의 위기에 대응한 농촌재건·농촌통제의 국가적 요구에 있었다. 그러나 여기에는 또한 전쟁 중 자유당 지배체제를 구축하여 장기집권을 도모한 이승만의 정치적 의도가 긴밀히 연관되어 있었다. 이승만정권이 체제유지와 민심수습을 위한 농촌재건과 농촌통제를 정책적으로 실현하기 위해서는 무엇보다 정부 입장을 대변하고 정부 정책에 협조할 수 있는 농민조직과 농촌사업기구의 정비가 요구되었다. 그것은 곧 이승만정권의 통제를 받는 농민단체의 조직과 협동조합 조직 문제로 모아지는 것이었다.

그런데 상호 긴밀히 연관된 이 두 가지 사안과 관련해서는 정부 수립 당시부터 정치세력이나 관련단체 상호간에, 나아가 정부 각 부처 상호간에 복잡한 이해관계와 입장 차이, 정치적 갈등을 보이고 있었다. 이승만은 대한민국 수립의 동반자였으나 결국 정치적 대립관계에 선 한민당·민국당 등 보수우익 진영과 조봉암 등 중간파 진영에 대응하여

本蓄積』, 까치, 1987. 이러한 농촌 희생의 자본주의 경제부흥정책이 본격화되는 것은 1955년 剩餘農産物援助經濟體制가 가동되면서부터이지만, 그 틀은 이미 終戰 전후 마련된 것으로, 앞 주의 일련의 정책 수립 과정이 그 첫 과정이었다.

전쟁 중인 1951년 자유당을 급조한 바, 자유당 지배체제를 강화하기 위해서는 대중적 조직 기반의 확대가 필요하였다. 농민 · 농촌에 대한 지배력 강화와 조직사업이 요구되었고, 이승만 역시 이것이 권력 유지에 얼마나 중요한지 정확히 파악하고 있었다.[21] 그러나 이승만은 전쟁 발발 이전은 물론 이후에도 농민조직에 대한 통일적 지배력을 확보하지 못하고 있었다. 관제 농민조직인 大韓農民總聯盟(이하 農總)의 조직 기반은 극히 미약하였고, 농민조직 결성과 협동조합운동을 주도한 것은 조봉암을 중심으로 하는 반이승만 진영과 정부 농업정책에 비판적인 농민조직 세력이었다.

조봉암은 농림부장관 재직시 농지개혁법과 함께 농업협동조합법을 입안하여 농업개혁의 기초를 마련하고자 하였으나 뜻을 이루지 못한 후 농촌개혁을 주도할 대중적 농민조직 결성을 추진하였다. 1949년 그는 이승만에 의해 해체 위기에 처한 大韓農會 세력과 院外 朝鮮民族青年團(이하 族青) 계열을 규합하여 '農家會議'를 조직하였고, 1951년 10

---

21) 정부 수립 당시부터 이승만은 한민당과 합작하면서도 자신이 권력을 독점하고 유지하기 위해서는 무엇보다 농민층을 장악해야 한다고 생각한 것으로 보인다. 그가 曺奉岩 등 중간파를 영입하여 농지개혁을 추진한 것이나 한민당을 권력에서 배제하는 데 자신감을 보인 것, 자유당 창당 계획 당시 당명을 처음에는 勞農黨으로 하려 했다는 점, 그리고 후술하듯이 그가 농민세력의 조직화에 기반을 두고 정치적 진출을 도모한 조봉암을 집중 탄압하고 大韓農民會를 자유당 조직에 편입시키는 데 집요한 노력을 보인 것 등이 이러한 의미를 잘 반영하고 있다. 문제는 권력의 대중적 기반을 농민층에 두면서도 그가 농민의 계급적 이해를 대변할 수 없었고 오히려 각종 관민 억압기구를 동원하여 농민을 통제하고 여론을 조작하는 가운데 농민 희생의 농정을 추진한 데 있었지만, 그러면서도 그는 마치 봉건 군주와 같이 자신이 농민층을 위하고 있다는 施惠觀念을 끊임없이 표출하고 선전하였다. 李承晩의 정치사상과 農民觀에 대해서는 별도의 검토가 필요할 것이다.

월 자유당 창당에 앞서 '농가회의'를 발전시킨 '農民會議'를 조직하고 이를 기반으로 정당 결성을 모색하였다.[22] 이에 대해 이승만은 조봉암의 창당 계획을 무산시키는 한편 농민단체를 단일조직으로 통합하여 자유당에 예속시킴으로써 자유당 기반을 확대하고 정치적 비판세력에 대응한 국론통합의 대중동원체계를 강화하고자 하였다. 大韓農民會 결성 구상이 그것으로서, 農總을 중심으로 기존의 모든 농민단체를 통합한 단일 농민조직을 결성하라는 이승만 지시에 따라 1952년 12월부터 농민회 결성 작업이 본격화되었다.[23] 그러나 농총 중심의 조직 결성과 자유당의 대중동원기구화에 반대한 反農總派(구대한농회 · 족청 · 조봉암 계열)의 반발에 따라 종전 전후한 시기 농민회 결성을 둘러싼 농총파와 반농총파 간의 주도권 분쟁이 격렬하게 진행되었다.[24]

협동조합 조직 문제도 이와 맞물려 복잡한 이해관계와 갈등을 노정하였다. 정부 수립 후 여러 계통의 협동조합 법안이 제출된 바 있었으나 경제정책의 논리와 방향을 달리하는 농림부와 재무부의 협동조합 조직과 운영 방법에 대한 입장 차이, 협동조합의 모체 설정을 둘러싼 大韓農會와 金融組合聯合會 등 기존 농업단체의 이해가 대립하는 가운데 협동조합법 입안은 무산되었다.[25] 그러나 1951년 전시 통제경제 하

22) 조봉암의 농민회의 조직과 정당 결성 계획 및 무산 과정에 대해서는 鄭太榮, 『曺奉岩과 進步黨』, 한길사, 1991, 171~189쪽 ; 李承億, 앞의 글, 43~47쪽 ; 이임하, 앞의 글, 234~241쪽 등 참조.

23) 「自由黨構成과 農民會組織에 대하여(1952.11.13)」, 公報處, 『大統領李承晩博士談話集 1』, 1953, 107~109쪽 ; 『東亞日報』 1952년 12월 17일자.

24) 李承億, 앞의 글, 48~50쪽 ; 이임하, 앞의 글, 236~241쪽.

25) 農業協同組合中央會, 앞의 책, 227~228쪽 ; 姜辰國, 「農村隨感 – 農業協同組合問題를 중심으로」, 『協同』 33, 1952 ; 이임하, 위의 글, 231~232쪽. 정부 수립기 협동조합 조직을 둘러싼 이해관계는 크게 두 입장으로 대별되었는데, 하나는 조봉암이 회장을 겸하였던 대한농회를 중심으로 각종 농업단체를 통합하여 협

의 농촌재건 문제와 제2대 정·부통령 선거를 앞두고 민심 수습을 위한 협동조합 문제가 다시 거론되기 시작하고 이것이 대한농민회 결성 문제와 연계되면서 이를 둘러싼 논란이 새롭게 조성되었다. 농민회 결성 주도권 쟁탈과 상호 맞물린 가운데 이승만과 자유당정권의 입장을 대변한 農總派의 협동조합결성론과 대한농회 중심의 협동조합 방안을 계승한 反農總派('農民會議')의 협동조합결성론이 첨예하게 대립하였다. 또한 정부 내에서도 조합과 금융을 일원화하자는 농림부와 분리하자는 재무부 의견이 다시 충돌하였고, 국회 농림분과위원회는 별도의 입법작업을 추진하였지만, 협동조합법 입안은 개헌 파동과 선거를 거치면서 또 다시 흐지부지되고 말았다.[26]

이러한 가운데 1952년 11월 농림부장관 愼重穆이 농림부 차원의 독자적인 협동조합 조직을 추진함으로써 협동조합운동에 새로운 전기를 만들었다. 신중목은 농림부에서 양성한 農業指導要員들을 동원하여 시군·리동 단위로 農村實行協同組合을 조직하고, 1953년 3월 협동조합법 입법의 준비 절차로서 '農業協同組合組織指導要綱'을 제정하는 한편 실행협동조합을 민법상의 사단법인으로 등기하는 조치를 취하였다.[27] 실행협동조합 조직은 자유당정권의 공식적인 협동조합정책이라

동조합을 조직하고 金融組合은 농협 中央金庫로 개편하여 협동조합과 중앙금고를 농림부의 일원적 지도체계 아래 두고자 한 農林部·大韓農會의 입장이었고, 다른 하나는 자유경제정책을 추진하면서 협동조합에 대한 금융지배력을 유지하고자 한 財務部와 금융업무와 협동조합 업무를 동시에 추구한 金融組合聯合會의 입장이었다. 금융조합연합회와 재무부의 협동조합 인식이 동질적인 것은 아니었으나, 재무부는 상대적으로 자기 관할에 있는 금융조합의 입장을 대변하여 농림부의 협동조합 주도에 비판적 자세를 보였다.

26) 大韓民國農林部, 앞의 책, 242~243쪽 ; 農業協同組合中央會, 위의 책, 227쪽.

27) 農業協同組合中央會, 위의 책, 227쪽. '農業協同組合組織指導要綱'과 '實行協同組合定款' 및 '社團法人 實行協同組合·農業協同組合 設立許可節次要領' 전문은

기보다 반농총파 입장을 지지한 신중목 등 농림부 관료들에 의한 독자적 협동조합정책이었던 것으로 보이는데,[28] 1953년 전국 리동의 72%가 되는 13,628개의 리동조합과 전국 시군의 52%에 해당하는 146개소의 시군조합을 조직하는 성과를 거둠으로써 특히 農總의 협동조합운동에 큰 타격을 주었다.[29] 또한 실행협동조합이 법인화됨에 따라 이미 里洞 농촌부락 단위로 설치되어 있는 식산계와 함께 두 개의 협동조합적 법인조직이 존재하는 기현상이 있게 됨으로써 재무부의 지원 아래 산하 식산계를 기반으로 줄곧 협동조합으로의 발전을 모색한 금융조합연합회 역시 농림부와 갈등을 갖지 않을 수 없었다.[30]

이승만은 이와 같이 이해관계가 복잡하게 착종되어 있는 농민조직 문제와 협동조합 문제에 대해 크게 두 가지 기본 입장을 견지하였다.

韓國銀行 調査部, 『農業協同組合 結成運動의 諸様相과 外國 協同組合의 史的 考察』(筆耕本, 1954.1.28), 93~161쪽 참조.

28) 愼重穆(재임기간 1952.8.29~1953.9.10)의 반농총파 입장에 대해서는 愼重穆, 앞의 책, 21~27쪽 참조. 말하자면 조봉암 재직 당시와는 다른 유형이지만 자유당 정권 내에서 농림부는 여전히 독자적 입장에서 농촌개혁과 협동조합운동에 주도적 입장을 관철하고자 하였다.

29) 大韓民國農林部, 앞의 책, 243~244쪽. 1951~52년 당시 협동조합운동을 가장 활발하게 전개한 것은 蔡奎恒이 주도한 農總派였는데, 농총의 '協同組合法案' 개요에 대해서는 韓國銀行 調査部, 앞의 책, 163~169쪽 참조.

30) 農業協同組合中央會, 앞의 책, 227쪽. 금융조합연합회 측은 협동조합 입법화와 농업협동조합운동을 주도하려는 農林部의 입장을 일반적으로 "협동조합을 統制經濟의 협력기관으로서의 政府代行機關"으로 만들고자 하는 官製 協同組合觀으로 비판하였다(李秀吉, 「協同組合問題에 對한 史的 考察」, 『協同』 33, 1952.1, 41쪽). 곧 금융조합연합회의 일반적 협동조합관은 농림부의 統制經濟主義 입장에 비해 自由經濟主義 성향이 강하였다. 그러나 이러한 비판에 관계없이 이미 정부대행기관의 특권을 누리고 있는 금융조합연합회의 協同組合觀 역시 관제적 속성을 벗어난 것은 아니었다.

하나는 농민조직인 大韓農民會는 반드시 "자유당제도" 내에서 자유당의 통제 아래 운영되어야 하며, 농민을 통일시키고 국가와 체제 유지에 요구되는 여론 형성에 기여하여야 한다는 것이었다.[31] 다른 하나는 대한농민회의 위상이 이렇게 규정될 때 기본적으로 명분상 정치적 중립을 요하는 협동조합은 농민회와 완전 별개의 차원에서 조직되어야 한다는 것이었다.[32] 곧 정치적 대중조직인 농민회 결성 문제와 비정치적 농민기구인 협동조합 문제를 분리한다는 원칙이었다. 그러나 이 원칙은 결국 農總 중심의 농민회를 조직하여 反農總派 계열을 와해시키고 통제하려는 의도를 반영하였고, 동시에 농민회와는 무관한 경로를 통해 협동조합을 조직함으로써 협동조합을 통한 농촌재건운동 역시 자유당정권의 통제력을 바탕으로 이승만에 의해 지도되는 '농촌진흥운동'으로 전개한다는 뜻을 담고 있었다.

그러나 이승만의 집요한 노력과 자유당의 지원에도 불구하고 1953년 5월 대전에서 개최된 '大韓農民會統一全國代議員大會'에서 반농총파가 주도권을 장악함으로써 농총 중심의 농민회 결성을 기도한 이승만의 의도는 좌절되었다.[33] 나아가 통합 농민회는 이승만이 공식 천명한 입장에 반하여 과거 농총파와 반농총파의 협동조합운동 기반을 모두 흡수하면서 1953년 10월 農業協同組合法推進委員會를 구성하고 농업협

31) 「農民會에 보내는 特別諭示(1953.3.23)」, 公報處, 앞의 책, 116~119쪽.

32) 公報處, 위의 책, 109쪽.

33) 大韓民國建國十年誌刊行會, 『大韓民國建國十年誌』, 1955, 320쪽. 물론 농민회를 자유당 기간 조직의 하나로 편성하려는 이승만의 뜻은 이승만의 요구에 의해 1953년 10월 소집된 중앙위원회에서 족청 계열의 일부 간부를 경질하고 농민회에 대한 통제를 강화함으로써 현실화시켜 나갔지만(大韓民國建國十年誌刊行會, 같은 책, 321쪽 ; 李承億, 앞의 글, 51쪽), 이승만은 종전 전후한 시기 농민회를 완전 장악하지는 못하였다.

동조합법을 정부에 제출하였다. 여기에 또한 통합 대한농민회 결성을 지지한 농림부장관 신중목은 실행협동조합의 경제적 기반 확충을 모색하는 동시에,[34] 농민회가 권력에 예속되지 않고 농민과 농촌민주화를 위한 농민이익기관, 협동조합운동의 주체가 되어야 한다는 농정관을 견지하여 사실상 이승만 · 자유당정권과 정면으로 배치되는 입장을 취하였다.[35]

요컨대 종전 전후 체제 및 권력 유지를 위해 불가피하게 요구된 농촌재건과 농민생활 안정이라는 과제에 직면하여 상호 농업문제 인식과 타개 방향을 달리하는 이승만 · 자유당정권과 이승만의 농정에 반대하는 비판세력 간에 농민대중조직과 협동조합 문제를 둘러싼 갈등이 심화되었다. 이는 단순한 농정 차원의 문제가 아니라 대중적 권력 기반을 확대하려는 자유당과 농민층을 기반으로 정치적 진출을 모색한 비판세력 간의 대립과 긴밀히 연관된 정치문제이기도 하였다. 외세의존적 경제부흥정책을 추구한 이승만은 자유당의 통제를 받는 관제 농민조직

---

34) 신중목은 실행협동조합의 법인화에 이어 1953년 8월에는 당시 농민회 · 협동조합 조직 문제와 관련하여 첨예한 이해관계를 유발하게 한 막대한 舊大韓農會 자산을 실행협동조합에 이관하고 금융조합연합회가 맡고 있는 肥料 操作業務 일부를 실행협동조합에 위임하겠다는 발표를 하는 등(『東亞日報』 1953년 8월 5일자), 독자적으로 실행협동조합에 대한 강화방침을 추진하였다.

35) 愼重穆, 「救農運動과 農民會」, 앞의 책, 21~27쪽. 특히 신중목은 후술하는 바와 같이 1953년 9월 농림부장관에서 해임된 직후 이승만이 금융조합연합회 중심의 産業組合政策을 천명하자 정부가 비료 취급의 특권 등을 통해 농업단체를 통제하고 농민을 수탈하고 있다고 비판하면서, "이러한 점에서 우리 농촌에서의 協同組合의 태동은 必然化하였고, 농민의 참된 대변자 農民會의 실현은 農村民主化를 위한 寶刀라 하겠다"고 하여 금융조합을 특권화한 정부 농정을 비판하고 농민회가 진정한 농민의 대변자이자 협동조합의 주체가 되어야 한다고 주장하였다.

결성과 협동조합 운영을 통해 농민통제와 농촌재건을 도모함으로써 농촌 희생 농정의 모순을 완화하고 비판세력의 정치적 진출을 차단하고자 하였다. 그러나 종전 당시까지 이승만의 의도는 제대로 관철되지 못하였고, 오히려 이승만의 의도와 다른 농림부 농정이 추진되는 등 정부 농정의 혼선마저 야기되고 있었다.

1953년 7월 27일 휴전협정 조인과 함께 농민통제와 농촌재건 문제를 더 이상 미룰 수 없게 되자 이승만은 농민조직과 협동조합 문제에 대한 자신의 입장을 본격적으로 관철시켜 나가고자 하였다. 그 기본 방침은 독자적인 협동조합운동을 도모하는 大韓農民會에 대한 정치적 통제를 강화하고, 대신 농촌재건과 협동조합 문제를 金融組合聯合會를 중심으로 해결해 간다는 것이었다. 이승만정권의 외세의존적 경제부흥정책은 기본적으로 농촌에 대한 금융지배권의 유지를 중시하는 재무부의 자유경제정책론을 기조로 수립된 것이었다. 따라서 이승만과 자유당의 주류 경제관료진이 농림부의 실행협동조합운동이나 농민회의 협동조합운동을 무시하고 금융조합연합회를 통해 협동조합 문제를 해결하고자 한 것은 자연스러운 것이었다.

더욱이 금융조합은, 이승만이 명확히 규정하였듯이,[36] 정부의 완전통제 하에 있는 '半官半民'의 농촌금융기관이자 정부의 비료 · 양곡 · 藁工品 操作業務를 대행하는 정부하청기관이었다. 해방 후 협동조합운동을 비롯해 농민이익기관으로 거듭나려는 자체 노력이 없었던 것은 아니지만, 본질적으로 일제강점기의 연장에서 정부 농정을 농촌 현장에서 직접 구현하는 관제 농촌금융기관 · 농민통제기구의 역할을 수행하고 있었다. 따라서 금융조합은 농민회와 같이 정치적 비판세력의 침투를 걱정할 필요가 없었고, 농촌재건과 경제자립을 명분으로 민심수

---

36) 「金聯名稱改稱에 대하여(1953.11.11)」, 公報處, 앞의 책, 227쪽.

습과 농민통제를 추진하기에 농민층과 가장 근접한 거리에 있었다.

이승만은 1953년 9월 10일 자신에 비판적인 농림부장관 신중목에 대한 파면을 시작으로 이 작업에 착수하였다.[37] 그리고 9월 21일 협동조합 준비와 농촌재건사업을 총괄할 금융조합연합회 회장에 장로교 목사 裵敏洙를 임명함으로써 금융조합연합회 지도부 개편을 단행하였다.[38] 일제하 장로교 농촌운동을 주도한 농촌운동가였지만, 기독교 교역자인 배민수를 정부 산하 경제기관의 책임자로 임명한 것은 이례적인 인선이 아닐 수 없었다.[39] 그러나 이승만은 농촌운동에 대한 종교적 열정과 저돌적인 추진력을 겸비하였고 자신에 못지 않은 반공의식으로 무장한 단정수립운동의 동지이자 열렬한 추종자이면서도 기존 농민조직이나 금융조합에 특별한 이해관계가 없는 배민수야말로 자신의 의도를 충실히 실천해 줄 최적의 인물이라고 생각하였다.[40]

---

37) 이승만은 신중목에 대한 파면 이유가 과다한 농촌 雜賦金 수탈 실태를 신문에 공포하여 정부 위신을 실추시켰기 때문이라 발표하였으나(「兩長官罷免에 對하여」, 公報處, 위의 책, 131~132쪽), 결국 그 내면적 이유는 이미 독자적으로 전국적 규모의 실행협동조합을 조직한 신중목이 평소 금융조합을 농민을 수탈하는 특권기관으로 간주하여 금융조합과 반목하였고 농민회를 지지하며 금융조합을 농촌재건과 협동조합의 중심기관으로 삼는 데 반대하였기 때문이다(愼重穆, 앞의 책, 23~25쪽).

38) 배민수의 회장 임명에 이어 10월에는 부회장을 경질하여 金洪範이 취임하였다.

39) 배민수 역시 처음 이승만의 제의를 받았을 때 금융조합연합회가 일제하 농민수탈기관이었다는 이유로 주저하였으나 금융조합을 농촌재건과 협동조합운동의 지도기관으로 삼아보라는 이승만의 권유에 취임을 승낙하였다고 한다(大韓金融組合聯合會, 『殖産契復興事業文書綴』, 「指導殖産契講話要旨」).

40) 해방 후 이승만의 單政路線에 입각한 배민수의 국가건설운동과 反共主義 政治經濟觀에 대해서는 주 3의 필자의 저서를 참조할 것.

3. 전후 협동조합정책과 식산계부흥사업의 전개

1) 산업조합론과 식산계부흥사업의 지도방침

이승만이 배민수를 영입하면서 금융조합연합회을 통해 추진한 農政의 방향은 크게 두 가지였다. 하나는 금융조합을 산업조합으로 확대 개편함으로써 정치적 차원에서나 농민단체와 정부 각 부처간에 복잡한 갈등을 보인 협동조합 문제를 종결한다는 것이었다. 다른 하나는 금융조합연합회를 지도기관으로 산업조합정책에 부응한 농촌부흥사업을 전개함으로써 농촌재건과 민심수습을 도모하고 산업조합의 농촌 기반을 마련한다는 것이었다.[41] 이승만은 이 방침을 공식 천명하는 절차로서 1953년 11월 금융조합을 산업조합으로 개칭한다는 발표와 함께 산업조합법 입안 작업을 법무부에 지시하였다.[42]

당시 설정된 산업조합 조직의 기본 방침은 기존 금융조합을 해산하여 산업조합으로 확대 개편하되 그 조직과 기능을 그대로 이관한다는 것과, 산업조합을 시군 단위로 조직하되 금융조합의 세포조직인 식산계를 그대로 운영한다는 것, 그리고 법안에 부합하는 이상적 협동조합을 실현하기 위한 단계적 준비사업으로 식산계 육성과 조합원 훈련을 추진한다는 것 등이었다.[43] 요컨대 배민수가 금융조합연합회 회장에 취임하면서 이승만에게 부여받은 과제는 산업조합 준비와 농촌재건을

41) 農業協同組合中央會, 『韓國農業金融史』, 1963, 218쪽.

42) 「金聯名稱改稱에 대하여(1953.11.11)」, 公報處, 앞의 책, 227쪽 ; 大韓金融組合聯合會調査部, 『韓國農業年鑑』, 1955, 560쪽. 명칭 개칭은 현실화되지 않고 산업조합 입법 과정만 별도로 추진되었다.

43) 大韓金融組合聯合會調査部, 위의 책, 46~47쪽 ; 農業協同組合中央會, 앞의 책, 219쪽.

위한 식산계 육성사업의 추진이었다.

식산계는 일제하 농촌진흥운동·농가갱생계획의 일환으로 1935년 식산계령에 의해 설치된 소산업 법인단체였다. 식산계는 "隣保共助 정신으로 계원 상호간의 경제 발달을 기하기 위한 공동사업을 행할 것"을 목적으로 부락 단위로 동일 지역 내에 거주하는 5인 이상이 도지사의 인가를 받아 설립하되, 반드시 금융조합 또는 산업조합의 조합원이 되도록 함으로써 금융조합과 산업조합의 자금 지원과 제반 지도를 받게 되어 있는 농촌 최말단의 농업조직이었다.[44] 그러나 일제하 당시 산업조합은 금융조합에 비교할 수 없을 만큼 열세였기 때문에 대다수 식산계는 금융조합 산하에 있었으며, 사업 규모도 금융조합 소속 식산계가 압도적 우세를 점하여 식산계는 사실상 금융조합의 말단 세포조직이었다(〈표 4〉).[45]

---

44) 「殖産契令(1935.8.30)」·「殖産契令施行ニ關スル件(1935.12.18)」·「殖産契ノ指導ニ關スル件(1935.12.18)」, 『農村振興例規』. 식산계에는 계원 중에서 선임한 主事·副主事와 금융조합 또는 산업조합 이사가 겸하는 監事 1인을 두었고, 식산계원은 소속 금융조합 및 산업조합에 대한 계의 債務에 연대책임을 지도록 규정하였다. 식산계의 주 사업은 필수품의 공동 구입, 생산물의 공동판매, 공동이용시설 및 기타 산업 지도와 共濟事業 등이었는데, 이 사업은 모두 금융조합·산업조합의 지도와 專屬去來로서 이루어졌다.

45) 産業組合은 1926년 1월 공포된 産業組合令에 의해 설립된 관제 협동조합으로서, 日本 産業組合法을 母法으로 하면서 조선의 전통적인 상호부조 조직인 契의 정신을 결부시켜 中産 이하의 조합원의 상호부조와 산업 발달을 기하는 데 목적을 두고 있었다(「朝鮮産業組合令」·「産業組合定款例」, 『農村振興例規』). 그러나 이미 金融組合이 존재하기 때문에 산업조합의 기능은 購買·販賣·利用組合에 한정되었고, 산업조합원은 금융조합에 가입하여 자금 조달을 지원받도록 규정함으로써 산업조합은 자립성을 갖기 어려웠다. 말하자면 조선에서는 일본과 달리 산업조합의 4종 업무를 금융조합과 산업조합으로 분리시켜 운영한 바, 따라서 官製 協同組合 기능의 주도권은 금융조합에 있었다. 일제하 조선 산

〈표 4〉 일제하 식산계 설치 및 사업 상황 (단위: 천 원)

年度	設置組合	契數	契員數	販賣高	購買高	借入高
1935	금융조합	143	5,290			
	산업조합	9	443			
1937	금융조합	3,978	156,533	2,313	4,821	1,534
	산업조합	247	10,191	74	67	36
1939	금융조합	17,450	670,219	11,745	8,782	6,211
	산업조합	1,066	34,994	316	124	181
1941	금융조합	39,893	1,895,456	14,304	49,093	10,167
	산업조합	1,758	76,210	1,058	428	105
1943	금융조합	48,327	2,794,472	36,187	427,799	23,118
	산업조합	793	63,774	63	16	74
1944	금융조합	48,838	3,023,553	14,152	149,194	20,824
	산업조합	189	7,406	1	6	107

자료: 農業協同組合中央會, 『韓國農業金融史』, 85쪽.

따라서 식산계는 처음부터 그 관제적 속성과 함께 식민농정을 위한 농민통제기구의 성격을 지니고 있었다. 특히 일제는 전시총동원체제 구축을 위해 1940년 식산계를 國民總力部落聯盟과 표리일체의 조직으로 편성하고 공출 및 노동력 수탈을 위한 수탈기구로 적극 활용한 바, 금융조합과 식산계의 외형적 확대에도 불구하고 소산업 농촌단체로서의 식산계 기능은 이미 일제 말기에 소진되고 있었다.[46] 그리고 해방 후 식산계는 여전히 미군정의 하청기관으로 명백을 유지한 금융조합의 산하기관으로 存置하였지만, 일제 잔재 청산이 신국가건설의 주요 개혁 과제의 하나였던 정치사회적 정세와 관련하여 대부분 수면상태에

업조합에 대해서는 農業協同組合中央會, 앞의 책, 102~109쪽 ; 金容燮, 『韓國近現代農業史研究』, 一潮閣, 1992, 425~426쪽 참조.

46) 農業協同組合中央會, 위의 책, 89~96쪽 ; 文映周, 주 1의 글 참조.

놓이지 않을 수 없었고, 그것은 정부 수립 이후에도 마찬가지였다.

이러한 역사성과 관련하여 금융조합연합회 입장에서 볼 때 식산계 강화는 금융조합이 협동조합으로 발전하는 데 필수불가결한 기초사업이었고, 따라서 이전부터 조합 내에서는 식산계 강화 주장이 지속적으로 提論되고 있었다.[47] 그러나 이러한 주장은 정부대행업무에 대한 의존도가 높은 금융조합의 특수성과 일제하 이래 구조화된 금융조합의 관제적 성격에 의해 별 성과없이 상투적 구호에 그치고 있었다. 따라서 금융조합의 구조개혁, 운영혁신이 수반되지 않은 한 그 구호는 결과적으로 농촌재건과 협동조합의 기초사업이 되기보다 기존 금융조합 업무와 체세 유시에 필요한 말단지배기구로서의 식산계 역할 강화를 기도하는 것이나 다를 바 없었다.

여기에 식산계 강화작업을 더욱 어렵게 만든 것은 자금 사정이었다. 해방 후 유가증권 동결과 함께 재정 기반이 현저히 약화된 금융조합은 국민저축운동과 출자금증액운동을 전개하며 자금 조성에 노력하였지만 재정난은 계속 악화되었다. 금융조합의 본업인 농업금융사업 곧 영농자금 방출은 정부 보증의 한국은행 차입금으로 운영하는 미미한 수준이었으며, 더욱이 전시에 접어들어 정부대행업무의 폭주, 인플레이션 심화에 따른 신용통제 강화 등과 관련하여 농업금융사업은 날로 위축되었다.[48] 금융조합연합회는 그 타개책으로서 1952년부터 3년간 농업자본 확보와 영농자금 방출 확대를 목적으로 현물저축운동을 전개하여

47) 文方欽, 「韓國農村과 協同組合」, 『協同』 31, 1951.9, 30쪽. 특히 1953년 4월에는 愼重穆이 농림부 실행협동조합의 법인화작업에 자극을 받아 '殖産契運營强化要綱'을 발표하기도 하였다.

48) 앞의 〈표 3〉 ; 農業協同組合中央會, 앞의 책, 152~154쪽, 210쪽 ; 李承億, 앞의 글, 25~28쪽.

1953년부터 농업자금의 자력 조달을 추진하였다.[49] 그러나 〈표 5〉와 같이 10억환을 훨씬 밑도는 현물저축 자금을 가지고 전면적인 식산계 강화사업을 추진하는 것은 현실적으로 불가능하였다.

따라서 농촌재건과 협동조합 건설을 준비하는 식산계의 육성·강화를 현실화하기 위해서는 이러한 금융조합 내부의 구조적 문제와 현실적 한계에 대한 타개책이 수립되지 않으면 안되었다. 회장 취임 배경의 특수성과 관련하여 이승만의 전폭적인 지원을 받은 배민수는 이 요구에 적극 부응하고자 하였다. 그는 일제하 기독교 농촌운동에 투신한 이래 농민의 경제자립과 농촌복음을 동시 실현한 기독교 모범농촌(예수촌) 건설을 평생의 실천 목표로 견지한 바, "그의 宿望을 달성하기 위한 第一步"라는 표현과 같이 차제에 평소 자신의 신념과 구상을 국가적 차원에서 실천해 보고자 하는 강한 의욕을 가지고 "일대혁신정책"을 기획하였다.[50] 곧 그의 모범농촌건설운동의 持論인 협동조합 조직론과 농촌지도자 교육론의 원리를 적용한 '식산계부흥사업'으로서, 식산계를 모범농촌으로 부흥시킴으로써 농촌재건을 도모하고 산업조합 건설의 기초를 확립한다는 계획이었다.[51]

49) 現物貯蓄運動은, "농가에 勤儉貯蓄思想과 自立精神을 고취 앙양하고 수확기에 자율적으로 수확의 일부를 現物로 저축하게 함으로써 단위농가의 경제력을 배양하는 한편 蓄積 資金은 즉시 농업생산자금으로 放出하여 농촌경제의 부흥향상을 촉진케 한다"는 취지 아래, 자유저축 원칙에 입각하여 농가 당 夏穀(麥類) 5升, 秋穀(正租) 1升을 금융조합에 저축하게 하고 금융조합은 이 현물을 곡가가 높을 때 방매하여 확보된 현금을 즉시 영농자금 방출에 사용한다는 農民資本 동원방안이었다. 저축한 농민에게는 개인 통장을 마련하여 지급하였으나 이 저축은 일정 기간 찾을 수 없는 封鎖預金이었다. 현물저축운동과 영농자금 방출에 대해서는 農業協同組合中央會, 위의 책, 210~214쪽 참조.

50) 農業協同組合中央會, 앞의 책, 223쪽.

51) 大韓金融組合聯合會, 『殖産契復興事業文書綴』, 「舊大韓金聯農村敎導事業概況」.

〈표 5〉 金融組合聯合會 현물저축운동 실적

年度	秋夏區別	目標量	實績		
			數量	達成率	換金額
1952	夏穀	116,000석	19,158석	17%	385백만 환
	秋穀	232,000	116,359	50	
1953	夏穀	105,887	106,613	100	730백만 환
	秋穀	211,812	228,543	107	
1954	夏穀	102,545	202,573	198	1892백만 환
	秋穀	615,270	532,962	86	

자료: 大韓金融組合聯合會, 『殖産契復興事業文書綴』, 「現物貯蓄運動槪要」
農業協同組合中央會, 『韓國農業金融史』, 212쪽.

모범농촌건설운동으로서 배민수가 구상한 식산계부흥사업의 기본 프로젝트는 크게 두 가지였다. 하나는 지도식산계 육성사업 프로젝트였다. 이는 금융조합의 영농자금 방출이 극히 제한적이고 국가 지원이 미미한 형편에서 모든 식산계의 지도육성이 불가능하므로 금융조합 사무소 당 3개의 식산계를 선별하여 지도식산계로 삼아 종래 영농자금 외에 특별융자를 지원하여 지도 육성하되, 특히 이 3개 지도식산계 가운데 하나를 '모범식산계'로 집중 육성하여 모범농촌으로 만든다는 것이었다. 그리고 여타 일반식산계에 대해서는 자발적인 사업을 유도하여 그 성적 여하에 따라 연차적으로 선별 지원한다는 것이었다.[52] 이에 자금사정을 감안하여 경제여건이 좋고 융자금 상환에 큰 문제가 없는 식산계를 우선 선정한다는 「指導殖産契選定要綱」을 작성하고,[53]

52) 大韓金融組合聯合會, 『殖産契復興事業文書綴』, 「指導殖産契講話要旨」; 農業協同組合中央會, 앞의 책, 219~220쪽.

53) 大韓金融組合聯合會, 『殖産契復興事業文書綴』, 「農村指導問題討論會(第一回)」.

1953년 말까지 일차 564개의 지도식산계와 1개의 특수지도식산계를 선정하였으며, 연차 확대 실시하기로 하였다(〈표 6〉 참조).

〈표 6〉 1953~1954년 식산계 지도 상황[54)]

구분	全體 殖産契		指導殖産契		特殊指導殖産契	
	契數	契員	契數	契員	契數	契員
1953년 말	34,243	2,168,339	564	34,717	1	39
1954년 확충수	701	34,504	1,008	58,389	113	8,249
1954년 말	34,945	2,202,843	1,572	93,106	114	8,288

자료: 大韓金融組合聯合會調査部, 『韓國農業年鑑』, 1955, 58쪽.

이와 함께 지도식산계 육성을 위한 여러 실천 방안이 수립되었다. 무엇보다 가장 중요한 것은 재정 확보 문제로서, 이에 대해서는 현물저축운동을 강화하여 식산계 육성 자금을 증대한다는 방침을 세웠다. 곧 1954년부터 농가 당 1升씩 책정하였던 秋穀(正租) 현물저축량을 세 배로 늘려 식산계 육성을 위한 방출자금을 확대하고, 이와 함께 1953년부터 시행된 한국은행 차입금에 의한 방출량도 증대시킨다는 것이었다.[55)] 또한 1953년까지 관행된 개인별 영농자금 융자 방식을 식산계

54) 1954년도 식산계 총수에 대해서는 관계 자료에 따라 약간의 차이가 있다. 금융조합 내부 자료인 『殖産契復興事業文書綴』의 「現物貯蓄運動概要」에는 1954년 36,214개, 農業協同組合中央會, 앞의 책에는 36,215개로 나타나 있는 반면, 金融組合聯合會 調査部 자료에는 34,945개로 되어 있다. 또한 금융조합연합회 직원인 崔觀鎬는 1955년 1월 남한의 식산계 총수를 35,306개로 소개하고 있다(崔觀鎬, 「産組法案과 金組의 改編」, 『協同』 45, 1955.1, 159쪽). 〈표 6〉의 수치는 지원 대상이 된 식산계 총수로 파악된다(후게 〈표 8〉 참조).

55) 大韓金融組合聯合會, 『殖産契復興事業文書綴』, 「現物貯蓄運動概要」; 農業協同組合中央會, 앞의 책, 212~214쪽. 이에 따라 1954년 秋穀 현물저축은 농가 당

단위의 융자 방식으로 전환함으로써 식산계부흥사업의 여건을 조성하고 농업경영의 협동화를 유도한다는 집단융자 방침을 채택하였다.[56] 더불어 식산계 부락농민을 대상으로 식산계부흥사업을 선전·계몽하기 위한 순한글 잡지 간행을 기획하여 1953년 말 격월간의 『새농민』을 발간하였다.[57]

다른 하나는 지도자 교육사업 프로젝트였다. 희생적인 농촌지도자 유무에 모범농촌건설운동·협동조합운동의 성패가 달려 있다는 것은 배민수의 평생 지론이었지만, 그것은 식산계부흥사업에서도 예외가 아니었다.[58] 그가 일제하 기독교 농촌운동의 가장 가까운 동지이자 후배인 朴鶴田을 교육담당 상임이사로 영입하여 식산계부흥사업 지도부를 구성한 것도 이러한 입장에서였다.[59] 배민수와 지도부는 이와 관련하여 크게 두 방향의 지도자 교육사업을 준비하였다.

첫째, 식산계 지도자 — 主事·副主事 — 교육이었다. 식산계 지도자 교육은 특히 식산계부흥사업의 최종 목표인 모범농촌, 곧 모범식산계

1斗에서 3斗로 증가한바, 1954년 현물저축 換金額은 〈표 5〉와 같이 18억 9천 2백만 환으로 급증하였다.

56) 農業協同組合中央會, 앞의 책, 214쪽.

57) 金融組合聯合會 기관지로는 『協同』이 간행되고 있었지만 지식인 중심의 잡지였기 때문에 배민수는 식산계부흥사업의 취지와 지도방침을 알릴 수 있는 농민용 선전매체가 필요하다고 보았다. 배민수의 農村運動觀을 잘 반영하는 대목으로서, 『새농민』은 격월간지로 발간되다가 1954년 12월 7호부터 매월 10만부씩 간행하는 월간지로 增刊되었다.

58) 裵敏洙, 「講演錄 韓國農民의 活路」(大韓金融組合聯合會, 『殖産契復興事業文書綴』), 7쪽 ; 裵敏洙, 「第九回 光復節을 當하여」, 『協同』 44, 1954.10, 7쪽.

59) 朴鶴田에 대해서는 方基中, 주 3의 「일제하 裵敏洙의 基督教 農村運動論」, 207~208쪽 참조. 이에 식산계부흥사업은 1930년대 長老教 농촌운동 지도부가 주도하는 양상을 띠게 되었다.

건설에 관건이 되는 지도방침이었다. 지도자는 "자기혁명"을 통해 희생정신, 민주주의정신 및 국가정신을 확립한 "極精細胞"이자 생산력증대와 생활개선·폐풍교정을 위한 지식과 기술을 겸비한 자로서, 식산계 육성을 위한 제반 사업을 주도하는 농촌마을의 정신적 기술적 농업지도자였다.[60] 이들은 식산계 마을의 협동조직기관 구성과 부인회·소년회(4H구락부) 조직을 주도하고, 마을의 자연조건과 제반 사회·문화·경제여건, 특히 마을 농민의 사상성향과 경영규모·생활수준 등 농가실태에 대한 면밀한 조사를 행하여 이를 바탕으로 마을 실정에 맞는 식산계 경영·기술·생활 각 방면의 구체적인 사업계획을 세우고 금융조합의 협조를 얻어 농민에 대한 강습을 추진하는 식산계부흥사업의 담당 주체였다.

따라서 이들에 대한 교육방침으로는 高利債 정리를 비롯하여 농촌수입 증대를 위한 각종 영농합리화 방안의 강구와 생산 및 기술개량, 농민생활 향상과 의식개선을 위한 생활개선운동 등에 대한 지도가 강구되었다.[61] 특히 이들에게 특별히 강조하고자 한 것은 식산계육성사업

---

60) 大韓金融組合聯合會, 『殖産契復興事業文書綴』, 「模範殖産契 設計와 指導方針 要領」. 모범식산계 설계의 기본 지도방침으로 거론된 것은 ①지도자, ②조직, ③조사, ④사업계획, ⑤강습 등 다섯 가지 항목이었다.

61) 생산성 증대를 위한 殖産契 사업은, 經營面에서는 ①농업의 多角化 ②관개시설 개척과 농지개량 ③축산장려 ④共同購販사업 ⑤농기구·생활용품의 공동이용 등, 技術面에서는 ①작물·가축의 품종개량 ②병충해 예방 및 驅除방법 보급, ③작물·가축 관리방법 개선 ④농산물 가공·저장방법 보급 ⑤土性개량과 施肥의 합리화 등이 추진되었다. 또한 生活改善의 주 내용은 ①주택개량 ②의복개선 ③식생활 개선과 위생지도 ④신앙생활과 미신타파 ⑤의례제도 개선과 弊風矯正 ⑥문맹퇴치 ⑦체육장려와 음악오락의 보급 등이었다(大韓金融組合聯合會, 『殖産契復興事業文書綴』, 「模範殖産契 設計와 指導方針 要領」; 「指導殖産契講話要旨」).

의 선결 과제로서, "악화된 인심"을 수습하고 농민의 협동단결을 이끌기 위한 "농민계몽운동과 도의심 앙양"이었다. 이와 관련해서는 부락 농민의 희생정신과 반공 국가정신, 식산계 지도자에 대한 복종심과 인화정신, 삼강오륜의 전통도덕 등의 고취가 강조되었다.[62] 곧 체제유지를 위한 사상선도 · 농민교화였다. 여기에서 식산계부흥사업이 사상통제 · 농민통제를 유기적으로 결합한 모범농촌건설운동 · 협동조합운동이라는 점이 잘 드러나고 있었지만, 요컨대 식산계부흥사업은 이러한 의미에서 농촌 有志 · 篤農家이자 중심인물인 식산계 지도자에 대한 지도관리체계를 창출하는 사업이었다.[63]

둘째, 식산계 지도자 교육을 담당하는 금융조합 임직원에 대한 지도자 재교육이었다. 배민수는 이를 식산계부흥사업을 현실화하는 첫 관문으로 간주하였다. 그것은 식산계부흥사업이 성공하기 위해서는 무엇보다 특권적 농민수탈기관으로 인식되고 있는 금융조합의 체질개혁이 선행되어야 한다고 판단하였기 때문이다. 곧 오랜 관료적 전통과 고식적 운영 속에 형성된 특권 · 관료의식과 무사안일주의의 개혁이었다. 이에 그는 취임과 함께 "민족의 혈관"인 금융조합은 과거 농민착취기관으로부터 "농민에게 피를 나누어주는 本然의 態勢"로 돌아가야 하며, 이를 위해서는 과거 태도를 청산하고 농민을 살리려는 희생정신과 함께 민족과 국가를 위한 충성심 · 협동정신 · 신용의식을 견지할 것을 강력히 촉구하기도 하였다.[64]

---

62) 大韓金融組合聯合會, 위와 같음.

63) 大韓金融組合聯合會, 『殖産契復興事業文書綴』, 「舊大韓金聯農村敎導事業槪況」; 大韓金融組合聯合會調査部, 앞의 책, 58쪽.

64) 裵敏洙, 「就任에 際하여」, 『協同』 41, 1953.11, 3~4쪽. 그는 이에 이어 "여러분은 나의 모든 施策에 대해서 많은 의구를 가질 것입니다만 어디까지나 이 나라의 재건과 농민의 지위향상을 꾀하여 진력할 것이며 그를 위하여는 民主主義原則에

배민수가 금융조합 임직원 교육문제를 식산계부흥사업의 선결 과제로 인식한 것은 특히 금융조합 혁신방침에 대한 내부의 거부감 때문이었다. 당시 금융조합 관계자들은 금융조합을 모체로 하는 산업조합정책에 대해서는 환영하는 입장이었지만,[65] 외부인사인 배민수가 권력을 배경으로 강력한 지도권을 행사하며 내부 혁신을 주장한 데 대해서는 특히 지방조합장을 중심으로 상당한 위기의식과 거부감을 느꼈던 것으로 보인다.[66] 문제는 이러한 거부감이 "이 사업은 최초부터 … 荊棘의 길이 아닐 수 없었고 그럼으로 항상 '無謀'라는 비방을 받아가며 打開方策에 腐心"하였다는 지도부의 언급과 같이,[67] 식산계부흥사업의 정상적인 추진을 지체시키고 있었다는 점이었다. 그리고 그것은 무엇보다 식산계 지도사업의 주무기관인 교육부와 자금방출 담당기관인 금융부 간의 유기적 협조관계의 결여로 나타나고 있었다.[68]

입각하여 適材適所의 人事配置로서 우리 기관의 맡은 바 임무를 최고도로 발휘토록 추진할 것"을 천명함으로써 사업을 위한 내부 개혁을 예고하였다.

65) 大韓金融組合聯合會調査部, 앞의 책, 556~557쪽, 560쪽 ; 金允得, 「金融組合과 그 活動領域」, 『協同』 42, 1954 ; 金周仁, 「産業組合法案을 보고」, 『協同』 44, 1954.10.

66) 그것은 취임시 배민수가 혁신정책을 표방하자마자 1953년 10월 17일 전국 지방금융조합장들이 "금융조합의 장래를 우려한"다는 명분으로 조합사상 처음으로 全國組合長大會를 열고 全國金融組合長同友會를 조직하는 등 상호 결속을 강화한 데 잘 나타나고 있었다(農業協同組合中央會, 앞의 책, 223쪽). 여기에는 조합주도권 및 기득권 상실에 대한 지방 조합장의 위기감, 농민에 대한 관료적 특권의식과 지배의식에 익숙한 조합 직원들의 불안감 등이 복합적으로 작용한 것으로 생각된다.

67) 大韓金融組合聯合會, 『殖産契復興事業文書綴』, 「敎育事務協議會會議錄, 討議問題」, 2쪽.

68) 大韓金融組合聯合會, 『殖産契復興事業文書綴』, 「殖産契復興事業 展開에 관한 件(1954.6.18)」.

배민수는 이러한 내부 분위기에 공세적인 방안으로 대처하였다. 금융조합 개혁과 식산계부흥사업의 "교두보"이자 식산계 지도사업을 총괄 지도하고 추진해 갈 "전위"로 지칭된 농촌지도요원의 양성이 그것이었다.69) 그리하여 1954년 4월 금융조합 내외에서 전문대 출신의 고급인력을 중심으로 선발한 농촌지도요원 61명에 대한 35일간의 農村指導者講習會가 개최되었고,70) 이후 이들을 금융조합연합회 본부에 8명, 각 도 지부에 4~8명씩 배치하여 식산계부흥사업의 중추 역할을 담당케 함으로써 사업 추진의 교두보를 마련하였다.71)

2) 식산계부흥사업의 전개와 실천적 성격

배민수와 지도부가 식산계부흥사업의 출범과 관련하여 초기에 구상한 지도방침과 준비작업은 대체로 이러하였다. 이를 기반으로 배민수는 1954년 6월 18일 통첩을 하달하여 식산계부흥사업의 강화를 공식 천명하였다.72) 그는 농촌재건의 촉진과 협동조합 준비 태세를 갖추기 위한

---

69) 大韓金融組合聯合會, 『殖産契復興事業文書綴』, 「敎育事務協議會會議錄, 討議問題」; 農業協同組合中央會, 앞의 책, 222쪽.

70) 大韓金融組合聯合會, 『殖産契復興事業文書綴』, 「舊大韓金聯農村敎導事業概況」, 5~6쪽; 「敎育事務協議會會議錄, 討議問題」. 농촌지도요원은 금융조합 재직자가 42명(책임자급 5명, 서기 37명), 외부 지원자가 19명이었고, 學歷은 금융조합 재직자의 경우 중학 출신 13명, 전문대 출신 29명, 외부 지원자의 경우 모두 전문대 출신이었다. 講習會에서는 농업협동조합론, 신용조합경영, 농업경제, 농업법규, 재정경제, 농촌문제, 외국농업, 작물일반, 축산일반, 원예일반, 비료 등에 대해 총 240시간의 집중 강습이 이루어졌다.

71) 大韓金融組合聯合會, 『殖産契復興事業文書綴』, 「舊大韓金聯農村敎導事業概況」, 5~6쪽. 식산계부흥사업에 대한 농촌지도요원들의 문제의식과 농촌현장 인식에 대해서는 「(紙上座談會) 本會 農村指導員들의 赴任 第一聲」, 『協同』 44, 1954.10, 149~155쪽 참조.

식산계부흥사업의 기본 정신을 재삼 환기하고 교육사업과 경제사업(금융사업)의 "유기적 조직화와 완전한 융합"이 사업의 관건이라는 점과, 따라서 사업의 첫 단계가 금융조합 책임자와 직원교육에 있음을 분명히 하였다.[73] 그러나 회장 통첩에도 불구하고 임직원교육은 실시되지 못하였고, 이러한 가운데 금융부의 독자적인 자금운영에 따른 식산계 육성사업의 "割據的 傾向"이 극심하게 노정되었다.[74] 즉 자금 회수의 안정성을 고려한 금융부는 교육부의 식산계 지도방침과 달리 경제 여건이 좋은 식산계를 지도식산계로 선정하여 집중 지원하였다.[75]

배민수가 이러한 상황을 타개하고 금융조합 임직원에 대한 지도자 재교육을 현실화한 것은 1954년 10월이었다. 10월 25일 그는 금융조합 및 연합회의 책임자를 대상으로 하는 金融組合責任者再教育講習會를 전격 실시하는 한편, 통첩을 내려 사업 지도권이 교육부에 있음을 주지시키고 교육사업과 각 업무의 유기적 협조와 "殖産契復興事業 전개의 취지와 방법 및 진전상황에 대한 철저한 인식"을 강조하였다.[76] 총 925명의 임직원을 대상으로 11월 28일까지 지속된 금융조합책임자재교육

---

72) 大韓金融組合聯合會, 『殖産契復興事業文書綴』, 「殖産契復興事業 展開에 관한 件(1954.6.18)」.

73) 大韓金融組合聯合會, 위의 글, 2~4쪽.

74) 大韓金融組合聯合會, 『殖産契復興事業文書綴』, 「殖産契復興事業 展開에 관한 件(1954.10.27)」; 「各 業務部門과의 連絡協調에 관한 件」.

75) 金融部 '殖産契運營管理强化要綱'의 지도식산계 선정 원칙은 계원 30~80명의 경제적 입지와 기타 조건이 유리한 경우로 규정되어 있었는데(大韓金融組合聯合會, 『殖産契復興事業文書綴』, 「農村指導問題討論會」), 여건이 좋은 식산계를 주 대상으로 하는 이러한 영농자금 지원방식에 대해서는 언론에서도 문제삼고 있었다(『東亞日報』 1954년 6월 16일자).

76) 大韓金融組合聯合會, 『殖産契復興事業文書綴』, 「殖産契復興事業 展開에 관한 件(1954.10.27)」; 「各 業務部門과의 連絡協調에 관한 件」.

강습회는 8회로 나누어 7일간 이념교육 및 식산계 지도와 기술관계에 대한 합숙강의 형식으로 진행되었다.[77] 여기에서 배민수는 과거 고식적인 금융조합 전통의 과감한 청산을 강조하고, 재차 멸사봉공의 애국심과 희생적 지도자정신에 기초한 '주의정신'의 확립을 촉구하였다.

> 지금 여러분은 어떠한 使命觀을 확립하고 있으며 어떠한 主義(ISM)를 가지고 어떠한 방법으로 실천하고 있습니까? … 한 主義精神을 견지하고 그 성취를 위하여 자기의 모든 역량과 재산과 생명까지도 다 바치고 희생하더라도 애끼지 않고 끝까지 분투노력하는 것은 삶의 가치가 있다고 생각합니다. … 이제부터는 우리가 맡은 바 전국민의 7할 이상이 되는 농민의 死活을 책임지고 사무실에서는 물론 어떠한 시간 중에서라도 農村再建을 위하여 농민을 살리기 위하여 여러분의 가진 바 전체를 내던지고 투쟁하지 아니하면 안되겠습니다. 이것은 우리 민족의 領導者 李大統領의 지상명령이요 농민들의 애원입니다. 우리는 과거는 과거대로 淸算하고 이제부터는 장래를 위하여 새 精神으로 新發足을 합시다.[78]

金融組合責任者再教育講習會는 식산계부흥의 지도자 교육사업을 촉진하는 계기가 되었다. 1955년 2월 배민수와 지도부는 사업의 본령으로 간주한 지도식산계 지도자 교육, 곧 모범농촌 건설의 중심인물 양성을 위한 장기강습이 실시되었다. 지도식산계 지도자 강습은 농촌지도요원의 주도 아래 도 지부 단위로 3주간 합숙강의로 진행되었는데, 지도식산계 간부인 1,057명의 수강생은 모두 "농촌 有志"로서, 각층의 篤農家를 망라하였다.[79] 한편 금융조합 임직원에 대해서는 1955년 7월

77) 農業協同組合中央會, 앞의 책, 222쪽.

78) 裵敏洙, 앞의 講演錄, 1~2쪽.

79) 大韓金融組合聯合會, 『殖産契復興事業文書綴』, 「舊大韓金聯農村敎導事業槪況」.

금융조합 식산계지도 담당 직원 584명에 대한 14일간의 기술강습이 5회에 나누어 실시되었고,[80] 전 직원에 대해 매월 1~2회의 업무추진과 교양강화 모임을 갖도록 하고 정기적으로 시험을 보아 고과에 반영하도록 하였다.[81]

지도식산계 지도자 장기강습을 마친 후 1955년 4월, 금융조합연합회 교육부는 장기 교육플랜으로서 '殖産契指導者養成五個年計劃'을 수립하였다.[82] 곧 중농 이상의 篤農家를 대상으로 농업경영의 개량 향상과 생활개선을 시범하고 농촌의 협동조직과 농촌재건사업의 촉진에 지도적 역할을 담당할 중심인물을 양성한다는 목적 아래, 1955년 4월부터 1960년 3월까지 5년 동안 전국 39,593개 식산계 마을에서 최소 1명의 독농가를 선발하여 매회 한달 간의 장기 합숙강습을 실시하여 39,593명의 농촌지도자를 배출한다는 것이었다.[83] 그러나 계획은 현실화되지 못하였고, 대신 1955년 8월 일반식산계 중심인물에 대한 1주일 단기 합숙강습이 금융조합 단위로 실시되어 "대표적인 篤農家" 8,400명에

지부 당 수강 인원은 50~80명이었으며, 강습과목은 식산계 지도를 위한 농업기술 과목과 생활개선 과목으로 구성되었다. 指導殖産契 지도자 강습은 1955년 10월에 재실시되었다.

80) 農業協同組合中央會, 앞의 책, 222쪽.

81) 大韓金融組合聯合會, 『殖産契復興事業文書綴』, 「教育事務協議會 決議錄」.

82) 大韓金融組合聯合會, 『殖産契復興事業文書綴』, 「教育部 殖産契指導者養成五個年計劃(案)에 관한 件」. 이 계획은 1954년 말 배민수의 지시에 의한 것으로, 배민수의 본래 구상은 부락 당 남녀 1명씩 모두 7만2천여명의 지도자를 양성한다는 것이었다(裵敏洙, 「연두사 우리의 지도자를 따라 내 고장을 다시 일으키자」, 『새농민』 8, 1955.1, 1쪽).

83) 강습 목표는 국가정신 함양, 생산력 증강, 경영합리화, 생활개선, 부락공동체 육성 등을 위한 理念啓發 및 경영기술의 훈련에 두었으며, 수강생에게는 경영개선 자금을 우선 융자하거나 수강자의 식산계 재건사업에 대해서는 타당성이 인정될 경우 도 지부에서 적극 원조하는 지원방안을 마련하였다(위와 같음).

대한 지도자강습이 이루어졌다.[84]

이와 같이 지도자 교육사업이 추진되는 가운데 식산계 육성을 위한 경제사업도 본격화되었다. 식산계부흥사업은 식산계의 생산성 증대를 위한 각종 생산·이용시설의 개선에 주안점이 두어졌기 때문에 사업의 요점은 이에 대한 영농자금 융자와 관리 지도에 있었다. 우선 식산계부흥사업과 함께 방출된 영농자금 총액은 〈표 7〉과 같이 1953년 10억환, 1954년 30억환, 1955년 60억환 등 3년간 6배로 증가하여 식산계부흥사업의 규모가 해마다 확대되고 있음을 알 수 있다. 융자금 재원은 농민의 현물저축예금과 정부 보증 한국은행 차입금으로 마련되었고, 특히 1955년도 영농자금이 倍增한 것은 전술한 바와 같이 1954년도 현물저축운동의 강화에 의한 것이었다.

〈표 7〉 1953~1955년 금융조합 영농자금 융자 상황 (단위: 백만 환)

年度	金融組合 融資總額	營農資金 融資總額	營農資金 貸出資源		融資 契(戶) 數 및 契(戶) 當 平均 融資額	
			物貯蓄 預金	韓國銀行 借入金		
1953	1,541	1,001	385	585	395,683호	2,539환
1954	4,760	2,951	1,115	1,885	36,215계	81,485환
1955	6,762	6,091	3,007	2,685	34,839계	174,836환

자료: 農業協同組合中央會, 『韓國農業金融史』, 212~214쪽.
비고: 융자액과 대출자원의 差額은 금융조합 일반예금으로 충당.

식산계 육성의 중점 대상은 물론 지도식산계였다. 지도식산계는 금융조합 1개소 당 3개를 선정한다는 원칙에 따라 1954년도에 1,008개가 추가되어 총 1,572개로 증가하였는데, 〈표 8〉과 같이 1954년도 지도식

84) 大韓金融組合聯合會, 『殖産契復興事業文書綴』, 「舊大韓金聯農村敎導事業概況」.

산계에 대한 자금 지원은 일반식산계의 약 세 배에 달하고 있었다. 또한 지도식산계와 별도로 114개의 특수지도식산계, 곧 모범식산계를 선정하여(앞의 〈표 6〉 참조), 계 당 100만환의 자금을 지원하면서 특별 관리하였는데,[85] 1954년 9월 경 경기도 11개 모범식산계의 사업과 지도 개황을 소개하면 〈표 9〉와 같다. 1955년도에는 지도식산계가 금융조합 1개소 당 평균 5개로 확충된 바,[86] 그 자금 지원 내력 등 육성사업의 구체적 실상을 파악할 수 없지만 1955년 총 융자액이 두 배로 증가한 점을 감안할 때 지도식산계 지원은 더욱 확대되었을 것으로 보인다.

〈표 8〉 1954년도 금융조합 영농자금 식산계별 융자상황 (단위: 천 환)

殖産契數 및 契員		10월말 현재 貸出額					
		一般殖産契		指導殖産契		合計	
契數	契員	契數	金額	契數	金額	契數	金額
36,214	2,398,956	33,369	2,617,082	1,557	334,827	34,926	2,951,909
※ 契當 平均 貸出額		약 78,420환		약 215,040환			

자료: 大韓金融組合聯合會, 『殖産契復興事業文書綴』, 「現物貯蓄運動槪要」

식산계지도육성사업은 농지개간 및 개량사업과 수리사업을 비롯하여 특수작물재배 · 축산 · 공동경작 · 과수원예 및 기타 농가부업 등 영농다각화를 추구하는 각종 생산장려사업, 정미시설 · 발동기 · 양수기 · 탈곡기 · 製繩機 등 각종 공동 이용시설에 대한 利用事業 등 여러 방면에서 진행되었다. 〈표 10〉은 1954 · 1955년 두 해의 용도별 융자 내력을 정리한 것으로, 가장 자금이 많이 투자된 부문은 총 융자액의 절반을 차지하는 축산이었고, 정미시설 · 농기구를 비롯한 각종 공동이용시

85) 大韓金融組合聯合會調査部, 『韓國農業年鑑』, 58쪽.

86) 大韓金融組合聯合會, 『殖産契復興事業文書綴』, 「舊大韓金聯農村敎導事業槪況」.

〈표9〉 경기도 모범식산계(특수지도식산계) 사업 및 지도상황[87]

殖産契名	所在 組合	契員數	事業 內容	指導 槪況
宮里	仁川 素砂	56	양우 15두, 양돈 48두 양계 1,112수	전쟁의 폐허에서 수리시설, 양우·양돈와 蔬菜재배를 장려하여 부락 부흥이 현저
陽村	仁川 朱安	66	축우 10두, 양돈 42두 양계 750수 축사 66개	주안 支所 관내 模範部落으로서, 有畜農業을 적극 장려
纛島	高陽 本所	45	소채경작면적 119,750평 년생산고 923,500관 년판매예상액 41,240천 환	과거 소채사업을 주로 한 本契는 戰後 자금난으로 立田賣買가 성행한 바, 올해 조합의 농사자금으로 이를 방지하고 中央市場에 생산품 판매부를 설치하여 계원 복리증진에 기여
龜山	高陽 恩平	63	高等蔬菜 년산 30,000천 환	고등소채를 많이 한 본계 역시 자금난으로 立田賣買가 성행한 바, 올해 조합 특별융자로 이를 타개하여 東大門市場 本契直賣場에 共同出荷하고, 有畜農業도 시작하여 복리증진에 기여
照玉	加平 本所	40	축우 15두, 양돈 17두 양계 30수 양봉 재래종 47群 개량종 100群	농지가 협소한 산악지대로, 다행히 蜜源이 풍부함으로 농가갱생을 도모하고자 올해 농사자금으로 개량종 養蜂을 적극 장려하여 좋은 성과를 擧揚
梨木	水原 本所	70	양우 45두, 양돈 98두 양계 138수, 오리 37수	경지가 협소하여 伐木으로 생계를 유지했으나 主事의 지도와 농사자금으로 養畜과 麥作改良事業에 착수하여 도내 모범이 되고, 특히 種豚 개량에 주력하여 우량종 보급에 치중
牛滿	水原 本所	52	양돈 22두, 양계 68수	
軍浦	安養 本所	70	양우 18두, 양돈 34두 양계 1,870수	전쟁 후 피폐된 부락을 主事와 직원의 노력으로 육성하여 養鷄·養豚部落으로 갱생하는 의욕이 넘침
德峴	安養 本所	63	양우 14두, 양돈 46두 양계 1,180수	
富谷 외 5개 저수지	安養 本所	288	蒙利면적 296,000평 시설후 증산 2,590석	안양조합의 果斷한 지도계획으로 각 저수지 공사를 완료하여 혜택은 물론 開畓 면적도 증가
驛村	廣州 松坡	85	양돈 2두, 양계 7,030수	양계의 신지식 보급으로 養鷄模範村을 목표로 적극 지도

87) 韓東碩, 「우리 道의 指導事業 推進狀況 - 京畿篇」, 『協同』 44, 1954.10, 146~148쪽.

설과 부업자금이 그 뒤를 잇고 있었다. 그리고 이러한 집중 투자된 분야의 융자나 특히 지도식산계 특별융자는 모두 한국은행 차입금에 의한 1년 만기의 단기대출로 충당되었음을 알 수 있다.

〈표 10〉 1954~1955년 금융조합 영농자금 용도별 융자상황 (단위: 천 환)

용도별	1954년도		1955년도		비고
	融資契數	融資金額	融資契數	融資金額	
토지개량 · 개간자금	1,858	99,769	3,954	375,079	중기성자금
농기구 구입자금	7,717	390,990	13,097	973,463	단기자금
수리시설 및 보수자금	2,384	171,161	4,392	546,479	중기성자금
축우자금	5,927	252,690	7,694	797,606	중기성자금
가축자금	22,689	1,502,362	24,028	2,111,973	단기자금
공동이용시설자금	1,295	201,705	2,419	318,312	중기성자금
기타 부업 · 생산자금	8,596	333,232	20,314	968,345	단기 · 중기
합 계	50,466	2,951,909	75,898	6,091,257	

자료: 農業協同組合中央會, 『韓國農業金融史』, 215쪽.
비고: 중복되는 융자 식산계는 별도 취급한 것임.

1953년 9월에서 1955년 10월까지 전개된 식산계부흥사업의 전모와 실상은 대체로 이러하였다. 식산계부흥사업은 1950년대 보기드물게 전국적 규모로 전개된 반관반민의 농촌부흥사업이었다. 그것은 금융조합의 영농지도와 자금지원을 바탕으로 식산계 농촌마을의 유지 · 중심인물을 농촌지도자로 지도 육성하여 모범농촌 건설을 목표로 농촌을 협동조직화하고 생산력 증대와 농민문화 향상을 위한 영농개선과 생활개선을 도모함으로써 전후 피폐한 농촌경제를 재건하고 농민생활의 자립을 추구한 영농개선운동 · 생활개선운동 · 협동조합운동이었다. 또한 이를 기반으로 악화된 농민 민심을 수습하고 반공주의 국가정신을 함양함으

로써 체제유지와 정권유지를 도모한 농민계몽 · 사상선도사업이었다.[88]

특히 식산계부흥사업은 정부 농업정책 · 협동조합정책의 일환으로서 전개된 관제 농촌사업이면서도 동시에 과거 금융조합 협동조합운동과 구별되는 모범농촌건설운동으로서의 독특한 사업이념과 실천양식을 보여 주었다. 그것은 이 사업의 지도자인 배민수의 사업관에 연유한 것이었다. 그는 식산계부흥사업의 명실상부한 기획자였고, 또한 권력을 배경으로 사업에 강력한 추진력을 불어넣었다. 종교적 중립을 요하는 이 사업에 기독교 이념을 직접 결부시킬 수 없었지만 그는 자신의 기독교 농촌운동론을 적극 활용하였다. 그가 강조한 멸사봉공의 '주의정신'은 철저한 희생정신과 지도자의식에 입각한 그의 오랜 기독주의 농촌운동관의 국가적 표현으로서, 그는 이 사업을 통해 모범농촌 건설을 국가 차원에서 실천해보고자 하였다.[89] 따라서 배민수는 이승만의 정치적 의도에 적극 부응하면서도 주관적으로는 이 사업을 농민을 위하는, 그리고 농촌의 경제자립이 가능한 실제적인 농촌재건운동으로 발전시키고자 하였고, 또 그렇게 생각하였다. 여기에 식산계부흥사업에 대한 배민수와 이승만 · 자유당정권 사이의 입장 차이가 내면화되어 있었다.

그러나 농업개혁 · 농촌운동 사상의 역사적 맥락에서 볼 때 식산계부흥사업의 사업방침과 지도이념은 현저히 개량적인 성격을 갖는 것이었다. 곧 식산계부흥사업은 생산구조와 영농구조의 협동적 조직화에 입각한 농업협동화의 방향에서 생산성 증대를 추구하는 구조적 농업개혁

88) 裵敏洙, 앞의 講演錄 ; 金允得, 「金融組合과 그 活動領域」, 『協同』 42, 1954, 104~106쪽.

89) 이러한 의미에서 어느 평자는 배민수의 事業觀을 "과거 傳統을 말살하고 新方向을 개척"하는 것이었다고 규정하기도 하였다(農業協同組合中央會, 앞의 책, 223쪽).

운동이 아니었다. 이미 확인한 바와 같이 그것은 축산장려와 공동이용시설 확대, 부업장려 및 생활개선 등을 통한 수입증대에 주안점이 두어진 개량적 농촌사업이었다. 또한 식산계부흥사업이 지향한 협동조합 역시 신용조합을 중심으로 이용조합 · 판매조합 · 구매조합의 기능을 겸한 것이었고, 생산 · 노동의 협동화나 공동조직화를 추구하는 생산조합은 아니었다. 금융조합을 기능적으로 확대 개편하는 차원에서 추진된 산업조합 역시 그러한 방향에서 구상되었다.[90]

이러한 개량성과 긴밀한 연관 속에 식산계부흥사업은 계급적으로도 영세빈농이 아니라 부농을 중심으로 한 농촌사업이었다. 농촌지도자 · 중심인물 양성은 농촌 유지 · 부농을 대상으로 한 것이었고, 이들을 통한 지도식산계 · 모범식산계의 지도 육성은 결국 다수 일반식산계의 희생을 수반한 자본가적 기업농의 창출하는 작업이었다. 이러한 개량적 영농개혁론과 협동조합론은 금융조합연합회의 일반 견해이기도 하였지만,[91] 특히 그것은 식산계부흥사업을 지도한 배민수의 농촌운동관과 밀접한 관련이 있었다.[92] 요컨대 식산계부흥사업은 전후 농촌재건과 체제유지를 위한 모범농촌건설운동이자 체제수호운동으로서, 역사적 맥락에서 보면 일제하 개량적 농촌 · 농민운동의 전통, 특히 배민수의 기독교 농촌운동 경험과 결합된 1930년대 일제의 관제 '농촌진흥운동 · 농가

90) 大韓金融組合聯合會調査部, 앞의 책, 562쪽.

91) 大韓金融組合聯合會調査部, 위의 책, 550~559쪽.

92) 일제하 해방 후 裵敏洙의 農村運動論과 經濟思想에 대해서는 주 3 필자의 논저 참조. 참고로 말하면, 일제하 당시 배민수는 그 특유의 基督教 福音主義 實踐觀과 관련하여 관념적으로 빈농 중심의 基督教 經濟觀을 견지하였지만, 농촌운동의 실제 실천방침은 개량적인 범주에서 벗어나지 않았으며, 해방 후에는 反共主義 입장의 강화에 따라 資本家的 農業經營을 인정하는 입장에서 농촌운동을 재개하였다.

갱생계획'이나 '모범부락정책'의 현대적 변용이라 할 수 있었다.[93]

3) 미국의 개입과 식산계부흥사업의 해체

식산계부흥사업은 농촌재건의 분위기를 환기시키고 농민층의 자립 의욕을 앙양하는 데 일정하게 기여하였다. 그러나 식산계부흥사업은 상술한 개량적 계급적 본질 외에도 농촌경제 자립과 농민생활 안정을 기하기 어려운 구조적 한계를 지니고 있었다. 우선 무엇보다 식산계부흥사업에 대한 이승만정권의 정책적 지원체계와 협조관계가 마련되어 있지 않았다. 정부가 식산계부흥사업을 통해 목적한 바의 실효를 보기 위해서는 크게 두 측면의 지원책이 필요하였다. 농촌경제 자립을 위한 정부 차원의 마스터플랜이 마련되는 가운데 특히 농업생산 재건을 위한 별도의 농정이 시행되어야 했고, 이와 유기적 관계에 있는 식산계부흥사업에 대한 장기적 차원의 자금지원이 요구되었다.

그러나 저곡가정책과 협상가격차의 심화에 단적으로 나타나듯이 外資와 농촌잉여 수탈을 통한 자본축적에 기초하여 경제부흥과 자본주의 발전을 추구한 이승만정권의 농정은 이러한 방향과 크게 거리가 있었다.[94] 또한 정부의 자금지원은 1년 만기의 단기자금인 한은 차입금에

---

93) 1930년대 일제 '農村振興運動'과 '模範部落政策'에 대해서는 金容燮, 『韓國近現代農業史硏究』, 一潮閣, 1992, 416~427쪽 ; 방기중, 『한국근현대사상사연구』, 역사비평사, 1992, 208~216쪽 ; 鄭然泰, 「日帝의 韓國 農地政策」, 서울대 박사학위논문, 1994, 제3장 ; 정태헌, 「1930년대 식민지 농업정책의 성격전환에 관한 연구」, 『일제말 조선사회와 민족해방운동』, 일송정, 1991 ; 池秀傑, 「1932~35년간의 朝鮮農村振興運動」, 『韓國史硏究』 46, 1984 ; 이하나, 「日帝强占期 '模範部落'政策과 朝鮮農村의 再編」, 『學林』 19, 1998 등 참조.

94) 裵敏洙 역시 농업생산 재건을 위한 農政策 수립이 자립경제 실현의 최중요 과제이며, 특히 鋏狀價格差를 해결하여 자본의 농촌수탈을 완화하고 農家收支를 개선하

불과한 전시효과적인 것이었다. 이에 식산계 육성사업의 집중 지원 분야나 지도식산계 특별융자는 모두 단기자금으로 충당되어 농민들은 자금 상환을 위해 다시 가축을 파는 사례가 빈번히 발생하였고,[95] 여의치 않으면 그대로 농가부채로 남는 것이었다.

요컨대 식산계부흥사업에 대한 이승만과 정부 차원의 지원은 처음부터 불투명한 것이었다. 이승만은 산업조합정책을 추진하면서도 식산계부흥사업에 대한 계획적·장기적 지원책을 고려하지 않았으며, 단지 금융조합의 기존 체제를 협동조합 형식으로 전환시키는 가운데 자신의 정치적 의도를 관철하고자 하였다. 이승만이 배민수에게 산업조합 조직의 준비작업으로 농촌부흥사업을 요구한 本旨는 실제 농촌·농민의 경제자립을 염원한 배민수의 주관적 의지와 관계없이 농민 불만의 누적에 대응한 전시행정과 농민통제·사상선도에 있었고, 새로 출범한 자유당체제의 권력 기반을 농촌에 확대하기 위해 과거 지주층이나 농촌중견인물의 역할을 대신할 농촌 최말단의 지배그룹을 확보하는 데 있었다.[96] 이에 따라 식산계부흥사업은 농정 주무기관인 농림부와 긴밀한 협조관계를 갖지 못하였고, 오히려 영농자금 방출과 협동조합 문제를 두고 농림부의 견제를 받고 있었다.[97]

는 것이 생산증대를 위한 가장 시급한 정책임을 강조하였다(裵敏洙, 「農工兩面增産과 國民的 耐乏生活(設問 自立經濟 樹立을 위한 나의 方案)」, 『産業經濟』 28, 1955.4, 38쪽). 그러나 이는 이승만·자유당정권의 經濟政策 전반의 방향성과 관련하여 기대하기 어려운 것이었다.

95) 大韓金融組合聯合會, 『殖産契復興事業文書綴』, 「敎育事務協議會 決議錄」.

96) 이 점과 관련해서는 1950년대 面議員·面長 구성을 중심으로 농촌 지배집단의 변화 과정을 살핀 최봉대, 「농지개혁 이후 농촌사회의 정치적 지배집단의 형성」, 역사문제연구소 편, 『1950년대 남북한의 선택과 굴절』, 역사비평사, 1998을 참조할 필요가 있다.

97) 당시 농촌에는 愼重穆이 주도했던 實行協同組合이 계속 존재하여 殖産契와 더

이승만의 이 구상은 산업조합을 제안할 때 이미 의도된 것이지만, 그것은 법무부에서 기초하여 1954년 8월 27일 국무회의를 통과한 산업조합법안이 실체를 드러내면서 한층 분명해졌다.[98] 본시 금융조합을 모체로 그것을 확대 개편하고 금융조합의 조직과 기능을 그대로 이관하면서 농업협동조합의 기능까지 겸하게 하는 산업조합 방안은 정부 통제하의 농정대행기관·농촌금융기관의 기능을 계속 유지시키면서 정부가 추진하는 경제부흥정책에 부합하는 농정의 요구를 수행하게 하는 데 근본 취지가 있는 전형적인 관제 협동조합정책이었다.[99] 따라서 산업조합 방안은 처음부터 조합원의 자주성과 민주성, 상호부조 정신을 일반 원리로 하는 협동조합 조직론과는 거리가 있는 것이었고, 또한 그 운영의 방향 역시 농촌경제 자립을 위한 농업협동조합의 고유한 기능보다 신용업무·자금운영에 주안점이 두어질 것이 예상되었다. 그리고 그것은 법안에 그대로 반영되었다.

산업조합법안은 우선 산업조합 주무 감독 부서를 재무부로 정하여

불어 한 동리에 두 개의 협동조합 조직이 존재하는 경우가 많았는데, 금융조합이 식산계부흥사업에 부응하지 않는 里·洞 실행협동조합에 영농자금을 방출하지 않았기 때문에 농림부에서는 금융조합에 강력한 수정 지시를 내리는 등 마찰이 빈번하였다. 이에 여러 농촌에서는 殖産契 간판과 實行協同組合 간판을 동시에 사용하여 농림부와 금융조합의 갈등을 피하고자 하는 기현상까지 있었다고 한다. 이 사정에 대해서는 姜義求, 『韓國農協創立實錄』, 全國農業技術者協會出版部, 1996, 32~33쪽 참조.

98) 産業組合法 입안 과정과 法案에 대해서는 農業協同組合中央會, 앞의 책, 218~219쪽 ; 大韓金融組合聯合會調査部, 『韓國農業年鑑』, 「産業組合法案(政府案)」, 560~574쪽 참조.

99) 이러한 관제 산업조합정책의 원형은 信用業務와 購販業務를 중심으로 하는 日本 産業組合에서 찾을 수 있는데, 이러한 점에서 協同組合政策·思想의 史的 脈絡에서 보면 이승만의 산업조합론은 日帝式 산업조합의 연장에 있다고 할 수 있다.

산업조합에 대한 농림부 감독권을 제한하고 있는데, 여기에서 산업조합정책이 이승만정권의 경제부흥정책을 주도하고 있는 재무부 입장을 반영한 것이라는 사실이 잘 드러나고 있었다.[100] 또한 조합 임원을 제한적 임명제인 관선제로 하였고, 민선된 조합장에게는 상무이사회의 대표권을 인정하지 않는 등 정부 감독권을 강화함으로써 관제기구로서의 성격을 분명히 하였다. 나아가 조합원 자격을 도시 소시민 · 상공인까지 개방하여 단일 협동조합에 상호 경제적 이해관계를 달리하는 조합원이 소속되는 제도적 문제점을 드러내었다. 또 조합의 금융신용업무 대상을 비조합원에까지 확대함으로써 농업협동조합 본연의 기능보다 금융신용업무에 더 큰 비중을 두었다. 이는 산업조합의 자금조달을 위한 것으로, 결국 산업조합정책에서도 정부 차원의 적절한 자금지원책이 고려되지 않고 있음을 의미하였다.[101] 요컨대 금융조합 · 산업조합이 협동조합의 모체가 되어야 한다는 데 상호 공감대를 가지고 있었지만, 이승만 · 자유당정권이 추구한 산업조합정책의 목표는 농촌사업을 위주로 하는 농업협동조합으로서의 산업조합 건설을 바라는 배민수

---

100) 법안에는 비록 산업조합의 농림과 상공에 관한 사항을 각기 소관 부서인 農林部와 商工部가 주관하도록 단서를 달고 있지만 주 감독 부서는 財務部였다. 참고로 정부 수립 후 제시된 다수의 農業協同組合法 試案 가운데 주무 감독권을 농림부가 아니라 재무부에 둔 것은 정부 수립 초기 금융조합의 입장을 대변한 재무부 시안 이외에 없다(權赫鼎, 「協同組合案 批判」, 『農村』 7, 1949.7, 35~37쪽 ; 韓國銀行 調査部, 「韓國農業團體小史와 今後의 農村協同體에 關한 考案」, 『調査月報』 83, 1955.10, 調 50~53쪽).

101) 이 점에 대해서는 産業組合을 지지하는 금융조합 관계자들도 官選制와 함께 정부의 특별감독권이 강화되었음에도 불구하고 정부의 자금지원 대책이 제대로 마련되지 않은 점을 이구동성으로 문제삼고 있었다(大韓金融組合聯合會調査部, 앞의 책, 561쪽 ; 金周仁, 「産業組合法案을 보고」, 『協同』 44, 1954.10, 35쪽).

의 협동조합관과 방향을 달리하는 것이었다.

정부의 지원체계 결여에 따라 식산계부흥사업은 처음부터 양곡・비료 조작업무 등 정부대행사업에 의한 수익금이나 현물저축예금 강화에 기초하여 추진될 수밖에 없었다.[102] 특히 사업자금의 원천은 농민잉여의 강제 축적인 현물저축으로서,[103] 배민수는 현물저축 강화의 불가피성을 다음과 같이 설명하였다.

> 우리나라는 지금 극도의 財政難으로 國家資金에만 의존할 수 없는 것이 현금의 실정이다. 이러고 보면 마지막 길은 농민의 自立性에 의한 農民力量을 고도로 발휘시켜 최대의 성과를 얻는 수밖에 없나. 그것은 農民資本 總動員에 기초를 둔 農業再建이라 하겠다. 農民資本의 集積 그것은 오로지 貯蓄에 있는 것이다. 現物貯蓄運動은 바로 이러한 의도에서 출발된 것이며 … 농촌경제 사정으로 보아 다소 과중한 것이었을는지 모르나 농촌경제를 自立經濟에로 전환시킬려는 과정에 있어서는 그 지도와 실행을 督勵的 段階에까지 진출하지 않고서는 효과를 거둘 수 없는 것이다. 현물저축은 農家經濟 自立態勢의 수립에 있어서 참신한 방안이며 농민들의 힘의 표현이라고 본다.[104]

---

102) 政府代行事業 수익금은 주로 지도자 교육사업 경비에 충당하였고, 現物貯蓄은 영농자금 방출에 사용하였다(大韓金融組合聯合會, 『殖産契復興事業文書綴』, 「舊大韓金聯農村敎導事業概況」).

103) 現物貯蓄預金은 농민층의 자발적 의사에 따르도록 규정되어 있었지만 실제로는 강제성을 띠고 있었으며, 특히 영세농에 대한 强勸이 어려웠으므로 여유 농민층에게 책정량 이상의 저축액을 권장하여 목표액을 달성하고자 하였다(大韓金融組合聯合會, 『殖産契復興事業文書綴』, 「現物貯蓄運動概要」; 農業協同組合中央會, 『韓國農業金融史』, 211~213쪽).

104) 裵敏洙, 「農工兩面 增産과 國民的 耐乏生活(設問 自立經濟 樹立을 위한 나의 方案)」, 『産業經濟』 28, 1955.4, 38쪽.

곧 식산계부흥사업의 사업논리는 농민자본 총동원에 기초한 농촌재건론·경제자립론이었다. 그러나 현물저축의 강화가 농가경제 자립의 참신한 방안이고 농민 힘의 표현이 되기에 농촌현실은 너무나 열악하였다. 그것은 絶糧農家가 광범하게 속출하여 일대 사회문제가 되고 있는 농촌현실과 너무 동떨어진 생각이었다.[105] 배민수 자신도 현물저축이 과중하다는 것을 인정하였지만 문제는 그 과중함에 있는 것이 아니었다. 식산계부흥사업의 일차적인 물적 기반을 국가자본의 동원이 아니라 농민잉여 수탈에 두고 있다는 것 자체가 배민수의 주관적 愛農意識과 관계없이 식산계부흥사업의 허구적 본질을 드러내는 것이었다. 식산계 육성자금 대출관행이 현물저축 실적에 따라 차별적으로 이루어진 것이 단적인 예였다.[106] 배민수는 이승만의 산업조합정책·농업정책의 본질을 충분히 이해하지 못한 채 현물저축을 농민의 자발적 협동조합 정신의 표현과 동일시하였다. 결국 국가자본의 지원이 보장되지 않은 가운데 식산계부흥사업은 결과적으로 이승만·자유당정권의 농업정책의 모순을 완화하는 방파제 역할을 하고 있었던 셈이었다.

이상과 같은 구조적 한계와 관련하여 식산계부흥사업은 급속한 진전을 보기 어려웠고, 생산력증대를 유도하기에도 현실적으로 역부족이었다.[107] 그 암운은 식산계부흥사업이 가장 독려되고 있는 1954년 후반에서 1955년 초반에 걸쳐 이미 드리우기 시작하였다. 우선 식산계부흥사

---

105) 특히 1955년은 絶糧農家가 45만호에 이를 만큼(『東亞日報』 1955년 4월 30일자) 식량문제가 심각하여 농림부는 外米 130~140석의 도입을 국무회의에 상정하고 있었다(『東亞日報』 1955년 8월 23일자, 8월 27일자). 이 시기 絶糧農家 실상에 대해서는 金俊輔, 『農業經濟學序說』, 高麗大學校出版部, 1973 修正版, 270~271쪽 참조.

106) 『東亞日報』 1954년 6월 16일자, 1955년 5월 27일자, 7월 31일자.

107) 農業協同組合中央會, 앞의 책, 221쪽.

업과 불가분의 관계에 있는 산업조합정책이 반대 여론에 의해 더 이상 진척을 보지 못하였다. 곧 1954년 8월 산업조합법안이 국무회의를 통과하자마자 大韓農民會가 이에 크게 반발하여 별도의 협동조합법안을 국회에 제출하였으며, 세간에서도 산업조합은 우리 현실에 맞지 않을 뿐 아니라 농민 본위의 농민을 위한 협동조합이 아니라는 여론이 많아 이승만은 산업조합법안을 국회에 회부하지 않고 계속 유보하였다.108)

이어 1955년 초 국회에서 농업협동조합법 입안 문제가 다시 거론되자 신용업무 감독권을 둘러싼 재무부와 농림부, 民議院 재정경제위원회와 농림위원회의 의견 대립이 재연되었다.109) 재무부 · 재정경제위원회는 재무부 감독의 農業銀行과 농림부 감독의 협동조합의 병행을 주장하였고, 농림부 · 농림위원회는 농림부 감독의 단일 협동조합 체제 아래 재무부 감독을 받는 農業金庫制 운영을 주장한 바, 어느 방안이던 산업조합과 결부되어 현재 진행 중에 있는 식산계부흥사업의 취지와 의미를 염두에 두고 있는 것은 아니었다.

식산계부흥사업의 장래를 더욱 어둡게 한 것은 전술한 바와 같이 1954년도 秋穀 現物貯蓄의 강화에 대한 농민층의 반발이었다. 특히 策定量이 세 배로 증가하자 목표액을 달성하려는 금융조합 직원들의 강제징수가 빈발하였기 때문에 1955년 초 이 문제는 국회에서까지 정치 쟁점으로 부각되었다.110) 당시 '사사오입개헌' 파동으로 궁지에 몰려있던

108) 農業協同組合中央會, 위의 책, 229쪽 ; 韓國銀行調査部, 「韓國農業團體小史와 今後의 農村協同體에 關한 考察」, 『調査月報』 83, 1955.10, 調 46쪽.

109) 農業協同組合中央會, 위와 같음 ; 韓國銀行 調査部, 위와 같음.

110) 農業協同組合中央會, 앞의 책, 212~213쪽. 이에 국회에서는 農業資金對策委員會가 구성되어 현물저축예금을 농민에게 환불하는 대신 營農資金 100억 환을 즉시 방출하도록 정부에 건의하였으나 정부의 金融安定政策에 의해 받아들여지지 않았다.

이승만은 식산계부흥사업이 본격화되는 시점이었던 1955년 2월 배민수와 금융조합연합회 지도부의 반대 속에 특별한 대책 마련없이 현물저축 중지를 명령하였다.[111] 이는 곧 식산계부흥사업의 기본 재원을 단절하는 조치로서, 이미 이 시점에서 이승만은 식산계부흥사업과 산업조합정책이 더 이상 정치적 부가가치를 갖지 않는다고 간주하였다.

이러한 가운데 이승만정권의 농업정책·협동조합정책에 커다란 분기가 되고 결국 식산계부흥사업을 해체시키는 결정적 계기가 된 것은 잉여농산물원조경제체제의 전면화와 이에 뒤이은 미국의 협동조합정책 개입이었다. 군사·경제원조를 바탕으로 한국 경제정책에 큰 영향력을 행사한 미국은 전술한 바 종전 직후인 1953년 12월 한반도 안보전략의 일환으로서 '경제재건과 재정안정계획에 관한 합동경제위원회 협약'을 체결하여 경제원조를 체계화하고 한국경제 재건의 기본 방향을 설정하였다.[112] 그 연장에서 미국은 1955년 6월 1일 잉여농산물원조협정을 체결하였고, 정부는 미국 요구에 따라 8월에 500 : 1의 단일환율을 책정하고 중간안정론에 입각한 긴축재정과 인플레이션 억제정책을 추진하였다.[113] 동시에 농촌경제 안정을 위한 금융조합 재편과 협동조합 조직 문제에 개입하였다. 곧 駐韓美經濟調整官室(OEC)의 초청에 따라 國際協助處(ICA)에서 파견한 존슨(E. C. Johnson) 농업시찰단이 '韓國農業信用 개선에 관한 提議'를 정부에 제출하여 금융조합연

---

111) 『東亞日報』 1955년 2월 12일자, 2월 17일자, 2월 26일자.

112) 農業協同組合中央會, 위의 책, 208~209쪽. 일명 '우드(Wood)협정'으로 불리는 이 협약에 따라 책정된 경제정책의 기본 방향은 재정 및 금융의 균형, 單一外換率 조성, 自由企業 원칙, 民間資本 동원 조성, 自由價格 원칙, 對充資金 운용원칙 등 自由經濟政策의 원칙 아래 이른바 '中間安定 기조의 경제부흥'을 추진한다는 것이었다.

113) 金東昱, 앞의 글, 146~151쪽.

합회를 農業銀行으로 개편하고 지방 금융조합은 협동조합인 農業組合으로 전환할 것을 건의하였다.

존슨 시찰단의 금융조합 개편안은 농업신용을 상호 연계된 도 단위 이상의 농업은행과 군 단위 이하의 농업조합의 이원조직으로 분리하되 후자는 4종 兼營 협동조합으로 할 것, 그리고 농업은행 · 농업조합 운영은 정부의 강력한 통제를 받는 금융조합과 달리 정부통제를 배제하고 농민의 자율성을 바탕으로 운영할 것을 강조한 점에 특징이 있었다.[114] 이 '존슨안'에 의거하여 1955년 10월 한미 합동으로 구성된 농업은행법안기초위원회에서 입안된 농업은행법안이 OEC에 제출되었다. OEC는 법안의 기본 취지는 인정하였으나 내용이 한국 여건에 맞지 않는다는 이유로 법안을 채택하지 않았다. 그러나 이 과정을 통해 금융조합을 農業銀行과 協同組合으로 분리 개편한다는 미국 입장이 한국정부에 확고하게 전달되었고, 그것은 정부 협동조합정책의 기본 방향으로 자리잡아 갔다. 요컨대 오랫동안 난맥상을 보여온 정부 협동조합정책은 일거에 미국에 의해 주도되기 시작한 셈으로, 주지하듯이 이승만 · 자유당정권의 협동조합정책은 그 연장에서 최종 정리되었다.[115]

---

114) '존슨안'과 이에 대한 당시 지식층의 반응에 대해서는 農業協同組合中央會, 앞의 책, 246~251쪽 ; 李承億, 앞의 글, 55~57쪽 ; 朴東樵, 「美國 農業視察團 建議의 韓國 農業信用組織」, 『協同』 52, 1955.10 ; 韋佳武, 「農業銀行 創立에 대한 提言」, 『協同』 53, 1955.12 ; 編輯部, 「나는 '존슨案'을 이렇게 본다」, 『協同』 53, 1955.12 등 참조.

115) 존슨에 이어 1956년 2월 필리핀 ICA 직원으로 日本 農業協同組合法 입안에 참여하였던 쿠퍼(Cooper)가 수정 농업은행 · 협동조합 법안을 제출한 바, 정부는 이를 참작하여 農業銀行法과 農業協同組合法을 起草하였고, 양 법안은 국회를 거쳐 1957년 2월 입법 공포되었다. '쿠퍼안'과 양 법안의 입법 과정에 대해서는 農業銀行調査部, 『農業年鑑』, 1958 ; 農業協同組合中央會, 위의 책, 247~248쪽, 251~253쪽 ; 姜義求, 앞의 책, 38~49쪽 참조.

미국의 협동조합정책 개입과 정부의 종속적 자세는 일면 원조경제에 의존한 경제부흥과 농민 희생의 자본축적정책을 추진해 온 이승만·자유당정권의 무정견한 협동조합정책의 실상을 드러낸 것이었다.[116] 그러나 방공체제 확립에 주 목적을 두고 있는 '중간안정론'에 입각한 미국의 대한 농정 지침, 협동조합 방침은 본질적으로 대미 원조경제에 의존한 이승만정권의 경제부흥계획과 궤를 같이하는 것이었다. 미국의 농정론·협동조합론 역시 농촌금융기관인 금융조합을 중심으로 정리되고 있었고, 궁극적으로는 농민 희생의 경제부흥정책 방향에 부합하는 것이었다. 특히 이승만정권의 경제부흥계획의 주도 부서이자 산업조합정책의 주무기관인 재무부 입장에서도 그간 경제부흥계획에 부합하는 금융조합의 농업은행으로의 개편과 신용업무에 대한 감독권 장악을 견지하였기 때문에 미국의 農銀·農協 분리 설치 방안에 별 이의를 가질 이유가 없었다. 이승만정권, 재무부가 미국의 이원적 협동조합 조직론을 특별한 거부감 없이 수용하게 되는 배경이 여기에 있었다. 그것은 곧 농업을 外資와 국가자본의 집중 투자 대상에서 배제시키고, 농촌사업자금은 직접적인 농민 수탈과 농촌금융기관을 통한 민간자본 동원으로 해결한다는 농촌 희생의 근대화정책이 남한 자본주의경제정책의 기조로 확립되었음을 의미하는 것이었다.

1955년 8월 '존슨안'이 제출되기 전후한 시점의 이러한 상황 전개는 사실상 이승만 스스로 산업조합안을 완전 폐기하였음을 뜻하였다. 배

116) 이에 대해서는 중간파 입장의 경제학자 崔虎鎭이 "「존슨안」이라 하여 별로 흥미를 끄는 것은 없다. 이제부터는 … 우리나라 실정에 맞는 안을 우리들의 손에 의하여 만들면 되겠다"고 하여 정부의 비자주적 협동조합정책을 비판한 것을 음미할 필요가 있겠다(편집부, 「나는 존슨案을 이렇게 본다」, 『協同』 53, 1955.12, 46쪽).

민수와 식산계부흥사업 지도부는 이러한 상황에 대응하여 의욕을 굽히지 않고 오히려 사업에 박차를 가하였다.[117] 그러나 금융조합 개편, 농업은행 설립에 대한 미국의 입장은 확고하였고, 이승만정권 또한 그러하였다. 이승만정권의 이러한 입장은 1955년 9월 금융조합 개편의 준비절차로서 금융조합의 양곡·비료 操作業務의 정부 이관을 요구한 OEC 건의를 전폭 수용하여 이를 강행한 데에 잘 드러나고 있었다.[118] 양곡·비료사업의 정부 직영은 한마디로 금융조합연합회를 농업은행으로 전환시키기 위한 예비 조처로서, 기존의 특권적 기반을 해체하는 조치이자 현물저축운동의 중지에 이어 최종적으로 식산계부흥사업의 자금원을 끊는 조치였다. 이에 배민수와 금융조합연합회, 지방 단위의 금융조합은 크게 반발하여 정부 방침에 완강히 저항하였지만 정부 입장을 되돌릴 수 없었다.[119] 이러한 정황과 맞물려 자유당 내에서는 배민수가 식산계부흥사업을 발판으로 부통령에 출마하려 한다는 소문이 돌았고, 이에 李起鵬은 이승만과 상의하여 배민수를 자유당정권에서

117) 예컨대 1955년 8월 '제1회 農村指導問題討論會'를 개최하여 그간의 지도방침에 대한 문제점을 전반적으로 재검토하고 사업을 강화하기 위한 방안을 모색하였고(大韓金融組合聯合會, 『殖産契復興事業文書綴』, 「第一回 農村指導問題討論會(1955.8.20)」), 9월에는 模範殖産契·模範契員 표창에 대한 要綱을 개정하여 식산계 농민을 독려하였으며(大韓金融組合聯合會, 『殖産契復興事業文書綴』, 「模範殖産契·模範契員 表彰에 관한 件」), 또 같은 달 방대한 규모의 『韓國農業年鑑』을 간행하여 금융조합연합회의 위상을 제고하는 가운데 식산계부흥사업과 산업조합정책을 적극 옹호하였다.

118) 『東亞日報』 1955년 9월 17일자, 9월 29일자, 10월 6일자. 나아가 농림부는 「糧穀肥料操作直營要領」을 작성 공포하였다(『東亞日報』 1955년 10월 11일자).

119) 금융조합 지도부는 금융조합연합회 의원총회와 전국금융조합장대회를 개최하여 정부직영의 부당성을 결의하여 정부에 저항하였다(『東亞日報』 1955년 10월 12일자).

축출하기로 결정하였다.[120] 이승만은 1955년 10월 13일 양곡·비료사업의 정부 직영 방침의 불변을 천명한 후 전격적으로 배민수를 해임하였고,[121] 이에 따라 식산계부흥사업 또한 자연 해체되었다.

4. 맺음말

이상 1953년 9월부터 1955년 10월까지 金融組合聯合會가 전후 농업 재건과 농촌경제의 자립을 내걸고 전개한 식산계부흥사업의 전모와 정치·사상적 성격을 살펴보았다. 식산계부흥사업은 흔히 '農政不在의 시기'로 인식하는 1950년대에 보기드물게 전국적 규모로 전개된 반관반민의 농촌재건사업이었다. 그것은 금융조합의 영농지도와 자금 지원

120) 裵敏洙는 이 사정에 대해 "내가 귀국한 이래 金聯 會長으로 이년간 한국농촌更生을 위하여 전력을 다한 결과 … 어데서 소문이 나기를 裵會長이 副統領 선거운동을 한다! 라고 함을 들었다. 이것은 꿈에도 생각지 않이한 것인데 이 소문을 들은 李起鵬은 닷자곳자로 李承晩 대통령과 상의하고 나를 自動免職시키기 위하여 金聯을 폐지 農業銀行으로 하기로 하였다 하고 나를 불러서 선언하였다. 그리하여 나는 완전히 自由黨 써클에서 제외당한 셈이 되고 辭免 退去하였다"고 회고하였다(『배민수문서철』, 「노트 IV」; 배민수, 「농촌교회의 금후의 진로」, 『농민생활』 22-10, 1960.10, 10쪽). 그 진위는 잘 알 수 없으나 그가 李起鵬으로부터 이러한 의심을 받을 수 있는 개연성은 충분히 인정된다. 곧 식산계부흥사업은 그 한계에도 불구하고 일정하게 농촌재건의 활력을 불러일으켰고, 무엇보다 前衛的 中心人物의 양성과 그 조직화를 중시한 배민수는 1955년 7, 8월 農村指導要員과 장기합숙교육을 받은 指導殖産契 지도자들의 동지적 결속을 강화하기 위해 '同志會'를 결성하도록 하고 이를 기반으로 식산계 농촌부락의 조직적 결속을 도모하였다(大韓金融組合聯合會, 『殖産契復興事業文書綴』, 「敎育事務協議會決議錄」; 農業協同組合中央會, 앞의 책, 222~223쪽).

121) 『東亞日報』 1955년 10월 14일, 15일자.

을 바탕으로 금융조합의 말단 농촌조직인 식산계의 유지·중심인물을 농촌지도자로 지도 육성하여 모범농촌 건설을 목표로 농촌을 협동조직화하고 영농개선과 생활개선을 도모함으로써 전후 피폐한 농촌경제를 재건하고 농민생활의 자립을 도모한다는 취지에서 추진한 협동조합운동이었다. 또한 이를 기반으로 악화된 농민 민심을 수습하고 반공주의 국가정신을 함양함으로써 남한의 체제유지와 정권유지를 도모한 농민계몽·사상선도사업이었다.

정부의 농정 대행기관인 금융조합연합회가 식산계부흥사업을 전개하게 된 배경에는 크게 두 가지 요인이 작용하였다. 하나는 전쟁 전후 이승만정권의 자본주의 경제정책·농업정책과 밀접한 관련 아래 조성된 농촌현실, 곧 농민생활의 파탄과 민심 이반, 그리고 이에 따른 체제위기에 있었다. 인플레이션과 협상가격차가 심화되는 가운데 저곡가정책과 과도한 현물조세 수취가 강행됨으로써 농촌사회의 피폐가 누적되었고, 대다수 영세농은 부채와 기아에 시달렸다. 따라서 체제를 유지하고 자본주의 경제정책을 추진하기 위해서는 농업생산력을 재건하고 민심을 수습할 수 있는 적절한 수준의 농촌재건사업과 농촌통제정책이 필요하였다.

다른 하나는 전쟁 중 자유당 집권체제를 구축하여 장기집권을 도모한 이승만의 정치적 의도와 긴밀한 연관하에 추진된 협동조합정책이었다. 종전기 이승만정권이 농촌재건과 농촌통제를 효과적으로 추진하기 위해서는 이승만의 정치적 입장을 대변하고 정부 정책에 협조할 수 있는 농민조직과 농촌사업기구의 정비가 요구되었다. 곧 이승만정권의 통제를 받는 정치적 농민대중조직인 大韓農民會와 비정치적 농민자립기구인 農業協同組合의 조직 문제였다. 그런데 당시 농업단체에 대한 이승만의 통제력은 불안정하였고, 그것은 자유당집권체제 확립에 중요한 장애가 되지 않을 수 없었다. 이승만은 이에 대해 두 조직 문제를 철저히 분리시켜 농민회는 자유당 통제를 받는 외곽조직으로 삼고, 협동조합은 농촌재건사업과 관련하여 이승만이 직접 통제하는 별도 방법으로 조직하고자 하였다. 곧 금융조합의 확대 개편을 통한 산업조합 조직론이었다.

이와 같이 식산계부흥사업은 이승만의 전후 체제유지와 정권유지를 위한 정치적 의도를 강하게 반영한 농업정책·협동조합정책의 일환으로서 추진된 것이었다. 이승만은 이를 위해 기존 농업단체와 특별한 이해관계가 없고 정치적 반대세력과 연계되어 있지 않은 기독교 농촌운동가 배민수를 영입하였고, 배민수는 이승만의 후원 아래 농촌재건과 산업조합 조직을 위한 기초사업으로서 식산계부흥사업을 전개하였다. 배민수의 주도와 함께 식산계부흥사업은 정부 농업정책·협동조합정책의 일환으로서 전개된 관제 농촌사업이면서도 동시에 모범농촌건설운동으로서의 독특한 사업이념과 실천양식을 보여 주었다. 배민수는 이승만의 정치적 의도에 적극 부응하면서도 주관적으로는 이 사업을 농민을 위한, 농촌의 경제자립이 가능한 실제적인 농촌재건운동으로 발전시키고자 하였다.

그러나 농업개혁·농촌운동 사상의 역사적 맥락에서 볼 때 식산계부흥사업의 사업방침과 지도이념은 현저히 개량적이었다. 식산계부흥사업은 농업협동화의 방향에서 생산성 증대를 추구하는 구조적 농업개혁운동이 아니었다. 또한 식산계부흥사업은 영세빈농의 자립화가 아니라 농촌 유지·부농을 집중 지원하고 그들을 농촌지도자·중심인물로 양성하는 데 일차적 목적을 둔 농촌사업으로서, 자본가적 기업농 육성을 지향하는 농촌사업이었다. 요컨대 식산계부흥사업은 전후 농촌재건과 체제유지를 위한 모범농촌건설운동이자 체제수호운동으로서, 역사적 맥락에서 보면 일제하 개량적 농촌·농민운동의 전통, 특히 배민수의 기독교 농촌운동 경험과 결합된 1930년대 관제 '농촌진흥운동'이나 '모범부락정책'의 현대적 변용이라 할 수 있었다.

또한 농정이념의 측면에서 볼 때 이승만정권이 협동조합 문제를 산업조합 형식으로 해결하고 그 조직 모체를 금융조합연합회로 상정한 것은 전후 경제부흥정책의 방향 설정과 긴밀히 연관된 것이었다. 1953년 미국의 원조에 입각한 제1차 5개년 경제부흥계획의 수립과 한미경제협정의 조인 등으로 정리되고 있었던 이승만정권의 외세 의존적 경제부흥정책은 기본적으로 농촌에 대한 금융지배권의 유지를 중시하는 재무부의 자유경제정책론과 미국의 중간안정론 입장의 경제부흥론을 기조로 수립된 것이었다. 따라서 이승만과 자유당의 주류 경제관료진은 전통적으로 농업협동조합 중심의 협동조합정책을 추구한 농림부나 농업단체들과 달리 협동조합을 금융조합 중심으로 해결함으로써 농촌에 대한 금융지배력과 협동조합에 대한 통제력을 유지하고자 하였다. 곧 산업조합정책은 협동조합 문제를 금융조합 중심으로 해결해 간다는 이승만정권의 농정 방향을 확정한 것이었다.

따라서 배민수의 주관적 의지와 관계없이 이러한 농정 방향에 연계된 식산계부흥사업은 그 개량적 계급적 속성과 함께 처음부터 농촌경제와 영세소농민의 자립을 기대하기 어려운 구조적 한계를 안고 있었다. 이승만과 정부 경제관료진은 산업조합정책과 식산계부흥사업에 대한 정책적 지원과 협조관계를 별로 고려하지 않았고, 다만 이를 통한 정치적 부가가치와 전시효과를 얻고자 하였다. 현물저축운동과 산업조합법안에 대한 반대 여론에 따른 이승만의 태도 변화에 잘 나타나 있듯이, 식산계부흥사업에 대한 이승만·자유당정권의 입장은 본시 농촌경제의 자립, 농민생활의 안정과는 거리가 먼 것이었다. 여기에 잉여농산물원조경제체제의 전면화와 미국의 협동조합정책 개입은 식산계부흥사업을 해체시키는 결정적 계기가 되었다. 미국은 기존의 산업조합론이나 농림부 및 대한농민회의 농업협동조합론을 무시하고 금융조합연합회와 금융조합을 모체로 農業銀行·農業協同組合을 분리한 이원적 협동조합론을 제시하였고, 그 취지는 기본적으로 관철되었다.

방공체제 강화에 주 목적을 둔 미국의 對韓 농정 지침, 협동조합 방침은 본질적으로 대미 원조경제에 의존한 이승만정권 특히 재무부의 경제부흥계획과 궤를 같이하는 것이었다. 따라서 미국의 농정론·협동조합론 역시 농촌금융기관인 금융조합을 중심으로 정리된 것으로서, 궁극적으로는 농촌·농민 희생의 경제부흥정책 방향에 부합하는 것이었다. 그것은 곧 농촌·농민 희생의 근대화정책이 남한 자본주의경제정책의 기조로 확립되었음을 의미하는 것이었다. 이승만정권, 재무부가 미국의 이원적 협동조합 조직론을 특별한 거부감 없이 수용하게 되는 배경이 여기에 있었다. 이로써 식산계부흥사업은 배민수의 해임과 더불어 弔鐘을 고하게 되었지만, 이승만정권의 입장에서 볼 때 그 임무를 다한 것이었다.

요컨대 식산계부흥사업과 산업조합정책은 이승만정권이 정부 수립 후 복잡한 이해관계를 노정한 협동조합 문제를 경제부흥정책의 방향 설정에 부합하는 금융조합 중심의 협동조합 조직으로 정리해 가는 과정의 한 분기점이었다. 장기적인 역사적 맥락에서 보면 그것은 일제강점기 이래 금융조합에 내재한 관제적 특권적 농민지배기관로서의 기구적 속성이 1950년대에도 지속되고 있음을 의미하였다. 다만 일제하 금융조합이 식민지 민족모순과 중첩된 지주제와 결합되어 있었다면, 1950년대 金融組合·農業銀行은 분단모순과 중첩된 국가자본·원조경제와 결합되어 있었다는 점이 차이가 있을 뿐이었다. 여기에 이승만정권의 경제정책·농업정책의 본질이 잘 드러나고 있었고, 향후 자본주의 경제정책·농업정책의 기본 성격이 전망되고 있었다. 그리고 이러한 경제정책·농업정책의 기조는 금융조합·농업은행의 기구적 속성이 1962년 農銀·農協을 통합한 단일 농업협동조합에 그대로 계승되어 간 것과 같이 박정희정권의 근대화정책에 이르러 전면화되었다.

(출전: 『東方學志』 105, 연세대학교 국학연구원, 1999.)

정부 수립기 북한의 국가 자주성 인식

1. 문제의식과 검토 소재

이 연구는 북한 정부 수립기 북한 지도층의 국가 자주성 인식의 구조와 특질을 특히 이들의 소련인식과 관련하여 살펴본 시론이다. 해방 이후 조선민주주의인민공화국 수립에 이르기까지 북한의 국가건설 과정에서 소련·소련군이 지니는 그 역할과 영향력에 대해서는 새삼 췌언할 필요가 없는 공지의 사실이다. 또한 정부 수립 이후에도 '소련을 향해 배우라'는 노동당의 '소련학습론' 구호에 잘 나타나듯이 소련은 여러 의미에서 북한의 국가 운영에 큰 영향을 미쳤다. 문제는 이러한 소련의 역할과 대북 규정성을 어떻게 평가할 것인가 하는 점이다. 이는 곧 북한정권의 자주성·주체성의 수준 여하, 나아가 조선민주주의인민공화국의 국가 정체성의 성격을 어떻게 파악하는가 하는 것과 직결되는 사안이다.

이러한 연구사적 중요성과 관련하여 소련의 대북한정책의 성격과 북한정권에 대한 규정성 문제에 대해서는 그간 많은 연구 성과가 축적되

---

* 이 글은 Suzy Kim과 공동으로 저술하였음.

었고, 그 이해의 폭과 시각도 크게 확장되었다. 물론 북한정부의 수립을 소련의 기획된 팽창주의 정책의 귀결로 파악하는 전통주의 시각의 북한 '괴뢰정권론' 입장과, '평등적 조소관계론'에 근거하여 소련의 영향력을 '국제민주진영의 친선협조관계'로 정리하고 북한 국가건설 · 정부수립의 자주성을 강조하는 북한학계의 공식 입장이 여전히 대척적으로 양 극단의 시각을 형성하고 있다. 그러나 최근 냉전 이데올로기의 완화와 함께 해외에 소장된 방대한 양의 새로운 자료가 발굴되어 북한사 연구의 양적 · 질적 수준이 크게 성장하는 가운데 양 극단에서 벗어난 다양한 견해들이 제시되고 있는 것도 주지의 사실이다.[1] 다만 그 내부의 다양한 편차에도 불구하고 본 주제에 대한 기본 인식 방향을 가지고 파악할 때, 이들 성과는 소련의 규정성과 영향력을 강조하는 입장과 이를 일정하게 인정하면서도 북한 국가건설의 내적 동인과 자율성의 경과적 확립 과정을 중시하는 입장 등 크게 두 입장의 경향성을 띠고 있다.[2]

그런데 어느 입장을 불문하고 이상의 연구성과에는 몇 가지 간과할 수 없는 연구상의 문제점이 존재한다고 생각한다. 우선 첫째, 기존 성과는 소련의 규정성을 대부분 소련의 대북한정책을 통해서 접근하는 데

---

1) 본 시론의 주제를 포함한 최근 이 시기 북한사 연구의 기본 동향에 대해서는 김성보, 「소련의 대한정책과 북한에서의 분단질서 형성」, 『분단 50년과 통일시대의 과제』, 역사비평사, 1995 ; 柳吉在, 「政權形成期 北韓硏究에 대한 一批評」, 『북한연구』 20, 1995 ; 김연철, 「북한현대사 연구의 쟁점과 과제」, 역사문제연구소편, 『한국의 '근대'와 '근대성' 비판』, 역사비평사, 1996 ; 김광운, 『북한정치사연구 I』, 선인, 2003, 서론 ; 서동만, 『북조선 사회주의체제 성립사 1945~1961』, 선인, 2005, 서장 – 과제와 방법 등 참조.

2) 일률적으로 적용하기는 어렵지만 이러한 입장 차이는 소련의 대한 · 대북한정책 인식에 대한 입장 차이로 연결된다. 본 시론은 기본적으로 후자의 입장에 비판적으로 동조하면서 작성된 것임을 밝혀둔다.

그치고 있을 뿐 정작 북한 정부 수립의 담당자인 북한 지도층이 소련을 어떻게 이해하고 소련의 역할을 어떻게 규정하고 있는가에 대해서는 본격적인 분석을 가하지 못하고 있다는 점이다.[3] 둘째, 따라서 소련의 규정성과 표리관계에 있는 국가 자주성 문제를 일반적으로 소련 · 소련군과 북한 지도층의 정치적 상호관계의 문제로 협소하게 파악하는 반면 당시 북한 지도층이 생각하는 국가 자주성의 인식구조와 그 시기적 특질에 대해서는 주목하지 못하고 있다는 점이다.[4] 셋째 이러한 한계의 자연스러운 귀결로서, 정부 수립 이후 특히 1949년 단계에 유행하는 '소련학습론'이나 '친소적 언설'을 수반한 사상 · 문화 동향을 평면적으로 접근하고 있을 뿐 그 내면을 이 시기 북한 지도층의 국가 자주성 인식과 유기적인 관련 속에서 검토하지 못하고 있다는 점이다.[5]

기존 성과의 이러한 미진함은 무엇보다 북한측 자료의 부족이라는 자료의 제약성에 기인하는 바 크다고 생각한다. 그러나 여기에는 또한 냉전이데올로기에 의해 형성된 '北韓史像'을 극복하는 과도기적 양상

3) 현재 북한 정부 수립기 북한 지도층의 대소인식이나 소련관 · 스탈린관을 본격적인 분석 주제로 삼은 연구는 아직 보이지 않고 있다.

4) 이 시기 북한 지도층의 국가 자주성 인식 방식의 일면을 단편적으로나마 직접 언급한 이는 브루스 커밍스 교수가 유일하다고 생각한다(브루스 커밍스, 『한국현대사』, 김동노 외 옮김, 창작과비평사, 2001, 606쪽). 그는 김정일 부상과 함께 특별히 부각된 국가 자주성의 '기본원리'가 소련군이 물러간 1949년 단계에 이미 채택되고 있다고 지적하였다. 이 시기 북한 지도층의 국가 자주성 인식의 일면을 언급한 것이고 또한 그 시기 설정의 논거도 단순하지만 본 시론의 문제의식과 상통하는 중요한 지적이라고 생각한다.

5) 이는 물론 소련의 규정성을 강조하는 성과에서 더욱 농후하게 나타나고 있다(김재용, 「초기 북한문학의 형성 과정과 냉전체제」, 『북한문학의 역사적 이해』, 문학과지성사, 1994 ; Charles K. Armstrong, *The North Korean Revolution 1945-1950*, Ithaca and London : Cornell University Press, 2003)

으로서 이 시기 북한사 연구가 아직 인민민주주의 국가건설 과정의 기본적인 정치경제 실상을 해명하는 단계에 있고, 또한 이러한 가운데 연구 관점과 관련해서도 통일정부 수립의 좌절이나 특히 6 · 25 전쟁 발발의 원인과 책임 소재 확인이라는 전통적인 시각이 여전히 강인하게 작동하고 있다는 점도 주요한 원인이라고 생각한다.

이상이 본 시론이 주목하는 기본적인 문제의식이다. 그러나 상술한 세 측면의 문제는 그 하나 하나가 정치한 분석을 요하는 작지 않은 연구 소재이다. 따라서 그 전체를 본 시론을 통해 본격적으로 검토한다는 것은 현실적으로 불가능할 뿐 아니라 필자의 능력을 넘는 작업이다. 이에 본 시론에서는 이 시기 북한사 연구의 인식 지평 확대에 미력하나마 보탬이 되기를 기대하는 문제제기의 수준에서 북한 정부 수립 후 북한 지도층이 설정한 국가적 당면 과제와 그 실천논리의 인식구조를 특히 북한의 초기 국가운영의 분기점을 이루는 소련군 철수 및 '조소경제문화협정'과 관련하여 개괄적으로 살펴봄으로써 북한 지도층의 국가 자주성 인식의 특질에 접근해 보고자 한다.

2. 국가 자주성 인식의 구조와 특질

정부 수립기 북한 지도층의 국가 자주성 인식의 특질을 살피기 위해서는 한편으로 이들이 자신의 국가 정체성에 대해 어떻게 인식하였고, 다른 한편으로 그 국가 수립과 운영에 중요한 역할을 담당한 소련에 대해 어떻게 입장을 취하고 있었는가 하는 두 측면의 접근과 이에 대한 종합적 파악이 요구된다. 이 가운데 우선 전자의 측면과 관련해서는 무엇보다 정부 수립 전후 이들이 국가건설에서의 자주성 구현의 요체를 어떻게 파악하고 있었으며 그것을 국가 정책에 어떠한 방식과 논리로 관철시키고 있었는가 하는 점에 주목할 필요가 있다.

해방 후 소련군의 강력한 지원 아래 일찍 정치 주도권을 장악한 김일성 중심의 북한 좌파 진영은 '반제반봉건민주주의혁명'과 '민주기지' 노선 아래 모스크바삼상회의의 한반도 정부수립 방안에 입각한 국가건설 · 정부수립을 추구하였다. 이 과정에서 이들이 자주적 통일민주국가 건설의 가장 중요한 핵심 문제로 간주한 것은 민족통일전선과 인민대중에 기초한 인민정권의 창출과 자주적 민족경제 · 인민경제의 수립이었다. 한반도를 둘러싼 국제적 제약조건 속에서 모스크바삼상회의 노선이 통일임시정부 수립의 유일한 길이라고 파악했을 때 이 두 과제는 신정부 · 신국가의 자주성을 보장하는 핵심 관건이었다.[6)]

그러나 미국이 모스크바삼상회의 방침을 포기하고 한반도 문제를 유엔에 이관하면서 남한 단독정부 수립이 현실화되자 소련과 북한 역시 이에 대응하여 유엔을 통한 총선거를 거부하면서 별도의 정부 수립 절차를 추진하였다.[7)] 미소 양 대국의 협조에 기초한 모스크바삼상회의 노선의 무산은 통일민주국가 건설 경로의 기본 구도와 인식 기반의 근본적인 변화를 초래하였다. 미국에 대응하여 소련은 양군 철수와 함께 한반도 문제의 자주적 해결을 주장하였고, 북한은 미국을 민주주의 진영의 일환이 아닌 제국주의 국가로, 남한의 단독정부 수립 노선을 미국 식민지화 노선으로 규정하였다.[8)] 남한에서도 단정노선에 반대하는 정

6) 이러한 국가 자주성 인식이 강령의 형태로 처음 천명된 것이 1946년 3월 23일 김일성이 발표한 '20개조 정강'이다.

7) 1947년 11월 18일 북조선인민위원회는 조선임시헌법 초안 작성을 결정하였고, 김일성은 1948년 신년사를 통해 통일된 조선민주주의인민공화국의 수립을 언급하였다.

8) 북한 국가건설의 방향을 자주독립의 길, 남한 국가건설의 방향을 미국 식민지화의

치세력의 결집과 양군 철수를 통한 통일정부수립운동이 전개되는 가운데 국가건설에서의 민족 자주성 문제가 전면화되었다.

주목해야 할 점은 분단정부 · 분단국가 수립이 불가피하게 된 정세 변화 속에서 북한 좌파 진영에게 전술한 통일민주국가 수립의 두 가지 핵심 사안은 더욱 중요한 의미를 지니게 되었다는 점이다. 그것은 곧 두 정부 · 국가 사이에 필연적으로 발생할 '정통성' 경쟁 문제와 관련하여 유일한 중앙정부, 유일한 통일민주국가로서의 정치적 도덕성과 민족적 자주성을 확보하는 관건적 사안이었다. 특히 좌우합작 · 남북합작의 민족통일전선과 인민대중에 기초한 인민정권의 수립 방침의 관철은 더욱 그러하였다.

남한 단정노선에 대응한 북한의 이러한 국가건설 방침이 전면적으로 표방된 것이 1948년 4월 19일부터 5일간 평양에서 개최된 전조선 제정당 · 사회단체대표자연석회의였다. 이 회의에서 단정노선은 '미제의 식민지화 노선'으로, 양군 철수와 한반도 문제의 자주적 해결 방침은 자주독립 노선으로 규정되었고, 민족 자주성에 입각한 좌우합작 · 남북합작의 '통일정부' 수립 원칙과 정신에 합의한 결정서와 공동성명서가 채택되었다.[9] 나아가 1948년 6월 29일부터 7일간 평양에서 개최된 제2회 남북조선 제정당 · 사회단체 지도자협의회에서 남북한 직접 선거와 최고인민회의 구성을 통한 조선민주주의인민공화국 수립 방침이 확정되었고, 이 절차에 따라 8월 선거를 통해 최고인민회의가 구성되었다. 최

길이라는 남북한 좌파 진영의 정세인식은 이미 1947년 전반기 이래 확산되고 있었지만 미국의 모스크바삼상회의 노선 폐기를 분기점으로 전면화하였다.

9) 김일성 · 박헌영 · 백남운의 정치정세 보고 및 4월 24일 채택되어 홍명희가 낭독한 '조선 정치정세에 대한 결정서', 그리고 4월 26일부터 5일간 별도로 열린 남북조선 정당 · 사회단체 지도자협의회에서 채택한 공동성명서 등이 그것이다.

고인민회의는 9월 2일 제1차 회의를 개최하여 조선민주주의공화국 헌법을 채택하고 김일성을 수반으로 하는 내각을 인준하였고, 9월 9일 조선민주주의공화국 수립을 선포하였다.[10]

대한민국과 조선민주주의인민공화국, 두 국가의 수립은 남북합작에 의한 통일정부 수립을 과제로 했던 그 이전과는 질적으로 구분되는 새로운 한반도 질서와 남북한 주도층의 정치의식 · 이데올로기를 창출하였다. 요컨대 그것은 각기 자신의 정부를 유일한 '중앙정부'로, 자신의 국가를 유일한 '조국'으로 규정하고 상대를 합작의 대상이 아니라 자신의 국가체제에 흡수 · 편입시켜야 할 '괴뢰정권', '미수복지역'으로 간주하는 국가 정통성 의식과 적대적 냉전 이데올로기였다.[11] 김일성이 천명한 국토완정론과 이승만이 주장한 북진통일론은 이러한 정치의식 · 이데올로기의 상징적 표상이었다.

북한 지도층의 국가 정통성론의 출발점은, 북한 정부가 "남북조선 인민의 총의에 의해 수립된 통일적 조선중앙정부"라는 김일성의 언급과 같이, 좌우합작 · 남북합작 원칙의 관철과 인민대중에 기초한 정부라는 데 있었다.[12] 물론 북한 정권은 북로당의 주도권 아래 북남 노동당의 헤게모니가 철저히 관철된 인민정권으로서, 일면 북로당이 영도한 북조선인민위원회를 좌우합작 · 남북합작 원칙에 입각하여 국가적 규모로 확대 개편한 권력이라는 제한성을 가지고 있었다.[13] 그러나 그

---

10) 이상의 북한 국가 수립 과정과 그 내용에 대해서는 김광운, 앞의 책, IV.조선민주주의인민공화국 수립과 간부의 확대 ; 서동만, 앞의 책, 제2장 등 참조.

11) 서중석, 『한국현대민족운동연구 2』, 역사비평사, 1996, 181~200쪽 ; 박명림, 『한국전쟁의 발발과 기원 ②』, 나남출판, 1996, 372~373쪽, 856~859쪽.

12) 김일성, 「조선민주주의인민공화국 정부의 정강」, 『北韓最高人民會議資料輯 1』, 國土統一院, 1988, 95쪽.

13) 북한의 공식 역사서가 북조선인민위원회를 북로당 헤게모니가 완전 관철된 프롤

실제 내용이 어떠하든 전국적 인민 기반과 남한 좌파·중간파가 참여한 남북 총선거라는 절차를 통해 좌우합작·남북합작의 정신을 구현했다는 것은 북한 정부가 자주독립 노선을 담지한 '중앙정부'라고 주장하는 정통성론의 핵심 논거가 되었다.

이와 함께 정통성론의 또 하나의 핵심 논거가 된 것은 이들이 남한경제의 '식민지화' 실상과 대비시키고 있는 북한의 자주적 인민경제의 전개였다. 곧 북조선인민위원회 단계부터 연차적으로 시행하고 있는 인민경제계획의 추진이었다. 이들에게 인민경제계획은 식민지 경제구조의 청산과 인민경제의 자립성을 실현하고 인민정권의 토대를 강화함으로써 인민민주주의 국가체제의 자주성을 드러내고 있다는 가장 확실한 논거였다. 요컨대 이들에게 북한 국가의 정통성 의식은 곧 국가 자주성 의식과 불가분의 관계에 있었으며, 조선민주주의인민공화국 헌법은 이러한 자주독립국가의 발전을 담보한 인민민주주의 정치경제체제를 법적으로 보장한 것이었다.[14]

정부 수립 후 '국토완정'과 '자주독립국가 완성'이라는 북한 지도층의 국가적 당면 과제 설정은 이러한 정치의식과 국가건설관을 구체화한 것이었다. 제1차 최고인민회의를 마무리하는 1948년 9월 10일 김일성이 천명한 '조선민주주의인민공화국 정강'이 그것이었다. 김일성은 여기에서 "완전한 통일과 부강한 민주주의 자주독립국가의 건설"을 목표로 한

레타리아독재정권으로 규정하고 이 시기부터 이미 사회주의혁명 단계에 진입했다고 파악하면서 북조선인민위원회와 정부 수립기의 권력을 동일한 성격의 연장선에서 정리하는 것은 이러한 의미에서이다(사회과학원 력사연구소 편, 『조선전사』, 평양: 과학·백과사전출판사, 1981, 제1, 2, 4장).

14) 김두봉, 「조선민주주의인민공화국 헌법에 관하여」, 國土統一院, 위의 책, 27~35쪽 및 각 인사의 토론(36~92쪽, 특히 리승엽·박헌영·허헌·백남운·정준택의 토론) 참조.

8가지의 당면 과제를 제시하였다.[15] 그 요지는 양군 철수를 자주적 민족통일 실현의 대전제로 삼고, 기존의 '민주개혁' 성과를 바탕으로 인민민주주의 정치 · 경제체제를 더욱 발전시키고 대외적 · 군사적 역량을 강화함으로써 통일을 완수하고 북한 국가체제의 전국적 확대를 도모한다는 것이었다. 북한 국가건설운동사의 추이 속에서 파악하면 그것은 '민주기지' 노선의 국가적 차원의 재편 · 강화를 의미하는 것으로서, 이는 1949년 김일성 신년사를 통해 다시 한번 강조되었다.[16]

이 가운데 북한 지도층이 '정강'의 여타 다른 과제들을 보장하고 규정하는 최우선의 국가적 과제로 파악하고 총력을 기울인 것은 '1949~1950년 2개년 인민경제계획'이었다.[17] 이 인민경제계획은 당시 북한

---

15) 김일성, 「조선민주주의인민공화국 정부의 정강」, 國土統一院, 위의 책, 95~97쪽. 그 요목을 소개하면 ①국토완정과 민족통일을 보장하는 가장 절박한 조건인 양군 동시철거 추진, ②북조선 법령에 입각한 친일파 · 민족반역자 처벌, ③일제시대 법률과 남조선 정부의 법령 무효화 및 북조선 개혁법령의 전 조선적 실시, ④인민경제계획 추진에 의한 자주적 · 민족적 인민경제체제 수립과 민족문화의 발전, ⑤교육 · 문화 · 보건정책의 강화와 민족간부의 양성, ⑥지방인민위원회를 중심으로 한 인민위원회 강화, ⑦민주국가와의 평등적 친선 도모 및 일본의 재무장 · 군국주의화 반대, ⑧인민군대의 강화 등이다.

16) "머지않은 장래에 자주독립국가를 쟁취하며 국토의 완정을 보장하기 위하여서는 무엇을 하여야 하겠습니까? 전 조선인민은 조선민주주의인민공화국 중앙정부 주위에 일층 단결하여 국내의 전체 민주 력량과 애국적 력량을 더욱 결집함으로써 국토의 완정을 보장하는 거국적 구국투쟁을 일층 맹렬히 전개하여야 하겠습니다. 그리하기 위하여 공화국 북반부의 인민들은 해방 후 三년 동안에 이미 쟁취한 민주개혁의 성과들을 더욱 확고 발전시키며 공화국의 정치 경제적 토대를 더욱 굳건히 하며 공화국의 철옹성같은 확고부동한 강력한 기지를 축성함에 전체 인력과 물력을 동원하여야 하겠습니다"(김일성, 「一九四九년을 맞이하면서 전국 인민에게 보내는 신년사」).

17) 이 2개년 인민경제계획은 1949년 1월 28일 개최된 최고인민회의 제1기 제2차 회의에서 국가계획위원회 위원장 정준택의 보고로 상정되어 법령화되었다. 내용

지도층에게 특별한 의미를 지니는 것이었다. 그것은 내적으로 조선민주주의인민공화국에 대한 북한 인민의 지지와 결집을 이끌어내고 인민정권의 대중적 기반을 공고히 하는 가장 유력한 무기였다.[18] 또 인민경제계획은 당의 지도관리체계를 통해 관철된다는 점에서 계획의 원활한 추진은 당의 유일 지도관리체계 확립과 불가분의 관계에 있었다. 곧 그것은 당·국가의 구심점으로서 김일성의 지도력을 강화해 가는 과정이었다.[19] 더불어 대남관계에 있어서 인민경제계획은 '경제적 예속화 정책' 속에서 '경제파탄'의 상황에 놓여 있다는 남한에 대해 북한의 체제 우월성과 국가 자주성을 선전하면서 '중앙정부'를 주장할 수 있는 가장 확실한 현실적인 징표였다.[20]

북한 지도층은 인민경제계획의 추진을 기반으로 1949년 전반 이래 유일한 '중앙정부'로서 북한 정부의 정통성을 강화하기 위한 정치적 조치를 추진하였다. 인민정권의 기반을 강화하기 위한 지역 각급 인민위

전문은 國土統一院, 앞의 책, 140~152쪽 ; 「북반부의 인민경제부흥발전을 위한 1948년도 계획실행 총결과 1949년-1950년 2개년계획에 관한 법령(1949. 2.1)」, 大陸硏究所, 『北韓法令集 5』, 1990, 115~131쪽 참조.

18) 인민경제계획은 경제 부문에 한정되지 않고 교육·문화·보건 부문 등 인민의 문화수준 향상과 복리 증진 문제를 포괄하는 종합적 경제개발정책이라는 점에 주목할 필요가 있다.

19) 그 의미 부여에는 편차가 있지만 정부 수립 시기 이미 김일성이 인민정권 내부의 단일 지도력을 확립하였고, 소련에 대해서도 독자적 자율성을 확립해 가고 있었다는 점은 이미 여러 연구를 통해 지적된 바와 같다. 중요한 점은 이러한 지도력과 자율성은 북조선인민위원회 이래의 인민경제계획의 추진과 그 사업 성과에 대한 비판적 총괄을 통해 지속적으로 확보된 것이라는 사실과, 정부 수립 후 김일성의 단일 지도력 강화 문제는 북한 지도층에게 공히 인민경제획의 완수, 국토완정과 자주독립국가 완성의 기본 조건으로 인식되고 있었다는 사실이다.

20) 김일성, 앞의 1949년 「신년사」 ; 國土統一院, 위의 책, 136~137쪽.

원회 대의원 선거, 남북 통일세력을 결집하기 위한 조국통일민주주의전선 결성, 북한 국가의 단일 지도체계를 확립하기 위한 북로당과 남로당의 조선노동당으로의 통합 등, 당·국가체제와 통일전선 조직의 강화가 그것이었다.[21] 요컨대 정부 수립기 북한 지도층의 국가건설관에 내면화되어 있는 자주성 인식의 특질은 조선민주주의인민공화국 헌법과 '정강'을 통해, 그리고 특히 인민경제계획의 추진 과정에 잘 드러나고 있었다.

이와 같이 정부 수립기 북한 지도층이 견지한 국가 자주성 인식의 요체는 좌우합작·남북합작과 인민대중에 기초한 전 조선적 인민정권의 창출, 식민지 경제구조와 자본주의 독점지배를 청산한 자립적 인민민주주의 국가체제의 건설 그 자체였다.[22] 이들은 당시 그것을 민족통일과 민주주의 자주독립국가의 완성이라는 상식적인 용어로 표현하였다. 이러한 국가건설의 정치의식과 체제논리는 일제하 민족해방운동 과정에서 이미 형성되고 다듬어져 온 것으로서 그 역사적 연원은 오래된 것이었다. 해방의 특수한 조건과 관련하여 그 자주성의 구현은 불가피하게 소련의 강력한 영향력 아래 전개될 수밖에 없었지만, 소련의 규정성을 문제삼을 경우 일단 북한 지도층에게 내면화되어 있는 이러한 국가건설관의 특질에 유념할 필요가 있다.

---

21) 이 과정에 대해서는 김광운, 앞의 책, IV-4. 조선민주주의인민공화국 수립 선포와 유일합법성 확립을 위한 후속조치 ; 서동만, 앞의 책, 제2장 등 참조.

22) 중언하는 것이지만 이는 "공화국 북반부지역에 확립된 새로운 경제체계를 토대로 한 새로운 생산방법은 우리 조국의 민주주의적 발전에 있어서 가장 중요한 역할을 노는 것이며 우리 민족의 리익과 자주성을 세계무대에서 완전히 보장하는 것"(로동당 중앙본부 선전선동부, 『새환경과 새조건에서의 새로운 사업방식』, 평양: 로동당출판사, 1950, 3쪽)이라는 한마디에 잘 나타난다.

3. 소련인식과 '소련학습론'의 내면

그러면 정부 수립기 북한 지도층은 이러한 국가 자주성을 구현하는 과정에서 소련을 어떻게 인식하고 소련의 위치를 어떻게 설정하고 있었는가. 주지하듯이 해방 이래 북한 지도층은 소련·소련군을 자주독립국가 건설이라는 국가 자주성의 실현 과정의 제약 조건이 아니라 오히려 그것을 담보하고 있는 강력한 후원자·협조자로 인식하였다. 그 국가건설의 자주성을 국제적으로 보장한 것이 모스크바삼상회의 결정이었다. 극히 상식적 언급에 불과하지만, 북한 지도층의 소련관을 인식할 때 이 점을 분명히 하는 것이 중요하다. 그것은 이들이 자신들의 정치적 자율성에 대한 소련의 영향력 문제를 자주성 실현의 문제와 구분하였다고 생각하기 때문이다.

소련은 확실히 자신의 국가적 이해와 관련하여 향후 한반도에 수립될 정부·국가 형태에 대한 자기 입장을 가지고 있었고, 이를 담당할 정치세력의 형성과 행정 운영에 여러 형태로 개입하면서 사전 보고와 협의를 거치는 정치적 지도·편달체계를 관철시켰다. 그러나 북한 지도층은 이러한 소련의 영향력과 이에 수반되는 제반 원조를 자신들의 권력기반 강화와 통일정부 수립의 체제적·물질적 기반을 수립하는 데 있어서 불가결한 조건으로 인식하였다. 오히려 이들은 그것을 국가건설의 자주성 실현에 최대한 활용하고자 하는 대단히 현실적이고 실용적인 입장을 취하였다. 말하자면 이들은 소련의 영향력과 원조를 국가건설에 대한 자신들의 지도력 강화와 자립적 토대 구축이라는 기본 조건으로 활용하면서 또한 그 과정에서 자신들의 자율성에 대한 제약 조건을 해소시키고 있었던 셈이다.[23)]

그것은 국가건설의 담당자가 궁극적으로 자신들이라는 정치의식과 소련이 이러한 자주적 국가건설관을 기본적으로 인정하고 있다는 확신에서 나오는 것이었다. 그리고 '민주기지' 노선 설정과 함께 소련의 행정권 이양과 '민주개혁' 추진, 북조선인민위원회의 수립과 건국사업의 강화 등 일련의 국가건설 과정과 이에 대한 소련의 입장에 잘 드러나듯이 이러한 인식은 사실을 반영하였다.[24] 최근 여러 연구를 통해 지적된 바와 같이 소련의 대북한정책이 패전국인 독일을 중심으로 하는 동유럽 국가들에 대한 직접적인 간섭과 통제정책과는 달리 상당한 자율성을 부여하는 방향에서 추진되었다.[25] 특히 1947년 북조선인민위원회의 성립은 북한 지도층의 자율성 문제가 더 이상 국가건설의 자주성 관철과 상호 모순을 갖지 않고 결합해 가는 분기점이 되었다. 그리고 이 방향은 모스크바삼상회의 방침의 무산과 함께 소련이 미국에 대응하여 양군 철수 방침을 제기하면서 결정적인 것이 되었다.[26]

---

23) 이들이 '민주개혁' 과정에서 보여준 소련군의 원조를 "우리 민족의 완전한 정치적 자유를 보장하여 주며 우리 민족이 자기의 국가기구를 창설하고 민족경제를 복구 발전시킴으로써 능히 자기 운명의 주인이 될 수 있는 전제조건들을 지어주는 데로부터 출발하였다"고 이해하면서 "우리 조선인민이 … 제 기관시설들을 완전히 장악하고 조선의 자주적 독립국가 건설의 경제적 토대를 튼튼히 구축"한 원조의 의의를 강조하고 있는 것이 그 의미를 잘 설명하고 있다(양영순, 「쏘베트동맹은 조선독립의 진정한 원조자이다」, 『근로자』 1949년 15호, 28~29쪽).

24) 물론 이와 관련해서는 당시 남한의 정치적 조건으로부터 볼 때 어느 면에서 남북합작에 장애가 될 수도 있는 지역주의 · 급진주의적 성격의 '민주기지' 노선과 '민주개혁' 프로그램 기획을 소련과 북한 지도층 가운데 어느 쪽이 주도하였는가 하는 사실 인식의 문제가 있을 수 있다. 그러나 '민주개혁' 프로그램은 그 구체적 방안의 차이가 있다고 하더라도 이미 남북한의 모든 진보적 정치세력이 해방 직후부터 주장한 국가건설의 일반론이고, 또 그 개혁의 이념적 · 이론적 틀도 이미 일제하 이래 민족해방운동과 혁명운동의 경험을 통해 경과적으로 형성된 것이라는 점을 환기할 필요가 있다.

25) 김성보, 앞의 글 ; 브루스 커밍스, 앞의 책, 315~319쪽.

그런데 주목할 것은 이러한 정치적 자율성의 확대 과정이 소련의 위치에 대한 북한 지도층의 의미 부여를 축소시킨 것은 아니었다는 점이다. 오히려 북한 지도층은 이 자율성의 확대 과정과 비례하여 정부수립·국가건설에서의 '진정한 원조자'로서의 소련의 역할에 대해 더욱 큰 의미를 부여하였고, 적극적인 자세로 원조와 협조를 구하였다. 그들 스스로 강조하고 있듯이 북조선인민위원회의 인민경제계획 추진도 실상 소련군의 인적·물적·기술적 지원에 의존해서 가능한 것이었다.[27] 그리고 이러한 소련 위치에 대한 의미 부여는 모스크바삼상회의 방침의 좌절과 함께 더욱 강화되었다. 이제 북한 지도층은 세계 최강대국인 미국과의 대립 속에서 국가 자주성을 구현하지 않을 수 없게 되었고, 그들에게 소련은 미국을 견제할 유일한 '민주주의국가'였다.

정부 수립과 함께 소련에 대한 북한 지도층의 정치적 자율성 문제는 그 이전과 질적으로 구분되는 국가 자율성의 문제로 전환하였다. 북한 지도층은 유일한 '중앙정부'로서 북한 정부의 정통성을 강화하기 위한 대외적 국가 주체성을 확립해야 했고, '조국'의 국가체제를 강화하고 분단 상황을 타개하기 위한 소련과의 협조관계도 국가간 외교관계의 차원에서 재정립해야 했다. 그것은 민족통일과 자주독립국가의 완성이라는 국가 자주성 실현의 기본 전제였다. 새롭게 조성된 이 모든 상황

---

26) 이후 전술한 바의 북한의 국가 수립 과정은 여전히 소련과의 합의와 협조를 통해 조율되면서도 기본적으로 북한 지도층의 구상과 실천을 통해 추진되었다고 생각한다.

27) 김두봉, 「북조선로동당 중앙위원회 제4차회의에서의 북조선 민주건설의 성과와 그에 있어서의 위대한 쏘련의 원조에 대한 보고」, 『근로자』 1948년 12호 ; 김일성, 「조선민주주의인민공화국 정부대표단의 쏘베트사회주의공화국련맹 방문사업 경과 보고」, 『근로자』 1949년 8호 ; 양영순, 「쏘베트동맹은 조선독립의 진정한 원조자이다」, 『근로자』 1949년 15호.

과 요구에 대응한 북한 지도층의 첫 걸음이 전술한 '정강'의 천명이었다. 특히 국토완정 · 민족통일의 '가장 절박한 조건'으로 규정한 양군 철수 요구는 이러한 입장을 총괄한 것이었고, 소련도 이에 호응하여 소련군 철수를 단행하였다.[28)]

그러나 이러한 국가 자율성 · 주체성의 확립 과정은 남북 대치의 정세와 신생 약소국가라는 현실 조건과 관련하여 소련과의 더욱 긴밀한 협조관계를 요구하였다. 당시 북한 지도층은 냉전 질서가 본격화되고 있는 당시 정세를 한마디로 "평화와 민주를 옹호하는 쏘련을 선두로 한 반제국주의 민주진영"과 "침략과 새전쟁을 추구하는 미제국주의자들을 선두로 하는 제국주의 반동진영" 상호간에 "민주와 반동, 평화와 전쟁이 투쟁하는 시기"로 정리하고 있었다.[29)] 이들이 '정강'에서 특별히 일본의 재무장과 군국주의화를 거론하여 반대한 것도 이러한 정세 인식의 일환이었다. 이러한 정세 속에서 세계 최강대국과 남한 정부를 구축하고 민족통일과 자주독립국가를 완성하기 위해서는 '동등 동권적 원칙'에 입각한 국가간 외교관계를 전제로 소련과 친선협조관계를 강화하지 않으면 안되었다.[30)]

여기에 또한 소련과의 관계 강화와 지원을 요구하는 보다 현실적이고 절박한 조건이 존재하였다. 북한 지도층이 2개년 인민경제계획을

---

28) 주지하듯이 북한은 1948년 12월 26일까지 소련군 철수가 완료되었다고 공포하였다(國土統一院, 앞의 책, 127쪽).

29) 김일성, 앞의 「조선민주주의인민공화국 정부대표단의 쏘베트사회주의공화국련맹 방문사업 경과 보고」, 5쪽 ; 박동초, 「조선민주주의인민공화국 장래 발전에 있어서 제민주주의국가와의 외교관계 설정의 의의」, 『근로자』 1949년 3호.

30) 김일성, 앞의 「조선민주주의인민공화국 정강」, 國土統一院, 앞의 책, 97쪽 ; 박헌영, 「조선민주주의인민공화국 정부의 대외정책에 관하여」, 國土統一院, 위의 책, 221~225쪽.

자주독립국가 완성을 위한 국가체제 강화의 최우선적 사업으로 설정했다는 것은 전술한 바와 같지만, 신생 약소국가로서 이 계획을 독자적으로 추진한다는 것은 불가능하였다. 여기에는 방대한 자금과 물자 및 기술이 요구되었고, 또한 인민민주주의 계획경제 수행에 적합한 전문 인력과 이론적 훈련, 사상적 무장이 필요하였다. 특히 이러한 제약 조건은 그간 인민경제계획 수행에 막대한 역할을 담당한 소련군 철수에 의해 당장 절박한 문제가 되었다. 북한 지도층은 그들 표현대로 '새환경과 새조건'에서 국가적 과제를 해결하지 않으면 안되었다.[31] 인민경제계획의 원활한 수행과 인민민주주의 국가체제의 강화를 위해서는 소련과 단순한 친선협조의 외교관계가 아니라 직접적이고도 구체적인 원조관계가 절실하게 요구되었다.

북한 지도층이 정부 수립 후의 이러한 정세와 제약조건을 타개하기 위해 추진한 것이 소련군 철수 직후인 1949년 1월 소련에 요청한 '조쏘량국간의 경제 및 문화적 협조에 관한 협정'(이하 '조소경제문화협정'으로 약칭) 체결이었다. 1949년 3월 17일 모스크바에서 김일성을 단장으로 한 북한 정부 대표단과 소련 정부 위원단 사이에 체결된 '조소경제문화협정'은 정부 수립기 북한 지도층의 국가운영과 대외정책의 한 분기점이 되었을 뿐 아니라 사상 · 문화적으로도 여러 의미에서 큰 영향을 미친 중요한 협정이었다.[32] 북한 정부 대표단의 스탈린 회견을

---

31) 로동당중앙본부 선전선동부, 앞의 『새환경과 새조건에서의 새로운 사업방식』.

32) 김일성을 비롯한 7명의 북한 정부 대표단의 소련 방문은 2월 22일부터 4월 7일까지 총 한달 반을 소요하였는데(모스크바에서는 17일간 체류), 이들은 협정 체결을 위한 활동 외에도 사회주의 건설상을 견학한다는 취지에서 정치 · 경제 · 교육 · 문화 등 각 분야에 걸친 시설을 참관하는 데 많은 시간을 할애하였다. 이 협정 체결 과정과 방문 당시 대표단의 동정에 대해서는 대표단의 일원인 교육상 백남운의 방문기 『쏘련印象』을 통해 잘 알려져 있다(白南雲,

비롯하여 협정 체결을 위한 회담 과정은 시종일관 소련의 '시혜적' 분위기 속에서 진행되었지만, 협정 체결에 대한 북한 지도층의 감격과 의미 부여는 이 시기 북한 지도층이 국가 자주성 문제를 어떻게 인식하고 있는가를 잘 보여주고 있었다.

김일성을 비롯한 북한 지도층은 이 협정의 정치적 의의에 대해 특히 세 가지 점을 강조하였다. 첫째 협정이 철저하게 상호 평등하고 호혜적인 원칙에 입각하였다는 것, 둘째 그것이 인민경제계획의 성공적인 완수와 국토완정 · 남북통일의 토대가 된다는 것, 셋째 북한의 국제적 지위 향상과 극동 평화 · 안전에 기여할 것이라는 것이었다.[33] 당시 방문기를 작성한 백남운 역시 이 협정은 조소 양국의 국가 '주체성'과 상호 이익의 원칙에 입각한 것으로, 그것은 조선의 민주독립을 보장하는 '원조협정', 인민경제계획의 급속한 발전을 보장하는 '인민협정', 공화국의 통일 발

『쏘련印象』, 평양: 朝鮮歷史編纂委員會, 1950). 백남운 방문기는 연세대 현대한국학연구소에서 최근 복간하였는데(백남운, 『쏘련인상』, 선인, 2005), 북한 정부 대표단의 소련 방문 및 백남운 방문기와 관련해서는 복간본에 수록된 필자의 〈해제〉를 참조하기 바란다(방기중, 「백남운의 『쏘련印象』과 정부수립기 북한사연구」).

33) '조소경제문화협정'의 정치적 의의에 대한 북한 지도부의 공식 입장은 김일성의 귀국 연설(백남운, 『쏘련인상』, 258~260쪽), 최고인민회의에서의 김일성의 총괄 보고(김일성, 앞의 「조선민주주의인민공화국 정부대표단의 쏘베트사회주의공화국련맹 방문사업 경과 보고」), 그리고 협정 1주년을 맞이하여 인민경제계획의 성과를 정리한 김일성의 기념사(김일성, 「조쏘 량국 간의 경제적 및 문화적 협조에 관한 협정 체결 一주년에 제하여」, 『근로자』 1950년 5호) 등 김일성에 의해 여러 차례 표명된 바와 같고, 그 기조에 입각한 당시 여러 인사들의 논평이 발표되었다(박동초, 「조쏘 량국 간의 경제적 및 문화적 협조에 관한 협정의 의의에 대하여」, 『근로자』 1949년 8호 ; 박헌영, 「쏘련과의 우호적 친선관계는 조선민주주의인민공화국 대외정책의 기초이다」, 『근로자』 1950년 5호 ; 허헌, 「쏘베트 동맹은 조선 인민의 진정한 해방자이며 원조자이다」, 『근로자』 1950년 14호).

전을 위한 '건국협정', 공화국의 국제적 위신을 선양하고 극동 평화와 안전을 보장하는 '민주강화의 협정'이라고 강조하였다. 여기에서 국가 '주체성'이란 "인민민주주의적인 주권을 확립한 … 조선 전체 인민의 유일의 중앙정부"인 '공화국' 정부의 자주독립성을 말하는 것이었다. 그리고 이 '주체성'을 국제적으로 담보하고 있는 것이 민족자결 원칙을 준수하고 타민족의 독립과 자유를 존중하며 타국의 내정을 간섭하지 않는 소련 정부와 스탈린의 대외정책·민족정책이라는 것이었다.[34]

요컨대 정부 수립기 북한 지도층은 '조소경제문화협정'으로 구체화된 소련과의 친선관계 강화를 북한의 국가 주체성과 자주독립을 보장하는 유일한 기본 조건으로 간주하였다. 이들은 당시 북한을 둘러싼 주관적·객관적 조건과 관련하여 소련의 원조를 국가 자주성 실현의 제약성이 아니라 오히려 그것을 보장하는 상호 불가분의 관계에 있는 하나의 문제로 인식하였다. 여기에 '조소경제문화협정'을 계기로 자주독립을 보장하는 진정한 '해방자이자 원조자'로서의 소련의 위치와 '전세계 노동인민의 수령이며 조선인민 해방의 救星'인 스탈린과 스탈린적 지도의 위대성이 재삼 각인되었고, 북한 지도층은 인민민주주의 국가체제의 건설과 국토완정에 대한 자신감을 강화할 수 있었다.[35]

또한 북한 정부 대표단의 소련 방문과 '조소경제문화협정'의 체결은 북한의 사상·문화 동향에도 큰 영향을 미쳤다. 주지하듯이 북한 지도층은 정부 수립 당시까지도 좌우합작·남북합작 정신을 의식하여 전술적 차원에서 인민민주주의국가의 체제이념을 사회주의나 마르크스·레닌주의로 공식 설정하지 않았고, 북남 노동당도 자신을 마르크스·레닌주의 정당으로 규정하지 않았다.[36] 그러나 이러한 분위기는 1948

34) 백남운, 위의 책, 205~211쪽.

35) 주 33의 김일성의 귀국 연설과 경과 보고 및 여타 인용 자료 참조.

년 말에서 1949년 초를 거치면서 인민경제계획의 체제 방향성 문제와 연결되는 인민민주주의 국가에 대한 이론적 재검토가 진행되는 가운데 점차 변화하였다.[37] 또 이때에는 과거 인민경제계획의 원활한 수행을 가로막은 낡은 사업방식의 기본 원인이 계획경제 · 인민경제에 대한 사상적 · 이론적 · 문화적 낙후성에 있다는 지적과 함께 사상무장과 이론적 · 문화적 낙후성 극복 문제가 특별히 강조되고 있었다.[38]

북한 정부 대표단의 소련 방문과 '조소경제문화협정' 체결은 이러한 분위기를 가속화시키면서 북한의 국가 이데올로기로서 마르크스 · 레닌주의의 의의와 그 사상무장을 공공연하게 제창하게 하는 계기가 되었다. 북한 정부 대표단 스스로 피력한 바와 같이 이들은 소련 방문 동안 소련의 사회주의 발전상과 과학 · 문화 · 예술, 스탈린과 당의 혁명적 지도 원칙, 그리고 그 건설 담당자로서 마르크스 · 레닌주의와 애국주의로 무장한 혁명적 인텔리와 근로인민대중에 대해 무한한 충격과 감동을 받았다.[39] 특히 이들에게 특별한 의미를 갖게 한 것은 소련 사

---

36) 이종석, 『조선로동당연구』, 역사비평사, 1995, 67~69쪽.

37) 이는 인민민주주의 국가를 부르주아 독재나 프롤레타리아 독재가 아닌 제3의 국가 형태로 보는 '전기 인민민주주론'을 부정하고 그 본질을 프롤레타리아 독재로 보는 이른바 '후기 인민민주주의론'의 대두와 연관된다. 이에 대해서는 김성보, 『남북한 경제구조의 기원과 전개』, 역사비평사, 2000, 277~285쪽 참조.

38) 정준택, 「조선민주주의인민공화국 북반부의 인민경제 부흥발전을 위한 1948년 계획 실행 총결과 1949~1950년 계획에 관하여」, 國土統一院, 앞의 책, 134~135쪽 ; 김일성, 앞의 「一九四九년을 맞이하면서 전국 인민에게 보내는 신년사」 ; 로동당중앙본부 선전선동부, 앞의 『새환경과 새조건에서의 새로운 사업방식』.

39) 이 점은 귀국 직후 개최된 최고인민회의에서 총괄 보고를 한 김일성의 언급이나 부수상 홍명희의 토론에도 잘 나타나지만(國土統一院, 앞의 『北韓最高人民會議資料集』 第1輯, 421~422쪽, 426~427쪽), 무엇보다 백남운의 『쏘련인상』 전체를 통해 생생히 기록되어 있다.

회주의 발전의 핵심 정치 원리와 동력에 대한 재인식이었다. 곧 스탈린 지도에 입각한 공산당의 국가운영 원리인 유일관리제 원칙과 사상적으로 무장한 '새로운 사회주의 인간형'으로서의 소련 인민의 모습이 그것이었다.[40)]

이러한 재인식은 국가건설에서의 사상과 이론의 중요성을 새삼 환기시키고 전술적 차원에서 마르크스 · 레닌주의 사상무장과 이론적 훈련에 소극적이었던 기존의 사상 · 문화정책에 대한 반성을 일깨웠다. 그 공식 천명은 "선진적 사상의식으로 개조하는 사업"을 전면 제창한 1950년 김일성의 '신년사'에서 제시되었지만,[41)] 이 추세는 이미 1949년에 일반화되었다. 인민민주주의 국가체제의 강화, 인민경제계획의 수행을 위한 마르크스 · 레닌주의 사상의 무장과 이론적 훈련이 강조되었고, 특히 문학 · 예술 분야에서 애국주의 관점이 풍미하였다. 이것이 당시 '소련을 향해 배우라'는 이른바 '소련학습론'이 유행한 시대적 배경이었고, 그 내면이었다. 요컨대 '소련학습'의 강조, 마르크스 · 레닌주의와 애국주의의 고창은 소련에 대한 단순한 모방이 아니라 당시 그들이 처한 현실적 조건과 요구를 반영한 것이었다. 이들에게 '소련학습'은 국가적 당면 과제를 해결해 나가는 자주성 구현 과정의 일환이자 동시에 이를 위한 사상무장의 과정이었다. 여기에 "마르크스 · 레닌주의 사회과학의 조국"으로서의 소련에 대한 의미 부여는 자주성 의식과 큰 갈등없이 결합될 수 있었다.[42)] 이것이 정부 수립기 북한 지도층이 견지한 국가 자주성 인식의 한 단면이자 특질이었다.

---

40) 백남운, 위의 책, 261~265쪽.

41) 김일성, 「1950년을 맞이하여 공화국 전체 인민에게 보내는 조선민주주의인민공화국 내각 수상 김일성 장군의 신년사」.

42) 백남운, 앞의 책, 10~11쪽.

4. 나머지 말 – 자주성의 양면

이상과 같이 정부 수립 전후 북한 지도층이 인식한 국가 자주성의 특질을 이들의 소련인식과 관련하여 살펴보았다. 그 내용을 요약하면 크게 두 가지 논점으로 정리할 수 있다. 하나는 당시 북한 지도층은 좌우합작·남북합작과 인민대중에 기초한 전 조선적 인민정권을 창출하고 식민지 경제의 청산과 자립적 인민경제·민족문화 수립을 위한 인민민주주의 국가·사회체제의 건설 과정 자체를 국가 자주성을 실현하는 과정으로 인식하였다는 점이다. 그리고 다른 하나는 이 과정에서 이들은 소련의 영향력을 자주성 구현의 제약 조건이 아니라 이를 지원하고 보장하는 기본 조건으로 인식하였고, 소련의 정치적·물질적 원조를 인민권력의 강화와 인민경제의 자립화에 적극 활용하는 실용적 입장을 취하였다는 것이다.

국가 자주성에 대한 이러한 정치의식과 소련에 대한 의미 부여는 기본적으로 해방정국 이래 시종일관 견지된 것이었다. 물론 군정 초기에 잘 나타나듯이 정치 현실에서는 이들의 정치적 자율성에 대한 소련의 제약이 강하게 개입되었기 때문에 자주성 구현과 소련의 영향력 사이에는 본원적으로 상호 충돌의 요소가 내재되어 있었다. 그러나 이들은 국가 자주성 문제와 정치적 자율성의 제약 문제를 다른 수준의 문제로 구분하면서 그것을 자주성 구현의 논리 속에서 극복해 나가고 있었다. 곧 이들은 국가건설의 현실 정치 과정 속에서 이 제약 조건을 해소시키면서 대소관계의 기본 성격을 자주성 실현의 협조·원조관계로 일원화시켜 나갔고, 소련 역시 이러한 북한 지도층의 입장을 수용하는 차원에서 대북한정책을 수행하였다. 이러한 관계는 이미 북조선인민위원회 단계에서 확립되었지만, 정부

수립과 함께 그것은 국가간 외교관계의 형식 속에서 관철되었다. 그리고 정부 수립 후 인민민주주의 국가체제의 강화 정책과 관련하여 소련과의 원조·협조관계는 더욱 확대되었고, 이와 병행하여 선진 사회주의 국가인 소련의 국가운영 원리, 사상·문화에 대한 학습이 유행하였다.

정부 수립 전후한 시기 북한 지도층이 견지한 국가 자주성 인식의 논리와 특질은 대체로 이와 같았다고 생각한다. 그러나 이상의 논지는 소련의 대북한 규정성에 대한 재검토를 촉구한다는 의미에서 북한 지도층의 국가 자주성 인식과 소련에 대한 의미 부여의 상관관계에 주로 초점을 맞춘 것으로서, 이들이 국가 자주성 실현을 소련에 일방적으로 의존해서 해결하고자 하였다는 것을 뜻하는 것은 아니다. 자주성 실현과 관련된 북한 지도층의 소련에 대한 의미 부여는 "우리는 우리의 힘과 재산으로서 자주적으로 민주주의 조국을 창건하여야 할 것"이라는 김일성의 언급과 같이 기본적으로 자주독립국가의 건설 주체와 동력은 '조선민족' '조선인민'이라는 대전제 위에서 나오는 것이었다.[43] 이들이 추구하는 국가 자주성은 그 용어의 본의에 맞게 "우리 민족이 자기의 국가기구를 창설하고 … 능히 자기 운명의 주인이 될 수 있는 조건"을 창출하는 것이었다.[44] '자력갱생'의 의미를 지니는 이러한 '자력건설'의 자주성은 1949년에 접어들어 2개년 인민경제계획의 추진과 관련하여 더욱 특별히 강조되었다. 그럼에도 불구하고 소련의 원조 없이는 그 자주성 실현이 현실적으로 불가능하다는 것을 이들은 잘 알고 있었고, 그것을

43) 로동당중앙본부 선전선동부, 앞의 『새환경과 새조건에서의 새로운 사업방식』, 32쪽.

44) 로동당중앙본부 선전선동부, 위의 책, 3쪽.

숨기지 않았다. 요컨대 정부 수립기 북한 지도층의 국가 자주성 인식에는 '자력건설'의 논리와 소련의 원조가 상대적으로 큰 모순없이 결합되어 있었고, 실제 당시 현실에서도 이 양면은 그렇게 심각한 모순을 갖지 않았다.

그러나 그것은 또한 당시 이들의 자주성 인식이 다분히 국가건설의 당면 과제 구현에 주안점을 둔 현실적 · 정치적 수준의 성격을 띠고 있다는 것을 의미하였다. 곧 그 인식은 국가 자주성 실현의 요체로서 인민민주주의 국가건설에 대한 북한 지도층의 독자적 이론체계의 확립이나 일제에 의해 구축된 식민주의 역사 · 문화인식을 철저히 극복한 국가적 차원에서의 주체적 인식체계의 확립을 바탕으로 한 것이 아니었다. 또한 이러한 가운데 당시 정치적 당면 과제 해결과 관련하여 크게 표면화되고 있지 않았지만 인민민주주의 국가건설의 방향 설정이나 이에 부합하는 역사 · 문화인식의 확립 문제를 둘러싸고 이들 지도층 내부에는 일정한 입장 차이가 존재하고 있었다. 물론 해방정국기 '민주기지' 노선 설정과 함께 지속적으로 김일성 중심의 민족해방운동사의 전통이 다듬어지고 있었고, 정부 수립기까지 역사인식의 합법칙성 · 주체성 문제의 중요성이 지속적으로 제기되고 있었다. 그것이 자주성 실현의 기본 주체와 동력을 '우리 민족'에서 구하는 '자력건설'의 인식 기반이기도 하였다. 그러나 '소련학습론'의 유행에서 잘 나타나듯이, 당시의 현실적 조건과 관련하여 이들은 그 주체적 인식 기반을 축적하고 토착화할 수 있는 여유를 갖기 어려웠다. 따라서 이 시기 이들의 자주성 인식에는 북한식 마르크스 · 레닌주의로서의 '주체노선'으로 나가는 여러 단서들이 내면화되어 있었지만, 그 인식체계가 확립되기까지에는 국가 자주성에 대한 새로운 인식 전환과 이론적 재검토, 우리 역사 · 문화에 대한 근원적인 재인식과 재구성 작업이 요구되지 않을 수 없었다.

그것이 본격화되는 것은 주지하듯이 소련의 권력구조 변동과도 맞물려 격렬한 사상투쟁 · 노선투쟁을 동반하며 전개된 6 · 25 전쟁 이후 국가 재건 과정을 통해서였다.

(출전: 『東方學志』 143, 연세대학교 국학연구원, 2008.)

8 · 15 이후의 친일파 집단

— 미군정 · 이승만정권하의 친일파 집단과 반민특위 —

1. 친일파 청산의 민족사적 의의

그동안 우리는 일제하 각 분야에서 활동한 대표적인 친일파들을 살펴보았습니다. 오늘은 그 마지막 순서로 해방 이후 왜 친일파들이 청산되지 않고 다시 등장하여 나아가 권력의 핵심으로까지 부상하게 되었는가 하는 문제를 살펴보는 시간입니다. 사실 이 점에 대해서는 지금까지 들었던 시간보다 더 많은 시간이 필요하지만, 마무리하는 자리인 만큼 오늘은 '미군정, 이승만 정권하의 친일파 집단과 반민특위'라는 주제로 해방 이후의 친일파 집단의 동향을 간략히 살펴보고 친일파문제의 현재적 의의를 총괄 정리하는 시간으로 삼도록 하겠습니다.

우선 해방 후 친일파 청산이 갖는 민족사적 의의가 어떠한 것인가를 간략히 정리할 필요가 있습니다. 1945년 8월 15일 일제의 항복은 전민족에게 해방의 무한한 감격과 환희를 안겨주었습니다. 그러나 이와 동시에 우리 민족 앞에는 조속히 자주독립국가를 건설해야 하는 과제가 놓여 있었습니다. 국가 건설의 과제는 크게 두 가지였습니다. 그 하나는 당시 최대의 경제 현안인 반봉건 토지개혁을 비롯하여 오랜 일제강점하에 형성된 식민지 관료체제와 황민문화 구조를 일소하는 것, 즉 제반 민주주의개혁을 단행하는 것이었고, 다른 하나는 이 민주주의 개혁의 추진주체로서 광범한 민족적 · 민주적 제세력을 결집해서 민족통일전선을 결성하고, 나아가 이에 입각한 통일민주정권 즉 임시정부를 수립하는 것이었습니다. 특히 해방이 미소의 분할점령으로 나타난 바와 같이 타율적 성격이 강했기 때문에 좌우 세력의 결집에 의한 민족통일전선의 결성은 자주독립과 민주주의 개혁을 위해 최우선으로 요구되는 절차였습니다.

친일파 청산문제는 이와 같은 시대적 과제 해결의 대전제가 되는 작업이었습니다. 그것은 친일파, 민족반역자 처단이 단순히 민족적 정기를 회복하고 신국가의 민족적 도덕성을 확립한다는 데 그치는 것이 아니라 일제하 정치, 경제, 문화 등 모든 분야에 걸쳐 구축된 식민지 수탈구조를 실질적으로 일소하고 새로운 국가건설을 가능케 하는 민주주의 개혁의 출발점이었기 때문입니다. 말하자면 친일파, 민족반역자는 우리가 흔히 얘기하는 것처럼 일제의 '잔재' 정도가 아니라 사실상 해방 후에도 여전히 '거대한' 세력으로서 잔존하고 있던 특권적 지배세력의 구심점이었습니다. 일제하에 형성된 방대한 관료구조, 친일파의 경제적 기반으로서 농민을 끝없이 수탈과 빈궁 속으로 몰아넣고 있는 봉건적인 지주제, 교육과 제반 문화 부문에 광범하게 형성되어 있는 친일세력 등을 청산하는 문제는 사실상 거대한 혁명적 과정이라고 볼 수 있었습니다.

요컨대 친일파 민족반역자 처단, 친일 세력의 청산은 민주주의 개혁, 임시정부 수립과 불가분의 관계에 있었었습니다. 친일파 청산문제의 중대성은 바로 여기에 놓여 있었습니다. 따라서 이 과제는 정치이념과 관계없이, 즉 좌우익 모두에 관계없이 제반 민족적이고 민주적인 입장을 취하는 정치세력이라면 민족통일전선 결성과 임시정부 수립의 최소한의 강령, 원칙이 되지 않을 수 없었습니다. 따라서 해방 후 친일파 청산 문제에 대한 각 정치세력의 입장 여하는 민주주의 개혁의 핵심인 토지 개혁 문제나 임시정부 수립의 요체인 민족통일전선 문제와 더불어 곧 그 정치세력의 민족적·민주적 성격을 가늠하는 試金石이었습니다.

그러나 이러한 민족사적 의의에도 불구하고 해방 후 친일파 청산은 실패했습니다. 그 결과 한국은 분단과 외세 속에 엄청난 대가를 치르게 되었습니다. 따라서 미군정기와 이승만 정권 성립기 남한에서 친일파 집단이 청산되지 않고 오히려 새로운 특권세력으로 전화해간 사정과 1948년 남한에서 처음이자 마지막으로 시도되었던 친일파 청산 작업인 반민족행위특별조사위원회 활동이 좌절된 과정을 살펴보는 것은 현대 한국사회의 형성과정, 분단구조와 그 이데올로기의 본질을 이해하는 데 중요한 역사적 주제가 된다고 하겠습니다. 더욱이 과거 일제의 한국 침략 문제가 새롭게 제기되고 있고, 일본의 군국주의 부활문제가 쟁점이 되고 있는 요즈음 한일관계와도 관련하여 이 주제가 갖는 현실적 의미는 적지 않다고 하겠습니다.

2. 미군정, 이승만정권 성립기 친일파 집단의 재등장

그러면 미군정과 이승만정권 성립기, 즉 1946년에서 1948년까지 친일파 집단이 어떻게 재등장했는가를 간단히 살펴보도록 하겠습니다. 해방 직후 대부분의 정치세력들은 좌우를 불문하고 자주독립국가 건설의 기본과제의 하나로 친일파 민족반역자의 처단과 그 재산의 몰수를 주장했습니다. 오로지 이에 대해서 침묵하고, 오히려 인재 등용이라든가 민족분열을 낳는다는 명분으로 친일파 처단에 반대한 것은 韓民黨

과 친일세력의 총수인 이승만뿐이었습니다.

한민당은 일제하 상층부에 속하는 지식층 · 부유층의 인물들, 즉 일제하 실력양성운동, 자치운동을 거쳐 1930년대 일제 '황민화운동'의 선봉대로 전락한 민족개량주의 계열의 일부 핵심인물, 특히 『동아일보』의 주도인물, 일제하 미국이나 일본 유학생 출신의 지식인들, 대지주 · 자본가들이 주체가 되어 결성한 보수 극우정당이었습니다. 따라서 한민당은 일부 적극적인 반일인사, 그리고 진보적인 민족주의자들이 일정하게 참여하고 있었음에도 불구하고 신국가 건설에 주도적인 역할을 할 수 있는 정치적 도덕성을 갖추지 못하고 있었습니다. 그래서 한민당은 당시 세간에 친일파 집단으로 간주되었고, 그것은 또한 일정 부분 사실이었습니다. 예컨대 한민당의 대표라고 할 수 있는 金性洙를 비롯하여 張德秀, 白寬洙, 咸尙勳, 兪億兼, 金東元, 白樂濬, 任永信 등 주요 간부들이 친일경력을 갖고 있었습니다. 이러한 해방 초기 친일파 집단의 동향은 이승만이 귀국한 후 이승만을 중심으로 재조직되었습니다. 주지하다시피 오로지 반공이데올로기만을 신봉하면서 신국가의 권력장악을 꿈꾸어 온 이승만은 국내 기반이 취약했기 때문에 한민당, 친일파 집단을 자신의 주요한 정치적 기반으로 삼았습니다. '뭉치면 살고 흩어지면 죽는다'는 저 유명한 구호가 잘 말해주듯이, 그는 민족분열을 야기한다는 명분으로 친일파 처단에 반대하고 친일파 문제는 정부수립 이후에 처리해도 늦지 않다고 주장하면서 친일세력을 비호하였습니다. 그의 주변에는 부와 권세를 유지하고 출세를 꿈꾸는 친일 정상배나 모리배들이 문전성시를 이루었습니다. 요컨대 한민당과 이승만의 정치적 목표는 오로지 좌익에 대항하여 한반도에 우익정권, 자본주의 국가를 세우는 것이었고, 친일세력은 그러한 정치적 목표를 실현하는 유력한 물질적, 조직적 기반이었습니다.

이와 같이 해방 후 친일파 집단이 민족의 자주적인 노력에 의해 처단되지 못하고 오히려 보수 극우세력의 유력한 정치적 기반으로 재등장하게 된 것은 일찍부터 자신의 정치적 입지와 특권을 유지할 수 있는 확고한 배경을 갖게 되었기 때문이었습니다. 그것은 잘 알려져 있듯이 미군정이었습니다. 미군정의 한반도정책에 대해서는 그동안 연구가 많이 되었고 요즘에 들어와서는 대중적으로도 많이 소개되고 있습니다만, 미국의 한반도정책의 대원칙은 소련을 견제하는 전진기지로서 궁극적으로 한반도에 친미반공정권을 수립하는 것이었습니다. 그 일환으로 미국은 이미 1943년부터 루스벨트 주도하에 한반도를 신탁통치방식으로 독립시켜 나간다는 기본 입장을 정리하고 있었습니다. 미군정의 점령정책은 모두 이러한 미국의 한반도정책을 수행한다는 원칙 위에서 수립되고 추진되었습니다.

이러한 입장에서 미군정은 한국인의 자주적인 정부수립운동, 예컨대 좌익세력이 주도한 조선인민공화국이나 중경임시정부 등의 존재를 모두 부정하고 한반도에서 유일한 권력은 미군정 뿐이라는 점령군의 입장을 분명히 하였습니다. 말하자면 미군정은 한국의 건전한 자주독립을 위한 제반 조치들, 일제통치기구나 친일세력 청산, 민주주의 개혁과 같은 문제에 대해서는 사실상 관심이 없었습니다. 그들은 오히려 점령지에 대한 효율적인 통치조직을 구축하고 미국의 입장을 충실히 대변할 수 있는 친미세력을 양성하는 문제에 주력하였습니다. 그래서 미군정은 처음부터 조선총독부 통치기구를 미군정 하에서 그대로 활용하고자 하였습니다. 그것은 미군이 상륙하기 일주일 전 하지 중장이 자신의 대리인 해리스 준장에게 내린 명령서의 다음과 같은 구절에서 단적으로 나타나 있습니다.

> 한국은 일본제국의 일부로서 우리의 적국이다. 따라서 항복조건에 복종하지 않으면 안된다. 그리고 적어도 초기의 한국 점령정책은 일본의 행정기관을 통해 실시할 필요가 있다. 이 기간중 우리는 일본측의 통치기구, 즉 조선총독부를 한국에서의 합법정부로 인정한다.

물론 이러한 미군정의 구상은 곧 미군정의 직접 실시로 바뀌게 되고 군정 관리도 점차 한국인으로 교체해 나가는 이른바 한국인화 정책을 시행하게 됩니다만, 진주 당시 미군정의 한반도정책의 입장은 결국 이러한 것이었죠. 그리고 그 입장은 기본적으로 관철되어 친일파 재등장의 조건을 만들어 나갔습니다. 즉 미군정은 군정 초기 일본인 관리들을 고문으로 유임시키고, 조선총독부의 한국인 관리와 경찰 등 이미 기구로 형성되어 있는 친일파 집단을 그대로 군정 통치기구로 흡수했습니다. 당시 일본에서 1946년 1월 4일 미군정과 연합군 총사령관 이름으로 관공리, 군인, 국회의원과 일제 파쇼체제를 지지한 교수 등 일제 군국주의 지도층 인사 총 21만 명에게 공직 추방령을 내린 사실과 비교해 볼 때, 남한에서의 미군정 정책은 엄청난 차이가 있습니다. 여기에서도 미국이 한국 점령정책을 통해 무엇을 추구하고 있는지 잘 드러나고 있다고 하겠지요.

미군정은 또한 점령 정책의 대변자, 실무책임자로서 한민당을 선택하여 한민당의 핵심인물들을 행정고문과 행정기구의 요직에 임명하였습니다. 1945년 10월에 미군정의 한국행정고문회가 구성되는데, 그 위원장에는 한민당 대표인 김성수가 취임하였고, 김성수 외 위원 10명 가운데 8명이 한민당 관계자였습니다. 나머지 2명은 呂運亨과 曺晩植인데 여운형은 친일파 집단과 같이 활동할 수 없다고 해서 취임을 거부했고, 조만식은 북쪽에 있었죠. 그리고 1946년 1월 한국인으로 군정관리를 교체할 때도 미군정은 경무부장에 趙炳玉, 수도경찰청장에 張澤相, 문교부장에 유억겸 등 주요 군정 통치기구의 책임자를 모두 한민당의 핵심인사로 구성하였고, 사법계 인사도 대법원장 金用茂, 사법부장 金炳魯, 검찰총장 李仁 등 모두 한민당 관계자로 채웠습니다. 더욱이 당시 '통역통치'라는 유행어가 생길 정도로 미군정의 정책결정에 때로는 큰 영향을 끼친 인물들이 이른바 통역관들인데, 이 통역관 가운데 다수가 한민당 관계자로서 미군정과 한민당을 결합하는 매개역할을 하고 있었습니다. 당시 하지의 통역관 역시 한민당 당원인 李起鵬과 임영신이었습니다.

이와 같이 미군정의 비호와 지원하에 그리고 한민당이 행정실권을 행사하는 가운데 이승만을 정치적 구심점으로 하는 극우세력과 친일파 집단은 각 분야에서 강력한 친미반공세력으로 재조직되었습니다. 그리고 이들은 좌우를 망라한 민족적인 세력들이 민족통일전선을 결성하여 통일정부를 수립하고자 한 각종 운동을 파괴하였고, 급기야 1946년 6월 초부터 본격적으로 제기되기 시작한 단독정부 수립노선을 추진하여 결국 이승만정권을 창출하는 핵심적인 기반이 되었습니다. 물론 우리가 여기에서 고려해야 할 점은 민족통일전선의 결성이나 통일정부 수립운동이 이들 극우세력이나 친일파 집단에 의해서만 어려움을 겪었다고 하는 것은 아닙니다. 그 당시 조선공산당을 중심으로 하는 좌익 주류 또한 사실상 민족통일전선을 결성해 나가는 데 그다지 열성적이지 못했고, 그런 점에서 역시 이승만을 중심으로 하는 극우 세력과 마찬가지로 극좌세력 역시 종파적인 측면을 보이고 있었다는 것을 염두에 두어야겠죠.

〈표 1〉 1946년 군정경찰 간부 중 친일경찰 비율

직 위	경찰 총수	총독부 경찰 출신	비율(%)
치안감	1	1	100
청 장	8	5	63
국 장	10	8	80
총 경	30	25	83
경 감	139	104	75
경 위	969	806	83
총 계	1,157	949	82

친일파 집단 가운데 이승만의 단정노선을 가장 충실하게 수행한 집단은 친일경찰이었습니다. 〈표 1〉에서 확인할 수 있는 바와 같이 1946년 미군정 경찰간부 중 치안감에서 경위 이상까지 총 1,157명 가운데 총독부 경찰 출신이 949명으로 전체 경찰의 82%를 차지하고 있습니다. 나머지 18%도 대부분 총독부 경찰과 일정한 관련이 있다는 것이 밝혀져 있죠. 이들 친일경찰의 충원은 물론 경무부장 조병옥과 수도경찰청장 장택상에 의해서 추진되었습니다.

특히 이들 친일경찰 가운데는 盧德述 같이 북한에서 월남한 친일경찰 간부도 다수 있었습니다. 서울시경 수사과장이었던 노덕술은, 김구 선생 암살과 관련해서 요즘 다시 신문지상에 오르고 있지만, 일제하 악명을 떨친 친일 경찰입니다. 해방될 당시 평양에서 평남 보안과장을 하고 있었지요. 북한은 해방과 함께 곧바로 친일파 숙청사업을 시작하였는데 노덕술은 그때 체포되었다가 탈출, 월남하여 장택상의 심복이 되었고, 각종 대공활동으로 이승만에게서도 큰 신임을 받았습니다.

수도경찰청장 장택상에 대해서도 잘 알려진 에피소드가 있죠. 그의 부친은 영남 칠곡의 갑부인 장승원이라는 사람인데, 구한말 중앙관료로서 영남 칠곡의 갑부인 장승원이라는 사람인데, 구한말 중앙관료로서 이후 의병장으로 이름을 떨친 허위라는 사람에게 벼슬 청탁을 했다고 하죠. 당시 돈으로 20만 냥쯤 되는 거금을 가지고 갔다고 하더군요. 허위는 돈을 받지 않고 나중에 나라가 망하게 되면 독립운동 자금으로 주라고 하면서 돌려보내는 대신 천거해주어 장승원은 관찰사까지 지냈습니다. 이후 허위는 의병활동을 하다 죽었고, 그 제자 중 광복군 총사령이 된 박상진이라는 사람이 자기 스승에게 들은 얘기가 있어 군자금을 얻기 위해서 부하들을 장승원에게 보냈다고 합니다. 그런데 장승원이 이들을 일경에 밀고했기 때문에 이들은 장승원을 사살해버렸습니다. 장택상에게 독립군은 부친의 원수인 셈이죠. 장택상이 경찰총장이 되고 난 뒤 주변에서 관리도 되었으니 이제 독립운동을 한 사람을 도와주어야 하지 않겠느냐 했더니 우리 부친을 죽인 사람들을 내가 왜 도와주느냐고 화를 냈다는 일화도 있습니다.

하여간 미군정기의 경찰은 일제 경찰의 특성을 그대로 이어받은 최대의 억압기구였습니다. 이들은 친일경력이라는 동일한 배경 때문에 강한 내부 응집력을 갖고 있었습니다. 동질성을 갖고 있다는 거죠. 그래서 당시 경찰간부 중에서 거의 유일하게 민족적 입장을 견지하다가 조병옥에 의해 쫓겨나고 결국 6 · 25 전쟁 때 이적죄로 처형당한 경무국 수사국장 崔能鎭 같은 사람은 당시 경무국을 '인민의 적'이라고 규정하기도 했습니다.

친일파가 중심이 되어 이승만 단정노선을 떠받친 다른 하나의 중요한 억압기구는 군부였습니다. 군부는 해방 직후에는 아직 체계를 잡지 못하고 있었기 때문에 경찰에 비해 숫자가 적고 역할도 크지 않았지만 이승만 정권이 확립되면서부터는 사실상 이승만정권을 떠받치는 핵심세력으로 부상하게 됩니다. 미군의 지원군이자 경찰예비대로서 출발한 군부는,

미군정의 정책적 배려에 의해 초기부터 일제하 반일무장투쟁을 수행했던 민족해방운동 세력이 아니라 오히려 일본군 출신들에 의해 장악되고 말았습니다. 좌익계의 국군준비대를 해산시킨 미군정은 군 간부 양성을 위해서 1945년 12월 군사영어학교를 설치하고, 뒤이어 1946년 5월 조선경비대훈련소를 설치했습니다. 그런데 여기에는 일본 육사나 만주군관학교 출신 일본군 장교나 일본군 하사관을 지낸 인물들이 대거 입교한 반면, 임시정부의 광복군 계열은 경비대를 친일파 집단, 미국 용병으로 규정하여 입교를 거부하였습니다. 그리하여 일제에 봉사한 일본군과 만주군 출신들은 미국식 군사교육을 받는 가운데 친미반공이데올로기로 무장한 미군정의 기간 장교로 재등장하였고, 나아가 이들은 이승만정권이 수립된 다음 한국군부의 수뇌부가 되었습니다.

〈표 2〉 조선경비대 시기 일본군 출신의 군 수뇌부

원용덕	만주군 군의병과	군영부교장, 경비대 총사령관, 8연대장
채병덕	일본육사 49기	1연대장, 통위부 병기부대 사령관
이형근	일본육사 56기	2연대장, 초대 경비대 총사령관, 경비사 교장
정일권	일본육사 55기	4연대장, 경비대 총참모총장

〈표 2〉는 1946년 조선경비대의 주요 간부만을 정리한 것인데, 모두 일본군 장교 출신으로 구성되어 있습니다. 경비대 총사령관, 8연대장을 지낸 원용덕은 만주군 군의병과 출신으로 줄곧 이승만의 총애를 받은 인물입니다. 이승만정권 시기 육군총참모총장을 지내는 채병덕은 일본육사 49기, 초대 경비대 총사령관, 경비사 교장을 지낸 이형근은 일본육사 56기, 그리고 이승만정권 하에서 참모총장, 박정희정권하에서 국무총리를 지낸 정일권은 일본육사 55기로 당시 경비대 총참모총장이었습니다. 물론 이들 외에 대다수의 군수뇌가 일본육

사나 만주군관 출신의 장교들로서, 특히 일본육사 56기를 전후한 인물들이 많았습니다.

이승만 정권의 주요한 권력기반의 하나가 된 한국군부 핵심의 역사적 형성과정은 이러한 것이었습니다. 특히 1948년 이승만정권 수립 후에는 미군철수 문제가 본격적으로 논의되자 이에 대한 대비책으로 군병력이 급격히 증대되었습니다. 그리고 이때에는 좌익의 항쟁, 민중의 항쟁이 무장투쟁으로 격화됨에 따라서 군부는 제일선에서 이승만정권을 유지하고 미국의 입장을 대변하는 핵심세력으로 부상하게 되었습니다. 또한 1948년 12월에는 아직까지 존재하고 있는 국가보안법이 제정되었습니다. 동시에 육군정보특별수사과(이후 특무대, 방첩내)가 설치되어 여기에 일제 헌병과 경찰 출신들이 대거 진출하여 이승만 권력을 유지하는 별동부대 역할을 하였습니다. 잘 알려진 바와 같이 그 유명한 金昌龍이 이 조직의 책임자로서 김구 암살 배후를 은폐하였고, 무소불위의 권력을 휘두르기도 하였죠.

이상에서 해방 이후 친일 지식인 · 정치가, 친일관료, 친일경찰과 군인 등 친일파 집단이 살아남게 되고, 오히려 권력의 핵심으로 재등장하게 된 역사적 과정을 간략히 살펴보았습니다. 미소냉전의 시작이라는 세계사적 모순이 한반도에 극명하게 드러나는 상황에서, 이와 관련하여 좌우대립이 극심하게 전개되는 상황에서 친일파 집단이 살아남을 수 있는 유일한 길, 그 논리는 지극히 간단한 것이었습니다. 그것은 친일반공으로부터 친미반공으로 변신하는 것이었습니다. 이 길만이 그들이 살 수 있는, 그리고 과거의 반민족적인 오점을 은폐할 수 있는 유일한 방법이었습니다.

3. 반민특위의 구성과 해체

이와 같이 미군정, 이승만정권의 핵심적인 권력기반에 친일파 집단이 대거 진출함에 따라서 이에 대한 민중의 불만과 친일파 청산에 대한 여타 정치세력의 요구도 거세어졌습니다. 남한에서 처음으로 친일파 청산에 관한 법률적 합의를 보았던 것은 1947년 7월 남조선과도입법위원회에서 통과된 '민족반역자, 부일협력자, 간상배에 대한 특별법안'이었습니다. 남조선과도입법의원은 미군정이 주도하여 조직한 것인데, 좌익 계열에서는 입법의원이 단독정부 수립을 위한 것이라고 하여 참여하지 않았지요. 이에 입법의원은 한민당과 이승만을 중심으로 하는 보수우익과 김구 계열의 우익세력, 김규식을 중심으로 하는 중도우파 세력 등으로 구성되었는데, 김구 · 김규식 계열과 이승만 한민당 계열 간의 정치적 대립이 심하였습니다.

'민족반역자 처벌에 관한 특별법안'은 주로 관선의원들인 김구 · 김규식 계열에 의해 제기되었고, 이 법안은 격론을 거쳐 통과되었습니다. 이 법안은 처음 제안한 것과는 달리 입법의원 내외의 친일세력들이 방해하는 가운데 크게 수정된 아주 불충분한 것이었습니다. 그럼에도 불구하고 미군정은 자신의 권력기반인 친일파 집단을 보호하기 위해 끝내 이 법안을 법령으로 공포하지 않았습니다. 분단이 확정되기 이전 친일파 처단을 위한 최초의 노력과 합의는 무산된 것이죠.

친일파, 민족반역자 청산문제가 다시 제기된 것은 정부수립 이후인 1948년 제헌국회에서였습니다. 이때는 분단이 확정된 상황이었기 때문에 통일정부 수립과 민주개혁을 단행하기 위한 전제로서의 친일파 청산의 의의는 이미 사라졌습니다. 그렇다고 하더라도 그동안 미루어왔던 친일파 청산은 한번은 이루어져야 할 문제였습니다. 당시 제헌 국회에는 비교적 민족주의적이고 진보적 입장을 취하는 김구의 한독당 계열과 중간파 계열의 소장파 의원들이 이승만 한민당 계열을 누르고 다수를 차지했기 때문에 이들은 친일파 문제를 다시 거론하기 시작했습니다. 특히 이승만 정권의 내각에 친일파들이 포함되어 있다는 것이 이 문제를 다시 제기하는 좋은 계기가 되었습니다. 예컨대 법제처장인 兪鎭午, 상공부 차관인 임문환, 교통장관인 민희식, 내무차관 장경근 등이 일제하 친일관료를 지냈거나 아니면 황민화운동에 참여한 경력이 있는 사람들이었습니다.

그리하여 소장파 의원들이 주도하는 가운데 반민족행위처벌법(반민법) 제정과 그 실행기구로서 반민족행위자특별조사위원회(반민특위) 구성이 추진되었습니다. 물론 반민법 제정과정에서도 이승만정권과 친일파들의 엄청난 방해와 압력이 있었지요. 이 방해공작은 심지어 이승만까지 직접 나서서 이루어졌습니다. 이승만은 "지금은 공산주의와 싸워야 할 때이며, 과거의 잘못으로 그런 유능한 인물들을 처벌할 수 없다. 친일파라도 과거를 회개하고 건국에 매진하면 애국자"라고 주장하면서 국회의 반민법 제정운동을 격렬히 비판하였습니다. 반민법을 주도하던 소장파 의원들도 이승만과 정면에서 맞서면서 압력에 대응하였죠.

반민법 제정에 대한 방해는 실로 집요하였습니다. 그 가운데 가장 대표적인 사례는 경찰 수뇌부들이 중심이 되어 계획한 반민특위 관련 국회의원과 간부들에 대한 암살음모였습니다. 그 주모자는 반민특위의 검거대상이었던 노덕술과 崔雲霞 등 경찰 수뇌부의 친일 경찰들로서, 그들은 반민특위 위원과 관련자 15명을 암살 대상자로 정하고 白民泰라는 테러리스트를 고용했는데, 1949년 1월 노덕술이 반민특위에 체포되자 백민태가 겁을 내어 자수하면서 그 내막이 드러났습니다. 또한 이승만정권의 하수인이나 친일파들은 반공집회를 열어 반민법을 '망민법'이라 비난하고 이를 주도하는 소장파 국회의원들을 공산당이라고 몰아붙이기도 하였습니다. 이승만의 충복으로 당시 『대한일보』 사장이었던 李種滎이 그러한 대표적인 인물입니다. 그는 일제하 만주를 무대로 활동한 밀정으로, 많은 독립 운동가들을 감옥에 보낸 악질 친일파였습니다. 결국 이종형 역시 반민특위에 의해 재판대에 오르게 됩니다만, 그는 재판정에서도 자신을 반공투사, 애국자라 강변하고 반민특위 위원들을 공산당으로 비난하여 재판관들을 경악케 하였습니다. 이는 반공이데올로기가 친일파 재등장과 어떠한 관련성을 갖고 있는가를 극명하게 보여주는 한 사례라 하겠습니다.

그러나 이러한 방해공작에도 불구하고 반민법은 통과되었고, 1948년 10월 반민특위가 조직되었습니다. 위원장에 金尙德, 부위원장에 金相敦이 선임되었는데, 김상덕은 한독당 계열로 일제하부터 민족운동에 참여한 경력이 있었지만, 김상돈은 일제 때 마포에서 지금의 통반장에 해당하는 총대를 했다고 해요. 이것이 친일행위로 지목되어 반민특위가 곤경에 처하기도 합니다. 김상돈이 부위원장이었다는 것은 아무튼 반민특위의 입장에서는 불행한 일이었죠. 반민특위 외에도 기타 친일파 검거와 재판을 위한 특별기구들이 구성되었습니다. 특별재판부(부장 김병로), 특별검찰부, 중앙사무국 등이 설치되었고, 친일파를 검거하기 위한 40명의 특경대도 조직되었습니다. 반민특위는 3개월간의 예비조사를 통해서 7,000여 명에 달하는 친일파 반민족행위자에 대한 일람표를 작성했다고 합니다. 이 자료를 포함하여 당시 반민특위가 조사한 자료는 뒤에서 말씀드리겠습니다만, 경찰들이 반민특위를 습격하면서 모두 탈취해갔기 때문에 현재 확인할 수 없는데, 7,000여 명이라면 각 분야에서 활동한 주요한 친일파들을 거의 망라하였을 것으로 생각됩니다. 이러한 준비작업 끝에 1949년 1월 8일 화신재벌 박홍식의 검거를 시작으로 남한에서는 처음으로 친일파 민족반역자에 대한 처단작업에 들어갔습니다. 1949년 8월 31일 반민특위가 해체되기까지 모두 305명을 체포하였는데, 그 주요 검거자만을 간략히 살펴보겠습니다.

우선 일제하 귀족 작위를 받은 朴重陽, 李豊漢, 李埈鎔 등과 친일파의 상징이라 할 수 있는 중추원 참의를 지낸 曺秉相, 方義錫, 金甲淳, 金季洙, 崔麟, 李聖根, 金泰錫 등이 체포되었지요. 박중양은 이토 히로부미(伊藤博文)의 수양아들로 중추원 참의 의장을 지낸 인물입니다. 자작 이지용은 대원군의 손자이자 고종의 5촌 조카입니다. 조병상은 일제 말기 '황민화정책'을 가속화하기 위해 조직한 경방난 단장이었고, 북선교통회사 사장 방의석과 공주 갑부 김갑순은 비행기를 헌납하였고, 『동아일보』 사주 김성수의 동생이자 경성방직 사장인 김연수는 만주국 경성 주재 명예 총영사를 지낸 친일파 기업인이었습니다. 이들 김씨 집안은 한국근현대사를 이해하는 데 특히 주목해야 할 대상이라고 생각합니다만, 어쨌든 김연수는 검찰 앞에서 자신의 죄과를 순순히 시인하고 속죄했다고 합니다. 그러나 재판에 회부된 김연수는 공판이 끝나자 그날로 석방되었고 반민특위 재판부는 그에 대해 재산 일부의 몰수와 공민권 정지라는 이례적인 판결을 내렸습니다. 흥미있는 것은 반민특위 활동에 대한 보도에 극히 인색하였던 『동아일보』는 이 때 호외까지 발행하여 김연수의 석방을 보도하였습니다. 일제하 3 · 1운동 33인의 한 사람으로 민족개량주의의 중추적 인물이었던 최린은 잘 알려져 있듯이 1930년대에 들어가면서 친일파의 영수로서 활동하게 되는데, 그는 병보석으로 석방되었습니다. 이성근과 김태석은 친일경찰 출신으로 중추원 참의까지 오른 자들로, 이성근은 3 · 1운동 당시 평북 고등과장을 지내며 악명을 떨쳤고, 그 공으로 충남 도지사를 지냈습니다.

반민법 해당자로서 가장 악질로 꼽힌 김태석은 姜宇奎 의사를 체포해서 유명해진 자로, 재판과정에서도 자신의 죄를 계속 부인하여 재판부와 검찰을 가장 애먹였다고 합니다. 무기형을 받았으나 6·25 직전 석방되었죠.

다음 '황민화운동'에 앞장섰던 지도층 인사, 지식인, 문인, 종교인들로서 崔南善, 李光洙, 李升雨, 金東煥, 李晟換, 鄭仁果, 梁柱三 등이 그들이었습니다. 거침없는 문필가로서 한국 근대사에서 가장 이름이 널리 알려져 있는 최남선과 이광수가 반민특위에 체포된 것은 한국근대사의 비극인 동시에 '민족정신'으로 치장된 그들의 패배적 민족주의, 민족개량주의의 귀결점이 어디였는가를 극명하게 보여준 하나의 교훈이었습니다. 최남선은 일제하 중추원 참의, 만주 건국대 교수를 지내며 일제의 총동원체제에 협력하였고, '민족개조론'을 통해 이미 1920년대부터 일제와의 타협논리를 공공연하게 주장한 바 있는 이광수는 가장 왕성한 활동을 보인 그야말로 독보적인 '황국신민'이었습니다. 체포된 최남선은 눈물로 속죄하고, 형무소에서 「自列書」라는 참회록을 쓰기도 했는데, 이에 반해 이광수는 계속 변명하며 자신의 친일행위를 합리화하기에 급급하여 재판부의 빈축을 사기도 했습니다. 이승우는 창씨 개명에 앞장섰던 유명한 친일 변호사였고, 시인인 김동환은 임전보국단을 만드는 산파역할을 하였고, 朴英熙 등과 함께 학병 권유에 광분한 대표적인 매국문인 중 한 사람이었습니다. 이성환은 천도교 계열의 농민지도자로 조선농민사운동을 주도한 인물인데, 이후 임전보국단 간부, 국민동원총진회 간부로 활동하며 일제에 적극 협력하였습니다. 그리고 정인과와 양주삼 등은 목사로서 역시 신사참배 등을 강요하며 '황민화운동'에 앞장선 인물들입니다.

경제계 인물로는 주로 비행기 헌납을 주도한 자들인데, 앞에서 언급한 김연수, 방의석, 김갑순 외에도 화신재벌 박흥식, 여러분이 이미 잘 아시는 문명기, 그리고 항공재벌 愼鏞頊 등이 체포되었습니다. 또한 총독부 경찰 출신으로는 앞에서 말한 이성근, 김태석 외에 노덕술, 金悳基, 李源甫, 河判洛, 崔燕 등이 검거되었습니다. 노덕술은 앞에서 잠깐 말씀드렸듯이 해방 후 경찰의 핵심으로 활동하였지만 여러 테러사건의 배후로 지목되어 일시 수사과장직을 내놓고 경찰의 보호하에 피해 다니다가 특경대에 체포됩니다. 체포 당시 4명의 경관이 그를 호위하고 있어 정치문제가 되기도 하였습니다. 한편 김덕기는 이성근의 직계 부하로서 일제하 1,000명이 넘는 독립운동가를 체포하여 악명을 떨친 자였습니다. 반민특위 재판정에 오른 인물 중 유일하게 사형선고를 받았으나 역시 6·25 직전에 감형되어 석방되었다고 합니다. 이 외 특별한 인물로는 이토 히로부미의 수양딸로, 1920, 1930년대 만주와 국내에서 밀정 노릇을 하였던 裵正子도 체포되어 재판정에 섰습니다.

이 외에도 여러 사람들이 있고 관련자료도 있으니까 직접 한번 찾아보세요. 그리고 반민특위의 검거선풍이 일자 친일파들 중에는 朴春琴과 같이 일본으로 도피하거나 악질경찰 출신인 田鳳德과 같이 헌병대에 들어가 군의 보호 아래 검거를 피한 자들도 있었습니다. 당시 군부내의 친일파에 대해서는 반민특위의 손이 미치지 못하였습니다.

그러나 반민특위 활동이 활발해지자 이에 대한 이승만정권의 각종 방해와 와해공작도 본격화하였습니다. 특히 이승만이 노덕술 체포를 계기로 반민법과 특위활동에 대한 비난과 중지협박을 강화하자 이승만과 반민특위간의 갈등도 심화됩니다. 또한 당시 경찰과 군 수뇌부가 대개 친일파 출신이었기 대문에 경찰, 군과 반민특위간의 대립도 심화되었습니다. 내무차관 장경근과 시경국장 金泰善, 군부의 핵심인 채병덕, 원용덕, 전봉덕 등이 모두 친일 경력을 가지고 있었습니다. 이러한 가운데 반민특위의 활동을 위축시키는 사건들이 연이어 터졌고, 이에 따라 정세도 크게 바뀌었습니다. 그 첫 번째가, 국회프락치사건입니다. 1949년 5월 17일 1차 국회프락치사건이 발표되었고, 이어 6월 21일에 2차 검거가 있었는데, 반민특위를 주도했던 소장파 의원들이 대거 간첩 혐의로 투옥됨으로써 특위 활동은 추진력을 상실하게 되었습니다.

두 번째는, 1949년 6월 6일에 일어난 경찰의 특경대 습격사건이었습니다. 반민특위 특경대가 노덕술에 이어 시경 사찰과장과 최운하까지 체포하자 경찰은 크게 반발하였고, 반민특위에 두 사람의 석방을 요구하며 압력을 가했습니다. 반민특위가 경찰의 요구를 거부하자 경찰은 김태선과 장경근의 지휘하에 특경대를 습격해서 특경대원 35명을 체포하고 관계서류를 압류하였습니다. 당시 특경대원 대부분이 중상을 입었다고 합니다. 아무튼 이 일 이후로 반민특위 활동이 더욱 위축되었습니다.

세 번째로, 이런 와중인 6월 26일 김구 암살사건이 일어났습니다. 김구 암살사건에 대해서는 아직까지 정확한 배후가 규명되지 않고 있습니다만, 최근 다시 한번 확인되고 있듯이 그 일반적인 정황과 배경은 거의 정리된 것으로 생각됩니다. 단지 확인되지 않은 점은, 아마 확인되기 어렵겠지만, 이승만의 관련성 여부와 미정보국의 개입 여부 등 두 가지 문제라고 볼 수 있겠죠. 특히 여기에서 우리가 염두에 둘 것은 당시 김구는 권력으로부터 완전히 소외되었지만 여전히 단독정부, 분단권력을 반대하고 남북통일을 주장하는 민족주의 세력의 정신적 지주였다는 사실입니다. 국회 내에서는 반민특위를 주도한 소장파 의원들 역시 그러하였습니다. 따라서 김구의 암살은 친일파 집단을 하나의 권력기반으로 하는 이승만정권의 반민족적 성격을 아주 함축적으로 폭로한 것이라고 볼 수 있고, 반면 이를 계기로 반민특위 활동은 더욱 어려워

져갔습니다.

이러한 급격한 정황을 반영하여 반민법이 개정됩니다. 원래 반민법 공소시한은 1950년 6월 20일까지인데, 이를 1949년 8월 30일로 단축하였습니다. 이에 따라 이승만 정권의 노골적인 방해와 탄압이라는 극히 어려운 조건 속에 진행된 친일파 청산작업은, 처음부터 그 제한성이 예상되었지만, 결국 龍頭蛇尾로 끝나고 말았습니다. 공소시효 만료까지 반민특위가 취급한 건수는 그들이 조사한 7,000명 가운데 10분의 1에 불과한 682건, 이 중 영장발부 408건에 체포 305건이었고, 특별검찰부에 송치된 559건 중 기소된 것은 221건이었습니다. 더욱이 기소된 것 가운데 재판이 종결된 것은 불과 40건이었고, 이 40건 중에서도 실형이 언도된 유죄 선고는 12건에 지나지 않았습니다. 대부분의 거물급 친일파들은 병보석이나 기소유예 또는 무죄 등으로 석방되었지요. 그리고 이들은 이승만 정권에 의해 면죄되었습니다.

4. 친일파 청산 좌절이 남긴 유산

이와 같이 남한에서 처음이자 마지막으로 진행된 친일파 청산은 좌절되고 말았습니다. 단순히 비교할 수는 없겠지만, 우리는 여기서 일제지배를 받은 기간의 10분의 1 정도밖에 나치의 지배를 받지 않았던 유럽 국가들의 독일잔재 청산을 위해 얼마나 심혈을 기울였는가 하는 점을 되새겨 보지 않을 수 없습니다. 프랑스에서는 나치협력자에게 사형 2,071건, 징역 39,900건을 선고하였고, 벨기에는 55,000건, 네덜란드는 5만 건 이상의 실형을 선고했습니다. 심지어 일본에서조차 앞서 말씀드린 바와 같이 21만 명의 공직자 추방을 단행하였음을 생각할 때, 친일파 청산 좌절은 많은 것을 생각하게 됩니다.

해방 후 자주독립국가 건설을 위한 선결적 과제였던 친일파 청산이 좌절되었던 것은 한국현대사에 여러가지 유산을 남겨주었습니다. 친일파 청산의 좌절은 민주개혁과 민족통일전선 결성의 좌절, 다름 아닌 자주적인 통일민주국가 수립의 좌절이자 동시에 분단과정 자체를 의미하기 때문입니다. 친일파는 미군정 · 이승만 단정노선의 계급적 기반이자 지식과 자금과 무력을 제공한 별동부대였습니다. 그들은 자신의 반민족적 본질을 친미반공이데올로기로 치장하면서 오히려 그것을 애국의 논리로 강변함으로써 분단체제를 고착화하는 데 결정적인 역할을 수행하였고, 그 분단체제를 고착화하는 데 결정적인 역할을 수행하였고, 그 분단체제 속에서 일제하보다도 오히려 한 단계 더 높은 차원의 지배세력으로 자신을 성장시켰습니다. 그들은 정치 · 경제 · 문화 각 방면의 지도층으로서, 권력엘리트로서 그리고 경찰과 군부의 핵심으로 재조직되었고, 한국사회의 방향을 주도해왔습니다.

친일파 집단은 분단 40년 동안 반민주적이고 반민중적인 파쇼체제를 끊임없이 재생산했고, 근대화론에 입각해서 종속적인 자본주의 발전을 주도해왔습니다. 그리고 반공이데올로기만을 유일한 가치기준으로 삼으면서 민족의 분열을 조장하고 민족의 평화적 통일을 거부하는 반통일세력의 역사적 母斑이었습니다. 국제사회가 급격히 변동하고 통일문제가 현실적인 과제로 등장하는 지금, 더욱이 다시 일본의 군사대국화, 군국주의 부활이 현실화되고 있는 지금, 친일파 문제는 단지 지나간 과거가 아니라 바로 오늘 우리의 민족적 진로를 정하는데 뼈아픈 교훈을 주는 오늘의 문제일 것입니다. 감사합니다.

■ 질의 응답

질 : 요즘 학생들이 일방적으로 반미를 주장하고 있는 문제에 대해서도 그렇다고 생각하는데, 해방 후 미군정하에서 미국은 우리 의사가 어떠하든 자신의 입장에서 한국문제를 처리했을 것이라고 봅니다. 우리가 친일파 청산을 아무리 주장해도 미국이 친일파를 기용한다면 그렇게 될 수밖에 없는 상황이었습니다. 따라서 친일파 청산을 당위로서만 말하기 어렵지 않을까요? 또 그것을 가지고 지금에 와서 미국을 무조건 비판하는 것은 큰 의미가 없는 것 아닐까요?

답 : 당시의 정황은 그렇게 될 수밖에 없는데 너무 미국을 비판하는 것이 아니냐 하는 질문인데, 제가 말씀드리는 것은 왜 그런 일이 일어나게 되었는가 하는 그 당시의 역사 상황, 미국과 미군정이 추구하는 정책과 논리를 냉정하게 되짚자는 것이죠. 그것을 이해해야 왜 친일파가 청산되지 못했는가를 알 수 있다는 겁니다. 우리는 분단체제에서 살고 있고 통일이라는 문제를 눈앞에 두고 있는데, 이렇게 되기까지에는 엄혹한 역사의 진행과정이 있었던 만큼 과거의 문제들, 역사적 경험들을 냉정하게 되짚어보고 확인하자는 것이죠. 그것이 중요한 것이지 과거에 그랬으니까 지금은 무조건 반일, 반미해야 한다는 얘기는 아닙니다. 우리가 그런 과거의 유산위에서 현재 어떤 식으로 미국과 일본을 생각하고 현재 한국이 당면한 문제를 어떤 방식으로 대처할 것이냐 하는 것은 다양하게 논의되어야 할 부분이죠. 그러나 그 이전에 선생님이 덮어두고 넘어가자고 하는 측면에 대해서 역사적으로 엄격하게 한번 확인할 필요가 있다는 겁니다. 그 당시 미군정은 심지어 교전 당사국인 일

본에서도 민주적인 개혁을 추구했는데 왜 한국에서는 그렇게 안했을까? 그들은 도대체 무엇을 추구하고 있었을까? 이런 점들을 확인하고, 당시 그 시점에서 민족운동세력이나 친일세력이 어떻게 이에 대처하고 있었는가 하는 역사적인 사실들을 확인하는 것이 중요하다고 생각합니다. 여기에서 현실의 삶의 지혜도 발견할 수 있다고 생각합니다.

질 : 북한에서의 친일파 처리와 남한에서의 그것과는 어떤 차이가 있습니까? 예를 들면 남한은 국회에서 특별법을 만들었는데, 북한에서는 어떤 기준, 어떤 절차를 거쳐서 어느 정도 친일파를 청산했습니까?

답 : 북한에서의 친일파 숙청과정에 대해서는 시원한 답변을 못 드릴 것 같은데, 북한에서는 이미 해방 직후부터 인민위원회식의 자치조직들이 자체적으로 친일파 처단을 추진한 것으로 알고 있습니다. 그래서 국회를 통해 법을 만들고 법적 절차를 거쳐서 친일파를 정리한 것이 아니라 그러한 자치조직을 통해서 1945년 말부터 1946년 초까지 일거에 친일파를 정리했던 것으로 보입니다. 그 친일파 기준이라고 하는 것은 첫 번째 강의에서 대충 이야기된 것으로 아는데, 이에 대해서는 서중석 선생님께서 대신 답변해주시겠습니까?

서중석 : 지금 말씀한 내용과 별 차이가 없겠습니다만, 문제의 핵심은 정부가 수립된 이후에 법을 만들어서 친일파를 처단하는 것이 친일파 처단에 효율적이냐 아니냐 하는 데 있을 것입니다. 말하자면

해방 직후 민족적 희망, 이제야말로 보람찬 민주국가를 건설하자 하는 양양한 민족 전도에 대한 희망을 품고 그러기 위해서는 어떻게든 친일파를 처단해야 한다는 민족혁명적 열기에 들떠 있을 때에, 친일파가 처단되었더라면 그 다음에 친일파문제는 그렇게 심각한 문제가 아닐 수 있습니다. 여기서 처단이라는 말은 꼭 죽인다거나 전부 감옥으로 보낸다는 의미는 아닐 겁니다.

그런데 미군정 3년 동안 친일파가 모든 요직에 등용된 다음에 그런 정권체제의 변동이 없이 이승만정권의 틀 속에서 친일파를 처단하겠다 하고 반민법을 만들었습니다. 반민법을 만든 것 자체는 민족주의자들이 앞장서서 민족정기를 세우려 한 것으로 볼 수 있습니다. 그러나 그 시점에서는 친일파들의 힘이 너무 세졌다는 겁니다. 해방 직후에 처단했으면 몇 사람의 중요한 친일파만 처단하고 나머지는 공민권을 제한한다든가 교육을 시킨다든가 하는 정도에서 해결될 수 있었을 문제였는데, 정부가 수립된 다음에 해결하려고 하니까 그때는 이미 일제 때와 마찬가지로 친일파가 모든 중요한 지위를 다 차지해버렸단 말이에요. 그러니까 발표자께서 말씀하신 것처럼 반민특위가 오히려 역습당하고 말았던 것입니다.

지금 친일파에 관한 자료를 찾기 어려운 것은 반민특위에서 빼앗긴 서류들이 전부 불태워진 데도 그 원인이 있습니다. 친일파를 잡아가두려고 한 반민특위가 친일파에게 역습당해서 체포를 당하고 서류가 불살라지는 상황이 벌어졌고, 그러다보니 이승만정권 10년에 일파중심의 부정부패가 만연하고, 1960년대에 또 그러한 정권이 생겨났는데, 이는 결국 친일파를 해방 직후에 제대로 처리하지 못했기 때문에 생긴 문제라고 봅니다.

여기에 비해 북한은 해방 직후에 인민위원회 또는 정치인민위원회를 중심으로 해서 거의 자발적으로 일제잔재가 처리된 것으로 알고 있습니다. 예컨대 미군정에서는 중요 경찰 책임자를 전부 친일파로 임용하고, 또 미군정기구인 군정청이라든가 경성부청이라든가 인천부청 등, 지금으로 말하자면 행정 각 부에 친일파를 불러서 그대로 썼던 반면에, 북한에서는 이들을 전부 몰아냈습니다. 과거에 관료직에 있었던 자들은 일단 기술 면이라든가 특별한 분야에 필요하다고 생각되는 자를 제외하고는 전부 쫓아냈던 것입니다. 그리고 악질적인 친일행위를 한 자들, 예컨대 경찰에서 특별히 민중을 탄압하고 많은 사람을 정신대, 종군위안부로 끌고간 자들에 대해서는 엄혹하게 다루기도 했습니다 그러다보니까 이런 자들의 상당수가 남한으로 내려와서 남한의 친일파를 강화하죠. 예컨대 김창룡 같은 자들이 남한으로 내려온 것도 친일행위로 북한에서 잡혀서 상당히 고생을 했기 때문이 아닙니까? 경찰만 하더라도 1945년 12월 말에 주요 경찰서장 중 상당수가 북에서 내려온 경찰 출신이었습니다.

북한의 친일파 처단은 어떻게 보면 이렇게 자연스럽게 이루어졌습니다. 꼭 칭찬하자는 것이 아니라 옛날부터 북한에서 한 짓에는 문제도 많지만 친일파 처단 하나만큼은 잘한 일이라는 얘기를 많이 들었는데, 그런 선상에서 말씀드리는 겁니다.

다시 한번 정리하면, 북한에서는 인민위원회, 보안대 등 각종 정치활동, 사회활동을 통해 친일파를 전부 배제하고 자숙토록 했던 겁니다. 특히 악질 친일파에게는 상당한 제재를 가했습니다. 그 중에서 악질적인 자일수록 남한으로 내려와서 미군정기에 이승만 권력의 핵심부분이 되었다가, 이승만정권이 수립된 뒤에는 그 정권의 전위역할을 하는 친일파부대로 형성되었다고 할 수 있습니다.

질 : 한민당원으로 미군정 사법부장을 지낸 김병로씨가 반민특위에서도 재판부장을 맡았는데 그것은 모순되지 않는지요? 김병로는 청렴한 사람으로 아는데 그도 친일행적이 있는지, 또 조병옥도 친일을 했는지에 대해서 말씀해주십시오.

답 : 말씀하신 것처럼 김병로는 일제하 민족적인 입장에서 활동한 변호사로 친일한 사람은 아닙니다. 조병옥도 친일활동을 한 일은 없는 것으로 알고 있습니다. 이들은 모두 신간회 활동에 적극 참여하기도 하였죠. 문제는 한민당의 핵심인물인 이들이 민족 진로에 대한 입장과 그 정치적 소속에서 극우보수적이었고, 구조적으로 친일파 집단과 결합해 있었다는 데 있습니다. 물론 앞서 지적했지만 한민당 내부에도 적극적으로 일제에 저항한 민족적 인사나 진보적인 입장을 취하면서 좌익에 대해서도 유연한 입장을 취한 인물들이 적지 않았습니다. 그러나 이러한 인물들을 한민당 내에서 주도권을 갖지 못했고, 결국 그러한 입장 차이 때문에 1946년 10월에 있었던 좌우합작 7원칙문제를 계기로 한민당과 결별하게 됩니다. 1947년 이후의 한민당은 명실공히 극우보수세력으로 순화되지요. 김병로의 경우는 비교적 비타협적 민족주의적 입장을 견지하였지만, 반면에 조병옥은 철저히 반공적인 입장에서 좌우합작, 민족통일보다는 우익의 헤게모니 장악을 위한 정치투쟁, 즉 우익 단독정권 수립에 골몰하였습니다. 이를 위해 그는 경찰권을 장악한 미군정 관료로서 친일파 집단을 보호하고 그들을 권력의 핵심기반으로 재결집시키면서 한민당의 입장을 미군정 정책에 반영하였습니다. 반민특위 해체과정이나 재판과정에서 단적으로 드러나듯이 그것은 이승만정권이 성립된 뒤에도 기본적으로 마찬가지였습니다. 이

러한 점에서 친일경력 유무와 관계없이 특히 조병옥의 경우는 명백히 친일파 영수 중의 한 사람이었지요.

질 : '민족통일전선'이라는 용어를 많이 쓰셨는데, 이 용어를 어떻게 이해해야 할지, 여기에 참여하는 정치세력의 범주를 어디까지로 해야하는지 좀 구체적으로 설명해주셨으면 합니다. 그리고 해방 후, 1950년대 전후 상황에서 반공이데올로기가 대중 속에 얼마나 설득력을 가지고 파고들었는지, 1949년 이후 주권에서 많은 대중이 배제되었는데 지금은 어떠한지, 그리고 현 남북한사회가 모두 대중이 주권을 가진 사회가 아니라면 그 사회는 어떻게 가능한지에 대해서도 말씀해주시기 바랍니다.

답 : 민족통일전선이라는 말은 어떤 시각에서 이해하느냐에 따라 상당한 차이가 있을 수 있습니다만, 제가 말씀드리는 민족통일전선을 포괄적인 의미에서 이해해주시면 좋겠습니다. 그러니까 해방 후의 우리 상황과 조건은 어느 일파가 일방적인 주도권을 잡을 수 있는 상황이 아니었고, 임시정부를 수립하기 위해서는 반드시 좌우합작이 이루어져야 하는 상황이었습니다. 따라서 제가 말하는 민족통일전선은 일제하 민족해방을 위해 노력한 민족적인 제세력이 이제 정부수립을 위해 결합해야 한다는 의미에서의 민족통일전선입니다. 물론 여기에는 일정한 원칙이 있었다고 생각합니다. 그것은 서두에 말씀드린 바와 같이 당시 해결해야 된 제반 민족적 과제에 대한 일정한 합의가 전제되어야 하겠지요. '무조건 통일하자'는 이승만의 주장은 그러한 원칙과 합의를 거부하는 논리였습니다. 물론 좌우의 이해관계와 입장이 크게 다르고 그러한 좌우합작에 의한

정권수립이 가능했겠느냐에 대해서는 의문도 가져볼 수 있는데, 물론 그런 정권이 만들어진 이후에는 좌우갈등이 본격적으로 문제가 되겠죠. 그러나 당시 상황에서 그것은 중요한 문제였다고 보지 않아요. 당시는 일단 민족적인 제세력이 결집해서 정리할 것은 단계적으로 정리해야 하는 시기였다고 봅니다. 따라서 민족통일전선 결성을 위한 최소한의 원칙을 거부하고 방해하는 세력들은 반민족적인 세력이라 볼 수 있고, 또한 그렇게 해야할 세력이 이를 제대로 수행하지 못했다면 마땅히 비판받아야 할 것입니다.

조금 더 세부적으로 들어가면, 민족통일전선은 상층부 민족통일전선과 하층부 민족통일전선으로 구분해볼 수 있는데, 우리가 위에서 말한 좌우합작, 잠정적인 정권창출을 위한 정치지도자들의 결합은 대개 상층부 통일전선을 뜻하는 것입니다. 그러나 대중의 의사가 정치가들에게 전달되고 그러한 것이 상호 교류되는 민주정치의 기본을 위해서는 바로 대중 내부의 결집이 필요한 것이죠. 그 대중의 결집과정도 역시 통일전선의 일환이라고 볼 수 있는데, 해방 이후에는 그것이 충분하게 이루어지지 못했다고 봐야겠죠. 그 당시 좌익들이 주도하여 — 꼭 좌익들이 주도한 것은 아닙니다만 — 각 지역에 인민위원회, 자치위원회가 만들어졌는데, 그런 위원회에 통일전선적인 의미를 부여할 수 있는 내용이 있기도 하지만 충분했다고는 할 수 없습니다. 그러니까 양자가 결합되어야 하는 과정이 상하층부의 결합에 필요한 것인데, 아까 질문하신 대중의 의사가 어떻게 발현될 수 있는가 하는 점에서는, 결합이 안되면 반영이 안된다고 할 수 있겠죠. 아무리 민족적이라 하더라도 몇몇 정치지도자들이 모든 정권을 담당하여서는 곤란하겠죠.

두 번째 질문에 대해서는, 물론 6 · 25가 일어나기 전까지 민중의 일반적인 정서는 6·25 이후와 같이 반공이데올로기가 일방적으로 강요될 수 있는 상황이 아니었습니다. 오히려 민중은 친일파가 활개치며 부와 특권을 유지하고 있는 데 대해, 그리고 이를 비호하는 정치세력에 대해 대부분 반감을 가지고 있었습니다. 그것은 특히 해방 후 민중의 생활이 일제하에 비해 거의 나아진 것이 없었고, 오히려 더 곤궁해지고 있었다는 점과도 밀접한 관련이 있었었습니다만, 그러한 가운데 민중은 좌익정치세력과도 연결되면서 항쟁하고 있었어요. 그러나 정치적으로 본다면, 대중의 수용 여부와 관계없이, 이미 좌익이 불법화된 1947년 후반 이후부터 공공연하게 반공이데올로기가 강요되기 시작했습니다. 당시 이승만의 공개적인 정적이라고 한다면 통일운동을 전개한 중간파와 김구 계열의 우파 정도였는데, 이승만과 보수우익세력들은 이들을 공산당, 빨갱이로 몰아붙이고 있었으니까요. 반공 이데올로기가 사실상 대중의 정서에까지 일반화된 것은 아무래도 6·25 전쟁을 계기로 해서였다고 봅니다. 동족상잔의 비극은 우리 민족 모두에게 쉽게 지울 수 없는 상처와 함께 맹목적인 이데올로기 대립을 가능하게 했습니다. 남북한의 권력 또한 끊임없이 그것을 조장해왔습니다.

마지막 문제는 현재 남북한 정권이 대중의 의사가 반영된 정권인가 하는 것인데, 그렇게 보기 어렵겠죠. 민주정치의 기본이 대중의 의사가 민주적으로 반영되는 것이라는 사실은 새삼 얘기할 필요도 없죠. 앞으로 그러한 정권을 어떻게 만들 수 있는가 하는 문제에 대해서는 저의 짧은 식견으로는 말씀드리기 어렵지만, 여러 가지 논의가 있을 수 있다고 봅니다. 남한에 대해서만 말씀드린다면 현재 가장 중요한 정치적 과제는 민주정부를 수립하는 데 있다고 봅니다. 그러기 위해서는 대중의 민주적 결집이 요구되고 또한 민주 운동을 하는 사람들도 의견의 차이를 극복해야 하겠죠.

질 : 남북한 농지개혁의 전개과정을 비교해주시지요.

답 : 그 문제는 서중석 선생님의 전공분야이니까 또 서 선생님께 답변을 부탁드려야 하겠습니다.

서중석 : 농지개혁에 관해서는 개략만 말씀드리겠습니다. 북한에서는 1946년 3월 5일에 발표된 '토지개혁령'에 의해서 3월 중순부터 시행된 토지개혁이 한 달이라는 대단히 짧은 기간 내에 이루어졌습니다. 이건 제가 알고 있기로 세계 신기록입니다. 왜냐하면 소련도 토지개혁 내지 토지재배분을 하는 데 여러 차례의 혁명을 겪었고 그런 과정에서 농민계급과 지주계급 사이에 굉장히 많은 갈등이 있었습니다. 중국의 경우에도 완전히 사회주의화된 이후에야 토지개혁이 본격적으로 실시되었는데 그것도 1년 내지 2년이라는 긴 시간이 소요되었습니다. 월남의 경우에는 제2차 세계대전 이후 프랑스군이 쫓겨난 다음에 토지개혁이 실시됩니다. 그래서 1954, 1955, 1956년에 토지개혁이 실시되는데, 역시 토지개혁이 대단히 어렵게 진행되었습니다. 지주들이 크게 반발하고 반항해서 북한에서처럼 완전하게 하지 못하고 부분적으로만 하다가 나중에 다시 하는 형태를 밟았지요.

그러면 어떻게 북한에서 세계 역사상 그렇게 어렵다는 토지개혁을 한 달이라는 짧은 시간 내에 해낼 수 있었는가? 이것에 대해서는 서너 가지 이유를 댈 수 있습니다.

우선 우리나라는 해방 직후부터 친일파 청산과 토지개혁이 민주국가 건설을 위한 최대의 과제로서 지주들까지도 토지개혁을 해야 한다는 데 대해서는 누구도 반대할 수 없는 민족적, 당위적인 명령이었습니다. 심지어 한민당도 1945년 말까지는 토지개혁에 대해서 상당히 적극적인 주장을 했고, 1946년에 가서도 유상으로 해야 한다는 정도였지 토지개혁 자체를 반대하지는 못했습니다. 당시 한국인의 대다수를 차지하는 농민의 문제를 토지개혁을 통해 해결하지 않고는 민주국가를 건설할 수 없다는 것이 남북한 누구에게나 인정되었던 첫 번째 요건이었습니다.

두 번째 이유는 북한에 소련군이 진주해 있었고 또 인민위원회가 활동하고 있었다는 점입니다.

세 번째 이유는 친일파들이 북한에서 숙청이 되니까 남한으로 내려왔듯이 대표적 지주들이 토지개혁이 실시되기 이전부터 남한으로 내려와버렸어요. 그래서 북한에서 5정보 이상을 가진 사람들의 상당수가 토지개혁을 실시하기 이전에 남한으로 내려와버렸고, 실시과정에서도 소수만이 저항했을 뿐입니다. 이것이 북한의 토지개혁을 용이하게 한 또 하나의 중요한 요인이었습니다.

그리고 네 번째로 이것은 그리 중요한 요인은 아닙니다만, 북한은 남한보다 농토가 적고, 논보다 밭이 많습니다. 그래서 남한처럼 지주제가 전형적으로 발전하지 못했습니다.

그러면 반대로 남한의 토지개혁은 왜 그렇게 어렵게 되었느냐? 이것은 첫째로 남한에 진주한 미군의 영향력 때문입니다. 사실 맥아더 사령부는 이승만정부보다도 더 토지개혁의 필요성을 느꼈습니다. 농민들의 마음을 사는 것이 공산주의에 대한 최대의 방파제라고 생각했던 거죠. 그래서 미군정측에서 토지개혁을 권고하기도

했습니다. 그렇지만 1946년 초까지도 인민위원회가 대단히 강했기 때문에 그 속에서 토지개혁을 실시한다는 것이 대단히 위험했고, 미군정이 친일지주들을 기반으로 하지 않을 수 없었던 요인 등이 복합적으로 작용해서 미군정은 토지개혁의 당위성은 인정했지만 그것을 실시하는 것은 계속 늦추려고만 했습니다.

두 번째 이유로 북한에서 내려온 지주들과 남한의 지주들이 앞장서서 반대했기 때문입니다. 남한이든 북한이든 반공투사들, 친일파 지주들이 남한에서의 개혁을 반대하는 입장에 서게 된 것이죠.

그러나 토지개혁의 필요성은 아까 말씀드린 것처럼 남한에서도 어느 정치세력도 부인하지 못했습니다. 다만 어떤 방식으로 토지개혁을 할 것인가에 대해서만 계속 의견이 달랐는데 지금은 1946년에는 어떤 방식으로 하려고 했고, 1947년에는 어떻게 하려고 했다 하는 것을 말씀드릴 필요는 없을 것 같습니다. 다만 아까 말씀드린 것과 관련해서 간단히 살펴보겠습니다.

1948년 이승만정권이 수립되었을 때 이제는 그때까지 미루어졌던 친일파 청산과 토지개혁이 당면과제로 나타났습니다. 그 때문에 친일파를 비호해오던 이승만정권하에서도 반민특위라는 것이 만들어졌던 것 아닙니까? 마찬가지로 토지개혁도 1948년 봄부터 입안되기 시작합니다. 그것도 대단히 빠른 속도로 이루어져서 1949년에 이미 토지개혁법은 성안이 되었죠. 당시 남한의 농림부장관이 조봉암 아닙니까? 조봉암은 나중에 토지개혁을 반대했지만 처음에는 상당히 열심히 했습니다. 아까 남한에서 토지개혁이 실패했다고 말씀하셨는데 그것은 꼭 맞는 말은 아닙니다. 첫 번째 남한의 국회에서 통과된 토지개혁 — 그때는 농지개혁이라고 바꾸었습니다만 — 은 상당히 진보적입니다. 무슨 말이냐 하면 토지를 분배받는 농민들은 1년 생산가의 125%를 분할 납부하면 됩니다. 거기에 비해서 지주들은 150%의 토지가를 유상으로 받게 되어 있습니다. 반면에 북한에서는 25%의 토지세를 5년만 내면 됩니다. 그런데 토지개혁령이 두어 달 지나면 바뀝니다. 왜냐하면 첫 번째로 토지개혁을 주장한 핵심세력이 역시 반민법을 주도한 핵심세력과 동일한 사람들이었습니다. 김약수를 중심으로 한 민족주의 중도파 세력들이었던 겁니다. 이 세력이 5월에 제 1차 국회프락치사건으로 잡혀갑니다. 그러면서 정부에서도 토지개혁법을 다시 심의하게 합니다. 125%와 150% 사이의 25%를 정부가 부담할 수 없다, 그러니까 똑같이 150%로 해야 한다고 주장했는데, 그 다음에 2차 국회프락치사건으로 중도세력이 또 검거되는 가운데 최종적으로 남한 국회에서 통과된 농지개혁법은 150%를 농민들이 부담하는 것으로 확정되었습니다. 이 법은 6 · 25 직전에 실행되도록 되어 있었는데 6 · 25가 일어나게 됩니다. 그래서 남한의 토지개혁을 실시한 것은 남한정권이 아니라 북한정권이었습니다.

북한이 내려와서 첫 번째로 실시한 것은 남한에 인민위원회를 다시 만드는 것이었고 그 다음엔 토지개혁을 실시하는 것이었습니다. 토지개혁이 구체적으로 어떻게 실시되었고 문제가 무엇이었는지에 대해서는 여기서 생략하기로 하겠습니다. 그런데 북한이 두어 달 뒤에 다시 쫓겨나게 되지 않았습니까? 그래서 그 이후에 토지개혁을 다시 구체화시켜서 1956, 1957년경에 일단 완료했습니다. 이때의 토지개혁은 해방 직후 토지개혁 대상이 되었던 토지의 60%를 약간 상회하는 정도에서 이루어집니다. 이미 지주들이 대부분의 소작지를 방매했다는 겁니다. 방매에는 강제 방매가 있고, 그렇지 않은 방매가 있는데 강제적인 것은 좀 불리합니다만, 지주들이 무서워서 팔아버리는 것은 사실 농민들에게는 유리한 것입니다. 그리고 일부 대지주들은 권력과 결탁해서 다른 사람 명의로 변경하여 신고하는 식으로 토지를 감추었기 때문에 토지개혁 대상에서 제외되었습니다.

그러나 남한의 토지개혁도 150%를 농민들이 부담하였으므로 그렇게 과중한 것은 절대로 아니었습니다. 그래서 실제로 토지개혁이 실행된 것을 남한의 농민들도 환영했던 겁니다.

그런데 남한 농민들이 그렇게 몰락하게 된 것은 농지개혁 때문만은 아니었습니다. 농지개혁으로 몰락한 것은 우선 중소지주들이었어요. 이들은 오지를 주고 채권을 받았는데 이것이 전시하의 인플레, 1950년대 후반의 인플레로 인해 휴지가 되어버렸거든요. 결국 중소지주들은 토지판매 대금을 산업자본으로 전화시키지 못한 채 몰락해버리고 일부 특권층만 정부로부터 융자를 받아 산업자본으로 전화할 수 있었어요.

농민들이 몰락한 이유를 서너 가지로 들 수 있습니다. 정부는 6 · 25 전쟁과 그 뒤 전시경제를 메워 나가기 위해서 농민들에게 상당히 높은 세율의 소득세를 부담시켰습니다. 이때는 이승만정권이 독재권력이었기 때문에 소득세가 아주 많았고, 각종 잡부금과 물세 때문에 농민이 상당히 시달렸습니다. 그런데 그것보다 더 큰 원인은, 미국이 1950년대 중반부터 잉여생산물을 한국에 무상으로 원조하거나 유상으로 주었던 데 있습니다. 엄청난 양의 밀과 옥수수, 콩, 면화, 쌀 등이 쏟아져 들어오니 남한의 곡식 가격이 폭락할 수밖에 없죠. 이 때문에 농민경제는 큰 타격을 받았습니다. 밀생산 전멸, 면화생산 전멸, 농 · 공업간의 관련 단절 등으로 남한경제의 파괴현상이 연달아 일어납니다. 그리고 농민경제가 타격을 받은 또 하나의 중요한 이유는 현격한 협상가격차 때문입니다. 이것은 어느 나라에서나 볼 수 있는 현상이지만, 특히 남한에서는 매판자본가들이 공산품을 독점가격으로 팔았기 때문에 공산품의 가격상승을 농산물 가격이 따라가지 못했습니다. 비료라든가 농기구의 가격이 너무 비쌌거든요. 그러다보니까 이농현상이 나타났습니다.

요컨대 제가 말씀드리고 싶은 것은, 남한의 토지개혁정책은 꼭 부정적이지만은 않았지만, 1950년대 남한의 정치경제적 상황이 농민들을 파멸상태로 몰고갔다는 점입니다.

질 : 친일파 청산문제가 제대로 이해되려면 국사교과서가 새로 쓰여져야 하고 이에 대한 재교육이 이루어져야 하지 않을까 생각하는데, 선생님 의견은 어떻습니까?

답 : 매우 중요한 문제라고 생각합니다. 현재 국사교과서에서 특히 현대사에 대한 내용이 제대로 서술되어 있는가, 학생과 대중에게 현대사를 제대로 전달해주고 있는가 묻는다면, 분명히 아니라고 답변할 수밖에 없습니다. 우리 현대사를 객관적으로 학생들에게 전달할 수 있을 정도가 아직 되지 않고 있다고 해야겠죠. 특히 한국사 서술, 한국사 교육문제는 정권의 속성과 대단히 밀접한 연관이 있고, 더군다나 분단체제 하에서 남북한 모두 현대사 교육을 통해 자신의 정통성을 주장하고 있기 때문에 이는 대단히 민감한 문제이기도 합니다. 그러나 역사학계가 그런 문제를 합리화하거나 시정하려는 노력을 등한히 하고 있는 것은 절대로 아닙니다. 그리고 그런 노력은 계속 이루어져 가리라고 생각합니다.

질 : 1992년의 시점에서도 반민족자가 있다고 보는데, 현재 반민족자는 어떤 부류라고 생각합니까?

답 : 친일파문제가 흘러간 과거의 문제가 아니라는 것은, 친일파들이 살아남아 오히려 권력집단으로 재등장하는 과정의 논리가 분단을 고착화하는 논리가 되었고, 그 분단체제 속에서 형성된 특수한 형태의 정치지배체제, 비민주적이고 파쇼적이고 외세종속적인 지배체제가 끊임없이 유지되는 논리로 계승되어왔기 때문입니다. 그 연장선상에서 지금 단계의 반민족적인 세력을 규정한다면 기본적으로 통일을 방해하는 세력이라고 생각합니다. 물론 어느 누구도 "나는 통일을 원하지 않는다"고 말하는 사람은 없습니다. 그러나 남북한이 서로 공존하며 민족적으로 화합하는 통일, 이미 남북한 정권이 원칙적으로 합의한 통일을 원치 않는 세력은 분명 존재하고 있다고 봅니다. 친일파문제와 불가분의 관계에서 형성되어온 분단고착의 논리는 냉전적인 반공이데올로기라고 생각하고, 그것을 법제적으로 뒷받침하고 있는 것이 보안법입니다. 따라서 현재 통일문제가 일정에 오른 이상 진정한 의미의 민족통일을 추구한다면 이를 사실상 방해하는 제반 조건들을 배제해야 할 텐데, 이를 여전히 분단논리로 고수하고자 한다면 현재 상황에서 그것은 분명 반민족의 논리가 되겠죠.

그리고 또 하나, 대외적으로 자주적 입장의 관철이라는 문제와 불가분하게 관련되어 있습니다. 미국이 친일파를 청산하는 데 결정적인 장애물이었다는 역사적 교훈을 생각한다면 민족자주성의 견지는 단순한 국수주의적인 논리가 아니라 민족의 생존과 발전에 대단히 중요한 요소라고 생각합니다.

질 : 친일파 문제에서는 자기 반성이 중요하다고 생각하는데 역사학자 중 친일활동을 한 교수나 학자들이 얼마나 있는지, 그리고 해방 이후에 반성했는지 반성없이 교육을 담당하지는 않았는지 이들의 행적이 어떠했는지 말씀해주시고, 또 이들의 글과 활동에 대해서 어떻게 생각하시는지요?

답 : 예, 대단히 아픈 질문을 해주셨는데요. 그것은 전문적으로 현대사학사 영역에 속하는 문제인데, 일제가 식민지 침략을 합리화하기 위해 만든 한국사, 그것을 우리는 식민사학 또는 식민주의역사학이라고 부르고 있죠. 한국사학에서 친일잔재라고 하는 것은 그러한 왜곡된 식민사학의 내용을 그대로 답습하고 계승한 부류를 일컫는데, 해방 이후 남한 역사학의 주류가 그런 식민사학의 전통을 다수 이어받았다는 것은 부인할 수 없는 사실입니다. 식민사학의 극복문제가 본격화된 것은 4·19 이후에 접어들어서인데, 역사학 내부의 친일잔재문제와 그 극복과정에 대해서는 이미 여러 편의 논문이나 개설이 나와 있으므로 참고해 주시면 고맙겠습니다. 다만 왜 역사학 분야에서 친일잔재를 쉽게 청산하지 못했는가 하는 점과 관련하여 말씀드리고 싶은 것은, 그것은 단지 역사학계의 책임만으로 돌릴 문제는 아니며 근본적으로 정치적인 문제라는 사실입니다. 즉 친일파 집단을 청산하지 못하고 분단으로 귀결된 정치 상황이 반영된 것이라고 할 수 있겠죠. 그러나 현재 식민사학을 극복하고자 하는 학계의 노력은 보편화되어 있다고 볼 수 있으며, 그것은 끊임없이 정리되리라 생각합니다.

(출전: 『인물로 보는 친일파 역사』, 역사비평사, 1993.)

제2부

분단국가의 역사인식

해방 후 국가건설문제와 역사학

1. 서론

해방과 더불어 한국사학은 통일민주국가 건설에 부응해야 하는 실천적 과제를 부여받았다. 사학사적으로 이는 일제하 근대사학과 구별되는 '새로운 역사학'의 수립, 한국사학의 현대적 전환을 의미하였다. 일제강점 초기 反植民史學의 기틀을 마련한 한국사학은, 1930년대 전반 조선학계의 실천적 사상동향을 반영하면서 민족주의사학, 유물사관사학, 문헌고증사학 등 세 계통의 역사학 전통을 형성하였다. 그러나 전시체제기 한국사학에 대한 일제탄압이 더욱 강화되면서 민족해방을 전망한 반식민사학의 전통은 더 이상 발전을 볼 수 없었고, 민족말살정책과 함께 內鮮一體 이데올로기를 수반한 미증유의 파쇼적 皇國史觀이 강요되었다.

해방 후 '새로운 역사학'의 수립은 식민사학 · 황국사관의 오염과 잔재를 철저히 불식하고 반식민사학의 전통을 재건하는 것으로부터 출발하였다. 그것은 단순한 재건이 아니었다. 신국가 · 신문화 건설에 부응한 사관과 방법론의 자기비판을 전제하였고, 이에 입각한 한국사 인식의 전면적인 재구성이 필요하였다. 특히 신국가건설의 역사이념을 확립하기 위한 국사교육 문제가 시급한 현안으로 대두하고, 새로운 민족사 서술에 대한 일반 대중의 요구도 급증하였기 때문에, 이에 대응한 학계의 계획적 조직적 연구활동과 여러 실천작업이 요구되었다. 그러나 이는 순탄하게 전개되지 않았다. 정치·사상적 대립이 심화되고 통일정부 수립이 지연되는 가운데 학계 재건과 실천활동은 통일적으로 추진되지 못하고 정치적 소속이나 이념에 따라 상호 대립하며 분산적으로 전개되었다. 나아가 분단이 고착되면서 현대 한국사학은 각기 남북 국가체제에 봉사하는 분단사학으로 전개되었다.

이와 같은 해방정국기 역사학계 동향에 대해서는 그간 몇 차례 간략하게 소개된 바 있었다.[1] 또 사론의 전개와 관련해서는 신민족주의사학에 대한 집중적인 검토가 있었고, 근년에는 문헌고증사학, 유물사관사학에 대한 분석도 시도되고 있다.[2] 그리고 최근에는 개별 역사가에

---

1) 당대 개관으로 李辰永, 「朝鮮社會經濟史研究의 새로운 展望」, 『學風』 2-4, 1949. 5 ; 洪淳赫, 「解放後 國史學界의 動向」, 『新天地』 5-6, 1950.6 등, 1960년대 이후의 개관으로는 金容燮, 「日本·韓國에 있어서의 韓國史敍述」, 『歷史學報』 31, 1966 ; 洪以燮, 『韓國史의 方法』, 探究堂, 1968, 349~382쪽 ; 이세영, 「현대 한국사학의 동향과 과제」, 『80년대 한국인문사회과학의 현단계와 전망』, 역사비평사, 1988 ; 한국역사연구회 편, 「한국사인식의 방법과 과제」, 『한국사강의』, 한울, 1989 ; 조동걸, 「민족국가건설 운동기의 역사인식」, 『한국의 역사가와 역사학(하)』, 창작과비평사, 1994 ; 「8·15 해방 후 조선력사학계가 걸어온 길」, 『력사과학』 1960년 6호(이병천 편, 『북한학계의 한국근대사 논쟁』, 창작과비평사, 1989) ; 최영묵, 「북한의 역사연구기관·연구지 및 연구자 양성과정」, 『역사와 현실』 3, 1990 등이 있다.

2) 신민족주의사학에 대해서는 金容燮, 「우리나라 近代歷史學의 發達」, 『韓國의 歷史認識(下)』, 創作과 批評社, 1976 ; 李基白, 「新民族主義史觀論」, 『文學과 知性』 1972년 가을호 ; 李基白, 「新民族主義史觀과 植民主義史觀」, 『文學과 知性』 1973년 가을호 ; 金貞培, 「新民族主義史觀」, 『文學과 知性』 1979년 봄호 ; 金允植, 「陶南思想과 新民族主義史觀」, 『韓國學報』 33, 1983 ; 盧泰敦, 「解放後 民族

대한 정리도 이루어져 근현대 한국사학의 동향을 이해하는 데 유익한 기초 자료를 제공하였다.[3] 이상의 성과에 의해 해방정국기 한국사학에 대한 여러 측면이 해명될 수 있었다.

그러나 이러한 성과에도 불구하고 이 시기 역사학계의 동향 전체를 시야에 넣고 각 계열의 활동과 사론을 당시 국가건설운동 및 사상동향과 유기적인 관련하에 계통적으로 정리한 단계에는 아직 이르지 못한 실정이다. 연구 관심도 신민족주의사학에 집중됨으로써 어느 면에서 볼 때 이 시기 한국사학 동향에 대한 균형적 인식과 객관적 실상 파악에 장애가 되고 분단사학 형성의 내면이 왜소화된 감이 있다.[4] 이는 역사학자의 다양한 실천활동과 학술작업의 실상을 풍부하게 검토하지

主義史學論의 展開」, 『現代韓國史學과 史觀』, 一潮閣, 1991 ; 이지원, 「신민족주의사관 - 무엇을 계승할 것인가」, 『역사비평』 1991년 가을호 ; 韓永愚, 『韓國民族主義歷史學』, 一潮閣, 1994, 제7, 8장 ; 서중석, 「민족주의사학의 논쟁」, 『震檀學報』 80, 1995 등이 있고, 문헌고증사학에 대해서는 金容燮, 「우리나라 近代歷史學의 발달(2)」, 『文學과 知性』 1972년 가을호 ; 洪承基, 「實證史學論」, 『現代韓國史學과 史觀』, 一潮閣, 1991, 유물사관사학에 대해서는 방기중, 『한국근현대사상사연구』, 역사비평사, 1992, 305~312쪽 등이 참조된다.

3) 임영태, 「북으로 간 마르크스주의역사학자와 사회경제사학자들」, 『역사비평』 1989년 가을호 ; 한국사회사연구회, 『한국사회사연구의 전통』, 文學과知性社, 1993 ; 조동걸 · 한영우 · 박찬승 편, 『한국의 역사가와 역사학(하)』, 창작과비평사, 1994,

4) 新民族主義史學에 대한 관심과 의미 부여는 분단역사학 극복에 대한 사학계 일각의 실천적 문제의식을 바탕에 두고 있는 만큼 공감되는 바가 있지만, 問題는 그 의미 부여가 과도하게 투영될 경우 해방 후 학계 동향과 신민족주의사학의 실체를 사실과 다르게 파악할 수 있다는 것이다. 신민족주의사학을 이 시기 韓國史學 再建을 주도한 흐름으로 간주하거나(이세영, 「현대 한국사학의 발전」, 『한국역사입문 ③』, 풀빛, 1996, 27쪽), 신민족주의의 左右合作 · 南北統一 지향성을 부각시켜 신민족주의사학을 分斷史學 형성과정의 희생물로만 처리하는 일반화된 인식이 그러한 예가 될 것이다.

못한 채 특정 계열과 인물의 사론을 중심으로 접근한 데 연유한다. 그렇지만 이 시기 역사학 재건과정은 일제하 한국사학의 전통과 성과에 제약을 받으면서도, 다른 한편으로 당시 조정된 정치 · 사상동향과 긴밀한 연관 아래 일제하와 다른 복잡한 조직적 분화와 대립구도를 동반하고 있었다는 점을 염두에 둘 필요가 있다. 또한 일제말기 이래 성장한 신진학도들이 대거 등장하여 이 과정에 주요한 역할을 담당한 점도 주목해야 한다. 따라서 분단사학 형성의 체제적 성격을 분명히 하기 위해서는, 이러한 측면을 감안하면서 당시 역사학계 활동을 국가건설운동과 관련하여 계통적으로 정리한 위에, 역사학 재건의 방향을 달리한 각 계열의 사론과 실천활동, 한국사 인식의 체계와 논리를 사상사적 차원에서 추적할 필요가 있다.

이 글은 이러한 문제의식에서 해방정국기 한국사학 재건과정과 분단사학 형성과정을 국가건설 문제와 관련하여 개관해 본 것이다. 다만 필자의 능력 부족과 지면관계상 이 글에서는 해방정국 전반과 후반, 정부수립 후 6 · 25전쟁기까지 세 단계에 걸쳐 국가건설에 대응한 각 역사학 계열의 활동과 실천관을 살펴보는 데 만족하고, 각 계열의 연구방법론이나 한국사 인식체계에 대한 본격적인 검토는 별도의 기회를 갖고자 한다. 격동기이자 과도기였던 만큼 당시 역사학자들의 활동과 실천관에 선불리 논리적 계통을 세워 논하기에는 여러 제약이 있을 수 있지만, 그러한 제약성이 분단사학 형성사의 내면을 풍부히 이해하고 극복의 단서를 찾는 데 오히려 유용한 면도 있을 것이다.

2. '새로운 역사학' 모색과 국가건설운동

1) 유물사관사학의 실천관

해방정국 전반기 '새로운 역사학'에 대한 모색은 대체로 세 방향에서 전개되었다. 유물사관사학의 전면화와 진보적 학술운동의 전개, 震檀學會의 재건과 문화건설운동, 전문 역사학 연구단체의 조직 등이 그것이었다. 이 가운데 국가건설운동에 가장 적극적으로 참여하면서 '새로운 역사학' 수립을 주도한 흐름은 유물사관사학이었다. 유물사관사학은 1930년대 전반 白南雲을 필두로 일군의 마르크스주의 학자들에 의해 '사회경제사학'의 학풍을 형성하였지만, 일제의 극심한 탄압에 의해 학풍을 제대로 발전시킬 수 없었다.[5]

해방 직후 변혁적 사회분위기 속에서 일시 사상적 억압상태가 해체되고 사회주의자들의 정치활동이 본격화되자 진보적 지식인들은 국가건설에 요구되는 실천적 과제 해결에 투신하였다. 국가건설의 당면과제 해결을 위한 이론 작업과 새로운 문화양식의 창출, 연구성과의 대중적 보급 등을 목표로 한 진보적 문화운동·학술운동의 전개였다. 이들은 이 운동을 정치운동의 特殊戰線으로 간주하고, "史的 唯物論의 입장"과 "科學的 世界觀에 입각한" 대중적 과학적 민족적 성격을 갖는 '民主文化' 건설을 활용지침으로 삼아 진보적 국가건설운동에 적극 참여하였다.[6] 그리고 그 실천 매체로서 여러 계통의 진보적 학술단체가

---

5) 이 학풍 형성에 일익을 담당한 이는 白南雲(1894년생 – 이하 같음) 외에 李淸源, 金洸鎭(1902), 李北滿, 韓興洙, 金台俊(1905) 등이었다.

6) 白南雲, 『朝鮮民族의 進路』, 新建社, 1946, 48~50쪽 ; 金台俊, 「民主主義와 文化」, 『民主主義 十二講』, 文友印書館, 1946 ; 朴致祐, 「民族文化 建設과 世界觀」, 『新天地』 5, 1946.6.

조직되었다.[7]

유물사관사학의 재건은 이들 단체의 국가건설운동 · 문화건설운동과 밀접한 관련하에, 그 운동의 일환으로 전개되었다. 연구역량이 극히 취약한 사회과학계 현실과 긴급을 요하는 국가건설의 실천적 요구를 반영하여, 재건 작업은 정치성이 강한 실천적 학술운동의 성격을 띠지 않을 수 없었다. 주목할 점은 일제하 유물사관사학을 성립시킨 일부 제 1세대 학자들과 더불어 제 2세대 소장학자들이 등장하여 재건 작업에 주도적인 역할을 한 사실이었다. 대개 1930년대 후반 이래 대학을 졸업하고 전시체제하 극심한 사상탄압 속에서 청년기를 보낸 30대 초반의 소장학자들은 국가건설의 실천활동에 적극적이었다.[8] 더욱이 이 시기에는 진보적 학계의 수장인 백남운을 제외하고 1세대 학자의 활동력이 크게 떨어져 있었기 때문에, 소장세대의 등장은 유물사관사학 재건과 성장에 큰 활력을 불어넣었다.

당시 국가건설운동과 관련한 유물사관사학의 문제의식과 실천관을 총괄 제시한 이는 백남운이었다.[9] 그는 해방 후 요구되는 한국사학의

---

7) 조직 규모와 성격의 차이가 많지만, 좌익 입장의 朝鮮科學者同盟, 朝鮮社會科學研究所, 朝鮮産業勞動調査所 등과 좌우합작적 성격이 강한 朝鮮學術院, 民族文化研究所, 新文化研究所, 朝鮮文學家同盟 등이 해방정국 전반기 활동한 대표적인 진보적 학술 · 문화단체였다. 이에 대해서는 朴克采, 「建國과 社會科學」, 『人民』 2-3, 1946.4 ; 방기중, 앞의 책, 228~236쪽 참조.

8) 한국사의 朴時亨(1912), 金漢周(1913), 崔虎鎭(1914), 全錫淡(1916), 李基洙, 동양사의 李辰永, 金一出, 철학사의 鄭鎭石(1912) 등이 적극 참여하였고, 학술운동에는 적극 나서지 않았지만 한국사의 金錫亨(1915), 李德星(1915), 姜大良(1917), 동양사의 李能植(1919), 서양사의 金在龍 등이 학계에서 활동하였다. 이들 가운데에도 사상적 성향은 차이가 있어, 크게 전투적 마르크스주의자와 진보적 자유주의 입장에서 유물사관 · 사회구성체론을 수용한 이들로 구분해 볼 수 있다.

9) 白南雲, 「朝鮮歷史學의 科學的 方法論」, 『民族文化』 1, 1946.7. 이 글의 실천적

성격, '새로운 역사학'의 의미를 민주주의국가 건설과 '民主文化' 창조에 복무하는 '과학적 실천적 역사학'으로 규정하였다. '과학적 실천적 역사학'의 요점은 반제 · 반봉건 실천이념에 입각하여 민주주의국가 건설에 어긋나는 각종 관념적 "反動史觀"을 청산하고, "본질적 民主主義世界史觀"인 유물사관과 사회구성체론을 토대로 진정한 민주주의국가의 성격과 변혁주체를 한국사 발전의 필연적 합법칙성을 통해 해명하고 이를 일반에게 보급한다는 것이었다. 진보적 자유주의 입장에서 유물사관을 수용한 소장세대의 崔虎鎭 역시 역사연구의 목적은 사회변혁을 위한 실천에 있으며, 변혁주체는 "人民大衆"이라는 입장에서 역사학의 실천적 의의와 유물사관의 사회구성체 방법론의 정당성을 강조하였다.[10]

유물사관 사학자들은 당시 한국사학, 한국사 인식의 기본동향을 민주주의국가 건설을 둘러싼 진보적 민주사관 대 관념적 반동사관의 대립으로 정리하고 후자에 대한 공세를 강화하였다. 이들이 말하는 반동사관은 각종 부르주아적 관념사관과 방법론 일반을 포괄하는 것이었다.[11] 이 가운데 비판은 반제 · 반봉건 실천관을 반영하여 문헌고증적 사실 나열의 왕조사 체계를 바탕으로 보편화된 봉건적 순환사관이나 국수주의 역사관에 집중되었다.[12] 더욱이 이 시기는 새로운 민족사 서술에 대한 요구가 높아지자 봉건적 국수적 성향이 농후한 1920년대 문화사학풍의 통속적 개설서나 복고주의 · 국수주의 이념으로 포장한 일

의미에 대해서는 방기중, 앞의 책, 305~312쪽 참조.

10) 崔虎鎭, 『一般經濟史』, 理想書院, 1946, 제1장 序論.

11) 이와 관련해서는 유물사관 입장에서 부르주아 역사관과 방법론 전반을 비판한 崔虎鎭, 위의 책, 제1장 序論과 白南雲, 앞의 글 참조.

12) 白南雲, 위의 글 ; 金台俊, 앞의 글 ; 朴時亨, 「事大主義論」, 『新天地』 7, 1946.8 ; 金秉德, 「民族文化建設의 方途」, 『新天地』 12, 1947.1.

제 '官邊朝鮮史'의 복사판이 유행하였는데, 이 역사서들은 왕조흥망사, 귀족 · 영웅사 서술형식에 민족주의 이념을 내세워 단군 숭배와 홍익인간 이념을 고취하고 한민족의 배타적 우월성을 강조한 것이 대부분이었다.[13] 유물사관 사학자들은 이러한 봉건사관이나 국수주의적 문화사관을 복고적 전통사상을 고취하는 "봉건적 잔존세력의 관념형태", "일제식 肇國思想"과 동일한 반동사관이나 "일제 파쇼 반동사상의 잔재"로 규정하고 이에 대한 "조선사학의 항쟁"을 강조하였다.[14]

유물사관의 반제 · 반봉건 실천관은 현단계를 부르주아민주주의혁명단계, 신민주주의혁명단계로 파악하고 봉건유제 청산을 국가건설의 일차적 과제로 설정한 좌익 일반의 '人民的 民主主義' 국가건설노선을 반영한 것이었다. 또 이는 좌우대립이 심화되고 있는 당시 정치동향과도 밀접히 연관되어 있었다. '신탁통치' 문제가 제기된 후 우익이 민족주의 이념과 애국심을 앞세워 좌익의 찬탁노선을 매국적 국제주의, 친소사대주의로 매도했기 때문에 좌익 입장에서 민족주의 이념과 국수주의 관념에 대한 비판은 초미의 과제가 되었다. 특히 우익의 공세는 마르크스주의 민족이론에 대항한 초역사적 초계급적 민족이론을 기반으로 하였기 때문에 이에 대한 집중적인 비판이 가해졌다.[15]

---

13) 『朝鮮國史』(東明社, 1945)를 비롯해 십수 종의 개설서 · 교과서를 내놓은 崔南善의 일련의 저작, 權德奎의 『朝鮮史』(正音社, 1945), 黃義敦의 『中等朝鮮歷史』(三中堂, 1946) 등이 대표적인 예였다.

14) 白南雲, 앞의 글, 5~9쪽. 유물사관 사학자 입장에서는 미군정청이 공식 의뢰해서 편찬한 震檀學會, 『國史敎本』(미군정청, 1946)이나 경성대(서울대 전신) 사학과의 신진의 金聖七의 『朝鮮歷史』(朝鮮金融組合聯合會, 1946) 역시 이러한 범주에 속하였다.

15) 白南雲, 위의 글 ; 金台俊, 앞의 글 ; 朴致祐, 앞의 글 ; 朴克采, 『民族과 人民』, 朝鮮科學者同盟 서울지부, 1947 ; 申南澈, 『轉換期의 理論』, 白楊堂, 1948 ; 金台俊, 「檀君論」, 『新天地』 12, 1947.1.

실천적 요구에 부응하는 공동연구나 개별연구도 추진되었다.[16] 역량을 집중 투여한 것은 부르주아민주주의혁명단계 설정과 반봉건 민주주의개혁의 이론적 기초를 제시하기 위한 사회경제사 연구였다.[17] 이들은 한국의 사회경제 발전과정의 특수성, 곧 정체성이 식민지화의 내적 조건을 부여하고 해방 후까지 봉건유제를 강인하게 잔존시킨 한국사의 본질이라고 파악하고, 농업문제·토지문제의 역사적 존재 형태와 일제하 경제구조의 특수성을 해명하는데 주력하였다. 더불어 우익측이 상해 임정의 정통성 주장과 정치적 입지 강화의 논거로서 내세우는 '3·1 운동론'을 비판하고 좌익이 국가건설운동의 헤게모니를 가지고 있다는 역사적 정당성을 강조하기 위한 민족해방운동사 정리도 시도하였다.[18]

이와 같이 해방정국 전반기 유물사관사학은 봉건적 국수적 민족사인식을 청산하고 누적된 민족적 계급적 모순을 민중적 입장에서 해결하는 데 기여할 수 있는 역사인식의 수립에 진력하였다. '과학적 실천적 역사학'의 수립을 표방한 이들의 '반제·반봉건 민주주의개혁'의 실천관은 해방 후 요구되는 시대적 과제에 적극 부응한 것이었다. 이러한 의미에서 이들은 해방 후 '새로운 역사학' 모색을 주도하고 있었다. 그

16) 이들은 연구역량의 취약성을 타개하고 단기간에 "理論의 集中的 大量生産"을 달성할 수 있는 방안으로 共同硏究 방식을 중시하였다(朴克采, 앞의 글, 46~47쪽).

17) 朝鮮科學者同盟, 『李朝社會經濟史』, 勞農社, 1946 ; 全錫淡·李基洙·金漢周, 『日帝下의 朝鮮社會經濟史』, 朝鮮金融組合聯合會, 1947 이 대표적인 공동작업이었고, 과학자동맹원 개별 연구성과로서 朴文圭, 『朝鮮土地問題論考』, 朝鮮人民報社, 1946 ; 權泰燮, 『朝鮮經濟의 基本構造』, 朝鮮時論社, 1947 등이 출간되었다. 민족문화연구소속인 崔虎鎭의 『近代朝鮮經濟史硏究』, 民衆書館, 1947 역시 이러한 성격의 연구이다.

18) 朝鮮科學者同盟, 『三一運動과 朝鮮解放』, 靑年社, 1946.

러나 이러한 노력은 성공적이지 않았다. 이들은 크게 세 측면의 내적 한계에 기인하여 실천적 과제에 효과적으로 대처할 수 없었다.

첫째, 정치적 소속과 국가건설관의 차이에서 야기된 문제였다. 이들의 활동 기반인 진보적 학술단체 가운데 역사학과 밀접한 관련을 가진 대표적 단체는 朝鮮科學者同盟과 民族文化研究所였고, 이 밖에 소규모의 新文化研究所가 있었다.[19] 이들 단체는 각기 朝鮮共産黨, 南朝鮮新民黨, 朝鮮人民黨 등 좌익 3당과 연결되어 직접 간접으로 각 당의 입장과 노선을 대변하였다. 주지하듯이 이들 3당은 友黨관계이면서도 당면 정치노선과 국가건설 방침의 차이에 의해 갈등을 드러내었는데, 각 단체와 소속 학자들은 이러한 정치동향에 긴밀히 연관되었다.[20] 이러한 특성상 이들은 국가건설의 과제 해결과 유물사관사학의 정착에 필요한 작업을 통일적 계획적으로 수행할 수 없었다. 당시 역사학계의 가장 긴급한 과제가 식민사관 청산과 역사교육 문제였음에도 불구하고 유물사관 입장의 체계적인 식민사관 비판은 물론 초보적인 개설서조차 생산하지 못한 것은 이러한 사정에 연유하였다.[21]

---

19) 科學者同盟(위원장 朴克采)은 공산당 외곽조직으로서 사회주의국가건설을 위한 부르주아민주주의혁명의 이론과 정책 연구 및 대중선전에 주력하였고, 기관지 『科學戰線』을 간행하였다. 남조선신민당 위원장 白南雲이 결성한 民族文化研究所는 마르크주의자와 진보적 자유주의자가 모인 中道左派的 단체로서 민족통일전선운동의 실천을 지향했으나 조직적 결속력은 취약하였고, 기관지 『民族文化』를 간행하였다. 新文化研究所는 경성대(서울대) 사학과 교수이자 인민당 간부였던 金一出이 조직한 개인연구소로서, 기관지 『新文化』를 통해 左右合作 입장의 문화운동을 전개하였다. 이 밖에 社會科學研究所가 상당량의 마르크스주의 原典을 번역하여 유물사관사학의 성장에 기여하였고, 좌우합작 성격의 朝鮮學術院이 역사철학부를 두었지만 유물사관사학과는 상대적으로 연관성이 약하였고, 별 활동도 없었다.

20) 방기중, 앞의 책, 제3장 참조.

둘째, 실천관의 정치적 편향성과 연관된 문제였다. 당시 미·소의 분할점령을 자주적 통일민주국가 건설로 전환시키기 위한 임시정부 수립의 관건은 민족통일전선의 결성이었다. 그러나 남한 좌익 주류인 共産黨(再建派)은 여러 이유에서 민족통일전선 문제에 좌경적 입장을 취하였다.[22] 공산당의 정치노선을 따르는 역사학자들은 학술운동을 통해 이를 대변하였다. 이들은 일제하 저항적 민족주의 세력이 갖는 민족해방운동의 실천적 의의를 부정하고 민족주의 진영 전체를 봉건지주·자본가계급의 이익을 대변하는 개량주의로 간주하였다. 그리고 "오로지" 노농계급의 전위인 사회주의자만이 민족해방의 지도자였음을 강조하여 신정부의 헤게모니가 공산당에 있음을 강조하였다.[23] 이러한 헤게모니론은 공산당 노선의 내면적 인식기반, 특히 계급주의적 민족관과 밀접히 연관된 것이지만, 당시 요구되는 민족통일전선 사상과는 크게 배치되는 것이 아닐 수 없었다.

셋째, 배타적 역사관을 견지한 역사인식의 미성숙 문제였다. 이들이 '새로운 역사학' 확립과 관련하여 무엇보다 강조한 것은 '과학적 역사관'으로서의 유물사관의 우월성이었다. 역사관의 당파성에 대해 철저히 비타협적이었고, 유물사관 이외의 일체의 역사관을 반동사관으로 간주하였다. 이러한 편향은 정치적 실천관의 차이에 관계없이 유물사

---

21) 유물사관 입장에서 나온 모양있는 植民史觀 비판은 1947년 6월 중앙중학 교사 金光勳이 정리한 「日人이 改造한 朝鮮歷史」(『新天地』 16)가 유일한 것이었다. 또한 개설서로는 1945년 함경남도 교육문화부에서 간행한 文錫俊의 遺稿 『朝鮮歷史』가 있으나 큰 영향을 끼치지 못하였고, 남한에서는 1948년에야 全錫淡 개인 작업으로 『朝鮮史教程』(乙酉文化社)이 간행되었다.

22) 서중석, 『한국현대민족운동연구』, 역사비평사, 1991 ; 방기중, 앞의 책, 제3장.

23) 朝鮮科學者同盟, 『三一運動과 朝鮮解放』, 卷頭言 및 「三一 以後의 解放運動」(李成實).

관 사학자, 나아가 마르크스주의 지식인 일반이 공통으로 견지한 성향으로, 이 점에 있어서는 공산당의 좌경노선을 반대하고 민족문제의 실천적 의의를 강조한 백남운 역시 그러하였다. 역사학의 본질적 속성상 — 특히 '과학적 실천적 역사학'을 강조하는 유물사관사학의 경우 — 역사관의 당파성 견지는 어쩌면 당연해 보이지만, 이들은 유물사관에 민족통일전선과 민족문제를 해결할 수 있는 역사인식과 현실성 있는 논리를 구체화하지 못하였다.

요컨대 유물사관사학은 통일민주국가 건설에 부응한 계획적 조직활동 창출에 실패하였고, 역사학계 내부의 민족민주 역량을 결집하여 그들이 표방한 '人民的 民主主義' 국가건설에 복무하는 '과학적 실천적 역사학'의 한국적 이론화에 성과를 거두지 못하였다. 이러한 가운데 극우세력을 동맹자로 하는 미군정 점령정책이 강화되고 좌우대립이 심화되면서 역사학계 내부의 이념적 대립도 심화되었다. 특히 미군정의 '國大案' 관철, 南勞黨 결성 과정에서 야기된 좌익 분열 등은 이들의 활동기반을 더욱 위축시켰다. 여기에 일부 역사학자들의 북한 이전이 진행됨으로써 역사학의 분단화 과정이 서서히 궤도에 오르기 시작하였다.[24]

2) 진단학회 재건과 주도층 분화

1945년 8월 16일, 조선학술원 창립과 때맞추어 진단학회가 재건되었다. 일본인의 조선연구에 대응하며 "광범한 의의의 조선문화 연구"를 목표로 1934년 창립된 진단학회는 일제하 부르주아 인문학 입장의 국학연구 센터였다. 주지하듯이 李丙燾가 주도한 이 학회는 식민지 현실

24) 金日成大學 개교(1946.10)와 연관된 이 사정에 대해서는 방기중, 앞의 책, 261~262쪽 참조. 1946년 10월까지 월북한 것으로 확인되는 역사가는 1세대의 李淸源, 都宥浩, 韓興洙 등과 2세대의 朴時亨, 金錫亨 등이었다.

극복을 위한 실천적 모색을 배제하고 '순수학문'으로서의 조선문화 연구를 추구한 체제내적 연구조직이었다. 역사학과 관련해서는 일본 관학의 문헌고증적 학풍을 충실히 계승하여 문헌고증사학의 전통을 확립함으로써 한국사학의 근대적 성장에 기여했으나, 역사의식이 빈곤하고 역사이론이 결여된 초보적 '실증사학' 수준에서 크게 벗어나지 못하였다.[25] 따라서 이 학풍은 해방 후 '새로운 역사학' 모색과 관련하여 일차적인 비판과 극복대상이 되지 않을 수 없었다.[26]

그러나 이러한 학풍이 곧 진단학회의 사회적 이념의 부재를 의미하는 것은 아니었다. 학회 발기인과 주요 임원은 대개 일본의 대학이나 京城帝大에서 근대 인문학 훈련을 받은 전문학도였다.[27] 일부 사회주의자나 비타협적 민족주의 전통을 잇는 이도 있고, 또한 각 개인의 사회의식 · 현실참여의 편차가 적지 않았지만, 이들은 대체로 1930년대 체제내적 문화운동의 학문적 기반을 제공한 부르주아민족주의 성향의 지식인들이었다. 특히 찬조회원 구성에서 살펴볼 수 있듯이, 진단학회는 『東亞日報』

25) 金容燮, 「우리나라 近代歷史學의 발달(2)」, 『文學과 知性』 1972년 가을호 ; 조동걸, 주 1의 글 ; 한영우, 「이병도」, 『한국의 역사가와 역사학(하)』, 창작과비평사, 1994.

26) 해방 후 좌우를 불문하고 '새로운 역사학'을 모색한 이들은 震檀學會의 공적을 인정하면서도 그 연구방법론인 역사지리적 문헌고증을 유치한 수준의 '實證'으로 비판한 점에 異口同聲이었다. 이를 청산대상으로 삼을 것인가 비판적으로 극복할 전통으로 인정할 것인가 하는 차이가 있을 뿐이었다.

27) 창립 발기인은 高裕燮, 金斗憲, 金庠基, 金允經, 金台俊, 金孝敬, 文一平, 朴文圭, 白樂濬, 孫晋泰, 宋錫夏, 申奭鎬, 李秉岐, 李丙燾, 李相佰, 李瑄根, 李允宰, 李殷相, 李在郁, 李熙昇, 趙潤濟, 崔鉉培, 洪淳赫 등 24명이었고, 역대 상무위원은 高裕燮, 金斗憲(1903), 金庠基(1901), 金台俊, 徐斗銖, 孫晋泰(1900), 宋錫夏(1904), 梁柱東, 柳洪烈(1911), 李秉岐, 李丙燾(1896), 李相佰(1904), 李崇寧, 李允宰, 李仁榮(1911), 李熙昇, 趙潤濟(1903) 등이었다(震檀學會, 『震檀學會六十年誌』, 1994, 47~49쪽).

를 중심으로 하는 민족개량주의 세력을 사회 기반으로 삼고 있었고, 1920년대 풍미한 복고적 성향의 초기 문화사학 전통의 후원을 받고 있었다.[28] 말하자면 진단학회의 순수학문, 문헌고증사학 이면에는 봉건적 전통의식을 바탕으로 근대주의와 민족주의의 세례를 받은 민족개량주의의 사상적 조류가 흐르고 있었다.[29]

그러나 전시체제기에 접어들어 학회내 일부 회원들은 자신들의 현실안주의 학문세계를 깊이 반성하고 민족현실 극복에 기여할 수 있는 실천적 역사학을 모색하였다. 孫晋泰, 趙潤濟 등 이른바 '東山學派'에 의한 신민족주의사관의 준비가 그것이었다.[30] 이로써, 1942년 해산한 진단학회는 해방 후 현실에 적극 대응할 수 있는 전망을 갖게 되었다.

해방 후 진단학회의 재건과 활동은 이러한 자기반성과 실천적 모색을 바탕으로 전개되었다. 학회 재건에 참여한 인사들은 일제하와 큰 변

---

28) 찬조회원은 權悳奎, 權相老, 金性洙, 金瑗根, 金鎭浩, 李光洙, 李克魯, 李能和, 李潤柱, 李鍾麟, 李重乾, 李重華, 朴漢永, 宋鎭禹, 安一英, 安廓, 兪億兼, 尹致昊, 趙東植, 曺晩植, 崔奎東, 崔斗善, 韓奎相, 玄相允, 洪熹, 黃義敦 등이었다(震檀學會, 위의 책, 47쪽). 여기에는 李丙燾의 개인적 친분관계가 크게 작용하였는데, 『東亞日報』 주도 인물이나 초기 文化史學者들과 李丙燾의 교분에 대해서는 李丙燾, 『풀뭇간의 쇠망치 – 나의 人生觀』, 휘문출판사, 1971, 49~66쪽 참조.

29) 이는 별도의 접근이 필요한 문제이지만, 이 글에서는 일단 이를 전제로 논지를 전개한다.

30) 孫晋泰, 趙潤濟 등은 1940년 전후하여 후배 · 제자인 李仁榮, 林建相, 丁海英, 孫寶基 등과 더불어 민족현실을 타개할 수 있는 '새로운 역사학'을 모색했는데(孫晋泰, 『朝鮮民族史槪論』, 乙酉文化社, 1948, 自序 ; 趙潤濟, 『陶南雜識』, 乙酉文化社, 1964, 378~382쪽 ; 金貞培, 「新民族主義史觀」, 『文學과 知性』 1979년 봄호, 46쪽). 이들은 스스로 '東山學派'라고 불렀다고 한다(金容燮, 주2)의 첫 글, 491쪽). 여기에서는 잠정적으로 이 호칭을 사용한다. '동산학파'의 일원은 아니지만 해방 후 '新興解放民族主義'를 주창한 金斗憲도 진단학회 내 이 계열 인물로 간주할 수 있다(金斗憲, 『民族理論의 展望』, 乙酉文化社, 1948).

화가 없었지만 재건 주도 세력은 '동산학파'였다. 일제하 학회 운영을 전담한 李丙燾는 2선으로 물러나고 이들이 전면에 나섰다.[31] 재건 주도층이 좌우합작 성격의 朝鮮學術院에 참여하지 않고 진단학회 재건을 추진한 것은 민족주의 이념을 바탕으로 독자적인 조직활동을 추진한다는 입장을 천명한 것으로서, '동산학파'를 비롯한 학회 재건 주도층의 일반적 정서를 반영한 것이었다. 그러한 전제하에 진단학회는 1946년 전반까지 중도우파적 입장과 좌우합작·통일전선적 관점을 견지하며 크게 세 방향의 문화운동을 전개하였다.

첫째, 좌익 진영이 주도한 진보적 문화·학술운동에 동참하였다. 진단학회는 문화·교육문제를 토의하는 데 建國準備委員會나 '朝鮮人民共和國'과의 접촉을 개의치 않았고, 民主主義民族戰線 專門委員會에 참여하였으며,[32] 진보적 학술단체의 연합체인 朝鮮文化團體總聯盟에 가입하였다. 둘째, 미군정 교육정책에 협력하며 교육건설운동을 적극 전개하였다. 미군정 교육자문기관인 朝鮮教育審議會에 참여하는 한편,[33] 미군정 의뢰로 중등학생용 『國史教本』을 간행하고, 임시교사 양성과 일반인을 위한 국어·국사강습회를 개최하였다.[34] 셋째, 京城大

31) 위원장에는 孫晋泰와 뜻을 같이한 민속학자 宋錫夏가 취임하였다. 상임위원 중 임원은 趙潤濟(총무), 金庠基(편집), 孫晋泰(출판), 柳洪烈(사업), 金壽卿·金永健·趙明基(간사) 등이었고, 기타 상임위원은 金斗憲, 都宥浩, 申奭鎬, 李秉岐, 李丙燾, 李相佰, 李崇寧, 李如星, 李仁榮 등이었다(震檀學會, 앞의 책, 49쪽).

32) 임원 가운데 宋錫夏, 李相佰, 李如星 등이 民主主義民族戰線 전문위원이었다. 이러한 진보적 활동은 '東山學派'와 建國準備委員會·人民黨에 참여한 李相佰의 입장이 반영되었기 때문일 것이다.

33) 宋錫夏가 제5분과위원회(중등교육), 趙潤濟가 제9분과위원회(교과서)에 참여하였다.

34) 『國史教本』은 金庠基(상고·중세편)와 李丙燾(근세·최근세편)가 분담 집필하였고, 국사 강습은 주로 金庠基, 孫晋泰, 申奭鎬, 李丙燾 등이 담당하였다(震檀

(서울대)에 진출하여 학적 기반을 확보하였다. 미군정은 교육건설 방향과 밀접히 연관된 대학건설 문제를 경성대 재건방식으로 추진하였는데, 진단학회 주도층은 문학부를 장악함으로써 사회과학 계열을 장악한 학술원 회원과 더불어 경성대 교수진을 양분하였다.[35] 이로써 진단학회는 자신의 역사학 전통을 계승시킬 재생산 기반을 마련하였다.[36]

그러나 이러한 활동과 관계없이 이 시기 진단학회는 내적으로 심각한 분화를 겪고 있었다. 그것은 일제말기 '동산학파'의 등장과 함께 이미 예정된 것이었는데, 분화는 진단학회 재건과 동시에 총무 조윤제가 이병도를 지목하여 학회 내의 친일파 제명을 주장하면서 시작되었다.[37] 이병도 제명론은 학문적 차원에서 진행된 것이 아니나 결국 진단학회 주류 학풍과 전통을 부정하는 것이었다. 또한 그것은 진단학회의 발전 방향과 연관된 학문관의 근본적 차이를 반영했기 때문에 '동산학파'와 이병도 그룹 간의 내면적 갈등이 심화되었다. 이러한 갈등이 학회 분열로 이어지지는 않았지만,[38] 이를 계기로 학회의 내부 분화가 본격화되었다. 그것은 크게 세 방향으로 진행되었다.

하나는 이병도의 독자적인 활동 모색이었다. 진단학회와 조선학술원 양쪽에 적을 두고 변혁적 사회정세에 독특하게 대응한 그는 경성대 교

學會, 앞의 책, 50~51쪽).

35) 문리대 사학과에 孫晋泰 · 李丙燾 · 李仁榮(이상 한국사), 金庠基(동양사) 등, 사범대 역사학과에 柳洪烈, 사회학과에 李相佰, 국문과에 趙潤濟 · 李崇寧, 철학과에 金斗憲 등이 진출하였다.

36) 더불어 申奭鎬(1904)가 朝鮮史編修會를 개편한 國史館을 전담함으로써 진단학회는 양면에서 활동 기반을 확보하였다.

37) 震檀學會, 앞의 책, 209~210쪽, 255~256쪽.

38) 2선에 물러나 있었지만 진단학회 장로인 李丙燾의 영향력은 여전하여 이병도 제명은 개인적인 문제가 아니라 곧 학회 분열을 의미하였다. 따라서 宋錫夏 등 여타 임원들은 파국을 원치 않았던 것으로 보인다(震檀學會, 위와 같음).

수로 취임하여 안정된 기반을 확보하자, 1945년 12월 12일 김상기, 신석호의 지원 아래 朝鮮史硏究會를 결성하여 문헌고증사학의 새로운 활로를 도모하였다.[39] 진단학회를 포기하지는 않았지만 1946년 중반 이후 그는 사실상 진단학회와 다른 길을 길었다.[40]

다른 하나는 '동산학파'의 활동이었다. 경성대 사학과에 취임한 후 孫晋泰, 李仁榮은 후진을 양성하며 신민족주의사관의 이론화와 새로운 민족사체계를 본격적으로 준비하였다. 특히 진보적 성향의 학생들이 조선사연구회를 조직하고 『朝鮮史槪說』 집필을 추진하자,[41] 이인영은 이를 지도하면서 "새로운 구상 하의 새로운 사관 수립"을 모색하였다.[42] 더불어 교육문제에 각별한 생각을 지닌 동산학파는 1946년 8월 민족주의 성향이 강한 중도우파계 인사들이 '민주주의 민족교육'의 기치를 내걸고 결성한 民主教育硏究會에 참여하여 신민족주의 역사교육을 모색하였다.[43]

---

39) 창립 취지는 "우리 겨레의 固有精神을 연구하고 외래의 새문화에 접속시키어 國民思想의 健全化에 이바지"한다는 것이었다(『東亞日報』 1945년 12월 27일자). 회원 구성은 알 수 없으나, 李丙燾가 회장 겸 주간을 겸하였고, 金庠基 · 申奭鎬가 부회장이었다(『史海』 1, 1948.12).

40) 洪淳赫은 이 사정을 "朝鮮史硏究會가 李丙燾씨 領導하에 조직되어 이전 震檀學會의 主人公格이던 씨가 依然 진단학회원이면서 학회를 떠난듯한 느낌이 없지 않다"고 전하고 있다(洪淳赫, 앞의 글, 116쪽).

41) 李丙燾의 朝鮮史硏究會와 구별되는 이 연구회는 일종의 학생 써클로서, 주요 회원은 주도인물인 李洵馥을 비롯하여 이른바 '2.5세대'로 불리는 金思億, 孫寶基, 李明九, 林建相, 韓沽劤 등이었다. 특히 李仁榮 지도 아래 이들 학생들이 분담 집필한 『朝鮮史槪說』은 1946년 8월 필사본으로 간행되었으며, 1949년 서울대학교 國史硏究室 編(弘文書館, 1949)으로 활자화되었는데, 社會構成의 발전단계에 입각한 時代區分을 표방하여 주목을 받았다. 연구회는 1948년 李洵馥이 익사하고 정세가 악화됨에 따라 해체되었다.

42) 서울대학교 國史硏究室 編, 위의 책, 跋(李仁榮), 749쪽.

마지막 하나는 李相佰, 李如星 등 人民黨 관련 인사의 활동이었다. 정치에 참여하면서도 학계와 연을 유지한 이들은 특히 金一出의 新文化研究所를 지원하며,[44] 김일출이 적극 간여한 歷史學會 조직에 동참하였다. 일제말기 성장한 30대 소장세대를 중심으로 1945년 12월 25일 창립된 역사학회는 이념적 성향을 불문하고 한국사·동양사·서양사 전공자를 망라한 전문학회였다.[45] 실천적 지향은 잘 알 수 없지만 대체로 좌우합작의 진보적 입장에서 "새로운 史學"의 수립을 추구하였는데,[46] 이상백은 1947년 이 학회 대표로 활동하였다.[47]

---

43) 民主教育研究會는 당시 교육계를 주도한 한민당 계열의 朝鮮教育委員會에 대항하여 국수적 민족주의자로서 一民主義를 제창한 安浩相이 중심이 되어 결성한 단체로, 주요 회원은 安在鴻, 孫晋泰, 李仁榮, 趙潤濟, 崔鉉培, 崔奎東, 司空桓 등이었다. 1946년 12월 朝鮮教育研究會로 개칭되었고, 기관지『朝鮮教育』을 간행하였다(이광호,「미군정기 한국교육의 체제형성에 관한 고찰」, 연세대 교육학과 석사학위논문, 1983, 68~75쪽). 철저한 반공주의자 안호상의 一民主義와 안재홍·손진태의 新民族主義는 여러 면에서 차이가 있다고 생각되지만, 이들은 朝鮮教育研究會를 기반으로 줄곧 '민주주의 민족교육' 운동에 한 배를 탔다.

44) 李相佰은 경성대 사학과 동양사 교수이자 인민당 간부인 金一出, 사회학과 강사인 李德星 등과 가깝게 지내며 新文化研究所를 자주 출입하였다고 한다(최갑수 대담,「閔錫弘」,『역사비평』1991년 가을호, 187쪽 ; 윤선태,「'중국사회사논전'의 수용과 새로운 국가형성론의 전개」,『역사와 현실』20, 1996, 260~262쪽).

45) 초대(1945.12) 임원은 洪以燮, 金一出, 廉殷鉉, 閔泳珪, 2대(1947.2) 임원은 李相佰, 崔文煥, 洪淳昶, 廉殷鉉, 金一出, 韓相鎭, 3대(1948.2) 임원은 金廷鶴, 金一出, 趙義卨, 高在國, 韓相鎭 등이었다. 창립 회원은 알 수 없지만, 1949년도에 간행된 학회지에 소개된 회원은 姜大良, 高炳翊, 高在國, 金聖七, 金永基, 金元龍, 金一出, 金在龍, 金廷鶴, 金俊燮, 金弘柱, 閔泳珪, 閔天植, 方顯模, 柳洪烈, 廉殷鉉, 李能植, 李德星, 李三實, 李相佰, 李順基, 李如星, 李用熙, 全錫淡, 田元培, 全海宗, 鄭鎭石, 趙義卨, 曺佐鎬, 崔文煥, 韓仁錫, 韓相鎭, 韓沽劤, 洪淳昶, 洪以燮 등 35명이었다(『歷史學研究』1, 1949.5, 326쪽).

46)『歷史學研究』1, 彙報, 326쪽. 洪淳赫은 이 학회에 대해 "재래의 象牙塔 속에서 나와 청신한 새 學風을 세우려는 의도"에서 창립되었으며, "震檀學會와 朝鮮史

이와 같이 '동산학파'의 이병도 비판, 역사학계의 소장세대 등장과 관련하여 진단학회는 내적으로 분화되어 갔다. 이는 일제하 부르주아 역사학 전통이 해방 후 '새로운 역사학' 수립이라는 과제에 직면하여 질적으로 분화되고 있음을 의미하였다. 분화의 기저에는 국가건설의 시대적 과제 해결에 대한 실천관과 역사관의 차이가 내면화되어 있었다. 그러나 해방정국 전반기에 이 차이는 분명히 드러나지 않았다. 국가건설의 실천적 입장과 역사관을 담은 각 계열의 사론과 한국사 인식이 아직 구체화되지 않았기 때문이었다. 그것이 분명해지는 것은 1947년 이후 분단위기가 본격적으로 드러나면서였다.

3. 분단위기와 역사인식의 대립

1) 유물사관사학의 재편

1947년 이후 한반도의 사회 · 정치정세는 더욱 악화되었다. 북한에서는 인민민주주의 개혁이 진행되는 동안, 남한에서는 민중의 생활난이 한층 심화되어 미군정에 대한 대규모 민중항쟁이 지속되었다. 또 합당 · 합작 문제를 둘러싸고 좌익이 분열된 가운데 미군정은 북한과 남로당의 완강한 거부에도 불구하고 좌우합작운동을 이용해 南朝鮮過渡立法議院을 설립하였다. 특히 미군정은 1947년 3 · 22 총파업과 트루먼

研究會와는 대립적인 모듬"이라 지적하였다(洪淳赫, 앞의 글, 116). 역사학회의 성격에 대해서는 별도의 검토가 필요하다고 생각되지만, 임원과 회원 면면으로 볼 때 일단 이념적 自由主義 원칙 아래 다양한 입장의 소장층이 모였다는 점과 특히 京城大와 非京城大 연고자들이 총결집한 조직이라는 점을 살필 수 있다.

47) 朝鮮通信社, 『1948年版 朝鮮年鑑』, 朝鮮通信社, 1947.12, 454쪽.

독트린 발표를 분기로 극우세력을 앞세워 좌익 탄압을 전면화하였고, 분단은 현실로 다가왔다. 결국 미국은 제 2차 미소공동위원회의 실패를 끝으로 단정노선을 공식화하였고, 1947년 9월 이후 좌익진영의 공개적 정치활동은 불가능해졌다.

해방정국 후반기의 역사학계는 이러한 정세와 관련하여 크게 변화하였다. 정국 추이에 가장 직접적이고 심각한 영향을 받은 것은 남한의 진보적 학술운동과 유물사관사학이었다. 마르크스주의 지식인들은 좌익 분열과 미군정 공세에 대응해 진보적 학술진영의 통합을 추진하여 1947년 2월 朝鮮科學同盟을 창설하였다. 과학동맹은 남로당과 '民戰' 노선에 입각하여 전투적 정치선전을 강화하는 동시에 우익이론은 물론 모든 중간파이론에 대한 투쟁을 선언하였다.[48] 이는 남로당 지도부의 좌경노선 강화와 연관되어 있었지만, 그만큼 정국의 급박함과 마르크스주의 지식인의 일반적 위기의식을 반영한 것이었다. 勤勞人民黨에 참여하여 남로당과 다른 길을 걸었던 백남운 역시 이 시기를 조선민족의 세계사적 방향과 국가권력·사회구성의 성격이 결정되는 "乾坤一擲의 판국"이라고 강조하고, 조선민족은 식민지화의 기로에 놓여 있다고 선언하며 강경한 입장을 취하였다.[49] 그러나 과학동맹 결성과 좌경투쟁노선의 등장으로 다양한 입장의 지식인이 참여했던 진보적 학술진영의 구도는 해체되었다. 나아가 미소공동위원회 이후의 사상상황은 진보적 학술운동 자체를 불가능하게 하였다.

이에 따라 해방 후 역사학 재건을 주도했던 유물사관사학의 조직 기반은 해체되어 나갔고, '인민적 민주주의' 국가건설에 부응한 체계적 학술작업은 불가능해졌다. 비합법적 정치투쟁에 참여하지 않은 학자나 과

48) 방기중, 앞의 책, 282~286쪽.

49) 白南雲, 「朝鮮民族의 進路 再論(4)」, 『獨立新報』 1947년 5월 11일자.

학동맹에 동참하지 않고 중간파 노선을 취한 학자들은 개인적 학술활동에 만족하지 않을 수 없었다. 이러한 가운데 소장세대의 성과가 축적되었다.[50] 특히 이러한 활동을 선도한 全錫淡의 『朝鮮史教程』은 해방 후 남한에서 출간된 최초의 유물사관 입장의 개설서로서, 당시까지의 연구성과 수준을 반영하여 내용은 극히 불충분했지만 일반대중의 역사인식에 커다란 영향을 끼쳤다.

소장학자들은 악화되고 있는 사상상황에도 불구하고 유물사관의 당파성 선양에 주력하는 한편, 유물사관사학의 전통과 문제의식을 새롭게 전망하기 위한 방법론을 적극 모색하였다. 이들은 남한 역사학계 내부에 역사관의 근본적 입장을 달리하는 "觀念史學·保守史學"과 "唯物史學·進步史學"의 두 조류가 "江을 사이에 두고" 첨예하게 대치하고 있음을 강조하고, "老大家 · 大先輩"들의 관념사학 · 보수사학은 역사학이 본질로 하는 현재성과 실천성을 결여하고 있다고 비판하였다.[51] 대신 "새로운 科學的 方法論에 입각하여 새로운 시각에서 민족적 실천적 요청에 보답"하고자 노력하는 新進史學徒가 '새로운 역사학'의 담당자임을 선언하고, 이에 부응한 실천적 당면 연구방향과 과제를 제시하였다.[52]

---

50) 全錫淡 · 李基洙 · 金漢周, 『日帝下의 朝鮮社會經濟史』, 朝鮮金融組合聯合會, 1947 ; 崔虎鎭, 『近代朝鮮經濟史研究』, 民衆書館, 1947 ; 李北滿, 『李朝社會經濟史研究』, 大成出版社, 1948 ; 全錫淡, 『朝鮮史教程』, 乙酉文化社, 1948 ; 全錫淡, 「朝鮮史研究의 諸問題」, 『朝光』 1948년 6월호 ; 李能植, 『近代史觀研究』, 同志社, 1948.

51) 全錫淡, 위의 글 ; 全錫淡, 『朝鮮經濟史』, 博文出版社, 1949, 제1부 제1편 ; 李辰永, 「朝鮮社會經濟史研究의 새로운 展望」, 『學風』 2-4, 1949.5. 이들이 말하는 觀念史學의 주류는 문헌고증주의 방법론과 忠君烈士와 檀君崇拜 이념을 선양하고 역사발전의 동력이 民衆임을 파악하지 못하는 봉건적 국수주의적 文化史觀으로서, 곧 '老大家 · 大先輩'는 후술하는바 李丙燾를 비롯한 朝鮮史研究會 주도층이었다.

이들이 유물사관사학의 진전을 위해 특별한 의미를 부여한 것은 한국사의 합법칙적 발전에 나타나는 '특수성 = 정체성'의 해명이었다. 그리고 그 '지표'로 간주한 것은 백남운의 '공식주의적' 방법론에 대한 비판적 극복이었다. 백남운은 한국사의 보편적 내재적 발전의 규명에만 주의를 기울임으로써 현실변혁의 실천적 방향 설정의 관건인 경제적 사회구성의 특수적 발전과정과 그 연원인 정체성 문제를 해명하지 못했다는 것이었다.[53] 이는 일제하 유물사관사학 성립기에 드러난 마르크스주의 조선인식 방법론의 두 경향이 해방 후에 그대로 연장되고 있음을 반영하는 것으로서, 향후 유물사관사학의 주요 과제가 어디에 있는가를 보여주는 것이었다.[54]

---

52) 이는 ①조선 식민지화의 주요 배경으로서 資本主義的 발전을 조속히 성취하지 못한 停滯性의 근원 규명, ②현단계 自主獨立國家를 戰取하기 위한 조국의 발전방향 제시, ③이를 위한 조선사 발전의 內在的 必然性의 경제사적 해명, ④民族文化의 역사적 발전과정 해명과 향후 방향 제시 등 크게 네 가지 항목으로 정리되는데(李辰永, 위의 글, 55~56쪽), 여기에서 당시 유물사관사학이 도달한 한국사연구의 문제의식과 그 수준을 살필 수 있다.

53) 全錫淡, 주 51의 책. 이는 일제하부터 講座派 역사인식에 강한 영향을 받은 白南雲 후배들이 끊임없이 제기하고, 또 해방 후에도 부르주아민주주주의 혁명단계 설정의 理論的 整合性을 위해 거듭 주장한 유물사관사학의 주류 입장이기 때문에 새삼스러운 문제제기는 아니었으나, 이들 소장세대는 그 논의 수준을 한 단계 높여 나가고 있었다.

54) 방기중, 앞의 책, 118~125쪽, 168~184쪽, 309~312쪽. 이러한 전제 아래 소장세대 상호간에도 停滯性 문제를 인식하는 시각이나 時代區分論에 큰 차이가 있었다. 예컨대 백남운 비판을 선도한 全錫淡이 비트포겔·마쟈르·森谷克己 등의 '東洋社會論'에 근거하여 한국사회 정체성을 논하고 奴隷制 사회구성의 결여를 주장한 것에 대해, '內在的' 관점을 중시한 백남운을 지지하여 노예제 사회구성을 인정한 李辰永은 전석담의 관점을 이를 "한 사회의 內在的 發展法則을 外來的 契機 밑에서 고찰하는 … 均衡論, 地理的 唯物論"으로 비판하고 정체성 문제는 "사회적 內在的 제조건 속에서 해명"되어야 한다고 강조하였다(全錫淡, 위의

그러나 이러한 학문적 진전에도 불구하고 이 시기 유물사관사학은 전반적으로 수세적 입장에 처하였다. 그것은 全錫淡의 말대로 단지 정치적 차원의 수세뿐만 아니라 역사학의 문헌학적 훈련이 부족한 유물사관사학의 현주소를 반영하는 것이었다.[55] 당시 기성학계를 대표하는 진단학회 인사들의 저서가 연이어 기획 출간되는 등 부르주아역사학 진영이 활기를 띠기 시작한 점을 생각할 때 더욱 그러하였다.[56] 이러한 가운데 1948년 4월 개최된 남북협상은 유물사관사학의 전개에 커다란 분기가 되었다. 백남운과 다수 소장학자들이 월북의 길을 택함으로써 유물사관사학의 중심은 완전히 북한으로 이전하였다. 인민민주주의·사회주의 국가건설에 복무하는 '北韓歷史學'의 성립이었다.

2) 신민족주의사학의 실천관

미군정의 좌익 탄압과 좌우대립이 심화되고 있는 1947년, '동산학파'는 신민족주의사관을 본격 제창하였다. 일제말기 이래 이들은 자기반성을 통해 역사학의 존재의의에 대한 새로운 관점을 확보하였다. 역사학의 현재성과 실천성에 대한 자각이었다. 학문관의 근본적 전환을 바

책 ; 李辰永, 앞의 글).

55) 全錫淡은 1948년 정부수립 직전의 史學界 현실에 대해 "우리가 가장 정당한 입장에 서면서도 觀念史家의 최후의 牙城을 함락시키지 못하고 … 매우 불리한 처지"에 놓여 있다고 시인하고, "따라서 우리들 자신이 좀더 文獻學的 연구에 精進하는 동시에 完勝을 전취하려면 낡은 학자들에게 머리를 숙여가며 배울 것은 배워야" 하며, 내용은 옳지 않지만 "조선사연구의 현단계에 있어서는 李丙燾 先生의 『高麗史硏究』 같은 것도 이용가치가 있다"고 하였다(全錫淡, 주 50)의 글, 56쪽).

56) 예컨대 李相佰·孫晋泰가 깊이 간여한 乙酉文化社 학술총서 출간사업이 1947년 하반부터 진행되었다.

탕으로 이들은 순수 아카데미즘을 추구한 자신의 學的 母斑을 극복하고 민족의 현실문제에 정면으로 맞서 해결하려는 실천의식과 그 학문적 무기로서의 역사관과 방법론의 중요성을 인식할 수 있었고, 실천적 역사학을 모색할 수 있는 논거를 확보하였다.[57] 이러한 모색은 해방 후 安在鴻의 신민족주의 정치이념에 啓發되면서 구체화되었다.[58] 그리하여 미소공동위원회 재개를 앞둔 1947년 5월 손진태가 신민족주의 사론을 제창하고, 이어 7월 이인영이 "새로운 사관"에 입각한 "새로운 역사학의 과제"를 논함으로써 진단학회 재건을 이끈 '동산학파'의 신민족주의 역사인식이 비로소 실체를 드러냈다.[59]

신민족주의사관의 실천관은 "조선사의 당면한 근본명제는 국내의 계급알력과 정권쟁탈을 청산하고 민족 자존의 정신을 견지하면서 장래할 인류평화의 이상사회 건설에 공헌할 이론을 발견하는 데" 있다는 손진태의 과제 설정에 압축되어 있다.[60] 그것은 강대국 점령하에 분단위기를 초래하고 있는 민족분열·좌우대립의 현실을 타개하여 '통일민족국가'를 수립해야 한다는 것과, 이를 위해서는 민족통합·좌우합작을 달성할 수 있는 새로운 국가건설 이념과 역사관이 요구된다는 것이었다. 여기에는 크게 두 가지 비판의식이 깔려 있었다. 하나는 좌익·민중의

57) 孫晋泰, 「國史教育의 基本的 諸問題」, 『朝鮮教育』 2, 1947.5(이하 ①논문이라 함), 17~19쪽 ; 孫晋泰, 『朝鮮民族史概論』, 乙酉文化社, 1948, 序說, 2쪽 ; 李仁榮, 「새로운 歷史學의 課題」, 『朝鮮教育』 4, 1947.7(이하 ①논문이라 함), 81~83쪽 ; 趙潤濟, 앞의 책, 379~380쪽.

58) 安在鴻, 『新民族主義와 新民主主義』, 民友社, 1945. 安在鴻의 신민족주의와 역사인식에 대해서는 주 2의 인용 논저 참조. 특히 '동산학파'는 朝鮮教育研究會를 통해 安在鴻과 긴밀한 유대관계를 유지하면서 新民族主義의 역사이론화에 주력하였다.

59) 孫晋泰, ①논문 ; 李仁榮, ①논문.

60) 孫晋泰, 앞의 책, 緒說, 3쪽.

계급투쟁에 대한 것이었고, 다른 하나는 좌우 정치세력의 외세의존에 대한 것이었다. 계급투쟁은 민족분열을 초래하는 근본요인으로 파악되었고, 미 · 소는 "세계지배를 꿈꾸는" 제국주의 국가로서 그들의 민주주의는 우리 실정에 맞지 않는 "강자의 철학"이기 때문에 맹종과 사대는 민족멸망의 길로 간주되었다.[61)]

곧 자주독립, '통일민족국가' 건설의 요체는 우리 현실에 맞는 "약자의 철학"을 확립하여 "民族自守의 정신"을 견지하고 민족단합을 실천하는 데 있었다.[62)] 이들은 여기에서 '民族主義' 이념을 새롭게 인식해야 할 필연적인 역사적 현실적 근거를 도출하였다. 민족사 발전의 기본 단위로서 초역사적 초계급적 '民族'이 다시 발견되었고, 그러한 전제 위에 민족 내부의 '階級'의 존재 의미가 설정되었다.[63)] 재인식된 민족주의는 과거 존재했던 봉건적 특권계급의 민족주의나 배타적 국수주의적 민족주의, 또는 제국주의적 군국주의적 민족주의가 아니었다. 그것은 민족 내부의 계급적 불평등을 해결하고 국제친선과 세계평화에 기여하는 약소민족의 민족주의, "현실적 민족적 입장과 세계사적 관점"에 입각한 '民主主義的 民族主義'였다.[64)] 신민족주의 실천관은 반제 · 반봉건 · 반독점 사상에 입각하였고, 그 실현정신은 '투쟁'이 아니라 "협조와 친선과 통일의 이념"이었다.[65)] 이렇게 보면 신민족주의사관은

---

61) 孫晋泰, 위의 책, 自序, 2쪽 ; 孫晋泰, 「國史教育 建設에 대한 構想 - 新民主主義 國史教育의 提唱」, 『새교육』 2, 1948.9(이하 ②논문), 48~49쪽. 이들은 일반적으로 소련을 미국과 동일한 '赤色帝國主義國家'로 파악하였다.

62) 孫晋泰, 위와 같음.

63) 孫晋泰, 위의 책, 緒說 ; 李仁榮, ①논문 ; 李仁榮, 「民族의 定義」, 『大潮』 15, 1947.8. 이러한 초역사적 초계급적 민족이론과 민족주의론을 가장 체계있게 대변한 것은 金斗憲이었다(金斗憲, 앞의 책).

64) 위와 같음.

일반적으로 초계급적 민족주의론과 계급협조주의에 입각하여 좌우합작과 민족통일을 주장하고 사회민주주의·수정자본주의 국가체제를 지향했던 중간파 노선의 역사관을 반영하였다.[66)]

신민족주의사학이 주창하는 '새로운 역사학'은 이러한 실천관에 부합하고 그 실천적 목표에 기여하는 역사학이었다. 한국사의 진정한 주체는 민족이라는 관점에서 "조선사의 근본적인 안목"은 일체 민족의 발견에 두어졌고, 한국사의 "근본적인 중대성"을 갖는 연구 핵심은 "民族問題"로 설정되었다. 과학적 방법론의 수립은 이러한 의미의 민족사 체계를 세우는 것이었다. 약소민족의 단결과 발전, 민족 내부의 단합과 평등에 값하는 역사적 사실만을 민족사에서 가치를 갖는 '善'으로 규정되고, 이에 배치되고 이를 저해한 역사적 사실을 일체 '惡'으로서 엄격히 준별하였다. 귀족계급의 특권과 착취, 피지배계급의 계급투쟁을 역사발전의 합법칙성으로 파악되기보다 모두 민족통합을 저해한 '악'으로 규정하는, 선악이분법의 극단적 鑑戒主義·道德主義 관점이 관철되었다.[67)]

더불어 이러한 실천관에 배치되는 각종 역사관에 대한 비판이 가해

---

65) 李仁榮, ①논문, 83쪽.

66) 中間派路線의 사상에 대해서는 조성훈, 「좌우합작운동과 민족자주연맹」, 『백산박성수선생화갑기념논총 한국독립운동사 인식』, 1991 ; 方基中, 「解放政局期 中間派 路線의 經濟思想」, 『經濟理論과 韓國經濟: 崔虎鎭博士 講壇50週年紀念論文集』, 博英社, 1993 ; 洪性讚, 「한국근현대 李順鐸의 政治經濟思想 연구」, 『역사문제연구』 1, 1996 등 참조.

67) 孫晋泰, 앞의 책, 緖說 ; 李仁榮, 앞의 두 논문 ; 정창렬, 「손진태」, 『한국의 역사가와 역사학(하)』, 243~246쪽. 孫晋泰에 비해 역사발전의 보편성과 역사학의 과학성 문제를 더 고민한 李仁榮의 경우 극단적 鑑戒主義에 빠지지 않았지만, 대신 그러한 성향은 한국사의 정체적 인식으로 표출되고 있었다(李仁榮, 「우리民族史의 性格」, 『學風』 1, 1948.10).

졌다. 문헌고증사학과 왕실중심적 봉건사관, 배타적 민족주의 국수사관 등을 일반대중의 민족사 인식과 국사교육에 가장 해악을 끼치는 것으로 비판하였고, 가치중립적 객관적 역사인식을 주장하는 자유주의사관 역시 배격하였다.[68] 또 반제 · 반봉건 실천이념을 같이하는 유물사관에 대한 비판적 입장도 분명히 하였다. 비판의 이론적 논거는 초역사적 초계급적 민족인식이었다. 손진태는 '낡은' 역사관의 "舊殼을 破脫한" 유물사관의 사학사적 의의를 이해하고 백남운의 선구적 업적에 경의를 표하면서도, 유물사관의 계급투쟁론이 '민족'의 일부인 피지배계급만 부각시키고 민족분열을 조장함으로써 민족적 과제에 부응하지 못하고 있음을 상조하였다.[69] 특히 이인영은 역사발전의 기본 십난인 '민족'은 씨족 · 부족의 발전과정을 거쳐 자본주의 형성 이전에 "엄연히 존재한" 역사적 실체로서, '계급'을 내포한 민족의 흥망은 장구한 시간을 요한다고 하여, 자본주의시대의 민족개념만을 강조하는 마르크스주의 민족이론을 집중 비판하였다.[70]

신민족주의사관은 유물사관과 더불어 해방 후 반제 반봉건 민주주의 개혁에 부응한 실천적 역사관이었다. 이러한 의미에서 신민족주의사학은 일제하 민족주의사학의 실천관과 역사사상을 비판적으로 계승 발전시킨 적통이었다.[71] 특히 민족문제의 중요성을 환기시킨 점은 분단위기가 심화되고 있는 시점과 관련하여 의미심장한 문제제기였다. 백남

---

68) 孫晋泰, ①논문, 17~18쪽 ; 孫晋泰, ②논문, 48~52쪽 ; 李仁榮, 「國史와 世界史」, 『國史要論』, 民教社, 1950, 220~221쪽. 自由主義史觀에 대해서는 후술.

69) 孫晋泰, 앞의 책, 緖說, 2쪽.

70) 李仁榮, ①논문 ; 李仁榮, 「民族의 정의」, 『大潮』 15, 1947.8

71) 일제하 민족주의사학의 계승과 관련해서는 신민족주의사학과 별도로 응당 延專문과의 학풍을 세운 鄭寅普와, 소장세대로서 역사학회 일원인 洪以燮에 대한 검토가 있어야 하나 이는 별도의 기회를 갖고자 한다.

운과 같이 민족문제의 중요성을 환기시킨 인사도 있었지만, 대부분의 마르크스주의 지식인들이 스탈린의 계급주의적 민족이론에 심취되어 민족문제의 심각성을 충분히 자각하지 못한 점을 감안할 때 더욱 그러하였다. 이러한 연장에서 '동산학파'는 남북협상을 지지하였고,[72] 분단이 확정된 이후에도 신민족주의 실천관을 계속 견지하였다.

그러나 이러한 실천적 의의에도 불구하고 신민족주의사학은 여러 측면의 문제를 안고 있었다. 역사학 방법론과 한국사체계의 문제는 차치하고,[73] 특히 국가건설 문제와 관련하여 심각성을 갖는 것은 신민족주의사관의 실천논리와 정치적 성격이었다. 무엇보다 이들은 '新民族主義社會' 실현의 대전제인 좌우합작의 필연성과 실천가능성을 '역사와 현실'을 통해 설명할 수 있는 구체적인 역사이론과 실천이론을 획득하지 못하였다. 이들은 당위적인 민족적 요구와 함께 초역사적 민족이론을 통해 좌익의 민족관을 비판하고 좌우합작과 통일민족국가 수립의 정당성을 논하였다. 그러나 '당위'는 정당하였지만 이들의 민족이론은 '민족' 속의 '계급'의 본질 — 특히 자본주의사회의 민족과 계급 — 을 설명할 수 있는 역사적 민족론이 아니라 인종학적 인류학적 범주의 관념적 민족론이었다.[74]

또한 이들은 반제 반봉건 이념에 입각한 민중적 입장의 계급문제 해결 원칙을 수용함으로써 좌우합작의 가능성을 제시하였다. 그 실천이념은 좌익의 '인민적 민주주의' 실천이념과 상호 호흡을 같이하는 것이었다. 그러나 자본주의사회, 제국주의체제에 대한 역사적 인식 부족과 관련하여,[75] 이들은 자본주의 단계의 계급문제, 제국주의 지배를 경험

---

72) 孫晋泰는 宋錫夏와 함께 남북협상을 지지한 '文化人 108人 聲明'에 참여하였다.

73) 이에 대해서는 주 2의 인용 논저 참조.

74) 정창렬, 앞의 글, 241~243쪽.

한 약소민족의 계급문제를 해결할 수 있는 구체적인 현실변혁의 역사이론과 실천논리를 결여하고 있었다. 유물사관론자들이 사회구성체론과 민족이론을 무기로 나름대로 자본주의 극복의 논리, 계급문제와 민족문제의 통일적 해결방안을 제시하고 '인민적 민주주의사회'의 역사적 필연성을 주창할 수 있었던 반면, 이들은 '신민족주의사회'의 역사적 필연성을 체계적인 이론과 논리로서 제시할 수 없었다.[76]

여기에 이들의 계급관이나 정치적 성향은 이러한 한계를 국가건설운동의 실천적 한계로 나타나게 하는 주요한 계기가 되었다. 계급투쟁을 민족문제 해결의 '惡'으로 간주하는 역사인식·현실인식과 계급문제의 평화적 해결이 가능하다고 보는 계급협조 이념에서 보듯이 이들은 소박한 민중관과 소부르주아적 계급관을 견지하였다. 이러한 계급관을 바탕으로 이들은 신민족주의사학을 제창할 당시 남한 지배체제에 편입되고 있었다.[77] 나아가 좌우합작과 민족통합의 당위성을 강조하여 남북협상을 지지하면서도 이들은 북한·좌익의 '인민적 민주주의' 노선을 수용할 수 없었고, 그 연장에서 남한정권에 참여하였다.[78]

---

75) 정창렬, 위의 글, 248~251쪽. 이는 이들 民族觀의 특질과 표리관계를 이루는 것이었다.

76) 이들의 한국사 서술체계에 잘 드러나는 바와 같이(孫晋泰, 앞의 책 ; 李仁榮, 앞의 책), 필자는 孫晋泰는 물론 역사학의 과학성 추구에 관심이 많았던 李仁榮 역시 끝내 유물사관의 社會構成體論을 수용하지 않았다고 생각한다.

77) '동산학파'의 이론적 지주인 安在鴻이 과도정부 민정장관에 취임하였고, 신민족주의 교육이념의 산실인 조선교육연구회는 '國大案'을 지지하면서 남한의 교육건설 문제를 둘러싸고 한민당 계열의 朝鮮教育委員會와 주도권 경쟁을 하고 있었다.

78) 조선교육연구회의 安浩相이 초대 문교부장관으로 취임하자 孫晋泰는 편수국장(1948.11), 문교부차관(1950.2), 李仁榮은 고등교육국장(1948.11)에 취임하여 이승만정권의 초기 文教政策에 참여하였다. 安浩相 문교정책과 이념에 대해서

결국 신민족주의사관은, “우리나라의 유일한 정부인 대한민국정부를 절대지지 육성하여 남북통일 민족통일의 위대한 사업을 수행하여야 할 것”이라는 이인영의 입장 천명과 같이,[79] 분단사학에 편입되어 갔다. 말하자면 이들은 중간파 노선의 일반적 정서와 논점을 공유하면서 남한의 자본주의 국가건설 과정에 동참한 ‘중간우파’의 코스를 걷고 있었다. 중간파 노선의 남북체제로의 분화 편입은 분단구조의 본질을 반영하는 한 단면이지만, 이분법적 분단논리에 직면했을 때 이들 ‘중간우파’는 우익이었다. 그것은 단지 생존의 처세가 아니라 신민족주의 역사관 · 실천관에 내면화된 ‘민족주의’ 이데올로기의 반영이었다.

3) 문헌고증사학의 대응과 계승

해방정국 후반기에는 문헌고증사학의 새로운 모색도 본격화되었다. 이병도와 조선사연구회 그룹은 ‘國大案’이 현실화되고 미군정 · 극우세력의 공세가 강화되자 분단위기에 대한 입장을 논리화하면서 문헌고증사학의 전통을 새롭게 복원시켜 나갔다. 우선 이들은 국가건설에 동참해야 한다는 학계의 일반적 정서를 반영하여 역사학의 존재 의의를 적극적으로 인식하는 자세를 보였다. 이병도는 “역사는 과학”이라 선언하고, 역사학의 궁극 목적은 역사의 진보에서 “人間事爲의 어떤 질서 목적 또는 眞理를 파악”하는 데 있다고 피력하였다.[80] 金庠基 역시 과

는 한준상 · 정미숙, 「1948~1953년 문교정책의 이념과 특성」, 『해방전후사의 인식 4』, 한길사, 1989 참조.

79) 李仁榮, 앞의 책, 218쪽.

80) 따라서 역사학은 단지 “事實의 기록”이 아니라 “사실을 비판하고 사색하여 眞相을 밝히는 동시에 그 이면 혹은 그 이상에 들어나 있지 않는 어떤 意義와 價値를 발견”하는 학문이라 주장하였다(李丙燾, 『朝鮮史大觀』, 同志社, 1948, 總

거의 사실은 현재, 미래와 관련성을 가지고 있기 때문에 "건전한 건설"은 역사성에 근거를 두어야 한다는 역사학의 현재성과 존재 의의를 강조하였다.[81] 문헌고증 방법론에 대한 자기반성을 의미하는 것은 아니었지만,[82] 역사학의 과학성과 현재성을 강조한 점은 일종의 역사인식의 확대였다. 이를테면 그것은 문헌고증 방법론을 좀더 세련된 방식으로 무장하고자 하는 의욕을 표현한 것이었다.[83]

이병도가 문헌고증사학에 대한 비판에 적극 대응하고 국가건설 문제와 관련하여 문헌고증사학의 입지 강화의 돌파구로 삼은 것은 '民族單一性'에 근거한 민족정신사론의 제창이었다. 그는 조선민족이 세계에서 보기 드문 역사적 통일성과 단일성을 형성한 탓에 공식주의나 사대주의 의식에 빠지는 폐해를 가지고 있지만, 동시에 유구한 문화적 역사적 공동체를 발전시켜온 "민족 독자적인 의식"을 겸비하고 있다고 주장하였다.[84] 나아가 이 두 '의식'의 상호 작용을 역사발전의 동력으로

說, 1~2쪽).

81) 金庠基, 「序文」, 金聖七, 『朝鮮歷史』, 朝鮮金融組合聯合會, 1946.

82) 李丙燾는 당시 '朝鮮史研究'가 빈곤한 상황에 처해 있는 이유를 "歷史科學 자체의 體系의 완성을 보지 못하고 있다는 根本問題에 원인이 있다기보다 주로 日帝의 탄압에 의한 것"이라 하여 문헌고증 방법론에 대한 자기비판을 거부하고, 오히려 "우리들의 연구발표는 극단적인 감시 제약"을 받았다고 주장하였다(李丙燾, 「創刊辭」, 『史海』 1, 1~2쪽). 그러나 주지하는바 『震檀學報』는 14호를 발행할 동안 총독부 검열에서 내용 때문에 말썽난 적이 한 번도 없었다(조동걸, 앞의 글, 163쪽).

83) 李丙燾는 특정 역사관의 견지를 '主觀'으로 치부하였고, 역사학의 과학성을 '多元的 客觀主義'에서 구하였다(李丙燾, 앞의 책, 2쪽). 이는 문헌고증사학 전통을 적극 계승하는 의사표명이었고, 동시에 歷史觀 정립을 국가건설에 부응하는 '과학적 실천적' 역사학의 출발점으로 삼는 유물사관사학과 신민족주의사학에 대해 대척적 입장을 천명한 것이었다.

84) 李丙燾, 「朝鮮民族의 單一性」, 『新天地』 8, 1946.9, 14~15쪽. 李丙燾의 民族認

논리화하였다. 공식주의 · 사대주의 의식은 개인 · 가족 · 당파의 이익을 위한 '小我精神'이고, 민족 독자의 의식은 우리 민족 · 국가의 통일과 발전의 지도원리인 '民族正氣' 곧 '大我精神'으로서, 민족사회의 발전은 대립적 성향을 갖는 이 두 정신의 상호작용과 "새로운 조화"에 의해 이루어진다는 것이었다.[85] 따라서 "민족의 일대 위기"를 맞은 당면 현실은 좌우익의 사상대립, 당파싸움에 기인한 '소아정신'의 발현기로 규정되었고, 타개 방향은 국가 통일과 발전의 지도원리인 "대아적인 독자적인 正氣"를 소생 확충시켜 민족단합을 이루는 것이었다.[86]

이와 같이 조선사연구회 그룹은 문헌고증사학의 전통에 민족주의 이데올로기의 전유물인 민족정신론을 결합시켜 현실타개의 역사학을 모색하였다. 그러나 그 민족정신은 일제하 민족주의사학이나 해방 후 신민족주의사학이 견지한 민족정신과 질적으로 구분되는 것이었다. 민족통일과 발전의 지도원리로 설정된 '大我精神'의 실체, 사상적 기반은 복고적 전통사상, 전통적 도덕가치관이었다. 좌우익의 사상대립을 사대주의로 비판한 것은 "사천년 傳統精神을 던지고 沒正體의 異手妖術"인 외래사상에 놀아나기 때문이었고, "建國行程의 목마른 고개에 絲泉의 役"을 자부하며 전개된 이들의 학문활동 목표는 '忠君烈士傳'의 복원이었다.[87] 또 '대아정신'은 철저히 국가 중심의 지배계급 사상이었

識은 신민족주의의 민족인식과 기본적으로 같은 범주의 인종학적 인류학적 민족론에 입각한 것이었다.

85) 李丙燾, 앞의 책, 나머지말.

86) 李丙燾, 위와 같음 ; 李丙燾, 주 84의 글

87) "우리는 퇴폐된 國民道德, 마비된 民族精神을 往賢들의 끼쳐주신 행적에서 찾아보며 先烈들의 재워두신 宿魂에서 불러내여 再拂塵再洗末하여 建國行程의 목마른 고개에 絲泉의 役을 삼으려는 微意에서 本誌를 세상에 내어놓는 所以로 한다."(『史海』 1, 編輯後記, 159쪽).

다. '대아정신'은 "공명정대하고 정의의 주체"인 국가가 위기에 빠질 때 맹렬히 발동되는 "民族正氣"로서,[88] 곧 초역사적 국가사상이었다. 이러한 역사관념 구조에서 계급의식이나 민중의식은, 당연 분열과 혼란을 초래하는 '소아정신'에 불과하였다.

요컨대 이들의 민족단결론·민족정신사론에는 당시 국가건설의 당면 과제와 관련하여 요구된 실천이념과 논리가 배제되어 있었다. 유물사관사학과 신민족주의사학이 공유한 반봉건 민주주의개혁의 실천관과 민중관의 결여였다. 민족통일·좌우합작의 대전제를 결여한 관념적 민족단결론은 이승만식 '무조건 통일론'과 다름이 없었다. 이들의 '양비론'적 사대주의 비판도 반제적 의미를 갖는 것이 아니었다. 그것은 봉건적 성향을 불식하지 못한 전근대적 지배가치관에 의존한 것이었다. 말하자면 '대아정신'은 현실변혁의 역사관이 아니라 체제유지의 역사관념이었다. 해방 후 문헌고증사학의 한국사 인식과 체계는 이러한 역사인식을 바탕으로 재구성되고 있었다.[89]

결국 국가건설의 지도원리인 '대아정신', '민족정기'는 유물사관이나 신민족주의사관의 반제·반봉건 실천이념과 상호 대립되는 것이 아닐 수 없었다. 사상적 전통에서 보면, 문헌고증의 객관적 합리성을 강조하는 역사방법론과 복고적 민족정신사론의 결합은 일제하 진단학회에 내면화되어 있던 '민족개량주의'의 사상적 조류, 곧 봉건성을 청산하지

---

88) 李丙燾, 앞의 책, 493쪽.

89) 李丙燾가 전통적인 王朝史 서술을 견지하면서 제시한 '民族統一' 중심의 循環史觀的 時代區分論을 제시한 것이나(李丙燾, 위의 책, 16~17쪽), 일제 관학자들의 檀君抹殺論을 비판하고 단군에 대한 과학적 인식을 강조한 것(李丙燾, 「檀君에 關한 一 考察」, 『新天地』 13, 1947.2) 등이 그러한 예였다. 또 朝鮮史研究會 그룹이 李舜臣 추모사업을 주도하고, 黨爭의 폐단과 壬辰倭亂의 교훈을 집중 계몽함으로써 '민족단결' 고취에 경주한 것도 이러한 관념에서였다.

못한 채 근대성의 세례를 받은 '문화주의적 민족정신론'의 계승이자 변용이라 할 수 있었다.[90] 정치현실에 대한 '양비론'적 언사와 관계없이 복고적 민족정신사론의 이념과 논리가 지향하는 체제적 방향은 궁극적으로 남한 지배세력과 단정노선이 추구하는 자본주의 국가체제였다.

문헌고증사학이 복고적 민족정신사론으로 새롭게 채색되고 있는 다른 한편에서 역사학회에 참여하고 있는 李相佰과 金廷鶴이 '과학적 실증사론'과 '역사과학론'을 제창하고 나섰다.[91] 양자의 입론이 같은 것은 아니나, 상호 공유하는 측면을 가지고 말하면 '科學主義' 사론의 제창이라 할 수 있었다. 이들은 무엇보다 '새로운 역사학'은 '과학'으로서의 역사학이 되어야 한다는 데 인식을 같이하였고, 역사의 발전법칙, 보편성의 존재를 인정하는 사관의 정립과 과학적 방법론이 필요하다는 점에 동의하였다. 사관 확립의 중요성이나 역사의 보편적 법칙성 인식의 의의를 새롭게 조명함으로써 이들은 과거 문헌고증사학의 졸렬한 연구방법이나 민중생활을 배제한 지배층 중심의 정치사연구를 비판할 수 있었다.[92]

---

90) 1930년대 초반 『東亞日報』 계열이 주도한 '文化革新論', '古蹟保存運動'의 사상적 조류가 이 의미를 설명해 줄 수 있을 것이다(이지원, 「1930년대 民族主義系列의 古蹟保存運動」, 『東方學志』 77·78·79 합집, 1993). 민족개량주의와의 연계성을 생각하면, 해방 후 문헌고증사학이 民族精神史論을 들고나온 것은 모순된 사실은 아니라 할 수 있다. 환기하고 싶은 점은 문헌고증사학의 首長으로서 일제하 민족정신 문제에 가장 소극적이었던 李丙燾가 이를 선도했다는 사실과 그 민족정신론의 사상적 본질이다.

91) 李相佰, 『朝鮮文化史硏究論攷』, 乙酉文化社, 1947, 序 ; 金廷鶴, 「歷史觀과 國史教育 - 歷史科學의 樹立을 爲하야」, 『新天地』 19, 1947.9 ; 李相佰, 「科學的 精神과 積極的 態度 - 實證主義精神의 現代的 意義」, 『學風』 1, 1948.10.

92) 이러한 의미에서 金廷鶴은 일제하 이래 이러한 朝鮮史學界의 低迷에 가장 통박을 가하여 새로운 공기를 고취한 선구자는 白南雲이라고 지적하고, 『朝鮮封建

그런데 '과학주의' 사론은 역사학의 '과학성' 자체가 탐구 목적인 자유주의적 관점을 지향하였다. 이들은 역사학을 규범과학이 아닌 경험과학이라는 입장에서 현실변혁의 '당위'를 추구하는 실용적 교훈적 역사관을 거부하였다. 역사학의 임무는 과거 사실에 대한 과학적 인식에 족한 것이며, 그 이상은 역사학의 영역이 아니라는 것이었다.[93] '새로운 역사학' 모색과 관련하여 유물사관사학과 신민족주의사학이 강조한 역사학의 실천성은 배제되었다. 그 연장에서 특정 역사관과 사상의 견지를 가정된 법칙과 공식의 "독단적 해석이나 기계적 적용"이라 비판하였고, 특정 주의·학설을 절대화하는 것은 "종교"라 하여 객관주의·상대주의에 입각한 "역사주의 입장"을 강조하였다.[94] 이들에게 역사학의 본령은 과거 사실에 대한 합리적 실증과 법칙성 인식이라는 연구방법의 과학성을 확보하는 것, 그 이상도 이하도 아니었다.[95]

부르주아역사학, 자유주의사관의 한 전형인 '과학주의' 사론은 문헌고증사학에 뿌리를 두고 그 전통을 비판적으로 극복해 보려는 모색이었다. 특히 金廷鶴의 사론은 자유주의 입장에서 유물사관과 신민족주의사관에 대응하여 '새로운 역사학'을 추구한 역사학회 일부 소장세대의 정서와 학문관을 반영하였다.[96] 이들은 한국사학의 과학적 방법론

社會經濟史』의 사학사적 의의를 높이 평가하였다(金廷鶴, 위의 글, 8쪽).

93) 金廷鶴, 위의 글, 9~10쪽.

94) 金廷鶴, 위의 글, 15쪽 ; 李相佰, 앞의 책, 8~9쪽.

95) 洪承基, 앞의 글, 43~46쪽. 金廷鶴이 檀君神話는 역사가 아니고 신화이기 때문에 教科書에서 배제되어야 한다고 강조한 것이 이러한 과학주의 역사인식의 성격을 단적으로 반영하고 있다(金廷鶴, 위의 글, 13~15쪽).

96) 金廷鶴이 특히 집중 비판한 것은 신민족주의사학으로서, 그는 孫晋泰, 李仁榮이 주장하는 "自稱" 民族史觀이라는 것은 개념조차 모호하며, "기분적인 學問 이전의 論理에 低徊하고" 있다고 혹평하였다(金廷鶴, 앞의 글, 15쪽). 이러한 반응은 서양 근대과학의 '과학적 합리성'을 존중하면서 鑑戒主義的 실천성을 강조하는

을 추구한 점에서 조선사연구회 그룹에 비해 한 단계 높은 수준의 사론을 전개했다고 볼 수 있었다. 그러나 문제제기에 합당한 구체적인 연구방법과 한국사체계를 제시하지 못했기 때문에 이들의 사론은 실체가 없었다.[97] 더욱이 역사학의 실천적 의의에 대해 극히 소극적인 상대주의적 역사인식은 분단위기를 맞고 있는 시점에서 설득력을 가질 수 없었고, 남한체제에 편입되는 가운데 '독자적' 발전의 전망도 갖기 어려웠다.

이상과 같이 해방정국 후반기에는 분단위기가 현실화되는 가운데 여러 계통의 사론이 제기되었다. '과학주의' 사론의 경우에는 단서가 필요하지만, 각 사론은 이구동성으로 민족단결과 통일정부 수립의 당위성을 주장하며 '새로운 역사학' 수립의 관건으로 역사학의 과학성·현재성·실천성을 강조하였다. 그러나 각 사론이 주장하는 과학성의 의미와 논리, 실천의 성격과 방향은 전혀 다른 것이었다. 이는 각 사론이 기초하고 있는 학문관·과학관의 차이를 보여주는 동시에, 분단위기에 대한 현실인식과 대응의 차이, 국가건설에 대한 역사인식과 체제이념의 차이를 반영하였다. 정치권과 같이 분명하고 격렬하게 표출되지 않았지만 이와 밀접한 관련하에 국가건설을 둘러싼 역사인식의 대립도 심화되었다.

민족주의 역사인식을 비과학적인 것으로 下待視하는 일부 소장세대의 일반적 정서를 반영한 것인데, 이러한 부르주아 學問觀 내부의 갈등은 오랜 전통을 갖고 있는 것이다.

97) 洪承基, 앞의 글, 48~53쪽.

4. 통일정부 수립의 좌절과 분단사학의 형성

남북 분단정부의 수립은 이러한 역사학계의 추이를 더욱 촉진시켰다. 국가건설의 역사관과 실천관을 근본적으로 달리한 유물사관사학과 여러 계열의 부르주아 한국사학 전통은 단지 역사인식의 대립에 그치지 않고 지역적 단절을 수반한 분단사학의 방향으로 나아갔다. 남북의 한국사학은 각기 재편의 경과와 사회적 존재양식을 달리하면서 궁극적으로 자본주의국가체제와 인민민주주의국가체제에 봉사하는 관학 풍토를 구축하였다. 이미 일련의 '민주개혁'과 함께 '인민적 민주주의' 국가건설의 절차를 밟고 있었던 북한에서는 이 과정이 신속하고 조직적인 차원에서 진행된 반면, 남한에서는 좀더 복잡한 경로를 거치면서 추진되었다.

유물사관에 기초한 북한의 역사학 건설은 분단정부 수립 이전부터 모색되었다. 인민민주주의 문화·교육건설의 기초인 '조선역사' 교과서 편찬이 주요 과제로 대두했기 때문이었다. 그리하여 北朝鮮臨時人民委員會는 1947년 1월 「조선역사편찬회에 관한 결정서」를 채택하고 2월 朝鮮歷史編纂委員會를 구성하였으나 전문가의 절대 부족으로 사업의 진전을 보지 못하였다.[98] 따라서 북한역사학은 남북협상과 함께 남한 유물사관사학의 중심 이동이 이루어진 후 분단정부 수립과 함께 본격화되었다.

---

98) 위원회는 1946년 10월 金日成大學 개교를 즈음하여 초빙했던 남한 학자와 在蘇 한국인 학자를 중심으로 구성되었다. 편찬위원은 25명이었고, 위원장은 李淸源이었다(최영묵, 앞의 글, 164~165쪽). 그러나 전문 역량이 극히 부족하여 위원회 설치는 "처음으로 역사를 과학적으로 체계화할 수 있는 연구기지가 창설"된 의미에 그쳤다(이병천 편, 앞의 책, 296쪽).

1948년 10월 북한정부는 「조선역사편찬위원회에 관한 결정서」(내각 결정 11호)를 채택하고 조선역사편찬위원회를 확대 개편하였다.[99] 위원장은 교육상 백남운이 겸하고, 12명의 상임위원과 28명의 위원이 선임되었으며, 4개의 분과위원회가 설치되었다.[100] 동시에 金日成이 제시한 편찬위원회의 6가지 기본과업에 의해 인민민주주의 국가건설에 조응한 북한역사학의 당면과제와 연구방향이 구체화되었다. 그것은 ① 원칙적 이론 기준을 "과학적 세계관"에 근거할 것, ②일제 식민사학의 잔재를 일소하고 서구학자들의 동양사에 대한 부르주아적 견해와 편견적 방법을 배제할 것, ③편찬 대상은 원시사회에서 현대에 이르는 전 역사과정이며, 편찬의 기본내용은 사회적 생산기구와 성격의 생성 발전 및 轉變關係를 과학적으로 究明할 것, ④당면 과업으로 1949년 3월 말까지 최근세사, 1949년 말까지 簡易通史를 공간할 것, ⑤국내외의 자료 수집 조사, ⑥개별문제의 연구발표와 토론을 위해 기관지 『력사제문제』를 출간할 것 등이었다. 1949년 10월, 첫 성과인 『조선민족해방투쟁사』를 출간함으로써 일차 김일성의 항일무장투쟁을 골간으로 하는 '반제반봉건민주주의혁명운동사' 체계를 세우고 북한의 국가건설노선과 인민정권 수립의 역사적 정당성을 이론화하였다.

---

99) 이하 편찬위원회에 대해서는 최영묵, 위의 글 참조. 이와 더불어 유물 · 유적 발굴과 보존 연구를 위한 朝鮮物質文化遺物調査保存委員會가 설치되었다. 상무위원은 한홍수(위원장), 이여성, 도유호, 박시형, 이태진, 오인근 등 6명이었고, 위원은 태성수, 김석형 등 10명이었다. 이에 대해서는 한창균, 「도유호와 북한고고학」(도유호, 『조선원시고고학』, 백산자료원, 1994, 328~338쪽) 참조.

100) 상임위원은 최창익, 태성수, 남일, 김승화, 박영빈, 박동초, 김두용, 유문화, 김광진, 박시형, 김석형, 한길언 등이었고, 이들을 포함하여 홍명희, 김한주, 이여성, 한홍수, 도유호 등 28명의 위원을 선정하였다. 4개 분과위원회는 원시사분과위원회, 고대사분과위원회, 봉건사분과위원회, 최근세사분과위원회였다.

그러나 이러한 작업에도 불구하고 "쏘련을 향하여 배우라"는 노동당 지침에 잘 나타나듯이 이들의 사상적 이론적 수준은 소련에 대한 모방 단계에 있었다.[101] 마르크스주의 사상과 유물사관 체계의 토착화 작업, 민족문제의 중요성을 내면화하고 식민사관의 근원을 제거한 새로운 관점의 한국사 탐구는 시도되지 못한 채 일제하 이래의 인식 수준의 연장에서 당면과제 해결에 주력하였다. 물론 새로운 관점의 단서는 일제하 민족해방운동의 전통과 마르크스주의 '조선인식'의 성장과 분화 속에서 이미 주어져 있었다. 다만 국가건설의 당면과제 해결에 급급한 당시로서는 그것을 본격적으로 탐구할 여유가 없었다. 더욱이 그것은 북한 지도부와 역사학자 내부의 현실 인식, 역사 인식, 민족문제 인식의 견해 차이와 연결된 심각한 요소였기 때문에 일면 의도적으로 유보되었다. 그것이 전면화되는 것은 전후 일련의 권력투쟁·사상투쟁을 동반하며 전개된 '북한식' 사회주의 개조 과정을 통해서였다.[102]

분단정부 수립 후 남한 역사학계의 동향은 북한역사학과 달리 복잡하였다. 대체로 1949년 전반까지는 외견상 분단정부 수립 이전의 추이가 지속되었다. 유물사관사학의 경우, 사상탄압 속에서 학문기반의 해체가 더욱 촉진되는 가운데,[103] 일부 소장세대의 의욕적인 연구성과가 맥을 유지하였다.[104] 남한정부에 참여한 신민족주의사학은 '신민족주

---

101) 이병천 편, 앞의 책, 273쪽.

102) 이 변화의 배경과 의미에 대해서는 金聖甫, 「北韓의 土地改革과 農業協同化」, 연세대 박사학위논문, 1996, 211~218쪽 참조.

103) 당시 이들이 활동할 수 있는 조직적 공간은 歷史學會와 新文化硏究所 정도였다.

104) 全錫淡, 『朝鮮經濟史』, 博文出版社, 1949 ; 李辰永, 『中國民族解放運動史序說』, 乙酉文化社, 1949 ; 李辰永, 앞의 글 ; 李德星, 『朝鮮古代社會硏究』, 正音社, 1949 ; 崔虎鎭, 『經濟史』, 博文出版社, 1948 등과, 역사학회 기관지 『歷史學硏究』 1집에 실린 高其陽, 「李朝後期의 政治支配關係」 ; 金一出, 「春秋會盟論考」 ;

의 국사교육' 이념을 정책에 반영하고 신민족주의사관의 민족사체계를 보급하는 데 경주하였다.[105] 그러나 1948년 8월 李相佰의 진단학회 복귀[106]와 1948년 12월 조선사연구회의 기관지(『史海』) 간행에 암시되어 있듯이, 남한역사학의 주도권은 점차 문헌고증사학의 전통으로 모아지고 있었다. 분단정부 수립과 함께 이병도는 학계와 대학 강단의 영향력을 강화하면서 소장 신진세대와의 유대를 긴밀히 해나갔다.[107]

이 추세는 1949년 6월 國民保導聯盟 조직을 분기로 본격화되었다. 1948년 11월 반공 이데올로기를 국가 지배이념으로 공식화한 국가보안법 제정과 함께 의해 사상탄압의 강화는 예상된 것이었지만, 보도연맹은 진보적 지식인의 족쇄를 채웠다.[108] 좌우합작 입장의 역사학회 기관지 『歷史學硏究』 간행을 마지막으로, 1949년 중반 이후 유물사관사학은 사실상 자취를 감추었다. 또한 좌우합작과 남북통일의 꿈을 버리지 않은 중간파 지식인 역시 전반적으로 위축되었고, 문헌고증사학의 전통과 대립하며 남한역사학의 발전 전망을 달리한 신민족주의사학의 영향력

金在龍, 「千年王國信仰과 매지스터 토마스 뮌쩌」 등이 그 성과였다.

105) 孫晋泰, ②논문 ; 孫晋泰, 『國史大要』, 乙酉文化社, 1949 ; 孫晋泰, 『우리민족이 걸어온 길』 ; 李仁榮, 앞의 책.

106) 1948년 8월 중간파 입장을 취한 宋錫夏가 타계하자 진보진영의 정치활동으로부터 이탈한 李相佰이 위원장에 취임하였고, 李崇寧·柳洪烈·趙明基 등이 간사를 맡았다(震檀學會, 앞의 책, 52쪽). 이들에 의해 『震檀學報』 16호가 간행되었다.

107) 이는 『史海』 1(1948.12)의 創刊辭와 編輯後記, 필진 구성에 잘 나타나 있다. 특히 손진태·이인영의 官界 진출에 따른 공백과 관련하여 서울대 사학과에 대한 이병도의 영향력도 강화되었다.

108) 서중석, 『한국현대민족운동연구 2』, 역사비평사, 1996, 제3장 ; 한지희, 「국민보도연맹의 조직과 학살」, 『역사비평』 1996년 겨울호 ; 김재용, 「냉전적 반공주의와 남한 문학인의 고뇌」, 『역사비평』 1996년 겨울호.

도 감소되었다.[109] 반면 문헌고증사학 전통의 영향력은 점차 확대하였다. 그것은 1949년 11월 진단학회 임원진이 이병도(위원장)·이상백(부위원장) 체제로 개편된 사실에 상징적으로 나타나고 있었다.[110] 진단학회 창립 발기인인 연희대 교수 洪淳赫이 남한역사학 발전의 "急務"로 촉구했던 진단학회와 조선사연구회의 결합은 사실상 戰前에 현실화되었다.[111] 한편 이병도의 복귀는 진단학회와 '동산학파'의 결별을 뜻하는 것이기도 하였다.

6·25 전쟁은 이러한 추이를 최종 마무리하였다. 유물사관사학은 완전히 북한으로 장을 이전하였고, '동산학파'가 전쟁에 희생되는 가운데 조선사연구회·진단학회 그룹이 남한역사학의 주도권을 장악하였다.[112] 복고적 민족정신사론을 앞세운 문헌고증사학 전통은 남한 국가체제를 옹호하는 관학의 위치를 확보하였다. 국가에 대한 개인의 봉공정신과 전통적 지배가치 이념의 선양을 강조한 이병도의 '國史理念'은 반공이념과 결합하면서 남한체제의 지도적 역사이념으로 확대되었다.[113] 이로써

---

109) 孫晋泰는 1949년 2월 서울대 사범대학장, 1950년 2월 문교부차관, 5월 서울대 문리대학장에 취임하는 등 연구와 후진 양성에 힘을 기울일 여유를 갖지 못했으며, 1949년 5월 강단에 복귀한 李仁榮은 연희대 교수를 겸하면서 후진 양성에 주력했으나 서울대에서의 영향력은 전과 같지 않았다.

110) 震檀學會, 앞의 책, 52쪽. 그것은 또한 歷史學會에 참여한 李相佰·金廷鶴 류의 자유주의 역사학풍의 종속화 과정을 의미하는 것이었다.

111) 洪淳赫, 앞의 글, 116쪽.

112) 진단학회는 李丙燾·李相佰 체제를 유지하면서 1952년 임원과 부서를 개편하였고, 1954년 사단법인으로 조직을 전환하였다(震檀學會, 앞의 책, 53쪽).

113) 李丙燾, 『國史上으로 본 指導理念』, 國民思想指導院, 1952 ; 李丙燾, 『國史와 指導理念』, 一潮閣, 1955 ; 李丙燾, 「民族正氣論」, 『斗溪雜筆』, 一潮閣, 1956. 이러한 입장에서 그가 학생과 대중에게 요구한 "우리 민족의 最高精神"은 국가와 민족을 위해 희생하는 相互扶助의 共同體精神이었다.

1950년대 이후, 특히 박정희정권기 남한역사학의 주조를 이루게 되는 관학체계, 곧 반공이념과 문헌고증의 방법론, 반제의식을 결여한 복고적 민족문화론 등이 결합된 관변사학, 관제민족주의사학의 뿌리깊은 내면적 기초가 형성되었다.[114] 이와 병행하여 일제하 해방 후 민족해방과 민주주의적 통일국가 건설을 추구했던 반식민사학, '반제민족사학'의 전통은 지배체제에 편입되거나 주변화되었다. 그러나 그 전통의 뿌리는 남아 1960년대 이후 남한역사학의 새로운 모색을 가능케 하는 자양분이 되었다.

5. 결론

해방 후 분단으로 귀결된 정치현실과 관련하여 한국사학은 통일민주국가의 세계사적 발전을 전망할 수 있는 '새로운 역사학' 창출에 실패하였다. 이로써 분단사학 극복은 현대 한국사학이 태생적으로 짊어진 지극히 힘든 과제가 되었다. 이는 통일과 '신사회'에 대한 과학적 전망이 가능할 때 현실성을 가질 수 있지만, 그것은 또한 한국사의 내재적 발전과 세계사적 보편성 속에서 통일과 '신사회'의 성격을 이론화할 수 있을 때 비로소 가능할 것이다. 통일과 '신사회' 건설에 부응한 새로운 역사인식과 한국사인식의 정립, 해방정국기에 이은 제 2의 '새로운 역

---

114) 1950년대 이후 확대되는 자유주의 입장의 각종 방법론의 모색도 이에 종속된 형태로 전개되었다. 이와 관련하여 左右合作의 歷史學會가 해체된 후 1952년 전쟁 중에 서울대 사학과 출신의 '2.5세대'가 주도하여 문헌고증사학의 전통을 중심으로 신민족주의사학의 유산을 결합한 새로운 歷史學會를 결성했으나, 분단사학의 범주를 넘어서지 않는 세대교체였다.

사학'을 창출하기 위한 노력이 요구되는 이유가 여기에 있다.

이러한 노력에 일조하려는 의도에서 해방 후 통일민주국가 건설을 위한 역사학계의 모색과 한국사학의 분단화 과정을 개관해 보았다. 구체적 논증과 설명을 결한 채 결론적 요약으로 처리한 부분이 한두 가지가 아니지만 이 글이 당초 의도한 목표에는 어느 정도 접근했다고 생각한다. 당시 국가건설의 시대적 과제는, 외세의 분할점령이라는 특수한 민족현실을 타개하고 장기간의 일제강점하에 형성된 식민잔재와 계급모순을 유기적으로 해결할 수 있는 민족통일전선의 결성과 통일임시정부의 수립이었다. 그리고 통일전선 결성의 대전제는 식민잔재 청산과 민주주의개혁 원칙의 합의였다. 따라서 해방 후 요구된 '새로운 역사학'은 '민족통일전선사상'과 '반제반봉건민주주의개혁이념'을 역사 인식과 민족사 인식에 내면화하고 그것을 이론화한 역사학이지 않으면 안 되었다.

해방정국기 이에 부응하고자 노력한 실천적 역사학은 유물사관사학과 신민족주의사학이었다. 전자는 해방정국 전반기 '새로운 역사학' 모색을 주도하였고, 후자는 해방정국 후반기 정치현실이 악화되는 가운데 중간파, '중간우파'의 역사관을 대변하였다. 양자는 상호 추구하는 세계관과 역사관, 국가체제의 방향을 달리하면서도 해방 후 통일민주국가 수립을 위한 실천적 문제의식 — 민족문제와 계급문제의 동시 해결 — 에 고민을 같이하였고, 최소한의 실천적 과제 — 식민잔재의 청산과 봉건적 국수주의적 역사인식의 타파 — 에 뜻을 같이하였다. 그러나 두 역사학은 당시 정치·사상동향과도 관련하여 끝내 '새로운 역사학' 건설의 동반자로 화합하기 어려운 내적 한계를 지니고 있었고, 또한 통일민주국가를 전망한 역사인식과 실천관을 논리화하는 데에도 성공하지 못하였다.

유물사관사학은 민족통일전선과 민족문제를 해결할 수 있는 역사인식을 내면화하고 그 방법론을 구체화한 유물사관의 한국적 토착화를 이루어내지 못하였다. 이 계열 학자들은 유물사관의 당파성과 우월성을 지나치게 강조하였고, 민족주의 정치세력에 대한 역사적 평가에 극히 인색하였을 뿐 아니라 당면현실 속에서 갖는 민족주의 이데올로기의 실천적 의의 자체를 부정하였다. 이러한 역사인식의 미성숙과 실천관의 경직성은 좌익정치세력 주류가 견지한 '부르주아민주주의혁명단계론'의 논리와 계급주의적 민족관을 반영한 것으로서, 일제하 이래 이미 구조화된 것이었다. 이들 내부에는 교조주의적 마르크스주의 수용을 비판하는 관점도 존재했으나 당시의 정치현실 속에서 그러한 문제의식을 발전시킬 여유가 없었다. 그 연장에서 유물사관사학은 북한역사학으로 전환하여, 분단사학의 일각을 형성하였다.

신민족주의사학자들은 초역사적 민족이론과 소부르주아적 계급관에 입각하여 민족문제의 중요성을 환기시키고 좌우합작과 통일민족국가 건설의 당위성을 주장하였다. 그러나 이들은 역사발전에서 '계급'이 갖는 의미와 자본주의 사회, 제국주의 체제에 대한 인식이 부족하여 약소민족의 계급문제와 민족문제를 통일적으로 해결할 수 있는 자본주의 극복의 역사이론과 실천논리를 제시할 수 없었다. 신민족주의사관은 계급문제의 민중적 해결 원칙을 수용한 점에서 민족주의 이념의 부르주아적 계급성을 벗어날 단서를 획득했지만, 그 이념적 본질은 유물사관의 기본원리와 화합할 수 없었다. 발생사적으로 신민족주의론 · 신민족주의사관은 마르크스주의 혁명이론, 유물사관의 역사이론에 대한 대항논리로 구상된 것이었다. 신민족주의사학이 분단과정에서 결국 남한역사학의 일환일 수밖에 없는 내면적 이유였다.

그러나 신민족주의사학은 남한역사학의 주체가 될 수 없었다. 남한

체제의 지배이념은 신민족주의사학의 역사관과 실천관을 수용할 수 없었다. 남한체제를 대변하는 분단사학으로서의 남한역사학의 자리는 문헌고증사학의 전통을 새롭게 채색한 복고적 민족정신사론의 몫이었다. 해방 후 '새로운 역사학' 수립과 관련하여 집중 비판 대상이 되었던 문헌고증사학 주류는 민족단결과 복고적 민족정신론을 제창함으로써 현실에 대처하였다. 이들의 복고주의적 민족정신과 전통사상은 봉건성을 불식하지 못한 전근대적 지배가치관과 초역사적 국가지배사상을 선양하는 것이었고, 반제 반봉건 실천관을 결여한 민족단결의 지도원리는 남한 지배세력 · 단정노선의 역사관을 대변하였다. 이들의 역사인식과 국가이념은 앞의 두 역사학과 근본적으로 대립하였다. 분단정부 수립 후 남한역사학의 주도권을 확보하기 시작한 이들은 나아가 반공 이데올로기로 무장하면서 남한체제의 지도적 역사이념으로 자리잡았고, 이후 남한 관변사학, 관제민족주의사학의 학문적 전통과 정신적 기반을 제공하였다.

이렇게 보면 해방 후 한국사학의 분단화 과정은 정치적 사상적 분단화 과정과 궤를 같이하였고, 그 반영이었다. 특히 유물사관사학과 신민족주의사학의 실천적 노력과 분단화 과정, 문헌고증사학 전통의 남한역사학 정착은 통일민주국가 수립의 좌절과 분단구조의 본질을 극명하게 반영하는 것이었다. 해방정국기 진단학회 일원으로서 '동산학파'와 입장을 같이하였던 金斗憲은 백남운의 연합성 신민주주의와 안재홍의 신민족주의를 당시 민족해방과 계급해방을 통합하여 통일국가 수립의 길을 제시한 '解放民族主義'의 대표적인 두 가지 사례로 거론하였다. 이를 史學史에 연장하면 해방 후 통일국가 수립에 부합한 '새로운 역사학'의 가능성을 보여준 역사학 역시 백남운과 손진태의 역사학이었다고 할 수 있다.

현단계 한국사학의 근원적 과제가 분단 역사인식을 극복하고 통일 이후 '신사회'의 역사인식을 전망하는 데 있다고 할 때, 해방정국기 백남운과 손진태의 실천적 고투야말로 가장 소중한 사학사적 경험 가운데 하나라는 점에 이론의 여지가 있을 수 없다. 이들의 실천적 문제의식은 분단사학 극복을 위한 고민의 방향과 해결의 단서를 찾는 데 특별한 의미를 갖는 유산이다. 그러나 이들 유산의 일면적 부각만으로는 과제 해결에 도움이 되지 않을 것이다. 더불어 중요한 점은 이들 역시 분단사학 형성의 한 담당자였다는 사실을 분명히 자각하는 것이다. 그리고 그것을 불가피하게 했던 시대적 제약성과, 이들 역사학이 안고 있었던 내적 한계, 이들이 남겨놓은 과제 등을 해방 당시와 시대적 조건을 크게 달리하고 있는 현단계의 여러 조건을 염두에 두고 엄정한 학문적 자세로서 반추하는 것이다. 이러한 한에서만 이들의 경험과 유산은 소중하고 유의미할 것이다.

(출전: 金容燮敎授停年紀念韓國史學論叢刊行委員會 編, 『韓國史認識과 歷史理論』, 지식산업사, 1997.)

통일문제와 한국사학의 과제

1. 머리말

민족통일의 민족사적 의미에 대해 새삼스레 贅言할 필요는 없지만, 이제 통일문제는 더 이상 탁상공론으로 대처하거나 유보할 수 없는 당면 현안이 되었다. 냉전체제의 해체와 함께 신자유주의를 앞세운 초국적자본의 세계지배가 강화되고 무분별한 '세계화' 논리가 이를 조장하고 있는 작금의 현실에서, 남북한 모두 심각한 체제적 위기에 당면해 있기 때문이다. 체제 위기의 성격은 서로 다르지만 그 구조적 역사적 연원을 따져보면 결국 분단모순·민족모순과 만나지 않을 수 없다.

남북한의 체제 위기를 여하히 타개하는가 하는 문제는, 곧 세계사적 전환기에 당면한 한민족의 자주적 존립을 유지하고 향후 발전 전망을 가늠하는 試金石이다. 그리고 그 궁극적인 타개책이 분단현실을 극복하고 새로운 민주주의 통일국가·사회체제를 수립하는 데 있다는 것은 재론의 여지가 없다. 현단계 한국사학의 학문적 방향과 실천적 임무가 다시 환기되어야 할 필요성이 여기에 있다.

물론 과거사를 다루는 역사학이 통일의 실천논리와 통일사회의 체제이념을 담지할 수는 없을 것이다. 그러나 분단과 통일이 역사적 현실인 동시에, 역사학이 본시 인간해방의 거시적 방향을 조명하는 학문인 한에서 역사학, 한국사학이 담당해야 할 몫은 결코 작은 것이 아니다. 민족통일의 역사적 의미를 밝히고 민족통합의 역사이념을 정립하여 통일민주국가의 발전 방향을 제시하는 것, 통일에 대비한 제반 학술작업과 역사교육을 통해 통일운동의 기반을 조성하고 때로 그것을 견인하는 등, 통일문제와 연관된 한국사학의 역할은 특별한 의미를 갖는 것이다.

그러나 분단정권이 수립된 지 이미 반세기가 지나고 있음에도 불구하고 한국사학계는 이 임무에 진지하게 부응하지 못한 것 같다. 이러한 점에서 최근 통일을 위한, 통일에 대비한 한국사학의 자기반성과 방향설정을 본격 조명하고, 그 과제와 방법을 다각도로 모색하고 있는 학계 일각의 노력은 매우 소중한 것이라 생각된다.[1] 본 발표 역시 이러한 노력에 동참하는 데 목표가 있는 바, 현대 한국사학의 성격을 통일문제와 관련하여 살펴보고, '통일사학론'의 진전을 위한 몇 가지 논점과 과제를 정리해 보고자 한다. 다만 그 주요 논점과 과제 일반에 대해서는 이미 여러 차례 언급되었기 때문에 무슨 색다른 논의를 전개하기가 무척 어려운 형편이다. 이에 본 발표에서는 최근 논의를 재정리하는 가운

---

1) 강만길, 「통일사관 수립을 위하여」, 『역사비평』 1991년 가을호 ; 韓永愚, 「結論에 대신하여 – 한국근대역사학과 통일을 위한 과제」, 『韓國民族主義歷史學』, 일조각, 1994 ; 서중석, 「한국전쟁 후 통일사상의 전개와 민족공동체의 모색」, 역사문제연구소편, 『분단 50년과 통일시대의 과제』, 역사비평사, 1995 ; 강만길, 「통일시대 우리 역사학 연구의 나아갈 길」, 역사문제연구소편, 『한국의 '근대'와 '근대성' 비판』, 역사비평사, 1996 ; John B. Duncun, 「한국통일에 기여하는 한국학의 연구방향」, 『민족통일을 앞당기는 국학』(안동대학교 국학부 주최 제2회 한국학국제학술대회 요지문, 1997.10.3) ; 박찬승, 「남북한 사학연구, 어떻게 할 것인가?」, 같은 요지문 ; 安秉旭, 「民族統一과 韓國史學의 課題」, 『韓國史認識과 歷史理論 : 金容燮敎授停年紀念韓國史學論叢 1』, 지식산업사, 1997.

데 미진하다고 생각되는 점을 중심으로 과제를 진전시켜 보고자 한다. 이 점 諸賢의 양해를 구하며 많은 교시를 바란다.

2. 분단의 성격과 민족통일의 원칙

통일민주국가를 전망하는 새로운 한국사학의 수립을 위해서는 분단 이데올로기, 분단 역사인식을 유포하고 분단체제를 대변하고 있는 '分斷史學'의 舊殼을 벗어나지 않으면 안된다. 이를 위해서는 분단모순에 규정되어 있는 현단계 한국사학의 성격과 '분단사학'의 극복 방향이 명확히 인식되고, 이에 대한 학계의 광범한 공감대가 형성되어야 한다. 우선 그 인식의 기본 준거를 확인하는 의미에서 분단구조의 성격과 민족통일의 일반 원칙을 간략히 정리해 두기로 한다.

한반도의 분단은 크게 두 가지 구조적 성격을 갖고 있다. 하나는 분단이 동질적 삶을 영위하는 민족공동체의 지역적 분단이 아니라 이질적 사회구성을 수반한 체제적 분단이라는 점이고, 다른 하나는 그러면서도 그것이 민족 내부의 계급모순과 좌우대립에 국한되지 않고 국제적 냉전체제, 미국의 세계전략에 기인한 민족모순의 산물이라는 점이다. 여기에 냉전체제 역시 세계적 규모의 자본주의와 사회주의의 체제적 대립이었기 때문에 민족모순에 의한 분단 규정력도 현실에서는 체제적 분단으로 구현되었다. 이러한 이중적 의미의 체제대립성에 의해 분단모순은 복잡한 국제성을 띠면서도 민족 내적으로 극단적인 이데올로기 대립을 수반하고 있다.

분단의 이중적 체제대립성은 분단 형성과정에서 배태된 것이다. 그러나 그 내적 연원은 오랜 역사성을 지니고 있다. 그것은 분단이, 일제하 구조화된 민족적 계급적 모순에 대한 해방 후의 변혁적 해결 과정이 외세에 의해 왜곡된 결과이기 때문이다.[2] 분단을 초래한 결정적 힘은 외세지만, 분단의 체제적 대립성은 일제하 식민지 모순에 규정된 내적 기반에 연원하고 있다. 외세와 결부된 분단모순이 처음부터 격렬한 정치·사상적 대립, 신국가건설을 둘러싼 체제이념의 대립을 수반하지 않을 수 없었던 이유가 여기에 있다.

6·25 전쟁은 이러한 체제적 이념적 대립을 극대화시켰고, 강하게 잔존하고 있던 민족공동체 의식마저 균열시킴으로써 민족 내부의 심각한 적대의식을 심어주었다. 나아가 남북의 권력은, 미소 냉전체제의 균형 유지, 휴전협정에 기초한 준전시체제의 지속, 한반도 주변 강대국의 분단유지 정책 등 분단을 고착화시키는 여러 요인을 배경으로, 정치군사적 세력균형을 유지하고 재생산기반을 확보하면서 상호 체제유지와 체제경쟁을 가속화해 왔다. 분단이 장기화되면서 남북간의 체제적 이질성은 더욱 심화되었고, 사회문화 양식과 의식구조의 분단성도 한층 깊어졌다.[3]

그러나 남북의 자본주의와 사회주의는 분단모순에 의해 불구적 발전을 겪지 않을 수 없었고, 이에 현재 각기 의미가 다른 체제 위기에 봉착해 있다. 남한은 개발독재의 근대화정책에 힘입어 경이적인 생산력 성장을 이루었다. 그러나 그 자본주의의 종속성·천민성은 정치사회적 갈등을 심화시켰다. 지배세력은 자유민주주의·민족주의 관념 아래 반공이념을 강화하여 체제유지를 도모하고 평화적 통일운동을 억압하였

2) 金容燮, 『韓國近現代農業史研究』, 일조각, 1992 ; 브루스 커밍스, 『한국전쟁의 기원』, 일월서각, 1986.

3) 김동춘, 「남북한 이질화의 사회학적 고찰」, 역사문제연구소편, 『분단 50년과 통일시대의 과제』, 역사비평사, 1995.

다. 최근 정치적 민주화의 진전에도 불구하고 신자유주의 보수화 경향과 함께 대북관계는 오히려 경색되었고, IMF 사태와 그 타개 방향에 잘 나타나듯이 자본주의의 종속화와 체제 위기는 더 심화될 것 같다.

북한 역시 주체노선에 입각하여 사회주의 자립경제의 일정한 생산력 수준을 달성하였다. 그러나 여러 국내외 정치적 제약 조건과 연관된 주체사상 유일체제의 강화는 생산력 정체와 맞물려 북한 사회주의의 구조적 취약성을 드러내고 있다. 지배세력은 소위 '반미 컴플렉스'의 과도한 재생산을 통해 체제유지를 위한 수령 중심의 권력집중과 인민통합·사상통제를 강화하고 있다. 사회주의권의 해체에 따라 최근 부분적 개방화의 의욕을 보이고 있지만, 특히 식량난을 매개로 한 자립경제의 동요가 체제 위기로 이어지고 있는 것이 주지의 현실이다.

장황하게 되었지만 말하고자 하는 요지는 크게 세 가지이다. 첫째 장기간에 걸쳐 형성된 분단구조의 체제적 이질성이 생각보다 깊고 넓다는 것이다. 그것은 정치경제적 측면만이 아니라 문화양식과 의식구조에 이르기까지 전 영역에 걸친 것으로, 통일문제와 관련해서는 무엇보다 이 점을 진지하게 고려하지 않으면 안된다.[4] 둘째 남북의 사회체제가 분단모순에 규정된 불구적 발전과 관련하여 모두 체제 위기에 직면해 있다는 것, 그리고 그 체제 위기의 강도는 북한이 훨씬 강하고 고통스럽다는 것이다. 셋째 이상과 같은 체제적 이질성과 상호 위기의 저변에는 휴전협정에 기초한 준전시상태라는 긴장관계가 지속되고 있다는

---

4) 물론 이러한 분단의 깊은 間隙에도 불구하고 남북 모두 오랜 민족공동체의 역사성과 동질성을 시인하고 통일과 민족공동체의 복원을 당위적인 과제로 인식하고 있다는 점에서 분단 극복의 바탕은 주어져 있다. 이는 단지 관념적인 인식이 아니라 남북이산가족 문제에 凝縮되어 있듯이 혈연적으로 묶여져 있는 것이기도 하다.

것이다.[5)]

민족통일의 절차와 방법, 통일민주국가 수립 방향과 내용 등, 민족통일에 관한 일반 원칙은 결국 이러한 분단구조의 현실적 특수성 인식을 바탕으로 설정될 것이다. 통일은 단순한 지역적 정치적 통합이 아니라 구조적으로 고착된 이질적 사회구성·문화양식·의식구조를 통합해 가는 지난한 과정이다. 그것은 남북 현 체제와 질적으로 구분되는 새로운 사회체제를 창출하는, 말하자면 민족사의 새로운 발전 단계로 나아가는 과정이다. 이러한 의미에서 민족통일을 사회변혁 과정으로 파악하고, 통일사회를 현존 남북의 자본주의체제나 사회주의체제가 아닌 '제 3의 체제'로 상정하는 것도 수긍이 가는 일이다.[6)] 물론 그것은 청산주의 방식이 아니라 남북 양 체제가 그간 축적한 긍정적 경험과 성과를 적극적으로 계승하는 차원에서 전개되어야 할 것이다.

따라서 통일문제는 신중하면서도 단계적 절차를 요하는 장기적 안목에서, 또한 현실성과 구체성을 가지면서 접근해야 한다. 나아가 민족공존과 상호 호혜적 입장에서 서로를 인정하고 이해하려고 함으로써 민족적 신뢰감과 연대의식을 확보하는 과정이 무엇보다 중요하다. 이러한 의미의 통일원칙은 1972년 발표된 '남북공동성명'의 자주적, 평화적, 민족대단결의 원칙과, 1992년 체결된 '화해와 불가침 및 교류협력에 관한 합의서'를 통해 이미 남북 상호간에 합의된 바 있다. 합의의 기본 정신은 외세의 간섭을 받지 않고 전 민족구성원의 의사를 반영한 민족본위주의, 상호 체제를 인정하고 무력통일과 흡수통일을 반대하는

---

5) 이 점의 중요성에 대해서는 리영희, 「통일논의의 원점에 돌아가서 인식의 재정리를」, 『한반도 통일국가의 체제구상』, 한겨레신문사, 1995 참조.

6) 강만길, 주 1의 「통일사관 수립을 위하여」; 韓永愚, 주 1의 글 ; 안병욱, 「총론 : 한반도 통일국가의 목표와 체제」, 주 4의 책.

평화주의와 대등주의 원칙의 견지에 있다.[7] 통일의 일반 원칙으로서 이는 누구나 동의할 수 있는 최선의 내용을 갖춘 것이라 생각된다.

그러나 그간 지배세력의 통일정책과 통일논의는 이러한 합의와 거리가 멀었다. '남북공동성명' 이후에도 남북의 통일정책·통일론은 각기 반공통일관과 혁명통일관을 견지하여 흡수통일론의 전통적 기조에서 벗어나지 않았다. 공동성명이 지배권력 유지를 위한 정치 거래의 산물이란 점에서 이는 당연하였고, 오히려 이 과정에서 상호 배타적 지배 이데올로기인 반공이념과 혁명이념이 더욱 강화되었다. 최근 사회주의권의 해체와 자본주의 발전에 대한 환상 속에 한동안 남한의 공세적 흡수통일론이 대등통일론을 압도하고 공공연하게 북한을 압박하였지만, 이제 현실은 IMF 사태와 함께 재삼 통일문제에 대한 진지한 자세와 인식 전환을 요구하고 있다.

요컨대 현재 교착상태에 빠져 있는 남북관계를 개선하고 통일과제를 한 단계 진전시키기 위해서는 크게 세 가지 측면의 공감대 형성이 필요한 것 같다. 하나는 이미 합의된 통일의 일반 원칙, 곧 자주적이고 평화적인 대등통일 원칙을 남북간, 남한내 양면에서 재확인하고, 이에 부합하는 실제적인 정책과 여론 조성을 단계적으로 현실화하는 것이다.[8] 다른 하나는 민족연대의식과 호혜주의에 입각하여 남북이 현재 당면한 체제 위기의 타개에 상호 진지하게 협조하는 것이다. 이와 관련해서는 식량난이라는 특수한 고통을 겪고 있는 북한에 대해 상대적으로 여유가 있는 남한의 동포애적 포용력과 협력이 중요하다.[9] 마지막 하나는

---

7) 안병욱·정병준, 「남북한의 통일정책과 통일의 과제」, 『역사와 현실』 16, 1995 ; 강만길, 주 1의 「통일시대 우리 역사학 연구의 나아갈 길」.

8) 그 관건은 상호 이질적 사회체제와 사상을 현실적 존재로 인정하는 것과, 휴전체제를 평화체제로 전환하여 軍縮 실현의 발판을 마련하는 데 있다.

남북간 상호 신뢰성을 주고 통일사업을 진전시키기 위한 전제로서, 남북 각기 대등통일관에 부합한 민주주의 개혁을 수행하는 것이다. 안보를 내세워 분단체제 유지 수단으로 악용되는 제반 정치적 사상적 억압기구와 분단논리를 제거하고 진정한 의미의 다원주의적 민주주의 사회 운영원리를 확립하는 것이 통일을 앞당기고 통일에 기여하는 지름길이 될 것이다.

3. '분단사학'의 현실과 극복의 방향

남북의 한국사학은 지난 반세기 동안 이러한 분단구조의 특수성에 규정되어 '분단사학'으로 전개되었다.[10] '분단사학'으로서, 한국사학이 갖는 기본 성격은 상호 대립적인 남북 양 체제의 이념과 사상을 담지한 역사관 · 역사인식의 분단에 있다. 이는 분단정권 수립과 함께 역사가의 인적 분단을 바탕으로 조기에 확립된 바, 곧 일제하 근대사학의 기초를 마련한 학문전통의 이념적 지역적 단절이었다.[11] 이로써 현대 한

---

9) 북한이 식량난 때문에 쉽게 붕괴될 것으로 생각되지 않지만, 남한이 이를 흡수통일정책의 호기로 인식하거나 '相互主義'라는 이름 아래 공세적인 정치적 압박수단으로 이용한다면 큰 認識錯誤가 아닐 수 없다. 더욱이 준전시체제 상태라는 분단의 현실성과 분단을 둘러싼 국제적 이해관계의 동향을 고려할 때 북한 체제위기의 심화는 전민족적인 政治軍事的 危機로 전화될 소지가 많기 때문에, 이러한 인식착오는 돌이킬 수 없는 민족적 파멸을 초래할 수 있다는 것을 유념해야 할 것이다.

10) 발표 목적이 분단기 南北韓史學史의 정리가 아니므로 여기에서는 '분단사학'의 모순구조와 성격을 전체적 국면에서 정리하고 그 극복 방향을 전망하는 데 논의를 국한한다.

11) 方基中, 「解放後 國家建設問題와 歷史學」, 『韓國史認識과 歷史理論 : 金容燮教

국사학은 출발부터 자신의 체제이념 · 지배이념에 대해서만 자유로운 학문적 불구성을 갖게 되었고, 이는 현재까지 관철되고 있는 '분단사학'의 가장 본질적인 성격이다.

'분단사학'의 속성이 전면화된 것은 1960년대 이후로서, 한국사학의 비약적 발전과 궤를 같이하고 있다. 주지하듯이 1980년대 전반에 이르는 이 시기 남북한 사학계의 성과는 한국근현대사학사의 한 획을 긋는 것이었다. 그러나 다른 한편 이 시기 한국사학은 분단체제 및 지배 이데올로기와 결속력을 강화하며 '분단사학'의 특질을 전면 노정하였다. 이른바 관학성의 심화와 분단 역사인식의 정립이 그것이다. 본시 역사학이 이념 지향적이고 교훈적 기능을 갖고 있는 이상 지배권력이 역사인식과 역사교육을 독점하고 그것을 지배도구로 삼고자 하는 것은 常例이지만, 남북한사학은 각기 자신의 국가 · 체제 · 권력의 정통성, 정당성을 합리화하는 각종 분단 역사인식 창출에 경주하였다.

남한사학은 '민족사관'의 수립이란 슬로건 아래 대한민국의 정통성을 확보하고 자본주의근대화 가치관과 '충효사상' 등 각종 유신이념을 정당화하는 한국사인식 창출에 진력하였다. 이질적 성격의 여러 역사상과 역사의식이 아무 갈등없이 공존할 수 있었던 것이 남한사학의 현실이었고, 그 바탕은 '國是'로 규정된 반공이념이었다. 남한사학의 분단성, 분단 역사인식의 실체는 곧 민족주의 역사관과 결부된 반공이념의 역사이념화였다.[12)]

授停年紀念韓國史學論叢 1』, 지식산업사, 1997.

12) 이것이 당시 自由主義 · 近代主義 · 文化主義 등 다양한 입장의 史論과 학풍이 民族主義史學이라는 이름 아래 대한민국의 정통성과 유신체제의 역사이념을 대변하고 북한 역사인식에 대응하는 데 강한 親和力과 一體感을 가질 수 있었던 바탕이었다.

북한사학의 '분단사학'화도 본격화되었다. 이는 주체사상 유일체제를 구축하고 수령지배질서와 인민통합을 극대화하는 과정과 병행되었다. 북한사학은 강렬한 반제·반미주의 역사인식을 수반한 주체사관에 입각하여 인민공화국의 정통성과 유일체제의 정당성을 주장하기 위해 국가적 사업으로 한국사 전 체계를 재정리하였다. 그것은 곧 분단 역사인식의 심화 과정이었고, 수령 중심의 한국사인식을 교조화하는 과정이었다.

요컨대 발전기의 남북한사학은 방대한 연구성과를 축적하여 한국사학의 새로운 단계를 개척하면서도, 동시에 각기 자신의 체제와 지배권력을 정당화하는 정통성주의적 지역주의적 분단 한국사인식을 확립하였다. 특히 적대적 체제경쟁과 흡수통일의 역사학적 기반을 제공한 상호 半國的이고 비역사주의적인 현대사인식의 구축은 '분단사학'의 본질을 극명하게 보여주었다. 또한 남북한사학이 각기 기반하고 있는 역사관·역사이론의 차이가 그러한 이질성을 더욱 깊게 하였다.[13)]

분단 역사인식이 심화되면서, 남북 역사인식의 이질화와 또다른 의미의 한국사학의 분단성이 형성되었다. 곧 남한사학 내 보수적 역사인식과 진보적 역사인식의 갈등이다. '분단사학'의 중층적 형성을 의미하는 이 분단성은 1980년대 후반 진보적 역사학이 학계의 한 조류를 형

---

13) 다만 이러한 이질성의 심화 속에서도 식민사관의 청산, 민족주의 역사학 전통의 재인식, 주체적 민족의식의 함양, 민족문화전통의 새로운 복원 등, 남북한사학이 함께 共有할 수 있는 역사인식이 더불어 축적된 사실도 주목해야 할 것이다. 이는 말할 것도 없이 '분단사학'을 극복하고 새로운 하나의 한국사학을 창출하는 소중한 학문기반이다. 그러나 또한 이러한 긍정적 역사인식의 요소가 갖는 共感帶는 여전히 외형적이고 半國的인 성격을 벗어나지 않고 있으며, 그 외형적 공통성의 내면은 오히려 분단 역사인식을 반영하여 상호 이질적 내용을 취하는 경우가 많다는 점도 유념해야 할 것이다.

성하면서 본격화되었다.[14] 진보적 역사학은 극우 반공이념에 입각한 분단 역사인식을 비판하는 가운데, 민중이 역사발전의 주체라는 입장에서 자주적 민족통일과 사회민주화에 기여하는 '과학적 실천적 역사학'의 수립을 표방하였다. 그 표방에 걸맞는 정연한 史論을 제시하지 못한 점에서 아직 '과도적 역사학' 수준에 머물고 있고,[15] 그 학문적 성과 역시 얼마나 '분단사학'의 구각을 탈피하고 있는지 의문이지만, 진보적 역사학은 분단 역사인식의 실체를 드러내고 대등통일의 역사인식을 제고하는 데 크게 기여하였다.

불가피하게 도식적인 정리가 되었지만 분단체제에 규정된 한국사학의 성격은 이와 같이 크게 두 종류의 분단성을 드러내고 있다. 기본적인 분단성은 반공이념과 반제혁명이념에 입각한 남북의 지배적 역사인식의 이질성이다. 상호 지배체제를 옹호하고 있는 양자는 역사관과 역사인식을 근본적으로 달리하면서 결과적으로 분단체제 유지와 흡수통일론의 유포에 기여하고 있다. 다른 하나는 남한사학 내의 극우 반공주의 역사인식과 진보적 역사인식 사이의 이질성이다. 이는 '분단사학'의 이차적 측면이나 남한사학 입장에서는 일차성을 갖는 주요한 분단성이다. 한국사학의 이러한 이중적 분단성은 결국 분단체제 아래 양성된 남

---

14) 주지하듯이 진보적 역사학은 1980년대 시대적 조건과 결부된 실천적 과제인식 속에서 멀리는 일제하 해방 후 민족주의사학의 실천관과 유물사관사학의 방법론, 가깝게는 1960 · 70년대 분단 역사인식을 거부한 민족주의사학 일각의 학풍 — 社會構成體史論, 分斷克服史論, 民衆史論 — 을 발전적으로 계승하면서 조직화되었다.

15) 진보적 역사학은 '민중사학', '민중적 민족주의사학', '과학적 실천적 역사학' 등 다양한 호칭에서 알 수 있듯이 아직 체계화된 史論을 갖추지 못하고 있다. 이세영, 『한국사연구와 과학성』(청년사, 1997)이 현재 도달한 사론 수준을 보여주고 있지만, 역사이론의 科學性 탐구에 치우쳐 '통일사학' 수립 문제는 시야에 들어와 있지 않다.

북간, 남한내의 정치사회적 모순구조를 그대로 반영한 것이기도 하다.

남한사학의 경우, 이러한 이중적 분단성은 최근 더 심화되는 일면과 완화되는 경향 모두 나타나고 있는 것 같다. 여기에는 물론 1990년대 국내외의 여러 정치경제적 변동과 사상동향 — 사회주의권의 몰락과 자본주의 승리의식, 남한자본주의의 외형적 성장과 북한의 체제적 고립화, 이에 수반된 흡수통일론의 확산, 신자유주의·초국적자본의 영향력 강화와 세계화 논리의 유행, 이에 따르는 보수화 경향과 민족허무주의의 확대, 진보적 민족민주운동의 약화와 운동이념의 해체 등 — 이 그 배경으로 작용하였다.

심화되고 있는 측면은 크게 두 가지이다. 하나는 극우 반공적 역사학·역사인식의 공세적 활동이다. 학문의 순수성과 다원주의 역사인식이란 논리 아래 자유주의와 반공이념을 절대화하고 있는 일부 자유주의사학은, 사계의 원로까지 가담하여 남한의 진보적 역사학을 "한국판 마르크스주의사학"으로 규정하는 이데올로기 단죄를 거듭하고 있고, 북한사학에 대한 배타적 비판을 강화하고 있다.[16] 이러한 공세적 활동이 자본주의체제의 승리의식과 흡수통일관에 기초하고 있다는 것은, 특히 자본과 언론을 배경으로 전개되는 '이승만 미화작업'과 '박정희 찬미론' 등 남한정통론적 현대사인식의 강화에 잘 반영되어 있다.

다른 하나는 경제사학계 일각에서 주장하는 순경제적 관점의 근대화론의 유포이다. 이에 대해서는 여러 차례 논의가 있었기 때문에 재론할 필요가 없을 것이다. 다만 본 주제와 관련하여 지적한다면, 논리의 타

---

16) 李基東, 「民衆史學論」, 『現代 韓國史學과 史觀』, 일조각, 1991 ; 李基白, 「唯物史觀과 현대의 한국사학」, 『韓國史市民講座』 20, 1997 ; 崔永浩, 「북한역사학의 특성과 문제점」, 같은 책 ; 이기동, 「북한 역사학의 전개과정」, 『한국사시민강좌』 21, 1997.

당성 여부를 떠나 이 주장이 독자적인 韓國近現代史像을 제시하고자 한다면 남한 자본주의 뿐만 아니라 북한 사회주의가 공존하는 분단체제, 민족현실이 시야에 들어와야 한다는 것이다.[17)]

완화되고 있는 측면은 그간 반공적 민족주의 이념을 견지하며 분단 역사인식 창출에 일조하였던 문화주의사학의 개방적 통일지향적 역사 인식의 진전이다. 통일전선운동·좌우합작운동에 대한 적극적 의미 부여와 함께 기존의 정통성론적 근현대사인식을 탈피하고 있는 것이나, 분단모순에 대해 비판적 안목을 제시하고 대등통일의 불가피성을 인정하고 있는 것이 그러한 예이다. 여기에는 해방 후 신민족주의사학의 실천관에 대한 적극적인 재인식과, 민족정체성을 상실한 세계화 논리의 유행, 근대화론의 유포 등에 대한 비판의식이 주요 계기가 된 것으로 보인다.

개괄적이나마 발표자가 파악하는 '분단사학'의 성격과 최근 추이는 이상과 같다. 이렇게 보면 민족통일에 기여하기 위한 한국사학의 과제는 이러한 '분단사학'의 모순을 극복하는 과정에 다름아니라고 생각한다. 여기에는 여러 각론적인 과제와 방안들이 강구될 수 있겠지만, 우선 이러한 학계 현실을 극복하기 위한 총론적 방향 설정으로서 크게 두 가지 문제를 거론하고자 한다. 하나는 '분단사학' 극복의 일반 원칙의 문제이고, 다른 하나는 통일사회를 전망하는 민족통합의 역사이념의 문제이다.

---

17) 의도적이건 아니건 이들의 일제하 經濟史像에는 해방 후 분단체제에 대한 역사적 전망이 완전 결여되어 있다. 이들이 오로지 남한 자본주의 발전의 역사적 연원 규명에 관심을 제한하고 분단체제에 대해 無定見한 입장을 견지하는 한, 그 논리는 자본주의 체제이념을 대변하는 半國的 民族虛無主義的 역사인식으로 규정될 수밖에 없을 것이다.

'분단사학' 극복의 일반 원칙은 물론 민족통일의 일반 원칙에 기초한다. 곧 대등통일을 승인하는 역사인식의 수용이다. 대등통일의 기본정신은 남북의 이질적 사회체제와 체제이념을 인정하는 민족공존의 원리에 있다. 상호 배타적이고 적대적 입장을 버리고 역사인식의 다원주의 원칙을 승인하는 것이 한국사학의 분단모순을 해결하는 첩경이다. 그 해법의 요체는 분단 역사인식과 흡수통일관을 끊임없이 재생산하는 '냉전=분단' 이데올로기를 극복하는 데 있다. 상호 체제와 사상을 인정하지 않고 자기 체제의 우월성과 절대성을 주장하는 역사관·역사인식의 이념화야말로 '분단사학'의 가장 본질적인 病根이다. 다원주의 원칙이 사상과 학문의 자유를 필수 조건으로 삼는 이유가 여기에 있다.

그리고 이러한 노력은 우선 남한사학 내에서부터 실천해야 할 것이다. 전술한 바 최근 진보적 역사학에 대한 비판 양식은 남한사학 내에 형성된 '분단사학'의 실체가 무엇인지를 극명하게 보여주고 있다. 국가보안법의 사상억압구조가 엄존한 상황에서 '분단사학' 극복의 학문적 노력을 매카시즘 방식으로 단죄를 가한다면 이는 이미 다원주의를 주장하는 자유주의가 아니며, 정상적인 학문 토론을 넘어선 반공주의 특권에 불과하다. 진보적 역사학의 '분단사학' 비판은, 분단체제와 흡수통일의 역사이념 생산에 기여했던 '분단사학'의 현실과 특권을 비판한 것이지 특정 역사학의 학문적 존재 의의를 부정한 것은 아니다.[18] 분단 유지와 흡수통일을 추구하는 각종 억압 이념을 거부할 때 한국사학은 '분단사학'의 구각을 벗고 진정 다원주의적 발전과 건설적인 학문적

---

18) 물론 진보적 역사학의 '분단사학' 비판이 때로 경직성을 띤 것은 사실이다. 이 점은 진보적 역사학이 학문적 토론과 비판의 美德에 좀더 진지해야할 대목이다. 그러나 이러한 경직성과 반공주의 특권에 의한 매카시즘적 단죄는 근본적으로 질을 달리하는 것이다.

경쟁이 가능할 것이다.

통일사회를 전망하는 민족통합의 역사이념 문제는 '분단사학'의 극복 방향성을 정립하는 근본 문제이다.[19] 현재 그 역사이념으로 일반적인 공감대를 얻고 있는 것은 민족주의, 또는 민족주의사관인 것으로 보인다.[20] 이때의 민족주의는 반공 민족주의가 아니라 통일 민족주의이며, 국수주의적 배외주의적 파시즘적 민족주의가 아니라 평화적 개방적 민주적인 민족주의이다. 흔히 거론되는바 '열린 민족주의'이다. 그리고 이러한 통일 민족주의의 역사적 경험으로서 해방 후 좌우합작을 주장한 白南雲의 신민주주의와 安在鴻의 신민족주의가 주목받고 있는 것도 잘 알려진 사실이다.

발표자 역시 '분단사학'의 특수성과 통일 민족주의의 知的 전통을 생각할 때, '열린 민족주의'가 민족대단결의 통일원칙에 부합하는 역사이념이 될 수 있다는 데 이의가 없다. 더욱이 민족정체성의 해체를 두려워하지 않는 각종 이데올로기가 횡행하고 있는 상황을 감안할 때 민족주의 역사이념의 견지는 적극적인 의미를 지니고 있다. 그러나 문제는 그리 단순한 것 같지 않다. 한국 민족주의는 그 역사성이나 분단모순의 특성과 관련하여 복잡한 형태로 존재하고 있는 것이 현실이라 생각되기 때문이다.

평면적인 분류일지 모르나 현재 남북한에는 성격을 달리하는 세 유형의 민족주의가 공존하고 있다고 생각된다. 하나는 오랜 역사적 전통

19) 이 역사이념을 "통일사관"으로 표현한 강만길 교수의 지적과 같이, 이 문제는 민족통일을 지도하는 과도적 역사이념과 통일민주국가의 사회체제를 담지하는 역사이념 등 두 차원에서 생각할 수 있다(강만길, 주 1의 「통일사관 수립을 위하여」). 강 교수와 마찬가지로 발표자 역시 통일민주국가의 사회체제에 대한 체계적 전망을 갖고 있지 못하기 때문에 전자의 문제에 논의를 한정시킨다.

20) 강만길, 주 1의 「통일시대 우리 역사학 연구의 나아갈 길」; 박찬승, 주 1의 글.

위에 우익 정통론의 위치를 차지한 남한의 반공 민족주의로서, 자본주의 체제이념을 담지하고 있는 지배 이데올로기이다.[21] 다른 하나는 과거 중간파 내지 좌우합작운동의 민족주의 전통을 잇는 남한의 통일 민족주의로서, 분단체제를 극복하고 정치경제적 민주화를 추구하는 저항 이데올로기이다. 마지막 하나는 북한의 '반제 민족주의'로서, 북한 사회주의 체제이념인 주체사상과 유기적인 연관 하에 수령 중심의 인민 통합을 견인하는 지배 이데올로기로 기능하고 있다.

말하자면 현존하는 남북의 주류 민족주의는, 분단 극복의 단서가 되는 것이기도 하지만 각기 지배체제·체제이념과 결부되어 분단국가 유지에 기여하는 '분단 = 지배' 이데올로기로서의 역기능도 체현하고 있다. 곧 이들 민족주의는 각기 체제이념을 추동하는 대척적 관계에서 이질적인 민족주의 양식을 체현하며 상호 흡수통일론의 이념을 제공하고 있다. 이 점에서 남북의 주류 민족주의 상호간은 물론, 이 양자와 남한의 통일 민족주의 사이에는 큰 간극이 있다. 이러한 이질적 민족주의의 공존은 역사적 실재로서 민족주의 본래의 속성이라 할 수 있다.[22] 따라서 민족주의의 긍정적 의의에도 불구하고 현실적으로 분단체제이념과 결부되어 있고, 복잡한 역사성과 정치적 대립성을 내재하고 있는 민

---

21) 이는 한말 이래 민족주의가 자본주의근대화 이념과 결부되고 일제하 우파 민족운동의 지도이념으로 각인된 역사성의 분단체제적 반영으로, 민족주의가 자본주의 체제이념을 담지한 것은 근대세계사의 보편적 특징이다.

22) 이러한 의미에서 강만길 교수가 남한 '분단사학'의 모순구조를 分斷國家主義 역사인식과 民族主義 역사인식의 대립으로 구분하고 民族主義史觀의 의의를 부각시킨 것은 오해의 소지가 있다. 아마도 이는 남한의 보수적 반공 민족주의를 민족주의와 인연이 없는 것으로 간주하고 진보적 통일 민족주의만을 민족주의 일반이념으로 換置하고자 하는, 예의 '純正民族主義論'의 반영일지 모르지만, 본래 민족주의는 이러한 상호 모순적인 속성을 모두 내포하고 또 구현하는 역사적 존재라고 보아야 할 것이다.

족주의를 민족통합의 역사이념으로 창도하는 데에는 별도의 배려가 필요할 것 같다.

요컨대 남북 상호간, 남한 내 통일문제에 대한 합의와 공감대를 이끌어 내기 위해서는 '열린 민족주의'의 체제 내용을 담을 수 있는 최소한의 원리가 있어야 할 것이다. 진부한 용어지만 여기에는 '민주주의' 이념의 적용이 가능하다고 생각한다. 곧 통일사회를 전망하고 통일민주국가를 이끌 체제이념 가운데 남북 제 세력이 합의할 수 있는 최소한의 민주주의 원리를 도출하여 이것을 '열린 민족주의'가 지향하는 민족통합·체제통합의 과도적 역사이념으로 논리화한다는 것으로, 잠정적으로 '민족적 민주주의'라 부를 수 있겠다.

문제는 이 역사이념의 함의가 무엇인가 하는 것인데, 유감스럽게도 이는 발표자의 능력을 넘어서는 사안이다. 향후 학계가 집단적으로 해결해야 할 과제라 할 수밖에 없는데, 일단 통일민주국가의 사회체제와 민주주의 양식에 대한 최근 논의가 참조될 수 있을 것이다.[23] 그것은 정치경제적 측면의 민주주의 원리 뿐만 아니라 사회문화적 측면의 민주주의 원리를 모두 포함하는 포괄적인 것이 되어야 할 것이다. 물론 여기에는 대등통일의 일반 원칙이 확고하게 반영되어야 하며, 그간 남북한 체제가 축적한 민주주의의 긍정적 성과와 논리들이 발전적으로 계승되어야 한다. 이러한 차원에서 많은 주의가 필요하지만 과거 좌우합작·통일운동의 경험과 논리들을 음미할 수 있을 것이다.

---

23) 한겨레신문사·학술단체협의회, 『한반도 통일국가의 체제구상』, 한겨레신문사, 1995 ; 안병욱·정병준, 앞의 글.

4. 통일에 대비한 과제와 방안 재론

한국사학이 어떻게 통일에 기여하고 통일사회에 대비할 수 있는가에 대해서는 '통일사학론'의 진전과 함께 여러 과제와 방안들이 논의되었다. 논자에 따라 강조점의 차이가 있지만, 논의 방향은 대체로 일치하는 것 같다. 상호 흡수통일을 추구하는 냉전 이데올로기와 좌우대립사관의 극복이 총론으로 제시되는 가운데, 대등통일 정신에 입각한 여러 남북학술교류 방안이 거론되었다. 대강 주요 要目을 살펴보면, ①학술자료 정리와 상호교환, ②공동 학술조사 · 발굴 · 연구와 공동학술대회, ③통일 한국사학사의 공동정리, ④현대사연구의 활성화와 교류, ⑤지역주의 탈피를 위한 지역사연구와 교류, ⑥통일역사교육의 강화와 공동교과서 집필 등이다. 주로 남북학계의 이질화된 역사인식의 간극을 좁히고 '통일사학'의 수립을 위한 상호 이해를 증진하는 데 주안점을 둔 적극적인 방안들이다.

발표자 역시 이러한 여러 방안의 필요성에 대해 전적으로 동의하고 있다. 그것은 여기에서도 반복할 수밖에 없는 당위적 과제들이다. 이러한 작업들이 진행될 때 한국사학이 통일을 앞당기는 데 기여하고 통일민주국가의 '새로운 역사학'으로 발전하는 기반이 형성되리라는 데 전혀 이견이 없다. 그럼에도 불구하고 여기에는 신중히 고려해야 할 문제가 있다. 그것은 이 논의들이 그 당위성 때문에 혹 관념적 조급성을 띤 것은 아닌지, 따라서 거론된 방안들이 현 국면에서 현실성과 구체성을 가지고 있는지를 진지하게 생각할 필요가 있다는 것이다. '통일사학론'이 겨우 출발 단계라는 점을 감안하면 이러한 당위적 과제에 대한 환기 자체가 중요하지만, 논의를 한걸음 진전시키기 위해서는 이제 그 현실성과 구체성을 생각해야 할 때이다.

이러한 自問은 전술한 '분단사학'의 특수성 인식에 근거하고 있다. 특히 남북학술교류와 관련해서는 다른 무엇보다 북한사학의 존재 양식에 주의할 필요가 있다. 곧 북한사학은 북한 정치·사회체제의 일부로서, 학문 내적 외적으로 북한 정치·체제이념을 대변하는 강한 정치성을 지니고 있다. 또한 주체사관에 입각하여 일관된 한국사인식 체계를 확립하고 있는 점에서 남한사학과 질적으로 성격을 달리하고 있다. 남북한 한국사인식의 이질성이 생각보다 깊은 배경이 여기에 있다. 따라서 북한사학의 입장에서 보면, 남북학술교류는 그 자체 통일문제의 정치적 해결과정의 일환이다. 또한 교류 대상도 실제적인 영향력과 합의에 대한 실행 능력을 갖춘, 곧 대표성을 가진 남한사학을 요구할 것이다.

이러한 북한사학의 특수성을 무시하고 순수 학술적인 남북한사학의 교류를 상정하는 것은 현실성이 없고 실제적인 효과도 얻지 못할 것으로 생각한다. 설혹 정치적 의도에서 일회적 교류가 가능할지 모르지만, 그것은 문제 해결에 도움을 주지 못할 것이다. 비정치영역의 교류라는 일방적 관점에서 성과주의적으로 학술교류를 추진하거나 북한사학의 체질 변화를 요구하는 것은 학문의 순수성을 내세운 남한식 학문관의 발로에 불과하다.[24] 또한 진보적 역사학 진영의 경우에도 충분한 준비와 정치적 고려없이 조급하게 자기중심적 학술교류를 운동화할 경우 오히려 북한사학을 압박하는 결과를 낳을 수 있다.[25]

따라서 통일에 대비하는 학계의 노력은 정치적 통일준비 과정이 그

---

24) 여기에 특히 정부기관이나 언론기관 및 재벌이 資本을 배경으로 일부 학자를 동원하여 남북학술교류를 좌우하고 이를 정치적 상업적 목적에 활용할 우려가 다분하다는 점은 익히 보고 있는 사실이며, 향후 더욱 강화될 것이다.

25) 진보적 역사학 진영은, 북한사학의 입장에서는 학술교류의 논의 대상으로 진보적 역사학이 아니라 대표성을 갖는 남한사학을 요구할 것이라는 점에 유념할 필요가 있다.

러하듯이 신중하면서도 장기적 안목의 단계적 절차를 요한다. 그것은 일차적으로 북한사학을 '통일사학' 논의, 분단 역사인식의 극복에 동참케 하는 남한사학의 준비작업에서 시작될 것이다. 곧 북한사학과 공유할 수 있는 대등통일의 역사이념을 정립하고 이를 대변하는 역사학이 남한사학의 대표성을 확보하는, 남한사학 내부의 기반 조성과 학술작업이 선행되어야 한다는 것이다. 무조건적 단계론이 능사는 아니나 북한사학과의 학술교류는 이러한 작업이 전제될 때 비로소 현실성과 구체성을 확보할 수 있다. 이러한 기반 조성 작업으로서 시급하고 중요하다고 생각되는 몇 가지를 거론하면 다음과 같다.

첫째, 학계의 '통일사학' 논의와 남북학술교류를 전담하는 조직체의 구성이다. 현재 여러 연구단체가 난립해 있고 여기에 '분단사학'의 모순이 복잡하게 개입되어 있는 학계 현실에서, 남북학술교류의 실제적이고 효율적인 논의 수렴과 준비작업은 어려울 것이다. 따라서 특정의 학문적 성향이나 역사관의 차이에 관계없이 대등통일의 원칙과 '통일사학' 수립의 필요성에 동의하는 모든 한국사학자의 의지를 모은 전문적 협의기구가 구성될 필요가 있다. 현실적 조건에서 보면 대등통일의 역사이념에 동의하는 기존 한국사연구단체를 중심으로 협의체를 구성하는 것이 가능할 것이다. 그리고 필요하다면 이 협의체를 구성하기 위한 사전 작업으로서 '통일사학' 문제를 본격적으로 다루는 한국사학자대회의 개최도 무방할 것이다.

협의체가 담당할 주요 사업은 남한사학 내부의 준비작업과 남북학술교류의 추진 등 크게 두 계통으로 나뉠 것이다. 두 계통의 사업은 단계적으로 수행하거나 필요한 경우 사안에 따라 병행해서 추진할 수 있을 것이다. 남한사학 내부의 준비작업으로는, ①'분단사학'을 극복하기 위한 역사이념의 이론화 작업, ②남북학술교류에 대한 전반적인 프로그램 기획, ③북한 연구성과에 대한 논저총목록 작성, ④각 분야에 걸친 북한 연구성과의 체계적인 정리와 남한 성과와의 비교 검토, ⑤통일 지향의 역사교육 방안 모색과 교과서 검토 등이 당장 시급한 작업이다.

남북학술교류의 주요 사업으로는, ①남북간 학술교류를 논의 집행할 공동위원회 구성과 교류방안 논의, ②각종 학술자료의 교환과 협력관계 증진, ③공동 학술조사 · 발굴 · 자료정리와 공동학술대회 개최 등이 단계적으로 논의될 수 있고, 사업의 진전과 여건의 조성에 따라 ④학자의 상호 교환과 강의 · 연구활동 보장, ⑤공동학술연구와 공동저술작업, ⑥정기적인 공동학술지 간행, ⑦현대사를 제외한 공동 국사교과서 집필, ⑧통일현대사 서술을 위한 상호 방안 모색 등 보다 심도깊은 교류가 구상될 수 있다.

이상의 사업이 현실성과 구체성을 갖기 위해서는 협의체가 남한사학의 대표성을 확보해야 한다. 이를 위해 협의체는 청산주의 방식이 아니라 그간 비약적 성장을 거듭한 학계 성과에 바탕을 두고 그것을 통일 지향의 한국사학으로 계승 발전시킨다는 대승적 자세와 다원주의적 학문관을 견지해야 할 것이다. 요컨대 자신의 역사관을 배타적으로 강조하는 경직된 자세가 아니라, '통일사학' 수립을 향한 학계 원로 · 중견 · 소장학자의 삼위일체적 상호 이해와 협동이 곧 협의체의 근본정신이 되어야 할 것이다. 여기에 협의체의 주체인 한국사학자 · 연구단체의 진지한 협력정신과 실천의지가 요구된다. 이러한 토대 위에 동서양 사학자 및 여타 사회과학자와의 유기적인 협력관계가 필요할 것이다.

더불어 중요한 것은 대등통일 원칙에 부응한 정부의 여건 조성과 관계기관의 지원이다. 더욱이 남북학술교류사업은 통일정책의 성격과 남북관계의 진전 여부와 관련하여 그 수준과 속도가 정해질 수밖에 없기 때문에 남북정부의 적극적인 여건 조성은 '통일사학' 수립에 결정적 의미를 갖는다. 그러나 정치적 여건이 충족되지 않는다고 하더라도 이 사업은 유보되어서는 안되는 한국사학의 과제이다. 이러한 뜻에서 협의체 사업은 '통일학술운동'의 일환이 되어야 한다.

둘째, 남북을 포괄한 현대사연구의 활성화와 연구 기반의 확립 문제이다. 현대사 분야는 분단현실의 정치성과 '분단사학'의 속성이 가장 첨예하게 관철되고 있는 영역이기 때문에 분단 역사인식의 극복을 위해서는 불구적인 현대사인식의 교정이 필수적이다. 그러나 다른 영역과 달리 현대사 분야는 우선 그 연구 기반부터 창출해야 한다. 불행하게도 남한사학계에는 여전히 해방 후 현대사를 한국사 영역으로 간주하지 않는 학문 풍토가 지배적인 것으로 보인다. 이 역시 '분단사학'의 속성을 반영하는 한 단면이지만, 이에 따라 현대사연구는 그간 전적으로 사회과학의 몫이 되었고, 남한체제와 반공이념을 대변하는 관제 현대사가 일반화되었다. 최근 현대사에 대한 대중적 인식 전환이 빠른 속도로 진행되고 있음에도 불구하고 오히려 학계는 이를 따라가지 못하는 형편이다. 서울 소재 대학 사학과의 현대사전공 교수 분포가 여실히 증명하듯이, 전문적인 현대사연구와 학위지도체계는 거의 공백 상태라 해도 무방하다. 이러한 연구 조건에서는 통일 지향의 역사인식은 고사하고 정상적인 한국사인식의 정립 자체가 불가능할 것이다.[26)]

셋째, 통일 지향의 역사교육, 특히 현대사교육을 강화하는 작업이다. 이에 대해서는 전문가의 별도 보고가 있을 것이기 때문에, 평소 생각한 교과서 문제와 관련해서 두 가지만 간략히 언급하고자 한다. 하나는 국정 교과서 제도의 폐지이다. 주지하듯이 정부는 유신체제 이래 국정 제도를

---

26) 이러한 가운데 최근 각 대학에서 능력있는 新進 現代史學徒들이 배출되고 있음은 희망적인 일이지만, 역시 이들에 대한 학문적 투자와 배려는 거의 없는 형편이다.

통해 분단 역사인식과 분단체제 이념을 扶植시켜 왔지만, 이는 주로 일제하 해방 후의 근현대사 교육을 통해서였다. 특히 현대사교육은 반공교육의 일환이었다고 해도 무방할 것이다. 따라서 통일 지향의 역사교육을 강화하기 위해서는 국정 제도를 바꾸어야 할 것이다. 이에 대신할 방식이 검인정 제도인가 아닌가는 별도의 논의 대상이나, 중요한 점은 교과서의 생산 주체가 정부에서 학계로 전환되어야 한다는 것이다.

다른 하나는 이와 병행한 현대사 서술의 수정 보강이다. 통일 역사인식을 심어주는 데 필요한 현대사 서술의 주요 원칙으로는, ①사실에 입각한 역사주의 원칙의 견지, ②정통성주의와 지역주의의 지양, ③북한사를 같은 민족사로 인식하는 전민족적 시각, ④분단과 통일의 국제성 인식을 위한 세계사적 시야, ⑤민중생활사와 민족민주운동사의 반영 등을 들 수 있다. 이러한 통일 지향의 현대사 서술이 가능하기 위해서는 상술한 바와 같이 현대사연구가 활성화되어야 하며, 더불어 통일교육에 대한 정부의 인식 전환과 정치적 제도적 여건 조성이 시급하다. 그러나 현재의 정치적 사상적 조건을 감안할 때 무엇보다 중요한 것은 '통일역사교육'의 중요성에 대한 한국사학계와 역사교육계의 공동인식과 이에 대한 실천의지일 것이다.

5. 맺음말

현재 남북한이 공히 당면한 체제 위기는 전 민족적 위기로 발전할 가능성이 있고, 그 유일한 타개책은 분단현실의 극복 이외에는 존재하지 않는 것으로 보인다. 분단정권 수립 후 지난 반세기 동안 분단극복을 위한 한국사학의 분투가 지금보다 더 절실히 요구되는 때는 없는 것 같다. 그것은 한국사학의 능동적 실천 자세를 요청하는 것일 뿐만 아니라, 현대 한국사학이 태생적으로 짊어진 학문적 과제가 더 이상 유보될 수 없다는 것을 뜻한다. 그것은 '분단사학'의 구각을 벗어나 통일 민주국가에 부응하는 '새로운 역사학'을 수립해야 한다는 지난한 과제이다.

미력하나마 이에 보탬이 되고자 하는 취지에서 통일문제와 연관된 한국사학의 방향과 과제를 두서없이 정리해 보았다. 기실 발표자의 독창적인 생각이라기보다 이미 다 언급되고 아는 사실을 반복한 데 지나지 않았고, 더욱이 논의 범위를 학계 내부 문제에 국한시킴으로써 결국 진부한 '분단극복사론'에 그친 꼴이 되었다. 그러나 '통일사학론'이 본격적인 궤도에 오르고 있다는 점에서, 이제 논의의 진전을 위해서는 이러한 재정리도 필요한 시점이라고 생각한다.

발표를 맺으면서 특별히 환기하고 싶은 것은 두 가지이다. 하나는 분단현실의 특성을 반영하여 남북한사학의 분단성·이질성이 생각보다 깊다는 것이다. 따라서 정치적 통일사업이 그러해야 하듯이, '통일사학'을 모색하는 과정도 신중하고 장기적 안목에서 계획적으로 추진되지 않으면 안된다. 특히 대등통일의 역사이념이 남북한사학을 새롭게 再造할 수 있는 유일한 무기라면, 먼저 남한사학 내에 엄존하는 '분단사학'의 모순을 극복하는 노력이 선행되어야 할 것이다.

다른 하나는 정치적 차원의 통일기반 조성이 갖는 중요성이다. 대등통일 원칙에 부응한 남북정권의 인식 전환과 성실한 정책 수행은 '통일사학'을 준비하고 구체화하는 기본 조건이다. 그 관건이 되는 사안은 제반 사상적 억압기구의 철폐와 평화군축의 실현일 것이다. 그러나 현 상황은, 그러한 여건의 조성조차도 한국사학이 분투해야 하는 실천적 책무로 주어져 있다. 여기에 한국사학자의 투철한 과학정신과 실천의

지가 새삼 요구되는 이유가 있을 것이다.

끝으로 주제의 성격상, 또한 발표자의 능력 부족으로 혹 지나치게 도식화된 평가나 거칠게 표현된 부분이 적지 않으리라 생각된다. 이 점 넓은 아량과 용서를 구한다.

(출전: 『제41회 전국역사학대회 발표요지』, 역사교육연구회, 1998.)

부 록

방기중 교수의 학문 여정

김성보 · 윤덕영

방기중 교수는 1982년에 최초의 연구논문을 발표한 이후 2008년 11월 작고할 때까지 2권의 단독 저서와 38편의 논눈, 13권의 편서, 2권의 역서를 남겼다. 그가 사회적이고 학문적 삶을 살았던 1980년대 이후 현재까지의 역사는 현재진행형이고 아직 역사학의 연구대상으로 삼기에는 때 이른 감이 있다. 그에 따라 방기중 교수의 삶과 그의 학문적 성과에 대해 본격적으로 살펴보고 평가하는 것 역시 현재의 시점에서는 섣부르다고 할 수 있다. 그러므로 본고에서는 그가 추구했던 학문적 문제의식과 연구방향, 연구성과를 단지 몇 개의 주제로 나누어 소개하는 데 치중하고자 한다.

한국근현대사상사 연구에 한 평생을 바친 방기중 교수의 업적은 크게 보아 다섯 분야로 구분해볼 수 있다. (1) 조선후기 조세 연구, (2) 백남운 연구를 중심으로 한 사회주의 사상사 연구, (3) 일제하의 농업개혁론과 남한 농지개혁의 사상사 연구, (4) 일제하 경제자립론과 물산장려운동 연구, (5) 식민지파시즘 연구 등이다. 그 외에도 여러 편의 사론을 남기고 있다. 특히 그는 인물 연구와 사상사 연구를 결합하여 많은 성과를 냈다. 백남운과 배민수에 대해서는 각 한 권의 단행본을 낸 바 있고, 이훈구 · 강진국 등에 대해서도 묵직한 논문들을 발표하였다.

그는 자신의 연구 분야를 '경제사상사'라고 즐겨 말하고는 하였는데, 그가 생각하는 경제사상사 연구가 무엇인지는 그가 남긴 아래의 글에 잘 표현되어있다.

> 식민지시기 경제사상사 연구의 일반적 과제는 이와 같은 여러 계통의 집단과 개인들의 경제현실 인식과 그 타개 방안의 사상구조, 그리고 여기에 내면화되어 있는 '신국가'의 체제구상과 이념적 지향을 실천운동과의 유기적 관련 속에서 검토하는 데 있다고 정리할 수 있겠습니다. 이러한 작업은 한국 근현대사 연구와 관련하여 크게 두 가지 측면의 중요한 연구사적 의의를 지닌다고 생각합니다. 하나는 이 작업이 자주적 근대화의 좌절과 식민지적 근대화의 경험 속에서 전개된 한국 근대사상의 발전 과정과 그 특질의 전모를 새롭게 인식하고 체계화하는 데 중요한 논거를 제공하고 있다는 점입니다. 다른 하나는 이 작업이 해방 이후 통일민주국가 수립에 실패하고 분단으로 나아가게 되는 분단의 사상구조를 역사적으로 이해하고 남한 자본주의와 북한 사회주의의 전개를 사상사적으로 접근하는 데에 중요한 단서를 제공하고 있다는 점입니다. 말하자면 식민지시기 경제사상사 연구는 정치사상사 연구와 더불어 한국 근현대 사상 발전의 내재적 연속과 전변 과정을 체계적으로 인식하는 데 중요한 연구사적 의미를 지니는 연구 영역이라 할 수 있습니다(2권 1부 I).

그의 학문은 한국사의 내적 맥락에서 근현대사상사를 해명하는 작업으로 수미일관하였다. 이는 분단국가의 과거와 현실을 사상사적으로 해명하고 그 위에서 통일의 미래를 전망하기 위한 기나긴 여정이기도 하였다. 이러한 그의 연구는 근대화의 두 가지 길이라는 구도 아래 한국 근대 농업사를 내적 발전의 맥락에서 체계화한 김용섭 교수의 학문을 계승하면서도, 그에 머물지 않고 한국근현대사상사의 새로운 경지를 개척한 것이었다. 한편 그는 한국역사연구회, 역사문제연구소, 남북역사학자협의회, 친일인명사전편찬위원회 등 여러 단체에서 헌신적으로 활동하였는데, 이 또한 한국사회의 진보적 발전과 통일의 미래를 염원한 그의 학문관의 발로였다. 안타깝게도 그의 여정은 마침표를 찍지 못하였다. 여기에 그 자취를 기록해둔다.

1. 연구의 출발 : 조선 봉건사회 해체과정의 구조적 분석

방기중 교수의 학문 여정은 그의 선배 · 동년배들이 흔히 그러했듯이 조선 후기 연구에서 시작되었다. 그는 조선후기 조세 수취 연구를 통해 "봉건적 수취원리의 해체과정, 봉건국가권력이 화폐수탈의 독점적 지위를 상실하고 있다는 봉건적 재정구조의 해체과정"을 밝히고자 하였다. 그는 조선후기에 "현상적으로 수령권의 강화와 수탈량의 폭력적 증대를 동반"하였지만 그것은 봉건국가권력의 해체과정을 조세제도 · 재정구조의 측면에서 반영한 데 지나지 않았다고 보았다. 이것이 "화폐수탈의 구조적 모순을 해결할 수 있는 조세제도 개혁이 요구되고 있는 시대적 배경"이자, "개항 후 근대국가수립운동과 관련하여 제기되는 조세제도 · 재정구조의 근대적 전환과정의 내적 기반이 되는 것이었다"고 파악했다(1권 1부 IV). 그의 조선후기 조세 수취 연구는 내재적 발전의 시각에서 조선 봉건제의 해체상을 구조적으로 분석한 것으로서, 특히 근대 이행과정에서 '국가'의 문제를 정면 검토한 점에서 주목된다.

내재적 발전론이 일제 관학자들과 그 계승자들에 의해 만들어진 타율성론과 정체성론으로 상징되는 식민사학을 극복하기 위한 과정에서 나온 것은 주지의 사실이다. 그리고 그 내부에는 다양한 이념적, 학문적 경향이 있어왔다. 그중에서 사회구성사적 입장의 연구들은 내재적 발전론을 과학화 · 체계화시키는 데 큰 기여를 했지만, 한국 봉건제 해체과정에서 나타나는 특수성과 사회구성의 계기적 연관성을 충분히 설명하지 못한 한계를 가지고 있었다. 방기중 교수의 조선후기 조세 연구는 이러한 내재적 발전론의 한계를 극복하기 위한 실증적 연구라 할 수 있다.

내재적 발전론의 문제와 관련하여, 방기중 교수의 인식은 그의 전 세대와 달리 일제 식민사학의 극복에만 놓여있지 않았다. 그는 "일본내부에 뿌리 깊게 재생산되고 있는 한국정체성론의 실체가 앞에서 언급한 바와 같이 제국주의적 식민사관이라는 단일한 체계로만 형성 · 계승되어온 것이 아니라 정체성론의 基底는 매우 복잡하고 다양한 연원을 갖고" 있다고 하면서, "그 중에서도 특히 주목되는 것은 戰前 이래 일본의 제국주의적 침략성을 비판하는 입장에 서면서 동시에 객관적 · 과학적 역사연구 태도를 견지하는 연구자들에 의해서도 정체성론의 이론적 기반이 체계화되고 있었다는 점"에 주목하였다(1권 2부 I).

그는 일본 근현대사 연구자들의 정체성론이 비교사적 연구태도와 정태적 구조론의 방법론에서 연유된 것으로 보았다. 그리고 그 주요한 원류를 강좌파적 동아시아 세계관과 정체성론에서 찾았다. 강좌파의 인식은 그 내부에 다양한 편차가 있지만, 대체로 개항 이전의 동아시아 사회를 '아시아적 생산양식'으로 상징되는 아시아적 특질을 가진 사회로 파악하는 점에서 공통분모를 가지고 있다. 이 관점에서 보면 아시아의 전근대 사회는 개항 이후 외세에 의해 수동적 · 타율적으로 해체되어 세계자본주의에 편입되었으며, 그 이후에도 내부에는 여전히 봉건적 요소가 농후하게 남아 있었다.

방기중 교수는 일본 역사학계의 뿌리 깊은 아시아 정체성론을 분석하고 그 문제점이 무엇인지를 예리하게 지적하였다. 그는 동아시아에서 한중일 삼국이 각각 다른 길을 걸어가게 된 역사적 맥락을 이해하기 위해서는, 각국의 내재적 발전의 특질을 해명하고 아울러 세계자본주의와의 접촉과정에서 각국이 처했던 국제적 조건의 차이 또한 시야에 두어야 함을 강조하였다.

그는 위와 같이 조선후기 경제사를 봉건사회 해체의 각도에서 분석하며 국가의 문제에 주목하였고, 사론적인 글을 통해 조선후기 경제사 연구의 새로운 방향을 모색하였다. 그러나 그의 연구는 이 분야에서 더 진척되지 못하였다. 그는 한국 경제사를 내적 발전의 맥락에서 검토하는 과정에서 백남운의 연구에 주목하였다. 일제하 조선의 대표적인 마르크스주의 사회경제사가이자 해방직후 남조선신민당을 이끌었던 정치가 백남운에 주목하면서, 그의 연구 주제는 사회주의사상사로 확대되었다.

2. 백남운 연구와 북한 사회주의 체제 형성의 내적 사상 배경

방기중 교수의 백남운 연구는 역사학자이자 정치인인 백남운의 사상과 행적을 통해 분단체제 형성의 내적 배경과 기반으로서 사회주의 국가 건설노선의 이념적 실체와 내용을 깊이 있게 규명한 것이었다(『한국근현대사상사연구 – 1930 · 40년대 백남운의 학문과 정치경제사상』). 그는 조선공산당의 주류를 이루는 이론가들을 분석 대상으로 삼지 않고 그 주류와 일정한 거리를 두었던 백남운을 연구하는 데 집중하였다. 이는 단지 분단체제 형성의 사상적 배경을 분석하는 데서 멈추지 않고, 그 사회주의노선 내에서 분단체제 극복의 가능성도 함께 탐색하기 위함이었다.

백남운에 대해 방기중 교수는 백남운의 성장과 사상형성과정, 마르크스주의 사상의 정립, 역사이론과 한국사인식, 현실인식과 사회 성격 분석, 국가건설론과 구체적 정치활동 등에 대해 그 이전 어떤 인물사 연구에서도 찾아보기 어려울 정도로 치밀하게 분석하였다. 그는 엄격한 실증적 태도에 기반하면서도 철저히 분석적 입장을 견지하였다. 또한 단순히 백남운 자체만을 분석한 것이 아니라 그를 둘러싼 집단, 사회, 국가, 더 나아가 세계체제의 정치·경제·사회·사상적 변화과정을 살피는 속에서, 그러한 변화를 개인이 어떻게 수용하고 받아들이며 자신의 주체적 입론을 어떻게 세워나가는가를 자세히 살펴보았다. 때문에 우리는 백남운 개인을 통해 당시의 사회와 민족운동, 국가와 세계를 볼 수 있었다. 그런 점에서 그의 연구는 인물사와 집단사 연구에 대한 교과서적인 전형을 보여주고 있다.

그는 백남운을 통해 최신 외래 사상인 마르크스주의가 일제하에 어떠한 역사적 현실과 지적 기반 위에서 어떠한 과정과 단계를 거쳐 수용되고, 어떠한 인식 체계와 논리로서 민족적 진로를 전망하고 있는가를 면밀하게 분석하였다. 그는 백남운에 대해 "한국 마르크스주의 역사학·사회과학을 개척함으로써 일제 관학의 식민주의 '조선 인식'이 압도하고 있는 학계 현실에서 한국사 인식의 새로운 지평을 열고, 기존의 부르주아·민족주의 지식인과 민족의 진로에 대한 인식 방식을 전혀 달리하는 학풍 창출에 선구적인 역할을 하였다"고 한다. "특히 그 학문의 진면목은 그가 마르크스주의 이론을 조술하지 않고 투철한 학문적 주체성을 견지하면서 前人未踏의 방대한 실증적 연구를 통해 한국사의 합법칙적 발전과 그 단계적 성격을 이론화한 점에 있었다"고 평가하였다(4권 1부 I).

그의 백남운 연구는 사상적 맥락에 대한 분석 없이 단순히 혁명론·운동론의 피상적 파악과 분석으로 사회주의자와 사회주의세력의 노선과 활동을 설명하는 종래의 연구관행에 큰 경종을 울리는 것이었다. 그는 그들이 딛고 서있는 사상적 바탕, 사회와 현실인식, 국가건설론의 인식기반과 내용, 사회 정치활동을 폭넓게 분석함으로써 사회주의사 연구의 새로운 지평을 열었다. 또한 종래 막연하게 인식되어 오던 조선공산당을 중심으로 한 사회주의운동 주류세력 외에 다른 사회주의 세력, 흔히 중도좌파라 불리는 사회주의세력의 인식과 정치노선, 이들의 좌우합작과 통일전선론의 역사적·이론적 기반을 포괄적이고 치밀하게 밝혀줌으로써 한국 사회주의사의 인식을 확장시켰다. 방기중 교수는 백남운의 '조선 인식'과 이를 둘러싼 마르크스주의 내부 논쟁이 형성기 한국 마르크스주의의 지적 구조와 그 지성사적 특질을 집약해서 보여주고 있다면서, "이러한 1930년대 마르크스주의 내부의 '조선 인식'의 분화는 마르크스주의 수용의 인식론적 관점이나 역사적 유물론에 대한 이해 방식의 차이로부터 발생하는 것이었고, 민족문제 인식을 포함한 한국의 역사와 문화, 그 지적 전통에 대한 본원적 인식 자세의 차이와 결부된 것이었다. 이는 곧 한국 마르크스주의의 사상적 토착화의 명암과 굴절을 이해하는 핵심적 관건이 되는 문제이며, 이 의미를 좀 더 발전시키면 해방 후 국가 건설을 둘러싼 마르크스주의 진영 내부의 사상 동향과 분단 정부 수립 후 북한 사회주의 건설의 사상사와 내면적으로 연결되는 것이기도 하다"고 주장하였다(4권 1부 I). 이처럼 그는 주체적 견지에서 한국 마르크스주의 사상의 토착화를 시도한 백남운을 조명함으로써 한국 사회주의운동과 사상의 다양성과 역사성을 밝히는 동시에 분단 극복의 대안을 모색하고자 하였다.

다만 백남운의 정치경제사상과 국가건설론이 북한의 국가 건설론 및 국가 건설과정에서 어떤 의미를 지니는가 하는 점은 미완의 연구과제로 남아 있다. 정치적으로 미약한 중도좌파로서 백남운이 세력의 힘에 따라 수동적으로 흡수되는 것인지, 아니면 능동적으로 북한의 변혁과정에 합류하면서 북한의 사회주의사상 및 국가건설론에 주체적으로 결합되어 가는지에 대한 해명은 남겨진 과제이다. 또한 인민민주주의혁명론은 그 내부에 다기한 이론적 내용과 이해방식이 있는데, 이와 관련하여 소련과 남북한 공산당세력, 백남운과의 상호관계와 그들의 인민민주주의상에 대한 현실적 이해는 보다 더 해명되어야 할 문제이다.

이는 북한체제 형성의 내적인 사상적 배경과 논리의 해명과도 연관되어 있는 문제인데, 이와 관련해서 방기중 교수는 본격적인 분석을 하지는 못했지만 시론적인 두 편의 글을 남겼다. 우선 백남운이 1949년 소련 방문 경험을 글로 남긴 『쏘련印象』에 대한 해제(4권 1부 VI)를 통해 책 전편에서 보이는 친소적 경향이 백남운에게만 특별한 것은 아닌 당시 북한 지도부와 지식인 일반에게 보편화된 것으로서, 오히려 당시 북한 지도부는 소련과의 관계 강화야말로 국가적 주체성과 자주독립을 보장하는 유일한 기본 조건으로 간주하고 있었다고 평가했다. 더 나아가 북한정권 수립기 북한지도부의 인식을 분석하는 논문(5권 1부 IV)에서는 당시 북한 지도층이 "인민민주주의 국가 · 사회체제의 건설과정 자체를 국가 자주성을 실현하는 과정으로 인식"하였으며, "이 과정에서 이들은 소련의 영향력을 자주성 구현의 제약 조건이 아니라 이를 지원하고 보장하는 기본 조건으로 인식하였고, 소련의 정치적 · 물질적 원조를 인민권력의 강화와 인민경제의 자립화에 적극 활용하는 실용적 입장을 취하였다"고 파악하였다. 그렇지만 건국 초기의 자주성 인식은 다분히 국가건설의 당면 과제를 구현하는 데 주안점을 둔 현실적 · 정치적 수준의 성격을 띤 것이었으며, "그 인식은 국가 자주성 실현의 요체로서 인민민주주의 국가건설에 대한 북한 지도층의 독자적 이론체계의 확립이나 일제에 의해 구축된 식민주의 역사·문화인식을 철저히 극복한 국가적 차원에서의 주체적 인식체계의 확립을 바탕으로 한 것이 아니"었기 때문에, "인민민주주의 국가건설의 방향 설정이나 이에 부합하는 역사·문화인식의 확립 문제를 둘러싸고 이들 지도층 내부에는 일정한 입장 차이가 존재하고 있었다"고 평가하였다.

백남운 연구로 출발한 방기중 교수의 한국 사회주의 사상사와 운동사, 정치사에 대한 연구는 많은 과제를 던져놓고 미완의 상태로 남아 있다. 거시적 안목에서 주체사상을 비롯해 한국 사회주의 사상의 성격과 특질을 해명하려는 그의 문제의식은 백남운 연구에서 크게 더 나아가지 못했다. 학계 전반을 놓고 보면 사회주의에 대한 연구는 아직도 1920년대 전반기에 연구가 집중되어 있고, 백남운이 마르크스주의 사상을 정립하고 사회주의 운동 내부에서 조선인식과 조선혁명을 둘러싼 제반 논의가 본격화되는 1920년대 후반에서 1930년대의 연구는 일천한 실정이다. 일제하 마르크스주의 사상의 수용과 한국적 특징, 내부 논쟁의 지형과 성격, 당면 혁명을 둘러싼 이론과 실천의 양상을 비롯해서 해명되어야 할 과제들이 많다. 특히 동아시아에서 사회주의운동과 사상의 전개과정은 상호 긴밀한 연계관계를 가지고 있는데, 이를 시야에 둔 연구도 적은 실정이다. 이 모두가 후학에게 남겨진 과제일 것이다.

3. 일제하의 농업개혁론과 남한 농지개혁의 이념

방기중 교수는 백남운을 중심으로 한 사회주의 사상사 연구와 더불어 해방 후 남한 자본주의체제 수립으로 연결되는 민족·자본주의 진영의 국가건설사상과 경제건설론에 대한 연구에서 많은 업적을 남겼다. 특히 일제하의 농업개혁론을 분석하고 그 개혁론이 남한 농지개혁의 이념으로 어떻게 연결되는지를 해명하는 데 많은 노력을 기울였다.

해방 후 미군정과 협조하며 남한의 국가 건설 과정에 참여한 세력은 다양다기 하였다. 이승만의 배후에는 일제하 기호지방의 기독교 세력과 동지회 · 홍업구락부로 모인 세력들이 있었다. 또한 홍사단 · 수양동우회와 서북지방 기독교 세력들, 그리고 동아일보 · 보성전문과 호남출신 정치세력들 역시 해방 후 주로 한국민주당으로 결집하여 신국가건설에서 중요한 역할을 담당하였다. 그 외에도 안재홍으로 대변되는 국민당세력, 조봉암 · 강진국 등의 진보적 세력들을 비롯하여 여러 정치세력이 그 과정에 일정하게 참여하고 있었다. 방기중 교수는 이중에서 서북지방 기독교 세력들과 가까운 장로회 계열의 주요 경제론자이자 농촌운동가인 이훈구와 배민수의 농업론과 경제건설론, 농촌운동론에 대한 분석을 통해 농지개혁으로 귀결된 민족 · 자본주의 진영의 농업개혁론과 국가건설사상의 일단을 밝혔다. 또한 강진국에 대한 연구를 통해 중간파 노선의 농업개혁론과 산업개혁론을 해명하였다.

1930년대에 숭실전문 농학과 교수로 재직한 이훈구는 미군정 농무부장, 제헌의원을 역임하면서 해방 후 농업정책과 농지개혁 입법과정에서 중요한 역할을 담당한 농정관료였다. 방기중 교수는 이훈구의 사상형성과정, 특히 일본 도쿄제국대학 농정학과와 미국 위스콘신 대학 농업경제학과의 유학과정에 대한 세밀한 분석을 통해 그가 수용한 사회개량주의 소농경제학의 기반을 밝혔다.

이훈구가 "시종일관 견지한 농업타개의 기본방향은 자작농 중심의 자립적 소농경제의 형성이었고, 그 체제적 지향점은 이를 바탕으로 건전한 자본주의 사회를 수립하는 것이었다. 따라서 소농경제의 안정된 자립을 위해서는 지주 본위의 농촌경제, 이와 결합된 도시상공업 위주의 독점자본주의체제는 수정되어야 했다. 곧 그의 소농경제론은 반독점사상을 바탕에 깔고 있었다. 또한 이러한 입장에서 그는 사적 소유권을 부정하는 농업문제의 사회주의적 해결 역시 단호히 반대하였다"고 한다(4권 2부 I).

이훈구가 고전적 자본주의사상이나 지주적 입장의 농정론에 입각해 있는 것이 아니라 독점자본주의 시대의 사회개량주의 소농경제학에 입각해 있었다는 방기중 교수의 연구는 이훈구가 당대 대표적인 자본주의 농업경제학자이자 미군정 농무부장으로 정부 수립 직전까지 남한 농정을 총괄하던 입장이었다는 점에서 상당히 중요한 시사를 주는 것이었다. 이는 남한의 국가건설 및 농지개혁의 이념을 단순히 지주적 입장의 근대국가건설론의 연장선상에서 볼 수 없음을 의미하기 때문이다.

방기중 교수는 더 나아가 그동안 학계에 거의 알려지지 않았던 역사학파 경제사학자로서 이훈구의 모습도 복원하였다. 그는 이훈구의 박사논문에 대해 "근대적 방법에 의한 한국인 최초의 통사적 토지제도사 연구"라는 사학사적 의미를 부여하면서, 백남운을 통해 체계적인 마르크스주의 역사학·경제사학이 성립되었다면, 이훈구를 통해 "민족주의 역사학의 일환으로 파악할 수 있는 역사학파 경제사학"이 개척되었다는 것을 밝혀냈다(4권 2부 II). 이훈구와 백남운은 "각기 1930년대 민족·자본주의 계열과 마르크스주의 계열을 대표하는 경제학계의 巨擘"이라는 점에서, 이들의 사상과 이론은 일제하 이래 해방직후까지 근대·신국가 건설의 두 노선이 도달한 최고 수준의 논의의 일단을 보여준 것이라 할 수 있으며, 방기중 교수의 연구는 그 실상을 해명한 것이라 하겠다.

이훈구가 장로교 농촌운동의 이론적 지도자였다면, 배민수는 1930년대 장로교 농촌부 총무로 있으면서 장로교 농촌운동을 총괄 지도한 책임자이자, 일제하부터 해방 후까지 기독교 계열의 민족운동과 신국가건설 운동을 앞장서서 실천하였던 중견 지도자였다. 방기중 교수는 백남운 연구에 못지않게 배민수에 대해서도 광범한 탐구와 치밀한 분석을 시도하여 그의 두 번째 저서를 완성하였다(『배민수의 농촌운동과 기독교 사상』). 방기중 교수는 배민수가 1910년대 비밀결사운동을 전개했던 급진적 기독교 민족주의자이면서 동시에 조만식의 영향 하에 1920년대 중반이후 기독교계열의 농촌운동에 주도적으로 참여하였던 것에 주목하였다. 이는 기독교 계열 민족·자본주의세력의 농업개혁론과 경제건설론이 구체적인 실천 현장에서 어떠한 농촌운동론으로 나타나 전개되었는지를 보여주는 좋은 사례이자 실천의 양상이기 때문이었다.

배민수의 농촌운동론은 두 단계를 거치면서 확립되는데, 방기중 교수는 첫 단계인 1928년 결성된 기독교농촌연구회와 배민수의 활동을 살펴보면서 비밀결사와 적극적 대일투쟁을 마다하지 않던 기독교 급진주의자들이 어떠한 주객관적 상황과 어떤 과정을 거쳐서 실력양성운동으로 전환하게 되는지, 그리고 그들의 주장과 활동은 기독교내 근본주의 및 부르주아 성향이 강한 기성 교회와 교단과 어떻게 차이가 나는지를 상세히 규명하였다. 그리고 이는 조만식의 영향하에 전개된 기독정신의 실현을 강조한 복음주의 농촌운동론으로, 농촌 복음전도와 경제자립의 동시실현을 추구한 일종의 지상천국론으로서의 예수촌 건설론의 제창이었다고 한다.

1930년 전후 세계대공황의 여파 속에 조선에서는 민족운동의 방향을 둘러싸고 민족·자본주의 진영과 사회주의 진영의 대립이 복잡하게 진행되고 있었다. 방기중 교수는 배민수를 통해 당시 농민적 입장을 서있던 기독교 계열이 사회주의 세력이 압도하는 대공황기의 운동과 사상 동향에 대해 어떠한 위기의식을 갖고 있었으며, 어떻게 대응하고 있었는가, 어떠한 정치경제적 인식 기반 하에서 농업문제를 해결하려 했으며 어떠한 농촌운동을 전개하였는가를 치밀하게 분석하였다. 그는 또한 배민수의 미국 유학과정과 서구 사상의 수용과정에 대한 세밀한 분석을 통해 조선의 기독교 민족주의가 기독교 보편주의적 관점의 기독교 실천관과 결합하는 과정을 해명하였다. 이는 배민수가 중도적 자유주의 신학과 초교파적 세계복음 · 사회복음주의, 반공적 기독주의 이념과 결합하는 과정이었고, 이에 따라 배민수의 "종말의식과 기독교 경제관에 대한 이해를 심화시켰고, 이를 바탕으로 그는 지상천국 건설의 인식기반과 논리를 새롭게 확보할" 수 있게 하였다고 한다(4권 3부 III).

방기중 교수는 비록 배민수라는 개인의 삶을 통해서이지만, 급진적 기독교 민족주의로 출발한 기독교 세력들이 어떠한 사상적 · 운동적 경험을 가지고 어떤 과정을 거쳐 이승만의 단정노선으로 합류하여 남한 국가 건설에 참여하게 되었는지를 잘 보여 주고 있었다. 특히 배민수가 이승만과 가까운 기호지방의 기독교세력보다는 조만식의 영향 하에서 서북지방의 기독교세력과 가까웠던 인물이라는 점에서, "단정수립의 국가건설관과 냉전 이데올로기는 당시 기독교 진영의 일반적 입장을 반영하는 것으로서, 특히 6 · 25 전쟁의 발발은 이러한 냉전적 분단체제 인식을 완전 고착시켰다"는 방기중 교수의 평가는 주목할 만하다. 방기중 교수의 연구를 통해 우리는 반공주의가 단순히 해방 후 친일 · 극우세력이 권력을 획득하기 위해 만들어진 이념만이 아니라, 일제하 이래 민족 · 자본주의진영 내에서 상당한 역사성과 이념적 기반을 갖고 장기간에 걸쳐 형성된 이념이라는 것을 확인하게 된다. 배민수의 "냉전적 국가건설관은 우익의 계급적 이해관계를 대변한 것이라기보다 기독주의 사상의식에 기초한 점에서 주류 기독교 진영에 비해 훨씬 이데올로기 성향이 강한 것"이었다.

방기중 교수는 배민수가 6·25 전쟁 후 자유당 정권에 참여하여 금융조합연합회의 식산계부흥사업을 주도한 것을 바탕으로 이승만정권의 농정책의 일단을 분석하였다(5권 1부 III). 그는 식산계 부흥사업이 "전후 농촌재건과 체제유지를 위한 모범농촌건설운동이자 체제수호운동으로서, 역사적 맥락에서 보면 일제하 개량적 농촌·농민운동의 전통, 특히 배민수의 기독교 농촌운동 경험과 결합된 1930년대 관제 '농촌진흥운동'이나 '모범부락정책'의 현대적 변용"이라 평가하였다.

이훈구와 배민수에 대한 방기중 교수의 연구는 농지개혁과 남한 국가 수립으로 귀결된 기독교 계열의 민족·자본주의 진영의 사상과 이념, 농업개혁론과 경제건설론, 농촌문제 인식과 농민운동의 전반을 치밀하게 보여주었다는 점에서 큰 연구사적 의미를 갖는다고 하겠다. 이는 우파 민족·자본주의의 진영의 이념과 운동만을 일제하 이래 민족운동과 국가건설운동의 적자로서 큰 의미를 부여하는 연구경향 뿐만 아니라, 이와 정반대로 이들의 이념과 운동을 단순히 지주·대부르주아지의 계급적 입장을 반영하는 개량적이고 타협적인 이념과 운동으로 선험적으로 규정하고 비판해오던 연구경향 모두의 근본적 문제와 한계를 실증적으로 극복하는 것이라 할 수 있다. 방기중 교수의 연구를 통해 일제하 민족운동을 주도했던 민족·자본주의 진영의 이념과 국가건설론의 일단이 객관적으로 밝혀졌다.

한편 방기중 교수는 강진국에 대한 연구를 통해 남한국가 수립에 직접적 참여한 중간파 노선의 농업개혁론과 산업개혁론에 대해서도 해명하였다(5권 1부 II). 1946년 초까지만 해도 비교적 단일한 세력을 이루고 있었던 민족·자본주의 진영은 1946년 중반 좌우합작운동이 전개되면서 이를 둘러싸고 내부적으로 급격히 분열되기 시작했다. 우익 최대 정파인 한민당내 진보적 세력이 거의 대부분 탈당하면서 이들을 중심으로 중간파세력이 형성되기 시작했다. 이들 중간파세력과 그 주요 이론가들인 이순탁, 배성룡을 비롯해서 여러 인물들에 대해서는 학계에서 일정한 연구가 진행되었는데, 방기중 교수는 입법의원 산업노동위원회산하 조선산업재건협회의 실무책임자로서 조선산업재건책을 마련하였고, 대한민국 정부수립 후 농림부 초대 농지국장으로서 농지개혁에 대한 농림부안을 입안한 강진국에 주목하였다.

방기중 교수는 강진국의 "산업재건론의 이론적 핵심은 관민협조 · 노자협조에 입각하여 전면적인 계획통제를 실시하자는 국가계획경제론과 직장, 농촌을 막론하고 협동조합을 통해 생산 · 배급체계를 공동조직화하자는 생산협동조합론 두 가지"였고, 이러한 점에서 그의 주장은 "일정하게 '비자본주의적 발전'의 가능성을 내포하고" 있었지만, 본질적으로는 "자본주의계획경제론의 범주를 벗어난 것은 아니었다"고 한다. 즉 "국가의 전면적 계획통제는 소유관계나 생산의 사회주의화를 전망한 것이 아니라 사적 소유권의 보장을 전제로 한 생산의 공동화에 기반을 두었고, 그의 이론에서 가장 중요한 의미를 갖는 국가는 계급협조주의, 협동조합주의에 입각"하였기 때문에 강진국의 경제이념은 "자립적 민족민주국가를 지향하는 '약소민족형 국가자본주의'의 성격을 띠고 있었다"고 분석하였다.

강진국은 분단정부 수립 후 남한정부에 참여하면서 자신의 산업재건 방침을 농지개혁에 반영하기 위해 노력하였지만, "그 산업재건의 논리와 경제이념은 남북분단의 현실 속에서 남한의 자본주의경제건설의 체제적 방향에 편입되는 가운데 일정하게 변화"하여, "반독점사상은 견지하였지만 그 내면의 비판적 자본주의관은 점차 건실한 자본국가 건설관으로 수정되고 개량화되었다"고 한다. 그럼에도 불구하고 이들 중간파의 산업재건론, 농업개혁론은 남한체제에 수용되지 못했고, 이들 중간파의 "농민적 입장과 반독점사상은 종속적 자본주의 발전을 지향하는 남한의 지배적 경제이념과 기본적으로 대립"되었다고 해명하였다.

방기중 교수의 강진국에 대한 연구는 그 실체가 모호했던 중간파의 산업개혁론과 농정사상을 명확히 개념화하고 이론화했다는 점에서 연구사적 의의를 갖고 있다. 그렇지만 해방 후 중간파 세력이 일제하에 형성 전개되어온 민족운동세력 및 국가건설론과 어떠한 역사적 관계를 갖고 있으며, 그 객관적 실체는 무엇인지, 중간파 세력중 북한국가 수립으로 수렴되는 인물들과 남한국가 수립으로 수렴되는 인물들 간의 차이는 무엇인지에 대한 해명이 미완의 과제로 남겨져 있다.

이훈구 · 배민수 · 강진국 연구를 통해 기독교 계열과 중간파의 농업개혁론을 해명한 방기중 교수는 이를 바탕으로 해서 남한 농지개혁의 사상전통과 농정이념을 한 편의 글에서 총정리 하였다. 방기중 교수의 한국 근현대사를 바라보는 역사인식과 문제의식이 잘 드러나 있는 논문이다(5권 1부 I). 방기중 교수는 우선 농지개혁의 "이념과 구상은 서양의 각종 진보적 정치경제사상이나 농업경제학의 수용을 통해 이론화된 것이지만, 또한 오랜 역사적 연원을 가지고 있는 토지개혁 · 농업개혁의 내재적 사상 전통을 바탕으로 구축된 것"이라 하면서, 조선후기 이래 전개된 실학파 토지개혁론의 경험에 기반 한 조선후기 · 한말의 토지개혁사상을 정리하였다. 그리고 이런 사상적 전통이 1910년대에서 1920년대에는 걸쳐 급격히 수용된 사회 개조와 혁명을 논하는 서구의 각종 정치 · 사회사상 및 사회이론과 결합하여 질적인 비약을 이루었다고 한다. 그리고 이 시기 토지개혁론의 근대적 발전 과정은 지주제와 결합된 일제 강점정책 · 식민농정과 이식자본주의체제의 모순구조의 특성상 "구조적으로 반봉건 개혁이념과 함께 많건 적건 반일의식과 결부된 자본주의 비판의식을 수반하였다"고 한다.

그 결과 일제하 토지개혁론은 크게 세 방향에서 전개되었다고 정리하였다. 첫째, 무상몰수 · 무상분배에 의한 토지개혁과 토지국유화에 입각한 사회주의 농업협동화를 추구한 사회주의 토지개혁론, 둘째, 토지국유제 관념 아래 유상매수 · 유상분배에 의한 토지개혁과 계획적 국가 관리에 의한 조합주의 농업협동화를 추구한 '사회민주주의' 토지개혁론, 셋째, 사적 토지소유의 원리를 인정하고 유상매수 · 유상분배에 의한 토지개혁과 국가 주도의 자본주의 농업협동화를 추구한 '사회개량주의' 토지개혁론 등이다. 방기중 교수는 둘째와 셋째 계통의 토지개혁론이 해방 후 "입법의원 토지개혁법안과 '산업재건책'을 통해 상호 결합하면서 유상매수 · 유상분배에 입각한 농지개혁론으로 재구성되었고, 그것은 정부수립 후 농지개혁의 입법정신과 개혁이념으로 계승"되었다고 한다.

농림부 입법주체의 농정이념과 농업개혁 구상은 "단순한 자본주의 소농경제체제의 창출이 궁극적인 목표"가 아니라, "전면적인 자본주의 계획경제체제의 수립과 함께 농업협동조합을 기반으로 영농개혁과 농업협동화를 추진함으로써 신국가의 자립적 민족경제 · 농업구조를 달성한다는 데 있었다"고 파악하였다. 물론 "분단의 현실화와 분단정부에의 참여라는 정치적 여건 속에서 이들이 견지한 '국가자본주의' 체제이념은 현저히 개량화" 되었으며, "귀속재산 처리문제와 결부된 적극적인 지주전업론에 잘 나타나듯이 이들의 실천논리는 더욱 자본주의체제에 편입"되었고, 그에 따라 "소농 본위의 반독점사상은 견지하였지만 그 내면의 강렬한 자본주의 비판의식은 점차 건실한 자본주의 국가건설관으로 수정되고 개량화 되었다"고 평가하였다.

그렇지만 "이들 중간파 농림부 입법주체의 경제관 · 농정이념은 궁극적으로 이승만과 주류 관료진, 국회 보수 우익세력 등 남한의 지배적 정치세력에 의해 배제되고 주변화"되게 되었다고 보았다. 지배 집단은 "반공이념으로 무장하고 자본 본위의 자유경제정책을 추구한 점에서 상호 공감대를 형성"하고 있었고, "농촌 · 농민 희생을 강요하는 농정과 자본축적정책을 추진"하였기 때문에 농지개혁은 농림부 입법주체의 의도와 달리 자본주의 영세소농체제의 창출로 귀결되고 말았다. 이러한 의미에서 방기중 교수는 농지개혁에 대해 "식민지 농업구조의 모순을 청산하는 획기적 의의를 지니는 동시에 분단체제와 결합된 새로운 자본주의 농업구조의 모순을 창출하는 분기점이었다"고 규정하였다.

방기중 교수의 정리를 통해 조선후기에서 해방직후에 이르는 토지개혁론의 전통과 전개과정의 대체적인 역사상이 확립되게 되었다. 북한의 토지개혁은 물론 남한의 농지개혁도 외세에 의해 주어지거나 기만적인 것이 아닌 내재적 사상 전통과 일제하 토지개혁론을 기반으로 이루어진 것이고, 근대국가 수립의 내재적 발전과정의 소산물이라는 것이 경제사상사의 측면에서도 확인되었다. 또한 그 내부의 다양한 편차에 대한 해명도 이루어졌다.

4. 일제하 경제자립론의 계통과 물산장려운동

방기중 교수는 근현대 농업개혁론 연구를 통해 남한 농지개혁의 사상사적 배경을 해명하는 한편, 시야를 더욱 확대하여 민족 · 자본주의 계열과 중도파의 경제사상 전반을 분석하는 작업에 뛰어들었다. 이는 곧 분단국가의 한 축을 이루는 남한 자본주의체제 형성의 사상적 배경을 이해하는 작업임과 동시에 남북분단 속에 어느 체제에도 적극 수용되지 못하고 주변화 되었던 중도적 경제이념의 맥락을 파악하는 작업이기도 하였다.

그는 기독교 계열의 민족주의자들 중 미국에서 경제학 관련 전공을 수학한 재미유학생을 대상으로 그들이 유학의 경험을 통해 어떠한 자본주의 경제관을 갖게 되었는가를 살펴보았다(2권 3부 I). 이를 통해 20세기 전반 미국 경제학의 동향과 학풍을 개관하면서 특히 클라크(J. B. Clark)가 이끄는 콜롬비아 대학의 한계효용학파의 경제이론과 위스콘신 대학의 일리(R. T. Ely)가 개척하고 커먼스(J. R. Commons)가 발전시킨 제도주의 학파의 경제이론이 각기 조선인 재미유학생에게 사상적, 이론적 영향을 미치고 있다는 것을 밝혔다. 조병옥 · 이긍종 · 김도연 · 김우평 등은 한계효용학파의 영향을 받고 있었고, 이훈구, 김훈, 한승인 등은 제도학파의 영향을 받고 있었다면서, 이에 따라 재미 유학생 출신의 민족주의 지식인의 자본주의 경제관은 당시 그들이 추구한 조선 경제자립의 방향성과 관련하여 생산중심의 경제자립론과 분배중심의 경제자립론으로 나누어진다는 것을 해명했다. 방기중 교수는 "이 두 계통의 경제관, 경제자립론은 모두 자본주의 현실세계를 인정하고 있었고 기독교 정신과 자유주의 사상에 바탕을 두고 민족주의 가치관과 결합되어 있다는 점에서 상호 사상적 공감대를 형성"하였으며, "그 연장에서 이들은 당시 민족주의 사상과 더불어 청년 지식인의 의식세계를 지배하였던 사회주의 · 마르크스주의 사상에 대한 비판의식을 공유하였다"고 한다.

이러한 공유성 위에서 방기중 교수는 "생산 중심의 경제자립론은 자본 본위의 생산력 증대를 경제자립의 가장 시급한 당면 과제로 설정하였고, 분배 중심의 경제자립론은 소농 본위의 농촌구제 · 농업개혁을 가장 시급한 당면 과제로 인식하였다. 전자는 자본주의체제의 자유경쟁원리 · 시장논리를 불가피한 것으로 인정하였고 그만큼 계급문제, 부의 불균등 문제를 부차적인 것으로 인식하였다. 후자는 상대적으로 식민지 자본주의체제의 사회적 · 경제적 모순을 중시하고 이에 대한 통제와 조절, 계급의 협조를 통한 모순의 해결을 중시하였다"고 한다. 그리고 "이러한 경제자립론의 차이는 단지 일제하 민족주의 지식인의 자본주의 사상 지형을 반영하는 데 그치는 것이 아니라 해방 후 남한의 자본주의 국가건설 · 경제건설의 방향 설정과도 밀접히 연계"되어 일정한 차이를 드러내는 것으로 이승만정권기 경제발전 계획을 둘러싼 정책차이로 나타나게 된다고 전망하였다.

20세기 전반 미국 학계 및 정치 · 경제 · 사회 사상의 동향은 일제하에서 해방 후에 걸친 민족 · 자본주의 진영의 이념과 경제건설론을 이해하고 분석하는 데 반드시 해명해야 할 주요한 과제라 할 수 있는데, 방기중 교수의 논문은 그 전반적 양상에 대한 해명을 시도한 것으로 연구사적으로 중요한 의의를 갖는 것이었다. 또한 인물연구로 인해 제대로 규명할 수 없었던 기독교계열 민족 · 자본주의 진영의 전체상을 보여주는 데 진전을 이룬 것이었다. 그러나 짤막한 시론적인 글에 머물러 미국 학계 및 정치사회 동향과 재미 유학생과의 관련, 해방 후 남한 국가 수립에의 영향 등이 본격적으로 해명되지 못하였다. 이 역시 후학들에게 남겨진 학문적 과제라 하겠다.

위 연구에서 분배 중심의 경제자립론은 일제하 해방 후의 정치 지형에서 중간파와 맥락이 닿아있다. 중간파 연구와 관련해 방기중 교수는 일제 말기에 전개된 대동사업체의 경제자립운동에 주목하였다(2권 3부 II). 이는 대동사업체의 경제자립론이 해방 후 중간파 노선의 자립경제 건설운동이나 경제정책안 구상에 실천적 경험으로 반영되고 있었기 때문이다. 대동사업체는 이종만을 중심으로 이준렬, 허헌, 이성환, 정현모, 민정기, 이훈구 등이 최고 경영층을 이루고 있었는데, 방기중 교수는 이들을 "과거 운동경험과 사상적 성향의 일정한 차이에도 불구하고 저항적 민족의식을 견지하며 농민적 반독점적 입장에서 민족경제의 자립과 농민문제 해결을 도모한 대표적인 인물들"이며, "이들의 다양한 실천경험과 이념적 지향을 대동사업체 경영이념으로 결집시킨 것은 진보적 조합주의자인 이종만의 자본과 추진력"이었다고 한다.

이들 경영진은 "생산대중이 생산수단·생산기반을 가져야 한다는 '경자유전' 사상"에 입각하여, "조합제에 입각한 계획적 공동경영론"을 제창하였고, "계급협조 이념과 생산력증대를 달성하기 위한 분배의 합리화"를 추진하였다. "특히 자작농창정과 농촌협동화론에 입각한 집단농촌경영론은 실학파 이래의 농민적 농업개혁론의 전통과 맥락이 이어지는 농업근대화 방안"으로, "경영진은 자본주의사회체제, 자본주의농업체제의 강력한 수정을 지향하는 이러한 경제자립이념의 사회적 국가적 확대를 기대하였다"고 분석하였다. 물론 "금광업자본에 종속된 그 운동 기반의 특수성이 사업체 운동을 일제 통제경제정책·자력갱생운동에 편입시키고 끊임없이 체제타협적 성향을 취하게 하여" 대동사업체 운동을 해체시키는 근본 요인이 되었고, "이종만 등 일부 경영진이 친일화하면서 대동사업체의 경제자립운동은 일제 정책과 체제에 완전 편입"되었지만, "반독점적 농민적 경제자립이념과 실천의지"는 포기되지 않았다고 한다. 그에 따라 "전시체제하 대동사업체의 경제자립론과 그 사상적 변용은 일제하 자본주의근대화론과 사회주의혁명론 두 계통의 경제사상과 교류하며 나름대로 '신국가건설'의 전망을 추구했던 진보적 민족주의 계열이 전시국가독점자본주의의 통제경제를 경험하면서 도달한 사상적 모색의 한 전형을 보여주는 것"이었다고 평가하였다.

대동사업체에 대한 방기중 교수의 연구는 강진국의 연구에서 한계로 지적된 중간파의 일제하의 이론적 · 경험적 · 역사적 배경을 복원시킨 것이라 할 수 있다. 그러나 그 자신이 연구과제로 상정한 "대동사업체의 경제자립론과 해방 후 사업체 주도층의 국가건설" 활동이 "해방 후 새로운 민족적 조건 속에서 어떠한 경제이념 · 국가건설사상으로 재구성되는가"하는 점은 여전히 미해명의 과제로 남겨졌다. 또한 천도교와 기독교, 사회주의 계열 등 다양한 정치적 기반을 갖고 활동하던 다양한 인물들이 대동사업체로 모인 배경에 대한 치밀한 분석이 이루어지지 못했고, 그들의 입장이 공유하는 측면과 달리하는 측면에 대한 고려도 엄밀하게 이루어지지 않았다. 근본적으로 정치적 결사나 사회운동단체가 아닌 기본적으로 기업조직에 기반한 합법적 사업체가 전시하 일제 파시즘체제내에서 독자적으로 활동할 수 있는 공간이 제한될 수박에 없는 것인데, 이에 과도한 의미부여를 하고 있다는 한계도 있다고 할 수 있다.

방기중 교수가 한국 민족주의 정치경제사상사를 연구하면서 가장 주목하고자 한 대상은 물산장려운동이었다. 그는 1920 · 30년대 민족주의 진영의 대표적 경제자립운동이었던 물산장려운동에 대한 검토를 통해 일제하 한국 민족주의 정치경제사상의 전개와 그 내면의 일단을 본격적으로 해명하였다. 물산장려운동에 대해서 기존 학계의 대부분 연구들은 1920년대 전반 잠시 활발하다가 몰락한 것에만 주목하였지, 그 운동이 신간회 활동 초기시기에 재건되어 1937년까지 지속된 것에는 관심을 기울이지 못했다. 방기중 교수는 물산장려운동의 재건과정과 그 조직적 성격에 대해 우선 실증적으로 규명하였다(2권 2부 II). 물산장려회는 "명망 있는 민족주의 계열의 지식인과 경성 상공인 층이 후원세력으로 이사진에 가담"하여 재건되었고, 이는 물산장려회가 "초창기 지식인 중심의 계몽운동단체로부터 지식인과 상공인이 결합된 경제운동단체로 전환"되었다는 것을 의미하는 것이라고 파악했다. 물산장려회는 대공황기 조선경제에 대한 일제 독점자본의 지배력이 강화되면서 경성 상공인 층의 경제적 위기의식이 현저해짐에 따라 활발히 활동하게 되는데, 1910년대 후반~1920년대 기업을 일으켜 일제 이식자본과 경쟁관계에 있는 서민형 중소자본가 · 상인의 진출이 활발해졌고, 순수 경제운동으로서의 물산장려운동을 중시하는 상공인과 일부 지식인이 조직 운영을 주도하였으며, 지식인 이사 중에서 감리교와 YMCA 계열의 기독교 인사들이 열성이었고, 경제자립의 측면과 함께 물산장려운동을 민족의식 고취와 민족단합에 부응하는 사상계몽운동의 일환으로 간주하는 경향이 강하였다고 한다. 반면 총독부나 일제 독점자본과 일정한 관계를 갖고 있는 일부 규모 있는 관료 · 지주형 자본가의 참여도 지속되었다는 것을 밝혔다.

이러한 운동양상에 대한 해명을 기반으로 방기중 교수는 물산장려운동의 민족경제자립론과 그 추이를 조선물산장려회 지식인 주도층을 중심으로 살펴보았다(2권 2부 III). 그는 물산장려운동이 "동화주의 이데올로기에 입각한 일제 식민지배의 폭압성과 이에 상호 규정된 민족운동 진영의 정치적 · 조직적 구심점의 부재, 외화배척의 물적 기초가 되는 토착자본의 미성숙과 일본 독점자본의 압도적 지배 등, 정치투쟁으로 전개하기 어려운 객관적 여건에 연유한 것"이었다고 한다. 물산장려운동의 주도층은 "일본 독점자본의 조선경제에 대한 독점적 지배와 그 강화 과정에서 조선인경제가 총체적으로 몰락하고 있다는 '조선인경제 총체적 위기론'에 입각"해 있었고, 이러한 식민지 이식자본주의체제 내에서 "독자적 운동 가능성을 상정한 '조선인경제 = 민족경제'라는 관념적 경제범주를 설정하여 이로부터 민족경제 자립화 코스의 논리적 · 실천적 정당성을 찾고자 하였다"고 한다. 이러한 입론에 근거해서 물산장려운동은 "민족 공동이익 · 당면이익 획득이라는 주장 아래 민족협동전선운동에 참여"하였고, 또한 "부문운동으로서의 개량적 경제자립운동 노선을 견지하고 신간회 내의 온건노선"을 걸었다고 한다.

그는 이러한 민족경제자립론이 민족주의 좌파의 입론에 국한된 것이 아닌 신간회 참여나 민족주의 유파 구분에 구애되지 않는 민족주의 진영의 일반적 입장이었다고 주장하였다. 그는 "물산장려운동이 추구한 민족경제 자립의 총론적 실천론은 생산력 발전"이었고, "일반적 실천방안은 생산장려와 애용장려였다"면서, "경제자립의 방향을 자본주의적 생산력 증대로 설정한 이상 그 현실적 실현 주체는 당연히 자본가계급"일 수밖에 없다고 하였다. 그런데 물산장려운동, 민족경제자립론은 기본적으로 총체적 위기 따른 민족경제 자립에 대한 비관적 전망에 입각해 있었기 때문에, "대공황기 일제의 국가주의적 공황타개책과 함께 경제적 모순이 심화되면서 이러한 관념성의 한계가 본격 노정되었다"고 한다. "특히 그간 민족윤리로 표상된 '국가주의적' 이념의 본격적인 발현은 민족 자력의 경제자립 전망이 더욱 비관적으로 다가올 때 민족경제자립의 운동이념 자체를 동요시켜 나가는 동인이" 되어, 농촌진흥운동과 조선공업화정책 등 농공 양면에서 추진된 우가키 카즈시게(宇垣一成) 총독 시기의 경제통제정책이 진행되자, 주도층의 민족경제자립론은 몇 갈래로 분열하였고, 물산장려운동의 체제 편입과 "민족경제자립론의 존립 근거인 민족적 관점의 탈각 과정"이 진행되었다고 한다.

방기중 교수는 물산장려운동에 대한 검토를 통해 일제하 자본주의적 발전을 지향하는 부르주아지들과 지식인들이 어떠한 현실인식과 입론을 가지고 물산장려운동을 전개하였으며, 이런 운동이 어떻게 신간회운동과 결합하여 있는지를 살폈다. 그리고 민족주의세력 유파에 구애되지 않는 민족주의세력의 일반적 입론이었던 민족경제자립론이 대공황기 식민지 경제통제정책을 거치면서 어떻게 변용되고 체제내화되는지를 치밀하게 규명하였다.

5. 식민지파시즘의 전개와 그 영향

물산장려운동에 대한 연구를 진행하면서 방기중 교수는 1930년대 이후 일제의 파시즘체제가 이전 시기와 달리 식민지 조선사회와 민족운동에 커다란 영향을 미치고 있다는 사실에 주목하였다. 그 영향은 민족운동뿐만 아니라 조선의 지식인 전반, 민중, 그리고 조선 사회체제 전반에 걸쳐있었다. 그에 따라 '일제 파시즘기 한국사회'란 연구 주제 하에 일련의 공동연구를 진행시키게 되었고, 이는 식민지 파시즘체제에 대한 3권의 연구서와 자료집으로 간행되었다(3권 참조).

방기중 교수는 일제하 · 해방 후를 관통하는 한국근현대사의 기본 추이와 성격을 수탈과 저항, 친일과 반일, 종속과 자주, 반공과 통일이라는 이분법적 논리로 파악하는 일반적 연구시각을 극복하고, 분단 형성과 남한사회의 전개에 심대한 영향을 끼친 식민지 유산의 실체와 그 작동구조를 일제하 파시즘체제기에 초점을 맞추어 살펴보려고 했다. 그는 이분법적 시각을 벗어나 전시파시즘기의 식민지 역사상 및 그 유산의 특질과 내면을 새롭게 조명하기 위해 '식민지파시즘'이라는 개념을 처음으로 도입하였다. 이는 한편으로는 본국 파시즘체제의 일방적 외연 확대가 아닌 조선에서의 일제 파시즘 지배체제의 관철 양식과 총독부 전시통제 · 동원체제의 특수성을 설명하기 위해서이고, 다른 한편으로는 총독부 황민화정책과 일제 파시즘체제 구축에 적극 가담한 친일세력의 능동성을 드러내기 위해서였다. 식민지파시즘이란 개념은 여러 문제에도 불구하고 "친일협력의 다양한 편차와 함께 이러한 능동성과 그 내면의 의식구조를 구체적으로 드러내고 식민지 유산과 관련하여 특별한 의미를 갖는 전시파시즘체제의 경험과 기억을 재구성하는데 효과적"이기 때문이다(3권 2부 V).

우선 방기중 교수는 일제 식민지 파시즘체제가 어떠한 정치경제적 구상과 정책에 의해 창출되고 전개되었는지 해명하기 위해 일제 권력 내부의 갈등구조를 고려하면서 1930년대 조선 농공병진정책과 경제통제를 분석하였다(3권 1부 I). 1930년대 조선에서 전개된 농공병진정책은 조선개발을 중심으로 장기적인 입장에서 총력전 체제를 구축하고자 하는 우가키 총독의 '日鮮滿 블록' 구상에 입각하여 추진되었다. 그러나 일본 정부의 정책이 만주개발을 중심으로 하는 일만블록 노선으로 정리되어감에 따라 일본 정부와 총독부 간에 심각한 갈등이 표출되었다. 이 갈등은 미나미 지로(南次郎)가 총독에 부임하면서 일만블록 노선에 입각한 '자치통제'로 정리되었는데, 이는 "일만블록에 대한 조선산업개발의 종속적 위치를 인정하지 않을 수 없었던 총독부와 조선 농공병진정책의 '국책적' 의의를 인정하지 않을 수 없는 일본 정부의 절충과 타협의 소산 이었다"고 한다. 그리고 1930년대 후반 조선 경제통제는 "독점 강화에 기반을 둔 '자유경제통제'와 생산력확충을 도모하는 엔블록 차원의 국가적 '계획경제통제'가 중첩된 식민지적 특질을 보이고 있었다"고 한다. 두 경제통제의 속성을 결합시키고 있는 힘은 총독부의 강력한 관권으로서, 여기에 조선 경제통제의 '관치주의적' 성격이 잘 드러나고 있었다고 하였다.

이어 방기중 교수는 병참기지정책를 둘러싼 일제 지배권력 내부의 복잡한 갈등구조를 고려하면서 일본정부의 '신체제' 정책에 대한 총독부의 대응 과정을 통해, 병참기지정책의 성격과 총독부 경제지배시스템의 특질을 보다 상세히 고찰하였다(3권 1부 III). 그는 "병참기지정책은 日滿支 엔블록 생산력확충계획의 일환이 아니라 총독부 차원에서 추진된 식민지 생산력확충계획으로서, 일본 독점자본과의 특권적 유착관계에 기초한 식민지 개발정책이라는 구조적 특질을 가지고 있었다"고 한다. "병참기지정책의 기반과 생산력확충의 주체는 독점자본이었고, 이에 총독부는 일본정부와의 갈등 속에서도 독점자본을 보호하기 위한 '자치통제' 제도를 견지하면서 조선개발을 추진"하였으며, 그 정책운영 과정에서 총독부 관료가 "정책 전반을 강력히 주도해 가는 '관치주의' 경제지배시스템이 구축되었다"고 한다.

그렇지만 이러한 총독부의 '관치주의' 경제지배시스템은 "'신체제' 수립 정책을 주도한 '혁신세력'이 주요 타파 대상으로 삼은 '현상유지세력'의 특권적 지배질서의 일환"이었기 때문에 상당한 갈등을 야기하였다. 이에 대해 미나미 총독은 '혁신세력'의 체제혁신 논리를 강하게 견제하는 가운데, '신체제' 수립을 오히려 '내선일체' 통치이념과 병참기지정책의 확대·강화의 계기로 삼아 독자적인 '조선신체제'의 이념과 논리를 구축하려 했다고 한다.

이상의 방기중 교수의 일제 지배정책에 대한 분석은 일본 본국 정부의 정치과정 및 내부 권력관계, 그리고 조선총독을 정점으로 한 식민지 권력과 본국 정부간의 권력관계를 시야에 두고 식민지 조선정책의 기조와 그 변화과정을 치밀하게 분석하였다는 점에서 연구사적 의의를 갖고 있었다. 방기중 교수는 이러한 권력관계와 식민조선정책 속에서 조선 특유의 식민지파시즘이 존립할 수 있는 근거를 찾고자 했다. 그리고 일제말기 황민화정책·전시총동원정책과 함께 구축된 '식민지파시즘' 지배질서는 일제 식민지체제하에 일정하게 편입되어 있는 조선인 관료, 각종 관변단체, 경제사회단체 임직원, 자본가와 상공인뿐만 아니라 조선사회 지식인과 기존의 민족운동 세력 전반, 광범한 민중에 이르기까지 커다란 영향을 미치는 것이었다. 이전과 비교할 수 없을 만큼 방대한 친일협력구조를 창출하면서 한국인의 민족적 정체성을 해체시키고 일상적 삶과 의식을 변화시켰다.

방기중 교수가 기획한 '일제 파시즘기 한국사회' 공동연구에는 이런 제반 상황이 각 부문에 걸쳐 자세히 분석되고 해명되고 있다. 방기중 교수는 그중에서 중일전쟁기 조선 지식인의 경제통제론과 '신체제' 인식을 분석하였다(3권 1부 II). 그는 『조선일보』 논설진과 대동사업체 경영진, 그리고 일부 사회주의 전향자가 주도한 전체주의 경제론은 일종의 경제체제 '혁신론'으로, "현실에 순응한 관변 '내선일체론자'들과 구별되는 현실비판적인 '내선일체' 입장"이라고 파악한다. 이들은 독점자본 본위의 총독부 병참기지정책의 운영 원리를 비판하면서, "공익우선의 전체주의 이념에 입각하여 '자치통제'를 폐기하고 일원적 국가통제의 전면적 강화와 자본주의 경제체제의 협동체적 재편성을 실현함으로써 전체주의 계획경제체제를 수립"할 것을 주장하였다. 그러나 일본 '신체제'가 '혁신세력'의 정치적 퇴조를 수반하며 군부와 기성세력의 타협 속에 추진되고, '체제혁신'의 전체주의 이념이 일본국가주의 파시즘 이데올로기로 수렴되면서 조선 지식인의 전체주의 경제론도 단명하였다고 한다.

방기중 교수는 이들의 주관적 관념성과 현실적 소멸에도 불구하고 "이들이 일본 전시통제경제와 생산력확충계획으로부터 체득하고 그것을 전체주의 계획경제론으로 발전시키면서 모색한 자본주의 경제운영에서의 국가의 '통제'와 '계획'에 대한 경험과 논리는 해방 후 신생 약소민족국가의 자립경제 건설문제와 관련하여 중요한 사상사 · 정책사적 의미"를 지녔다고 한다.

해방 후 남북한에서 전개된 신국가 건설과정과 국가정책에서의 식민지파시즘의 유산과 영향은 다 방면에서 찾아볼 수 있는데, 방기중 교수의 기획에서는 이를 다음 다섯 가지로 주제로 조명하고 있다. 첫째 파시즘기 내면화된 '아류제국주의' 의식의 유산으로서 한국인의 배타적 인종주의 문제, 둘째 반공과 전향을 축으로 하는 파시즘기 사상통제와 해방 후 국가보안법 사상통제의 역사적 맥락, 셋째 노자협조 이데올로기에 기초한 전시파시즘 경제체제의 유산과 한국자본주의에서의 그 재생산 과정, 넷째 생활양식에 내면화된 파시즘 통제원리의 다양한 관철양식과 해방 후 재생산 논리, 다섯째 파시즘기 '국사(일본사)' 교과서와 해방 후 국사 교과서의 내용에 나타나는 파시즘 교육체제의 재생산구조 등이다(3권 2부 V).

방기중 교수가 이렇게 식민지파시즘에 대해 집중적인 연구를 진행한 것에는 일본 학계의 파시즘 인식의 혼돈과 이에 영향 받은 국내 학계의 연구동향에 자극받은 바가 크다고 할 수 있다. 방기중 교수는 '일본 파시즘'의 역사성을 부정하거나 '일본 파시즘'의 근대성 · 합리성을 강조하는 경향이 증대하면서 '일본 파시즘'과 동아시아 역사상 인식에 대한 심각한 착종 현상이 확산되고 있고, 한국학계 역시 이로부터 적지 않은 영향을 받고 있다면서 일본 학계의 파시즘 연구동향을 집중적으로 검토하였다(3권 2부 I · II). 그가 주로 비판 대상으로 삼은 연구동향은 '전시체제론'과 '총력전체제론'으로서, 이 견해들은 "모두 상대주의적 · 기능주의적 역사인식의 관점을 가지고 제2차 세계대전을 전후한 역사적 전환기의 세계사적 대립 · 모순구조의 특질과 일제 파시즘체제의 역사상을 희석화 · 형해화 시키는 데 보조를 같이"하며, "철저히 일제 · 일본 중심의 지배질서 공간인 '전시체제'의 혁신성 · 효율성, '총력전체제'의 근대성 · 합리성을 강조함으로써 식민지 · 동아시아의 역동적 역사상을 왜곡하거나 배제시키는 문제점을 보이고 있다"고 지적하였다. 그는 전전·전후의 단절성을 절대화하여 '전후개혁'과 민주화 과정을 과장·미화한 시민사회파의 역사인식이나, 전전 일본자본주의의 후진성·전근대성을 강조한 과거 강좌파의 '아시아적 특질론' 등은 분명 문제가 있지만, 그간 일본 학계가 축적한 방대한 경제사연구 성과를 외면하고 전후 일본경제의 성장을 일면적으로 과장하는 것은 역사상에 부합되지 않는다고 주장하였다. 특히 방기중 교수는 현실비판적 문제의식을 부조적으로 부각시키고 있는 '시스템사회론'이 역사상 자체를 일면적 개별 '담론'으로 대체하고 있다는 점에서 더욱 심각한 문제를 가지고 있다고 판단하고 있다. 이는 탈식민·탈근대의 논의속에서 특정 관점과 소재를 부각시키는 개별 '담론'들이 분절적·고립적으로 추구되고 있는 현재의 학계상황을 고려한 것이라 하겠다.

일제 말에 파시즘에 경도되었던 조선인들을 단순히 현실에 순응한 친일파로 보기만은 어렵다는 점은 해방 후 남한의 국가건설과 사회형성을 이해하는 데 많은 시사를 준다. 식민지 유산을 단지 친일잔재의 문제로서가 아니라 파시즘이라고 하는 세계사조의 영향이라는 차원에서 파악할 필요성이 대두된다. '식민지파시즘' 개념의 타당성 여부를 떠나 식민지 문제와 파시즘 문제의 상호관계를 시야에 두면서, 일제하 한국사회와 해방 후 한국사회의 연속과 단절, 유사성과 차이를 해명하는 작업이 미완의 과제로 남아있다.

6. 남겨진 글

방기중 교수는 작고하기 전에 물산장려운동에 관한 그의 세 번째 저작 출간을 계획하고 있었다. 일제하 민족·자본주의진영의 물산장려운동을 사상사적으로 조명함으로써 분단체제의 한 축을 이루는 한국 자본주의 체제 형성의 사상적 맥락을 해명하고자 함이었다. 그는 본래 앞서 검토한 2개의 논문과 함께 기존 일제하 민족주의 연구론을 비판적 시각에서 다룬 서장과 발흥초기의 물산장려운동에 대한 부분을 보완하여 세 번째 저서로 출간하려고 계획하였었다. 그러나 그는 끝내 탈고하지 못했다. 물산장려운동 초기시기 부분은 집필되지 못했지만, 논문형식으로 작성된 서장은 그의 마지막 연구논문이자 유고로서 우리에게 남겨졌다(2권 2부 I). 마지막으로 이를 살펴보면서 그가 우리에게 무엇을 남기고자 했는가를 생각해보고자 한다.

「물산장려운동과 일제하 민족주의 연구론」이라는 제하의 서장은 단순히 물산장려운동만을 다룬 것이 아니라, 그와 함께 학계의 기존 민족주의 연구방법론에 대한 전면적 검토를 내용으로 담고 있다. 방기중 교수는 물산장려운동 연구와 관련하여 "기존 연구 성과 일반이 공유하고 있는 가장 중요한 문제로 생각하는 것은 분석 목표와 시야의 협애성"에 있다면서, "초기 물산장려운동의 논리와 주장을 통해 1920년대 민족주의 분화와 이념적 편차의 논거를 찾는 동시에 그것을 물산장려운동의 일반적 성격으로 비약시키는 부조적 인식 경향이 상호 결합"되어 있다고 비판한다. 그에 따라 "물산장려운동과 경제자립 논리의 전체상을 사실 그대로 해명하기 위해서는 1920년대 전반에서 1930년대 후반에 이르는 물산장려운동 전 과정을 분석 대상으로 삼고 그 단계적 추이와 특질을 종합적으로 파악"할 것을 주문하였다.

물산장려운동에 대한 연구사 검토와 평가위에서 방기중 교수는 '민족자본' 상층 입장을 대변하는 부르주아민족주의 우파의 경제운동론(자본계급육성론, 대공업건설론, 생산증식론)을 종속적 민족경제건설 논리로, 그리고 '민족자본' 하층과 소생산자 입장을 대변하는 부르주아

민족주의 좌파의 경제운동론(민중경제자립론, 소공업건설론, 토산장려론)을 자립적 민족경제건설으로 개념화하는 기존의 이분법적 인식 틀에 대한 전면적 검토를 전개하였다. 그는 기존의 이분법적 인식 틀에서 구분하고 있는 물산장려운동의 두 논리, 즉 생산증식론이나 토산장려론은 "민족주의 유파의 운동노선이나 계급적 입장과 직결된 대립적인 논리가 아니라 이러한 운동 주체의 기본 입장을 반영하는 하나의 물산장려운동론으로서, 상호 보완관계에 있는 경제자립과 생산력증대의 실천 방안"이라고 주장하였다.

방기중 교수는 이분법적 물산장려운동 인식의 부조적 방식과 불가분의 관계에 있는 것이 '민족주의 유파 분류론의 문제'라고 하면서, 이분법적 인식의 부르주아민족주의 좌 · 우파론은 일제에 대한 정치적 자세뿐만 아니라 계급적 기반과 이념적 성향 전체를 관통하는 정합적인 인식 체계 위에서 민족주의 운동세력을 파악하려 했지만, 이의 "가장 큰 문제점은 바로 이와 같이 정합성을 추구한 도식적인 민족주의 인식 틀이 실상 그렇게 정합적이지 못하다는 데 있다"고 한다. 그는 부르주아민족주의 우파로 지목된 최린과 천도교 신파 그룹이나 흥업구락부 그룹, 안창호 · 조만식과 연계된 수양동우회 · 홍사단 그룹과 평양의 민족주의 운동세력의 계급적 기반을 일률적으로 '민족자본' 상층 내지 지주층으로 설정하거나 그 활동과 이념적 성향을 대자본가와 지주계급의 입장을 대변한 것으로 분류하는 것은 사실과 부합되지 않다고 주장한다. 또한 부르주아민족주의 좌파로 예시된 운동세력의 경우에도 조선일보 그룹이나 천도교 구파 그룹 역시 당시 운동 현실에서는 일반적으로 소생산자 입장을 대변하는 소작운동보다는 우파로 분류된 운동세력과 함께 생활개신운동 · 물산장려운동 · 협동조합운동 등 체제내적 경제자립운동에 주력하였다는 점에서, 우파 운동세력과의 정치적 · 이념적 계선이 그렇게 분명한 것은 아니었다고 한다. 그는 "민족주의 진영은 그 내부의 정치적 · 이념적 편차를 드러내며 복잡한 분화 · 분립의 양상을 보이고 있었지만, 이러한 입장과 편차가 강고하게 정형화되거나 고착된 것은 아니었다. 이들의 정치적 입장과 이념적 내면은 일제 지배정책의 추이나 대내외적 정세 변동과 관련하여 적지 않게 변화하고 있었고, 또 그 내부 편차 역시 가변적 이었다"고 주장하였다.

그는 이러한 이분법적 분류론의 기저에는 "그 정합성의 확고부동한 표상으로서 좌 · 우파 분류의 기본 축을 이루는 동아일보(김씨가) 중심적인 운동사 시각과, 지식인의 상대적 자율성을 과소평가하고 지식인을 자본의 논리에 충실한 종속적 존재로 간주하는 계급주의적 지식인관이 상호 표리관계를 이루면서 뿌리 깊게 자리 잡고 있다"고 파악하였다. 그는 이 분류론이 자본가의 헤게모니 관철의 뉘앙스가 강한 '부르주아민족주의'라는 용어를 이와 전혀 결이 다른 '좌 · 우파' 용어와 결합시켜 유파의 성격을 개념화한 것도 일제하 민족주의에 대한 계통적 파악에 오히려 장애가 되는 부적절한 용어법이라고 지적하였다.

방기중 교수는 "이분법적 부르주아민족주의 인식 틀의 제약성은 1920년대에 국한된 것이 아니라 1930년대 민족주의 운동과 경제자립론의 추이를 파악하는 데에도 직접적인 영향을 주고" 있다고 보았다. 그는 1930년대 "민족주의 진영의 개량화 동향을 당연히 정해진 코스로 파악하거나 과도하게 부각시켜 1930년대 민족주의의 역사상을 일방적인 타협과 종속의 틀 속에서 쉽게 처리하는 경향"이나, 1930년대 전반 민족주의 경제자립론의 추이와 관련해서 당시 조선인 자본가와 그 '이데올로그'들이 일제와 조선총독부가 추진한 만주개발정책 · 조선공업화정책에 의한 경기특수, 특히 만주경기에 적극 추수함으로써 '종속적 근대화전략'만이 대두되고 남은 길은 오로지 '일본화전략' 뿐이었다는 견해 역시 이분법적 인식 틀과 결부된 '민족주의 개량화론'의 전형적인 한 예라고 파악하였다. 방기중 교수는 1930년대 민족주의 진영이 기본적으로 개량화의 길을 걸은 것은 동의하지만, 그 이면에 민족주의 지식인들의 지적 · 사상적 심화 과정이 병행되고 있다는 점을 간과해서는 안된다고 주장하였다.

이에 방기중 교수는 "현 단계의 연구 수준과도 관련하여 일제하 민족주의 인식의 지평을 확대하기 위해서는 방법론상으로 이러한 정합적 유파 분류의 부담으로부터 벗어나, 무엇보다 일제하 개별 민족주의 그룹이나 지식인의 식민지 현실인식과 민족경제 자립의 논리, 그 내면의 사상적 · 학문적 인식 기반과 단계적 심화 · 변용 과정을 그 자체로서 분석하고 종합하는 작업이 중요할 것"이라면서, "그것이 해방 후 신국가 건설의 정치활동 · 사상 전개와 어떠한 역사적 연속관계에 있는가를 확인하는 가운데 민족주의에 대한 계통적 파악과 범주화를 모색하는 것이 보다 효율적인 방법"이 될 것이라고 연구방향을 제시하였다.

그가 물산장려운동 서장에서 비판하고 있는 도식적 역사인식의 문제는 단지 민족·자본주의 계열의 사상사 연구에만 해당되는 것은 아니었다. 되돌아보면 그는 사회주의 사상사이든 민족 · 자본주의 계열이나 중도 계열의 사상사이든, 어떠한 연구에서도 역사를 도식적으로 이해하는 경향을 반대하였다. 그는 근현대 사상사 내부의 다양성과 복잡성을 사실 그 자체에 입각하여 해명하고, 그를 통해 분단체제 형성의 사상사적 계보와 그 극복의 가능성을 풍부하게 밝혀내기 위해 한 편생 분투하였다.

방기중 교수는 이훈구, 배민수, 강진국 등의 인물연구와 남한 농지개혁의 사상전통과 농정이념에 대한 일련의 연구를 통해 해방 후 남한 자본주의체제 수립으로 연결되는 민족 · 자본주의 진영의 국가건설사상과 경제건설론을 연구해왔다. 물산장려운동은 그 연구를 일단락 짓기 위해 선택한 연구주제였다. 그리고 다시 방향을 돌려 북한 사회주의 체제 형성의 내적인 사상적 배경과 논리, 현존 북한 사회주의체제의 국가건설사상과 체제 이념에 대한 본격적인 연구를 계획하고 있었다. 그러나 우리는 그 마무리를 보지 못하였다.

조선후기 연구를 시작으로 물산장려운동 서장에 이르는 마지막 연구까지, 방기중 교수의 학적 모색은 상호 밀접한 연관성을 가지고 진행되어 왔다. 그가 학문 여정에서 선택한 주제와 소재들은 대부분 분단체제의 역사성을 해명하고 그 극복의 방향을 찾기 위해 거쳐야 할 연구과제들이었다. 이 연구 위에서 그는 궁극적으로 남과 북 두 국가의 역사성을 사상사의 맥락에서 정리하고, 다른 한편으로 분단을 극복할 실천적 대안을 세우기를 소망하였다. 그렇지만 글 한 문장 한 문장에 완벽을 기하려 한 그의 학문 자세는 그의 육체를 너무나 혹사시켰고, 그만 삶을 마감하였다.

분단체제의 사상적 내적 배경과 분단체제 극복의 사상적 방향을 찾으려는 방기중 교수의 연구는 현재 진행형이다. 그는 좌 · 우 세력을 넘나들면서, 또한 다양한 소재와 주제에 걸쳐 이를 위한 연구를 진행시켜 왔고, 그를 위한 연구방향과 연구방법론을 개척하였지만 그 본격적인 정리와 성과를 종합하지 못한 채 떠나갔다. 그의 연구는 여러 면에서 연구자들이 연구 주제에 어떻게 접근하고, 어떠한 사료를 어떠한 방법으로 사용해야 하며, 어떠한 논리 구성을 가져야 하는지에 대한 교과서적인 전형을 보여주고 있지만, 그가 추구했던 내용과 연구결과를 다 채우지 못했다. 앞서 검토에서 살펴보았듯이 그가 접근한 주제와 소재에 대해 그는 후학들에게 수다한 과제들을 남겨주었다.

방기중 교수는 살아생전 후배 및 제자들과 거리낌 없이 잘 어울리고 소탈하였지만, 학문적으로는 엄격한 선배이고 스승이었다. 기존의 통설에 무비판적으로 의존하는 것을 경계하였지만 그렇다고 자신의 입론과 주장을 강요하지 않았다. 그는 후배와 제자들이 자신을 딛고 일어서 더 나아가기를 항상 바랐었다. 이제 성과를 내는 연구자로서의 방기중 교수는 우리 곁에 없다. 그러나 그의 연구태도와 연구방법론, 연구방향은 남아있고, 그가 해결하지 못한 연구 과제들도 고스란히 남아있다. 그는 이념적 도식화로 인해 역사적 현실과 부조화하는 연구가 아니라, 역사적 현실에 깊이 뿌리내리고 그 위에서 역사적 과제의 방향을 찾아가는 연구 성과를 기다릴 것이다. 그가 남긴 과제가 쉽지 않은 것임에도 우리들의 연구는 멈출 수 없다.

故 方基中 교수 略譜

1. 이력

1954. 9.17(음)	경상남도 밀양에서 方泰淑님과 柳聖祚님의 3남으로 출생
1967. 3 ~ 1970. 2	중동중학교 입학 및 졸업
1970. 3 ~ 1973. 2	중동고등학교 입학 및 졸업
1974. 3 ~ 1980. 2	연세대학교 문과대학 사학과 입학 및 졸업
1980. 3 ~ 1983. 8	연세대학교 대학원 사학과 석사과정 입학 및 졸업
1984. 9 ~ 1992. 2	연세대학교 대학원 사학과 박사과정 입학 및 졸업
1983. 9 ~ 1993	계명대학교, 연세대학교, 순천향대학교, 건국대학교 출강
1985. 4	이지원 선생과 혼례
1988	한국역사연구회 창립발기인
1990. 2 ~ 1994	역사문제연구소 연구실장
1994. 3 ~ 1998. 2	연세대학교 문과대학 사학과 조교수
1996. 1 ~ 1997.12	한국사연구회 연구이사
1996. 1 ~ 1999.12	역사문제연구소 부소장

1998. 3 ~ 2001.12 한국국가기록연구원 연구위원

1998. 3 ~ 2003. 8 연세대학교 문과대학 사학과 부교수

1999. 9 ~ 2001. 8 연세대학교 문과대학 사학과 학과장

1999.12 ~ 2001.12 한국역사연구회 회장

2002. 9 ~ 2003. 2 일본 도쿄대학 동양문화연구소 방문교수

2003. 9 ~ 2008.11 연세대학교 문과대학 사학과 교수

2004. 4 ~ 2008.11 남북역사학자협의회 부위원장

2005. 8 ~ 2008.11 친일인명사전편찬위원회 부위원장

2007. 2 ~ 2008.11 역사문제연구소 소장

2008.11. 9 별세

2. 논저 목록

저서

1993, 『한국근현대사상사연구 : 1930 · 40년대 백남운의 학문과 정치경제사상』, 역사비평사

1999, 『배민수의 농촌운동과 기독교 사상』, 연세대학교출판부

편저

2000, 『裵敏洙牧師著作集 : 福音主義와 基督敎 農村運動』, 연세대학교출판부

2004, 『일제 파시즘 지배정책과 민중생활』, 혜안

2005, 『일제 파시즘기 한국사회 자료집』 전8권, 선인

2005, 『일제하 지식인의 파시즘체제 인식과 대응』, 혜안

2005, Pang Kie-chung and Michael Shin, eds. *Landlords, Peasants, and Intellectuals in Modern Korea* (East Asia Program, Cornell University, Ithaca, New York)

2006, 『식민지 파시즘의 유산과 극복의 과제』, 혜안

번역서

1987, 『史學概論 1 : 人間科學으로서의 歷史學』, 청아출판사(太田秀通 著, 『歷史科學論』).

1987, 『史學概論 2 : 世界史 認識의 思想과 方法』, 청아출판사(太田秀通 著, 『歷史科學論』).

학위논문

1983, 『朝鮮後期 租稅金納化 硏究』, 연세대학교 대학원 사학과 석사학위논문

1991, 『白南雲의 政治經濟思想 硏究』, 연세대학교 대학원 사학과 박사학위논문

논문

1982, 「내재적 발전론의 전진을 위한 방법론적 고찰 – 일본의 한국사연구 수용과 관련하여」, 『봉건사회 해체기의 사회경제구조』, 청아출판사

1984, 「17~18세기 前半 金納租稅의 성립과 전개」, 『東方學志』 45, 연세대학교 국학연구원

1986, 「조선후기 軍役稅에 있어서 金納租稅의 전개」, 『東方學志』 50, 연세대학교 국학연구원

1986,「朝鮮後期 收取制度·民亂研究의 現況과「국사」教科書의 敍述」, 『歷史教育』 39, 역사교육연구회

1989,「백남운 연구 1 – 일제하 사상형성 과정과 연구활동에 대한 조사」, 『역사비평』 7(계간 5), 역사문제연구소

1990,「한국사인식의 방법과 과제」, 한국역사연구회 편,『한국사강의』, 한울

1990,「19세기 前半 租稅收取構造의 特質과 基盤 – 貨幣收奪 문제를 중심으로」,『國史館論叢』 17, 국사편찬위원회

1990,「백남운 연구 2 – 백남운의 역사이론과 한국사 인식」,『역사비평』 11(계간9), 역사문제연구소

1991,「백남운 연구 3 – 해방정국과 백남운의 '신국가' 건설 활동 (상)」, 『역사비평』 14(계간12), 역사문제연구소

1991,「백남운 연구 4 – 해방정국과 백남운의 '신국가' 건설 활동(하)」, 『역사비평』 15(계간13), 역사문제연구소

1991,「白南雲의 政治思想 研究 – 解放政局期 國家建設論을 중심으로」, 『東方學志』 70, 연세대학교 국학연구원

1993,「8·15 이후의 친일파 집단 – 미군정·이승만 정권하의 친일파 집단과 반민특위」, 역사문제연구소 편,『인물로 보는 친일파 역사』, 역사비평사

1993,「日帝下 白南雲의 韓國資本主義發達史論」,『東方學志』 77·78·79합집, 연세대학교 국학연구원

1993,「解放政局期 中間派 路線의 經濟思想 – 姜辰國의 産業再建論과 農業改革論을 중심으로」, 崔虎鎭博士講壇50週年紀念論文集刊行委員會 編,『經濟理論과 韓國經濟』, 박영사

1994,「백남운」, 조동걸·한영우·박찬승 엮음,『한국의 역사가와 역

사학(하)』, 창작과비평사

1994, 「白南雲의 學問과 思想」, 『延世經濟研究』, 1-1, 연세대학교 경제연구소

1996 , 「1920~30年代 朝鮮物産奬勵會 硏究 – 再建過程과 主導層 分析을 중심으로」, 『國史館論叢』 67, 국사편찬위원회

1996, 「일제하 李勳求의 農業論과 經濟自立思想」, 『역사문제연구』 1, 역사문제연구소

1996, 「日帝末期 大同事業體의 經濟自立運動과 理念」, 『韓國史研究』 95, 한국사연구회

1997, 「解放 後 國家建設問題와 歷史學」, 金容燮教授停年紀念韓國史學論叢刊行委員會 편, 『韓國史 認識과 歷史理論』, 지식산업사

1997, 「금속화폐의 보급과 조세금납화」, 『한국사 33 – 조선후기의 경제』, 국사편찬위원회

1998, 「일제하 裵敏洙의 基督教 農村運動論 – 長老教 農村運動의 政治思想的 接近」, 『東方學志』 99, 연세대학교 국학연구원

1999, 「1953~55년 金融組合聯合會의 殖産契復興事業 研究 – 李承晩政權의 協同組合政策과 관련하여」, 『東方學志』 105, 연세대학교 국학연구원

2001, 「농지개혁의 사상 전통과 농정이념」, 홍성찬 편, 『농지개혁 연구』, 연세대학교출판부

2001, 「백남운과 한국 맑스주의 지성사의 원류」, 『비평』 5, 한국비평이론학회

2002, 「1930년대 物産奬勵運動과 民族 · 資本主義 經濟思想」, 『東方學志』 115, 연세대학교 국학연구원

2003, 「1930년대 朝鮮 農工併進政策과 經濟統制」, 『東方學志』 120, 연세

대학교 국학연구원(2004, 방기중 편, 『일제 파시즘 지배정책과 민중생활』, 혜안 재수록)

2003, 「일제하 미국 유학 지식인의 경제인식」, 연세대 국학연구원 편, 『미주 한인의 민족운동』, 혜안

2004, 「일제하 李勳求의 韓國土地制度史論」, 『東方學志』 127, 연세대학교 국학연구원

2004, "Paek Nam-Un," in Kim Keong-il, ed. *Pioneers of Korean Studies,* The Academy of Korean Studies

2005, 「백남운의 『쏘련印象』과 정부수립기 북한사 연구」, 백남운, 『쏘련인상』, 선인

2005, 「조선 지식인의 경제통제론과 '신체제' 인식 – 중일전쟁기 전체주의 경제론을 중심으로」, 방기중 편, 『일제하 지식인의 파시즘체제 인식과 대응』, 혜안

2005, "Paek Nam'un and Marxist Scholarship during the Colonial Period," in Pang Kie-chung and Michael Shin, eds. *Landlords, Peasants, and Intellectuals in Modern Korea*, East Asia Program, Cornell University, Ithaca, New York

2006, (공저) 「일본 파시즘 인식의 혼돈과 재인식의 방향 – 최근 일본 학계의 동향을 중심으로」, 방기중 편, 『식민지 파시즘의 유산과 극복의 과제』, 혜안

2006, "Yi Hun-gu's Agricultural Reform Theory and Nationalist Economic Thought", in *Seoul Journal of Korean Studies,* vol. 19-1, Institute of Korean studies, Seoul National University

2007, 「1940년 전후 조선총독부의 '신체제' 인식과 병참기지강화정책 – 총독부 경제지배시스템의 특질과 관련하여」, 『東方學志』 138,

연세대학교 국학연구원

2008, 「'日本ファシズム'認識の混沌相と克服の方向-東アジア共同體構築のための歷史認識の共有と關連して」, 弁納才一・鶴園 裕 編, 『東アジア共生の歷史的基礎 : 日本・中國・南北コリアの對話』, 東京: 御茶の水書房

2008, (공저)「정부 수립기 북한의 국가 자주성 인식」, 『東方學志』 143, 연세대학교 국학연구원

기타

1986, 「(신간소개)『李景植, 朝鮮前期土地制度硏究 – 土地分給制와 農民支配, 一潮閣, 1986』」, 『歷史教育』 40, 역사교육연구회

1988, 「(서평) 조선후기 연구사 정리의 의의와 그 실천적 과제 – 近代史硏究會 편, 『韓國中世社會 解體期의 諸問題(上・下)』, 한울, 1987–」, 『창작과비평』 59, 창작과비평사

1988, 「(좌담) 새로운 대학공동체의 모색」, 『창작과비평』 62, 창작과비평사

1995, 「(종합토론) 해방 50년의 역사인식과 역사교육」, 『歷史教育』 57, 역사교육연구회

1996, 「논평」, 『光復 50周年 國學의 성과』, 韓國精神文化硏究院

2000, 「새로운 세기, 연구회의 과제」, 『한국역사연구회회보』 38, 역사교육연구회

2000, 「특집 : 한국민족주의 – 저항이데올로기인가, 지배이데올로기인가/종합토론 : 왜 민족주의가 문제인가」, 『역사문제연구』 4, 역사문제연구소

2000, 「편자서문」, 『裵敏洙牧師著作集 : 福音主義와 基督教 農村運動』,

연세대학교출판부
2004,「편자서문」,『일제의 파시즘 지배정책과 민중생활』, 혜안
2005,「(역사문제연구소 20주년 기념 좌담회) 세대 간의 대화」,『역사문제연구』 15, 역사문제연구소
2005,「편자서문」,『일제하 지식인의 파시즘체제 인식과 대응』, 혜안
2005,「편자서문」,『일제 파시즘기 한국사회 자료집 1 : 일제의 동아지배논리와 파시즘국가론』, 선인
2005,「해제」,『일제 파시즘기 한국사회 자료집 1 : 일제의 동아지배논리와 파시즘국가론』, 선인
2006,「편자서문」,『식민지 파시즘의 유산과 극복의 과제』, 혜안
2008,「2008년을 맞이하며」,『역사문제연구소회보』 51, 역사문제연구소